Julia Dombrowski
Die Suche nach der Liebe im Netz

Julia Dombrowski, Ethnologin, promovierte 2009 an der Universität Bremen. Ihr Forschungsschwerpunkt sind komplexe Gesellschaften.

JULIA DOMBROWSKI
Die Suche nach der Liebe im Netz.
Eine Ethnographie des Online-Datings

[transcript]

Diese Veröffentlichung lag dem Promotionsausschuss Dr. phil.
der Universität Bremen als Dissertation vor.

Gutachter/in: Prof. Dr. Dorle Dracklé
Gutachter/in: Dr. Cora Bender

Das Kolloquium fand am 21.07.2009 statt.

Bibliografische Information der Deutschen Nationalbibliothek
Die Deutsche Nationalbibliothek verzeichnet diese Publikation
in der Deutschen Nationalbibliografie; detaillierte
bibliografische Daten sind im Internet über
http://dnb.d-nb.de abrufbar.

Umschlaggestaltung: Kordula Röckenhaus, Bielefeld
Lektorat: Julia Dombrowski
Satz: Raul Roßmann
Druck: Majuskel Medienproduktion GmbH, Wetzlar
ISBN 978-3-8376-1455-8

Gedruckt auf alterungsbeständigem Papier mit chlorfrei
gebleichtem Zellstoff.

Besuchen Sie uns im Internet:
http://www.transcript-verlag.de

Bitte fordern Sie unser Gesamtverzeichnis
und andere Broschüren an unter:
info@transcript-verlag.de

INHALT

1. Einleitung

In diesem Buch geht es um die Suche nach einem Lebenspartner über professionelle Singlebörsen im Internet. Weil die romantische Liebe in dem Umfeld der Untersuchung als Grundlage für eine Partnerschaft oder Ehe gilt, sind Vorstellungen über die Partnersuche untrennbar mit Annahmen über die romantische Liebe verbunden. Somit handelt es sich bei der Partnersuche um ein Phänomen, das unter dem Thema der Liebe steht, von daher erklärt sich der Titel. Die Studie fokussiert aus ethnologischer Perspektive die Kultur der Partnersuche und der Liebe in einer stratifizierten Gesellschaft. Aus diesem Grund wird nicht Fragen nach sozialen, biologischen, psychologischen oder evolutionsbiologischen Ursachen für die Liebe nachgegangen oder nach Gründen für die Partnerwahl gesucht. Ich erforsche, wie Menschen in einer Altersspanne von ca. 30 bis 50 Jahren[1] eine bestimmte Variante der Partnersuche ausüben. Von speziellem Interesse sind dabei die Emotionen dieser Menschen. Der Großteil des Datenmaterials basiert auf Interviews und teilnehmender Beobachtung. Für die Interpretationen, Analysen und Vergleiche wird eine weite Bandbreite an ethnologischer und soziologischer Literatur herangezogen, die sich mit romantischer Liebe, Partnerwahl und den facettenreichen Bedeutungen von Kultur beschäftigt.

Online-Dating ist eine vielgenutzte Variante der Partnersuche in Deutschland. Pro Monat nehmen laut singlebörsenvergleich.de (2009a) rund 6,3 Millionen Personen Singlebörsen im Netz in Anspruch. Die Angebote der unterschiedlichen Börsen sind allgegenwärtig, es gibt zahlreiche Medienberichte über das Thema, Börsen werben mit auffälliger Intensität sowohl on- als auch offline und Online-Dating wird als Thema von diversen Kunstformen, wie z. B. der Literatur oder Cineastik, entdeckt. Obwohl zahlreiche Singles diesen Weg der Partnersuche für sich nutzen, existieren viele Darstellungen und Diskurse, in denen Online-Dating als normabweichend gehandhabt und mit negativen Stereotypisierungen belegt wird. Online-Dating stellt in dieser Hinsicht keine Ausnahme dar, denn nicht selten werden technologische Innovationen und die mit

---

[1] Die jüngste Informantin war 28 Jahre alt, die beiden ältesten Frauen 67 Jahre.

ihnen verbundenen Aktivitäten mit gesellschaftlichem Misstrauen bedacht. Dementsprechend gilt Online-Dating in vielen Kommentaren und Auseinandersetzungen als potentiell gefährliche Aktivität. Die mit dem Thema verbundenen Ängste reichen von möglichem emotionalen oder finanziellen Betrug bis zu Gewaltszenarien. Das folgende Beispiel illustriert diesen Umstand: Auf meiner Suche nach Informanten antwortete mir eine Akademikerin, dass ihr zum Online-Dating nur einfalle, dass man dabei seinen zukünftigen Mörder kennenlerne. Diese scherzhaft gemeinte Antwort spiegelt den gesellschaftlichen Umgang mit dem Thema wider. Aber die abschreckenden Mutmaßungen reichen nicht aus, um Menschen von Singlebörsen fernzuhalten. Der Branchenumsatz in Deutschland hat sich von 2003 auf 2007 knapp versechsfacht und liegt bei 138,1 Millionen Euro singlebörsenvergleich.de 2009b). Das entspricht einem Wachstum von 22% gegenüber dem Jahr 2006. Über 2500 deutschsprachige Angebote zählt der Singlebörsenvergleich (ebd.), 50 davon sollen eine »ernstzunehmende Größe« darstellen (ebd.). Diese Zahlen und die Präsenz des Online-Dating in unterschiedlichen Lebensbereichen verdeutlichen, dass die Suche nach der Liebe im Netz ein wichtiger Aspekt im Leben vieler Menschen geworden ist. Sie muss als kulturelle Praktik verstanden werden, die einen relevanten Forschungsgegenstand der Ethnologie darstellen kann.

Wissenschaftliche Auseinandersetzungen mit der Thematik Online-Dating sind rar, obwohl sich das Phänomen speziell aus ethnologischer Perspektive als interessanter Forschungsgegenstand anbietet: Online-Dating ist weltweit verbreitet, weist aber gruppen-, lokal- und kulturspezifische Komponenten auf. Beim Online-Dating treffen drei thematische Aspekte mit unterschiedlichem Status in der Ethnologie aufeinander. Der erste Aspekt, das Internet als zentrales Medium des Online-Dating, findet mittlerweile zwar signifikante Beachtung in der Forschung, aber vielen Anteilen des Forschens im und über das Netz wird nach wie vor mit Vorsicht begegnet. Hierzu gehören beispielsweise Fragen der Methodologie oder Debatten um die Authentizität der Daten dieses Forschungsfeldes. Den zweiten Aspekt stellt die romantische Liebe dar. In der Ethnologie wird sie trotz vermehrter Forschung über Emotionen wenig beachtet. Dies liegt einerseits an dem Umgang mit der romantischen Liebe als westlich-individualistischem Konzept, andererseits stellt die romantische Liebe durch ihre vielen Facetten ein schwer definierbares Forschungsobjekt dar. Den dritten thematischen Aspekt, der in das Online-Dating einfließt, bildet die Partnersuche. Sie ist das »klassische« Thema, mit dem die Forschungsgegenstände romantische Liebe und Internet beim Online-Dating zusammenkommen. Das Thema Partnersuche ist Teil des speziell in den Anfängen der Ethnologie stark forcierten Bereichs der Verwandtschaftsforschung. Ethnologische Annäherungen an das Online-Dating sind meines Erachtens nach aus einem weiteren Grund selten: Insbesondere in Deutschland steht gesellschaftlichen Vorstellungen nach die romantische Liebe in Widerspruch zum Internet, denn in vielen Kontexten wird das Internet als »Massenmedium« charakterisiert. Infolgedessen führt der Gebrauch des Internets im Rahmen der romantischen Liebe dazu, dass die entsprechenden romantischen Aktivitäten, Interaktionen und Emotionen eine Abwertung erfahren. Daraus resultiert die Haltung, Online-Dating als Phänomen zu verstehen, das nicht ausreichend bedeutsam ist, um es als Forschungsgegenstand zu behandeln. Vor diesem Hintergrund soll die vorliegende Studie einen ersten Einstieg in ein bis dato relativ unbeachtetes Forschungsfeld bieten.

Zielsetzung, Forschungsfragen und Vorgehen

Mit der Studie werden drei Zielsetzungen verfolgt: Erstens wird ein ethnologischer Einstieg in das Online-Dating vollzogen, somit gilt es, grundlegende Charakteristika dieser Form der Partnersuche herauszuarbeiten. Zweites Ziel und zugleich thematischer Schwerpunkt ist, die Aushandlungsprozesse der Börsenmitglieder zwischen individuellen Emotionen und kulturspezifischen Liebesvorstellungen zu erforschen. Drittens sollen mit dieser Studie Grundlagen für weiterführende komparative ethnologische Forschungen gelegt werden. Die erste Zielsetzung wird durch systematische Beobachtung und Befragung von Online-Datern sowie durch die Untersuchung von Datingbörsen verfolgt. Das zweite Anliegen, den individuellen und kollektiven Umgang mit Emotionen, erarbeite ich anhand nachfolgend genannter Forschungsfragen. Die dritte Zielsetzung, das Ermöglichen komparativer Studien, geschieht, indem die Daten und Resultate nach dem Modell der vier Dynamiken des Internets von Miller/Slater (2000) aufbereitet werden.

Die übergreifende Forschungsfrage zum Umgang mit Emotionen lautet »Wie werden kulturspezifische Liebesideale und individuelle Emotionen beim Online-Dating unter spezieller Beachtung der Vernetzung von kulturellen Bedeutungen und individuellem Erleben ausgehandelt?«. Weil diese Frage diverse Aspekte beinhaltet, ergeben sich zur Beantwortung notwendige Teilfragen. Anhand dieser werden erstens die kulturspezifischen Liebes- und Beziehungsvorstellungen des Online-Dating herausgearbeitet. Zweitens werden zentrale Emotionen der Online-Dater dargelegt, und drittens die Rollen, welche diese Emotionen übernehmen können, vorgestellt. Viertens wird der Frage nachgegangen, von welchen Merkmalen und Emotionen die Kommunikation der Börsenmitglieder gekennzeichnet ist und fünftens untersuche ich, ob sich beim Online-Dating kulturspezifische Logiken des Begehrens ausmachen lassen.

Mit dem Begriff Online-Dating bezeichne ich im Folgenden die Partnersuche über speziell dazu eingerichtete Singlebörsen. Teils sind die Börsen kostenpflichtig, teils kostenfrei. Zielgruppe der Börsen dieser Untersuchung stellen in erster Linie Heterosexuelle dar.[2] Ansonsten finden sich keine weiteren, spezifischen Eingrenzungen[3] wie beispielsweise eine bestimmte Religionszugehörigkeit, Nationalität oder ethnische Herkunft. Die Börsenmitglieder sind auf der Suche nach einer Beziehung, die ausserhalb des Internets gelebt werden soll. Das Online-Dating weist demzufolge Anteile im Internet auf sowie Bereiche, die außerhalb des Netzes geschehen.

Den methodischen Schwerpunkt bilden Interviews und teilnehmende Beobachtung, beide Zugriffe habe ich sowohl on- als auch offline angewendet. Teil des Herangehens ist zudem eine gründliche Literaturrecherche gewesen. Bei der Datenanalyse und -interpretation liegt der Schwerpunkt auf dem individuellen Erleben einzelner Börsenmitglieder.

Zur Einordnung der Studie

Die Untersuchung ist aufgrund ihres facettenreichen Gegenstandes verschiedenen Bereichen der Ethnologie zuzuordnen. Sie kann als psychokulturelle Forschung verstanden werden, weil die Analyse eines kulturellen und sozialen Phänomens mit Annahmen von kognitiven und emotional generierten Aspekten verbunden wird. Des Weiteren handelt es sich um eine medienethnologische Untersuchung durch die Erforschung eines Phänomens, das auf dem

---

2 Auf den Seiten der Börsen, in die meine Informanten eingeschrieben sind, habe ich keine Ausschlussklauseln für Personen nicht-heterosexueller Orientierungen vorgefunden. Allerdings gibt es für so gut wie jede sexuelle Orientierung Datingangebote im Netz, teilweise von den gleichen Anbietern der heterosexuell ausgerichteten Börsen. So kommt es, dass sich in den von mir untersuchten Online-Plattformen nur vereinzelt Menschen befinden, die sich als bi- oder homosexuell bezeichneten. Die Börse kathtreff.org (2007) erwähne ich nur exemplarisch. Sie ist die einzige Singlebörse, die in dieses Buch Eingang findet und die sich Menschen nichtheterosexueller Ausrichtung verschließt.

3 Als partielle Ausnahme kann die in der Studie untersuchte Börse Elitepartner.de angesehen werden. Sie bezeichnet sich selbst auf ihrer Homepage als die »Adresse für Singles mit Niveau« (2009a) und in einer TV-Werbung als die Börse »für Akademiker und Singles mit Niveau« (2009b). Aus diesem Grund kann gesagt werden, dass das Angebot von Elitepartner.de gezielt auf Menschen bestimmter sozialer Schichten sowie Personen, die einen bestimmten gesellschaftlichen Status anstreben, ausgerichtet ist. Es gibt aber keine ausgeschriebenen Vorgaben, dass z. B. universitäre Abschlusszeugnisse vorgelegt werden müssen, auch ist die Börse offen für Menschen jeder Konfession oder Herkunft.

Medium Internet basiert. Und, neben diesen Aspekten, stehen individuelle Emotionen im Zentrum. Somit leistet die Studie einen Beitrag zur ethnologischen Emotionsforschung mit dem Schwerpunkt auf der romantischen Liebe.

Die Untersuchung fußt auf der Annahme des Internets als Teil der materiellen Kultur. Verkürzt dargestellt finden sich kulturelle Vorstellungen, gesellschaftliche Normen und lokale Gewohnheiten in dem Gebrauch des Internets wieder (siehe u. a. Hine 2000, Miller/Slater 2000). Das WWW existiert also keineswegs getrennt von Bereichen, die sich durch vorgebliche »Realität« auszeichnen, sondern ist ein Teil unterschiedlichster Lebensbereiche. In den Interviews und Emails beschreiben meine Informanten jedoch gewisse Aspekte des Online-Dating als eine Art separater »Realität«. Dabei erstellen sie eindeutig nicht nur auf sprachlicher Ebene Dichotomien zwischen »Realität« und »Virtualität«, sondern erleben dies auch auf emotionaler Ebene. Geht man jedoch davon aus, dass das Internet Teil der materiellen Kultur ist, bedeutet das, dass eine Behandlung des Netzes als separate Entität ein kulturelles Phänomen darstellt. Eine solche Annahme ist demzufolge als emische Vorstellung zu behandeln und nicht als Forschungsgrundlage anzusehen (Miller/Slater 2000: 5). Die Perspektive auf das Internet als Teil der materiellen Kultur verdeutlicht weiterhin, dass Online-Dating keine Erscheinung darstellt, die ohne Verbindung zu sozialen und kulturellen Kontexten »plötzlich« durch eine Technologie möglich wurde. Im Gegenteil, Online-Dating ist eine kulturelle Technik, die auf einer langen Vorgeschichte von kulturellen, sozialen, technologischen und historisch-politischen Entwicklungen beruht und permanent in einer Wechselwirkung mit diesen Einflüssen steht. Die Formen des Zusammenlebens haben sich im letzten Jahrhundert in den komplexen, stratifizierten westlichen Gesellschaften stark verändert. In den meisten sozialen Schichten wurden traditionelle Formen von Partnerwahl und Ehe durch »moderne«, weniger standardisierte und individuell gestaltete Modelle ersetzt. Begriffe wie »Lebensabschnittspartner« oder »serielle Monogamie« beschreiben monogame, eheähnliche Beziehungen. Die »Endgültigkeit« einer staatlich besiegelten Ehe wird durch Scheidungsmöglichkeiten in Frage gestellt, wobei die Trennung nicht mehr zwangsläufig soziale Sanktionen mit sich ziehen muss. Einfluss auf die Vorgehensweisen bei der Partnerwahl hat dementsprechend der Wandel, der die Rollen und Inhalte von Ehe und Partnerschaften über die letzten hundert Jahre in Deutschland einschneidend prägte. Diese Veränderungen beinhalten, dass das Konzept der freien Partnerwahl auf der Basis von Emotionen immer wichtiger wurde, es verbreitete sich mit zunehmendem gesellschaftlichen und ökonomischen Wandel in so gut wie allen Bevölkerungsschichten: Emotionen, die als Teil der romantischen Liebe gelten, stellen nun das zentrale Element der Variante der Partnersuche dar, wie sie in der vorliegenden Studie behandelt wird.

Zu den Besonderheiten der Studie

Nicht unbedingt typisch für ethnologisches Vorgehen ist, dass diese als Dissertation konzipierte Forschung in dem weitestgehend gleichen sozio-kulturellen Umfeld durchgeführt wurde, aus dem ich, die Ethnologin, stamme und in dem ich lebe. Hinzu kommt, dass unter meinen Informanten ein hoher Anteil an Akademikern ist. Einige hatten bereits ihren Doktortitel, während die Forschung, die diesem Buch zugrunde liegt, erst meine Dissertation darstellte. Wird in ethnologischen Arbeiten häufig »nach unten« geforscht, indem Gruppen untersucht werden, die einen politisch, ökonomisch oder sozial schwächeren Stand oder hinsichtlich westlicher Bildungssysteme niedrigere Position haben als die forschenden Ethnologen, war dies im Fall meiner Untersuchung nicht so. Bemerkungen nach Interviews wie »So, ich hoffe, ich habe dir nun helfen können und auch einen kleinen Teil zur Doktorarbeit beigetragen« wie von einer 43-jährigen, promovierten Germanistin[4], sind ein Ausdruck dieses Forscher-Beforschten-Verhältnis. Die Motivation meiner Informanten, mir Einblick in ihre Partnersuche zu gewähren, war also in manchen Fällen akademische Solidarität. Eine weitere Konsequenz der Befragung von Akademikern war, dass sich Informanten nach meinen Methoden, theoretischen Ansätzen und Auswertungskriterien erkundigten, was sicher auch nicht typisch für ethnologische Studien ist. Dies führte des öfteren zu emotionalen Reaktionen bei mir: Wenn z. B. ein promovierter Naturwissenschaftler mich über die »objektive Vergleichbarkeit« meiner Daten befragte, fühlte ich mich verpflichtet, meinen Stand als Ethnologin sowie ethnologische Methoden schlechthin verteidigen zu müssen.

Häufiger als Erkundigungen nach meinem wissenschaftlichen Vorgehen kamen in den Kontakten Fragen nach meinen Erfahrungen mit Beziehungen, mit der Partnersuche und mit der Liebe auf. Bei der Transkription von Interviews verschriftlichte ich Passagen, in denen ich zeitweilig die Person war, die zu ihren Liebes- und Partnervorstellungen befragt wurde. Die Fragen der Informanten an mich stellten dabei einen Gewinn dar, denn manchmal zeigten sie

---

4   Die Frau habe ich über eine Börse kennengelernt. Ich schrieb sie aufgrund ihres Profils an und bat sie um ein Email-Interview für meine Dissertation. Daraufhin antwortete sie, das sie sich gerne zur Verfügung stelle. Erst im Verlauf des Email-Interviews schrieb sie, dass sie promovierte Germanistin ist.

Perspektiven auf, die ich bis dahin nicht beachtet hatte. Bei diesen kurzzeitigen Rollenwechseln merkte ich, wie es sich anfühlt, einer relativ fremden Person Informationen über die eigenen Emotionen und Befindlichkeiten zu geben. Diese Erfahrungen erleichterten mir den Zugang zu meinen Informanten. Weil ich mich in einer langjährigen Beziehung befinde und mit meinem Freund zusammenlebe, nehme ich einen anderen Status als der Großteil meiner Informanten ein. Die Emotionen und Sehnsüchte der Informanten kann ich aber durch mein gleiches kulturelles Umfeld grundsätzlich sehr gut nachempfinden. Enttäuschte Lieben und emotionale Zurückweisungen, Unsicherheit über die Gefühle einer geliebten Person oder Euphorien einer Verliebtheit sind Zustände, die mir (wie auch sicher jedem Leser) bekannt sind. Auch habe ich ähnliche Orte und Aktivitäten bei der Partnersuche und bei ersten Treffen wie meine Informanten benutzt: Treffen in Cafés, Kneipen, Clubs, romantische Einladungen in Restaurants oder gemeinsame Spaziergänge gehören ebenfalls zu meinen kulturellen Techniken. Diese Ähnlichkeiten führten jedoch dazu, dass ich mir meine Position als Ethnologin immer wieder selbst verdeutlichen musste. Soweit dies grundsätzlich möglich ist, war es mein Ziel, meine eigenen Emotionen nicht in die Interpretationen und Analysen der Daten einfließen zu lassen. Ebenso wie Reddy (1997) gehe ich davon aus, dass Emotionen nur bis zu einem gewissen Teil kommunizierbar sind und immer ein individueller Anteil vorhanden ist, der nicht vermittelt werden kann. Das bedeutet auch, dass, wenn ein Online-Dater von einer emotionalen Situation (z. B. eine Enttäuschung) spricht, er diese durchaus mit anderen Qualitäten verbinden kann als ich. Des Weiteren wurde ich in Interview- und Kontaktsituationen von vielen Informanten als Spezialistin in Sachen Online-Dating verstanden, weil ich mich auf wissenschaftlicher Ebene mit dem Thema auseinandersetzte. Wiederholt wurde ich beispielsweise nach meinen Einschätzungen von Profilen gefragt oder ich sollte bei der Auswahl von Fotos sowie Profilangaben helfen. Meinen Informanten war bewusst, dass ich sehr viele Geschichten von Online-Datern kannte. Nicht selten wurde ich daher gebeten, ihre persönliche Situation mit der anderer Informanten zu vergleichen.[5]

---

5   Meiner Meinung nach wurden solche Fragen teils aus genuinem Interesse gestellt. Teils muss davon ausgegangen werden, dass Informanten auf diesem Weg meine Vertrauenswürdigkeit überprüfen wollten: Hätte ich intime Details oder persönliche Daten anderer Börsenmitglieder weitergegeben, wäre ich als Vertrauensperson disqualifiziert worden. In solchen Fällen habe ich auf die Fragen geantwortet, ohne vertrauliche Informationen weiterzugeben. Wurde noch nach persönlichen Details gefragt, sagte ich, dass ich derartiges Wissen nicht weitergebe.

In der Literatur über ethnologische Langzeitstudien wird häufig das *going native* erwähnt: Durch den langen Aufenthalt im Feld und die intensiven Kontakte verliert der Ethnologe die wissenschaftlich erforderliche Distanz. Um dem entgegenzuwirken, wird eine phasenweise Abwesenheit empfohlen. Ein kompletter Rückzug aus meinem Forschungsfeld fand bei dieser Untersuchung nicht statt. Selbst in Phasen der Datenauswertung oder des Transkribierens von Interviews waren meine Kontakte zu den Börsenmitgliedern allgegenwärtig, weil mich E-Mails erreichten und ich in den Börsen E-Mails und Anfragen beantwortete, um keine Kontakte zu verlieren. Trotzdem Distanz zu wahren erleichterte mir die Tatsache, selber nie Online-Dating gemacht zu haben und den Blick einer Außenstehenden auf diese Form der Partnersuche zu besitzen. Vertraut mit den Umgangs- und Verhaltensweisen des Online-Dating wurde ich dennoch durch meine häufige Präsenz in verschiedenen Börsen, in denen ich während der Forschung Mitglied war. Röttger-Rössler (2004: 116) beschreibt Forschung als »einen Balanceakt zwischen Nähe und Distanz«. Sie postuliert, dass Phasen der Nähe immer Zeiten des Abstandes folgen müssen, ihrer Meinung nach setzen die Distanzierungsprozesse spätestens mit der analytischen Aufarbeitung der Daten ein. Zur Frage steht jedoch, ob eine intellektuelle Distanz mit einer emotionalen verbunden sein muss (2004: 117). Je öfter ich mit Online-Datern gesprochen habe und je tiefer mir Einblick in ihre Handlungen und Emotionen gewährt wurde, desto stärker nahm ich Anteil an ihrer Partnersuche: Ich war ebenso wie Margitt auf eine neue E-Mail gespannt, empfand Empörung über das Einstellen falscher Fotos wie Manuel oder amüsierte mich mit Torben über skurrile Dates. Derartige Emotionen lebten bei der Datenauswertung und dem Schreiben wieder auf. Foster (1979: 180) ist der Ansicht, dass »the mark of a true anthropologist is to be able to relate to people, not simply as informants, but as friends who share much more than an immediate concern with data«. Definitionen von Freundschaft sind sicherlich ebenso komplex wie Definitionen von Liebesbeziehungen oder anderen emotionalen Relationen, daher erachte ich es als schwierig, mich als »Freundin« meiner Informanten zu sehen. In der Studie wechselten meine Rollen: Je nach Situation stellte ich in erster Linie eine Beobachterin und akademische Forscherin dar, nicht selten war ich aber auch eine Vertraute, die bei Liebeskummer tröstete, danach wandelte ich mich wiederum in die Ethnologin, die einen Bericht über eine enttäuschte Liebe transkribierte. Ich habe mich dafür entschieden, die verschiedenen Rollen zuzulassen. In manchen Fällen machte ich mir vor den Treffen mögliche Rollenszenarien bewusst, entschied mich für eine oder mehrere Rollen und strebte an, sie mit notwendiger Flexibilität im Kontakt beizubehalten. Die zentrale, an mich selbst gestellte Bedingung war, mir meine Rollen nach den Treffen bewusst zu machen und meine Analysen mit größtmöglicher Achtsamkeit vorzunehmen. Rekapitulierend über meine eigene emotionale Beteiligung bei der Studie ist festzuhalten, dass das Beobachten meiner Anteilnahme wichtige Hinweise über die kulturspezifischen Rahmenbedingungen des Online-Dating wiedergibt. Wenn auch die Aussagen meiner Informanten ohne Zweifel im Vordergrund standen, so war es wichtig, Protokoll über meine eigenen emotionalen Zustände zu führen. Emotionen der forschenden Person dürfen nicht von ihr selbst ignoriert werden. Sie tragen gewiss nicht nur in einer ethnologischen Forschung über Partnersuche und romantische Liebe zum integralen Verständnis der Lebenswelten der Informanten bei.

Vorgriff: Ausblick auf die Forschungsergebnisse

Die Untersuchungsergebnisse basieren auf der Sicht des Internets als Teil der materiellen Kultur. Damit einhergehend ist herauszustellen, dass Online-Dating an kulturspezifische Vorstellungen und Praktiken anknüpft, diese fortsetzt und aufgrund der technologischen Möglichkeiten erweitert. Im Rahmen des von mir untersuchten Online-Dating stellt die romantische Liebe das omnipräsente Thema dar. Charakteristisch für die romantischen Liebe sind Emotionalität und Gefühlsbetontheit. Demzufolge repräsentieren Emotionen bei der Partnersuche zentrale Elemente, die in unterschiedlicher Form in Erscheinung treten.

Online-Dating enthält Vorgehensweisen, die Liebesvorstellungen widersprechen, aber es finden sich ebensoviele Ideen und Praktiken, die konform mit Liebesannahmen sind. Die Gegensätze sind ein integraler Bestandteil des Online-Dating, sie werden von meinen Informanten als unvermeidbar angesehen. Im Rahmen der Online-Partnersuche stehen zwei kulturspezifische Liebes- und Beziehungsvorstellungen im Vordergrund: Die Auffassung, einen Partner und die Liebe durch eine aktiv gestaltete Suche zu finden und die Sicht, dass subjektiv wahrgenommene Emotionen aus dem Bereich der romantischen Liebe das entscheidende Merkmal sind, einen anderen Menschen als Partner in Betracht zu ziehen. Die Zuschreibungen und das Erleben einzelner Emotionen als Teil der Liebe sind individuell. Als Erklärung sind die unterschiedlichen Schemata, die ein Online-Dater aufgrund seiner persönlichen Biografie »aktiviert« hat, anzuführen. Trotz der individuellen Komponenten können zwei dominierende Konzepte bei den Datingvorgängen herausgearbeitet werden: Der Wunsch, sich zu verlieben und die Sehnsucht, Teil eines Paares zu sein. Je nach Situation stehen beim Online-Dating Emotionen im Vordergrund oder sie begleiten in verdeckter Form diverse Handlungen. Emotionen übernehmen eine Vielzahl von

Funktionen etwa als Entscheidungshilfe, als Rückmeldung über die eigenen Befindlichkeiten, die aus einem Kontakt resultieren oder als Grund, den Kontakt zu einem Börsenmitglied abzubrechen. In der textbasierten Kommunikation per E-Mail, die face-to-face-Treffen vorangeht, werden Emotionen vorrangig implizit behandelt. Dies entspricht kulturspezifischen Vorstellungen, nach denen explizite Kommunikation über die romantische Liebe selbige bereits in Frage stellt. Parallel dazu existiert jedoch ein inhaltlich sehr direkt geführter Austausch in den Börsen. Dieser stellt die vorherigen Ausführungen keineswegs in Frage, denn Widersprüchlichkeiten sind fester Bestandteil der romantischen Liebe. Die offensive Direktheit ist darauf zurückzuführen, dass Online-Dating in seiner Eigenschaft als Internetphänomen normative Freiheiten (Miller/Slater 2000: 16f) ermöglicht.

Das Aushandeln von kulturspezifischen Liebesidealen und individuellen Emotionen wird von den Online-Datern situativ vorgenommen. Auch wenn individuelle Anteile wie die Biografien der einzelnen Börsenmitglieder einen unbestreitbaren Einfluss ausüben, bilden kulturspezifische Liebesideale die Rahmenbedingungen der singulären Verhaltensweisen und des individuellen Erlebens. Dies kann soweit gehen, dass die kulturspezifischen Annahmen Vorstellungen und Praktiken implizit limitieren. Zentral bei den Aushandlungsprozessen zwischen individuellen und kulturellen Vorstellungen sind die subjektiven Emotionen. Online-Dater verstehen sie als entscheidende Instanz in Dilemmata, die zwischen subjektiven Bedürfnissen und kulturellen Vorstellungen entstehen. Zu beachten ist, dass Online-Dating vielen gesellschaftlichen Kommentaren und Diskursen zum Trotz eben nicht permanent von derartigen Konflikten geprägt ist. Die romantische Liebe ist ein Modell, welches sowohl in sozio-kulturellen Annahmen wie auch im individuellen Erleben von hoher Flexibilität geprägt ist. Weil die romantische Liebe das zentrale Modell der Online-Partnersuche darstellt, finden sich immer wieder Wege für einzelne Online-Dater, die Aushandlungsprozesse zu vollziehen. Keiner meiner Informanten äußerte sich ausschließlich positiv oder negativ über das Online-Dating, sondern alle beschrieben unterschiedlich bewertete Facetten. Ambivalenz ist folglich bei dieser Form der Partnersuche omnipräsent. Entscheidend für das Verständnis, warum Menschen eine solche Situation als akzeptabel erachten, ist, dass das kulturspezifische Modell Liebe, welches dieser Partnersuche zugrunde liegt, von Ambivalenzen und Gegensätzen durchzogen ist.

Um komparative Studien zu ermöglichen, werden die Daten und Resultate nach dem Modell der vier Dynamiken nach Miller/Slater (2000) aufbereitet. Dabei finden sich Limitationen und Veränderungen innerhalb der Dynamiken, denn die Thematik meiner Studie ist durch den Schwerpunkt auf Emotionen geprägt. Miller/Slaters Dynamiken enthalten aus diesem Grund Anteile, die sich in meinen Daten teilweise nur in geringem Ausmaß oder andersartig gestaltet finden. Die Dynamiken im Rahmen des Online-Dating fasse ich in den nachfolgend zusammen (Die Dynamiken werden nicht inhaltlich erläutert, da es sich an dieser Stelle um einen Vorgriff auf die Ergebnisse handelt. Die inhaltlichen Beschreibungen finden sich in Kapitel 10):

- Dynamiken der Objektifizierung (Miller/Slater 2000: 10): Der Selbsterkennungswert im Internet äußert sich durch den Einsatz des Netzes als Medium der Partnersuche. Die expansive Realisation dieser Dynamiken zeigt sich, indem Online-Dater in den Börsen idealisierte Varianten ihrer Person ausleben. Dies bezieht sich beispielsweise auf die Gestaltung der Selbstdarstellungen, in denen sich Börsenmitglieder als begehrenswerte Singles präsentieren. Mithilfe der Datingplattformen können sie zu dem werden, was sie ihrer eigenen Ansicht nach »wirklich« sind, es aber ohne Einsatz des Internets nicht ausleben können. Das expansive Potential der Dynamiken der Objektifizierung spiegelt sich erstens darin wieder, dass die Informanten nach Beziehungen streben, die in der Zukunft liegen. Zweitens ist das expansive Potential in den Vorstellungen über das Internet als demokratisches Medium verankert. Diese Ideen verbinden sich mit der kulturspezifischen, historisch gesehen relativ jungen Annahme, dass jeder Mensch ein Anrecht auf sein Liebesglück besitzt.

- *Dynamiken der Mediation* (Miller/Slater 2000: 14): Bei ihnen handelt es sich um die Dynamiken, die aufgrund meiner thematischen Eingrenzung in geringem Umfang aufzuzeigen sind, denn Datingbörsen zielen darauf ab, möglichst benutzerfreundliche Technologien zu verwenden. Somit ist der Gebrauch von Features für Börsenmitglieder bereits durch das Angebot der Datingforen eingeschränkt. Meine Informanten bevorzugen das e-mailen, Chatten ist zweitrangig. Es wird damit die Technologie angewendet, mit der die User außerhalb des Online-Dating am vertrautesten sind. Weiterhin handelt es sich beim Mailen um die am besten in das Konzept der romantischen Liebe zu integrierende Technologie, weil kulturellen Vorstellungen nach Schriftgut (z. B. Liebesbriefe) als der Liebe zugehörig angesehen wird.

- *Dynamiken der normativen Freiheit* (Miller/Slater 2000: 16): Online-Dating ermöglicht eine Vielzahl von Freiheiten. Sie begründen sich in der Tatsache, dass mit Hilfe des Internets eine Partnersuche durchführbar ist, die in ihrer Intensität über offline-Möglichkeiten hinausreicht. Online-Dater sind z. B. in der Lage,

z. B. zeit- und ortsunabhängig zu agieren oder Wünsche wesentlich direkter zu äußern als es Konventionen außerhalb des Netzes erlauben. Restriktionen dieser neuen Freiheiten äußern sich nicht in Verboten (z. B. gesetzlicher Art), aber in gesellschaftlichem Misstrauen.

- *Dynamiken der Positionierung* (Miller/Slater 2000: 18): Im Rahmen des von mir untersuchten Online-Dating werden lokale Bezüge erstellt. Partnersuchen finden größtenteils in näherem Umfeld statt, große Distanzen gelten zumindest theoretisch als Hindernis für eine Beziehung. Hierfür sind als Begründung die emischen Vorstellungen von Partnerschaften zu nennen.

Zur Gliederung

Das Buch ist in drei Teile gegliedert. Im ersten Teil beschäftige ich mich mit theoretischen Ansätzen, im zweiten Teil bilden die Annäherungen an das Online-Dating und die empirischen Darstellungen den Schwerpunkt, im dritten Teil beschreibe ich die Forschungsergebnisse.

Der erste Teil beinhaltet die Kapitel 2 und 3. Im zweiten Kapitel stelle ich theoretische Ansätze zu Emotionen vor, im dritten Kapitel theoretische Ansätze zur romantischen Liebe. Weiterhin werden die theoretischen Annahmen zu Gefühlen und Emotionen dargelegt, von denen in dieser Studie ausgegangen wird. Der zweite Teil umfasst die Kapitel 4 bis 6. Dieser Teil weist einen stark narrativen Charakter auf. Meine Informanten kommen zu Wort: Durch Zitate aus Interviews, E-Mails und Gesprächen geben sie ihre Sicht auf das Online-Dating, ihre Erfahrungen und ihre Emotionen wieder. Im vierten Kapitel stelle ich die Rahmenbedingungen meiner Forschung vor. Inhalte sind der Forschungsstand über die Online-Partnersuche, die Eingrenzung des Begriffs Online-Dating, die Nennung der Zielsetzung der Studie und Erläuterung meiner Forschungsfragen sowie die Darstellung meines methodischen Vorgehens. Im fünften Kapitel beschreibe ich das Forschungsfeld. Das sechste Kapitel beinhaltet vorrangig die Darstellungen meines empirischen Vorgehens, indem diverse Facetten des Online-Dating in Relation zu Emotionen erläutert werden. Im dritten Teil verlasse ich die erzählende Ebene, im Fokus stehen jetzt die Analyse und Interpretation der Daten. Der dritte Teil beinhaltet die Kapitel 8 bis 12. Im 8. Kapitel gehe ich einführend auf meinen Datensatz und auf die Bedeutung von Interviews für diese Studie ein. Im 9. Kapitel werden die herausgearbeiteten Charakteristika des Online-Dating beschrieben. Im 10. Kapitel beantworte ich die Forschungsfragen über die Aushandlungsprozesse zwischen individuellem Erleben und kulturellen Vorstellungen. Anschließend werden die Daten und Resultate nach den vier Dynamiken von Miller/Slater (2000) im 11. Kapitel aufbereitet. Aus den bis dahin vorgestellten Resultaten lassen sich Aussagen zur Beziehung von kulturellen Bedeutungen und individuellem Erleben herausarbeiten, zur Diskussion im 12. Kapitel gestellt. Das 13. Kapitel beinhaltet die Schlussbemerkung und einen Ausblick auf weiterführende Studien.

Anmerkungen

In den Darstellungen finden sich erläuterungsbedürftige inhaltliche und sprachliche Aspekte, die hier zusammengefasst werden:

- Die Auswahl der Online-Dater in den von mir untersuchten Börsen lässt sich auf keine spezifischen Gruppen, wie eine bestimmte ethnische oder religiöse, zurückführen. Im Fokus stehen Singlebörsen, deren Mitglieder fast ausnahmslos heterosexuell orientiert sind. Dass vorrangig heterosexuelle Informanten in dieser Studie zu Wort kommen, soll in keinem Fall eine Diskriminierung darstellen. Sie ist eine von mir getroffene Entscheidung zur Begrenzung des Forschungsfeldes.[6] Die Aufnahme anderer gruppenspezifischer Börsen hätte den Rahmen dieser Forschung überschritten. Die Online-Dater, mit denen ich in Kontakt stand, ordnen sich selbst keiner Gemeinschaft zu, die einen ausgewählten Kreis von Partnern wie z. B. mit bestimmter religiöser Überzeugung oder ethnischer Zugehörigkeit bevorzugt. Meine Informanten haben sich vorrangig für die mitgliederstarken Börsen Datingcafe.de, Elitepartner.de, Finya.de oder Parship.de entschieden.

- Die Börsen werden in diesem Buch Single-, Dating- oder Partnerbörsen, Börsen sowie Datingplattformen genannt. Manche Anbieter, wie z. B. Parship.de, bezeichnen sich selbst als »Partneragentur«, um auf die Seriosität ihres Angebots zu verweisen. Mit den von mir verwendeten Ausdrücken sollen derartige Anliegen nicht übergangen werden. Meine Begriffswahl habe ich getroffen, damit eine zu breit gefächerte Terminologie bei den Lesern nicht zu Verwirrung führt und um Wertungsfreiheit hinsichtlich der unterschiedlichen Angebote der Börsen zu verdeutlichen.

---

6 Einen Teil der Informanten habe ich gefragt, wie sie ihre sexuelle Ausrichtung benennen. Bei anderen konnte ich im Börsenprofil erkennen, welche Orientierung sie angekreuzt haben. Bei einigen Informanten war die sexuelle Orientierung durch die Börsenstrukturen nicht eindeutig definierbar, aber in ihren Suchoptionen gaben sie an, dass sie Kontakt zu einer Person des anderen Geschlechts suchten. Letzteres schließt natürlich nicht aus, dass die Personen nicht bisexuell sind. Mir war zur Begrenzung des Forschungsfeldes in solchen Fällen wichtig, dass innerhalb der Börse nach einer heterosexuellen Beziehung gesucht wurde.

- Wie dargelegt gehe ich davon aus, dass das Internet keinen separaten Raum darstellt, der sich durch Virtualität von Bereichen außerhalb des Netzes abgrenzt. In manchen Beschreibungen gestaltet sich demzufolge die Wortwahl schwierig: Wie soll das, was nicht im Netz ist, sprachlich bezeichnet werden? Ich habe in solchen Fällen den Begriff offline als Zusatz verwendet (z. B. Partnersuche offline). An manchen Stellen, wo es mir sprachlich passend erschien, benutze ich Worte wie »real« oder »Realität« (z. B. im Fall von »realen Treffen« für Rendezvous, die in einem Café stattfinden). Mit den Bezeichnungen lehne ich mich an alltagssprachliche Verwendungen an. Es sollen damit aber keineswegs Gegensätze wie »Real vs. Virtuell« impliziert werden. Aus diesem Grund habe ich die entsprechenden Worte in Anführungszeichen gestellt.

- Der sprachlichen und schriftbildlichen Einfachheit halber verwende ich in den meisten Fällen für beide Geschlechter die männliche Bezeichnung. Schreibe ich z. B. von Online-Datern, umfasst der Begriff sowohl weibliche als auch männliche Börsenmitglieder.

- Diese Untersuchung beinhaltet das Thema romantische Liebe. Wird nur der Term Liebe erwähnt, bezieht sich das ebenfalls auf die romantische Variante. Andere Liebesformen wie z. B. freundschaftliche oder platonische sind mit entsprechenden sprachlichen Zusätzen versehen.

- Einer Klärung bedarf der Begriff Beziehung. Im Verlauf des Buches verwende ich die Worte Beziehung, Partnerschaft und Ehe. Beziehung und Partnerschaft verstehe ich in meinen Ausführungen synonym. Sie bezeichnen eine als exklusiv angesehene Bindung zweier Menschen auf der Basis der romantischen Liebe, im Fall der von mir untersuchten Beziehungen einschließlich eines sexuellen Verhältnisses. Der Term Ehe bezeichnet eine Partnerschaft, die formalisiert wurde, sei es staatlich, religiös oder im Rahmen einer Tradition. Weiterhin verwende ich den »Doppelterm« Beziehung/Ehe. Hierbei handelt es sich um eine Zusammenfassung, wenn beide Optionen, beispielsweise bei rekapitulierten Aussagen von Online-Datern, zutreffen. Auch gebrauche ich die Doppelbezeichnung, wenn ich Bezug auf Literatur nehme, die fast ausschließlich die Ehe erwähnt, sich aber ebenso auf Partnerschaften ohne Trauschein (»wilde Ehen«) anwenden lässt.

- Vor den Mail-Zitaten befindet sich ein @-Symbol. In den E-Mails habe ich weder Grammatik noch Orthografie verändert. Emoticons und andere Zeichen sind ebenfalls unverändert.

- Namen, Wohnort und Berufsangaben von Informanten sind anonymisiert. Sofern Altersangaben vorhanden waren, habe ich sie unverändert angegeben. Börsennamen sind nicht anonymisiert, weil ich die Datingplattformen als frei zugängliche Räume auffasse.
- Manchen Lesern fällt sicherlich auf, dass keine Nicknamen[7], sondern nur Personennamen verwendet werden. Das liegt daran, dass ich auch die Nicknamen hätte anonymisieren müssen, wobei es zu inhaltlichen Verzerrungen gekommen wäre. Hintergrund ist, dass ich die Pseudonyme als integralen, persönlichen Bestandteil des *imagined self* (Appadurai 2000: 8) im Laufe der Forschung zu verstehen gelernt habe. Selbst wenn es nicht der »reale« Name ist, halte ich ihn für persönlichkeitskonstituierend. Da die Nicknamen aber der Fantasie der Online-Dater entspringen oder direkte Verweise auf Charakteristika sowie Vorlieben darstellen, halte ich es für anmaßend, mir eigene Bezeichnungen auszudenken. Folglich werden manche Personen im Text mit »anonym« bezeichnet. Diese Börsenmitglieder wollten mir nicht ihren Namen nennen und ich habe dies durch den Begriff kenntlich gemacht.
- Im Anhang befindet sich eine Liste der Informanten, die im Buch anonymisiert erscheinen. In der Auflistung werden zusätzliche Angaben gemacht, zu denen mich die Informanten autorisiert haben. Damit soll einer Reduktion der Informanten auf ihr Online-Dating entgegengewirkt sowie die Fragmentierung von Identitäten vermieden werden. In der Studie erscheint eben nicht nur Torben, der Online-Dater, sondern auch Torben, der einen Beruf hat, Vorlieben aufweist und ganz typische Charakteristika trägt, die vielleicht keinen Eingang in diese Forschung gefunden haben und mir nicht bekannt sind. All dies lässt sich selbstverständlich auch nicht im Anhang festhalten, aber auf diesem Weg soll den individuellen Persönlichkeiten Raum gegeben werden.
- Das Internet ist ein von ständigem Wandel geprägtes Medium. Aus diesem Grund können zum Zeitpunkt des Lesens Beschreibungen, Inhalte oder Bilder nicht mehr zutreffen. Ebenso können Links, die im Literaturverzeichnis angegeben sind, nicht mehr existieren oder andere Inhalte aufweisen. Im Literaturverzeichnis ist daher jede Internetseite mit dem Datum meines letzte Zugriffs versehen.

---

7 Als Nicknamen werden die in den Börsen verwendeten Pseudonyme bezeichnet.

21

Teil 1: Theoretische Ansätze

2. EMOTIONEN

> »Jealousy, love, hatred, fear, anger, grief,
> embarassement, guilt, and other emotions are
> part of social life. A social life devoid of emotion
> would barely qualify as social – and in any case
> would not be recognizable as the social life of
> human beings.«
> (Russel 1994: 571)

Emotionen gelten als eine zentrale menschliche Eigenschaft, sie sind fest in sozio-kulturelle Gefüge integriert. Sie begleiten soziale Interaktionen, und zwischenmenschlicher Austausch ruft wiederum Emotionen hervor. Durch Emotionen wird das Selbst erlebt und Identität erfahren. Ansichten, was diese essentiellen, menschlichen »Bestandteile« ausmacht, gehen jedoch stark auseinander, denn Emotionen sind schwer zu präzisieren. Ihnen haftet die Aura des Inneren, natürlich Gegebenen an, das sich angeblich wissenschaftlich-analytischen Annäherungen verschließt. Reddy schreibt:

»Emotions are the most immediate, the most self-evident, and the most relevant of our orientations towards life. But from the moment the question is taken seriously, troubling difficulties of definiton arise.« (Reddy 2001: 3)

Resultierend aus der Definitionsproblematik variieren wissenschaftliche Fragestellungen und theoretische Ansätze. Der Forschungsstand über Emotionen weist sowohl in der Ethnologie als auch in anderen Wissenschaften nicht zwangsläufig eine favorisierte Theorie auf. Es gibt zahlreiche heterogene Strategien, sich mit Emotionen auseinanderzusetzen. Es existieren beispielsweise evolutionstheoretische sowie neoevolutionistische Ansätze, behavioristisch beeinflusste Annäherungen, welche z. B. emotionale Aspekte von Reaktionen auf Reize fokussieren und kognitive Annäherungen, die gedankliche und mit Wahrnehmung verbundene Anteile von Emotionen als Schwerpunkt auswählen. Ethnologische Annäherungen gehen auf die vielfältigen Zusammenhänge von Emotionen und Kultur ein. Verbunden mit der kognitiven Perspektive können z. B. kulturspezifische Hierarchisierungen von thematisch verknüpften Schemata erforscht werden. Kulturelle und soziale Handlungen

25

sind weiterhin in Hinblick auf ihren emotionalen Anteil zu betrachten: Handlungen können Emotionen symbolisieren, Emotionen hervorrufen und durch kulturelle Normvorstellungen geprägt sein. Emotionen sind außerdem hinsichtlich ihres individuellen Erlebens von ethnologischem Interesse. Hinzu kommt die Beschäftigung mit Ethnotheorien[1] von Emotionen und der Ethnopsychologie verschiedener soziokultureller Gruppen.

In diesem ersten Kapitel stelle ich wissenschaftliche Annäherungen an Emotionen vor. Als erstes gehe ich skizzierend auf die Abwendung von dem positivistischem Paradigma ein, mit der das ethnologische Forschungsinteresse an diesem Gegenstand einsetzt. Anschließend beschreibe ich in Postulate der konstruktivistischen Perspektive. Daraufhin werden Ansätze, die Emotionen als Verbindung individueller und kultureller Einflüsse behandeln, vorgestellt. Abschließend beschreibe ich die meiner Studie zugrunde liegenden Konzeptionen von Gefühlen und Emotionen.

Die Abwendung vom Positivismus

Das ethnologische Ignorieren von Emotionen liegt insbesondere an der bis in die 1960er vorherrschenden Dominanz des positivistischen Paradigmas: Vereinfacht formuliert kann nur das, was »objektiv verifizierbar« und messbar ist, untersucht werden. Individuelles Erleben stellt somit einen höchst problematischen Forschungsbereich dar, denn es ist mit ethnologischen Methoden nicht messbar zu erfassen. Vor dem Paradigma des Positivismus werden Emotionen durch zwei Eigenschaften charakterisiert. Emotionen sind biologisch determiniert. Daher liegt die Untersuchung von Emotionen nicht im Rahmen sozial- und kulturwissenschaftlicher Möglichkeiten. Emotionen fallen in den Bereich des Individuellen. Auch diese Annahme führt dazu, Emotionen nicht in ethnologische Forschungen aufzunehmen. Grund hierfür ist, dass Ethnologen den von ihnen untersuchten Gruppen lange Zeit ein »verfeinertes«, individuelles Erleben abgesprochen haben: Soziale Bindungen werden hinsichtlich ihrer Funktionalität oder ihrer ineinandergreifenden Strukturen untersucht. Die Funktionen werden demzufolge als Er-

---

1   Wellenkamp (1994: 169) bezeichnet mit Ethnotheorien (cultural models, folk models oder folk/indigneous belief systems) implizite und explizite Ideen, Annahmen und Haltungen gegenüber Emotionen. Teil dessen sind z. B. Emotionen betreffende Ausdrücke und Metaphern, Ideen und Annahmen über die Gründe und Konsequenzen von Emotionen, Anschauungen über emotionale Änderungen im Lebenszyklus. Unter dem allgemeineren Ausdruck Ethnopsychologie versteht Wellenkamp (ebd.) emische Theorien und Annahmen über Emotionen, Gemüt, Verhalten oder Persönlichkeit.

klärung für die jeweilige Bindung verstanden. Verwandtschaftsbildung z. B. wird vorrangig beschrieben in ihrer Funktion, Besitz zu erhalten. Dass aber, parallel dazu, auch individuelle Vorlieben für eine Person (wie beispielsweise die romantische Liebe) eine mindestens ebenso relevante Rolle spielen, wird nicht in Betracht gezogen. In den 1920er Jahren liegt der Fokus der ethnologischen Emotionsforschung auf der Suche nach psychologischen Universalien. Es werden Fragen behandelt, die Themen wie »Persönlichkeit« oder Grundtemperamente beinhalten. Emotionen werden hierbei in Verbund mit einem übergeordneten Komplex (wie z. B. Persönlichkeit) in Studien einbezogen und vorrangig funktionalistisch behandelt. Malinowski (1962) sucht so beispielsweise unter den Bewohnern der Trobriand-Inseln nach Beweisen für den Freudschen Ödipuskomplex. Die »Kultur- und Persönlichkeitsforschung« kommt eine Dekade später in den 1930er und 1940er in den USA auf. Ihr Ziel ist, Entstehen und Entwicklungen persönlicher sowie sozialer Identität in Relation zur sozialen Umwelt zu erforschen. Allerdings wird dabei der Schwerpunkt vorrangig auf spezifische Charakteristika einer Gruppen gelegt und nicht auf psychologische Merkmale einzelner Gruppenmitglieder. Auf der Suche nach sogenannten modalen Persönlichkeiten werden Emotionen als Anhaltspunkte einbezogen. Bekannt wird die Kultur- und Persönlichkeitslehre v.a. durch Benedict (1946) und Mead (1976). Benedict versteht sowohl Kulturen als auch Persönlichkeiten als Muster von Handlungen und Gedanken (*patterns*). Mead (1976) propagiert spezielle Grundtemperamente und kulturelle Kombinationen. Sie ist der Ansicht, jede Gesellschaft besitze eine bestimmte Konstellation dieser Temperamente. Auf solchen Grundlagen entstehen u. a. Nationalcharakterstudien (z. B. Benedict 1946), die jedoch ob ihrer Vereinfachungen und Generalisierungen heute kritisiert werden.

Emotionen gelten auch in evolutionspsychologisch ausgerichteten ethnologischen Annäherungen als biologisch determinierte Universalie. Man versteht sie als präkulturell, überdeckt oder überformt durch eine zweite Schicht, gebildet aus den kulturellen Einflüssen. Das Verständnis der Basisemotionen unterscheidet sich je nach Autor und fachlicher Ausrichtung. Darunter fallen u. a. die Emotionen, welche in der menschlichen Entwicklung am frühesten auftreten, solche, die sich nach Meinung der Wissenschaftler in allen Kulturen wiederfinden lassen (z. B. in Form ähnlicher semantischer Kategorien) oder Emotionen, denen der größte Adaptionswert für das Überleben sowohl von Menschen als auch von Säugetieren zugeschrieben wird. Durch die evidenten Differenzen in dem Verständnis von Basisemotionen entstehen unterschiedliche Forschungsfelder und Methoden sowie Verfahren. Größtes Problem ist im Rahmen dieser Annahmen die Frage, wie die Basisemotionen erkannt oder extrahiert werden können. In interkulturellen Vergleichen von Primäremotionen und ihren kulturellen Ausprägungen wird teilweise mit aufwendigen Experimenten gearbeitet.[2] Ziele der Studien sind unter anderem, die Universalität der Primäremotionen zu belegen, Varianten zu beobachten und die kulturellen Ausprägungen der »zweiten Emotionsschicht« zu dokumentieren. Zur Erklärung der kulturellen Differenzen entwickeln Ekman/Friesen (1984: 320) das Konzept der *display rules*. Diese Darstellungsregeln legen fest, welche Verhaltensweisen wann ausgeführt werden sollen. Dadurch werden letztlich die Basisemotionen »überformt«, allerdings sind sie nach Ansicht von Ekman immer noch unter dieser zweiten Schicht erkennbar.

Der amerikanische Ethnologe Heider (1991) geht aus neoevolutionistischer Perspektive der Frage nach, ob sich kulturelle Unterschiede im emotionalen Bereich in eine Beziehung zu anderen kulturellen Gebieten stellen lassen. Die interkulturellen Differenzen versteht er als Randerscheinungen, welche die präkulturellen Basisemotionen überdecken. Nach ihm übt Kultur einen doppelten Einfluss auf die Emotionen aus: Ereignisse erhalten erstens ihre Emotionalität durch kulturelle Systeme. Das heißt, dass kulturelle Normen definieren, ob ein Ereignis z. B. als traurig oder freudig eingestuft wird. Der *inner state*, die innere Wahrnehmung, ist dementsprechend kulturell geprägt. Zweitens beeinflusst die Kultur den *outcome*: Gestik, Mimik und Verhaltensweise als Reaktion auf eine Emotion sind kulturspezifisch, wie etwa das Verbergen von Ärger durch Lächeln.

Sowohl die variablen Definitionen Emotionen als auch die empirischen Annäherungen des biologisch-universalen Verständnisses unterliegen bereits ab Mitte der 1960er vermehrt kritischen Anmerkungen. Hierzu zählen folgende Punkte:

- *Die westliche Bias der Forschenden:* Die strikte Trennung von physischem Erleben und »gedachten« Emotionen wird als Reflexion der westlichen Bias angesehen, die von Dichotomien geprägt ist.
- *Die Fokussierung auf die Sprache zum Erfassen von Emotionen:* In diversen Studien, welche Emotionen als biologisch determinierte Phänomene verstehen, dient die Sprache als Ansatzpunkt. Bei den Studien handelt es sich zumeist um Untersuchungen des indigenen Emotionsvokabulars. Die Sprache übernimmt eine bezeichnende Funktion: Sie benennt innere Zustände (Röttger-Rössler 2004: 41). Zu hinterfragen an einer derartigen Sprachrolle ist, dass Emotionen mit der sprachlichen Bezeich-

---

2 Eine detaillierte, zusammenfassende Beschreibung diverser psychologischer und ethnologischer Experimente liefert Röttger-Rössler (2004: 12ff).

nung gleichgesetzt werden. Referentielle oder generative Aspekte sprachlicher Äußerungen bleiben unbeachtet. Ein derartiger Umgang mit sprachlichen Äußerungen bedeutet, dass Aussagen wie »Ich bin traurig« per se für das Wahrnehmen von Trauer stehen, obgleich eine solche Bemerkung nur der Konvention wegen gemacht werden kann, ohne dass der Sprecher Trauer verspürt. Zusätzlich können Emotionsäußerungen ein generatives Element enthalten, d. h. das Äußern von Freude führt dazu, dass eine Situation als freudig empfunden wird.

- *Emotionales Erleben gilt durch das biologische Primat als interkulturell gleich*: Emotionen werden folglich problemlos von einer Kultur in eine andere übersetzbar. Fälle wie das japanische Erleben von amae, einem als »süß« empfundenen, passiven Abhängigkeitsbedürfnis gegenüber hierarchisch höher gestellten Personen, sind jedoch schwerlich in einen mitteleuropäischen Kontext zu übersetzen (Röttger-Rössler 2004: 27, Morsbach/Tyler 1986: 300).

- *Emotionen werden als aus ihren Kontexten isolierbare Phänomene behandelt*: Bei der Annahme, dass Emotionen überformte, präkulturelle Phänomene repräsentieren, wird nicht selten mit künstlich hergestellten (Labor-)Situationen geforscht. Emotionen werden in diesem Umgang als isolierte Phänomen behandelt, loslösbar aus ihren Bedeutungssystemen. Weiterhin ist es aus praktischer Sicht nahezu unmöglich, Trennlinien zwischen Basisemotionen und Überformungen zu ziehen. Vereinfachungen und beliebige Definitionen sind häufige Resultate derartiger Vorgehensweisen.

In den 1960er Jahren entsteht mit der symbolischen (interpretativen) Ethnologie eine Neuausrichtung. Kultur wird hinsichtlich ihrer symbolischen Ordnung und nach Formen und Handlungen untersucht. Es wird verlangt, dass Interpretationen an die Stelle von vorgeblich objektiven Analysen treten sollen. Der Begriff interpretative Ethnologie soll so auch den Gegensatz zu den analytisch-positivistisch geprägten Ansätzen des Strukturalismus und Funktionalismus verdeutlichen. In den Untersuchungen werden Ordnungsprinzipien klassischer metaphysischer Systeme, wie die Annahme eines selbstbestimmten Individuums hinterfragt und unter Verwendung psychoanalytischer, diskursanalytischer, semiotischer und sprachphilosophischer Instrumentarien beschrieben. Zusammenhänge zwischen Kultur, Gesellschaftsorganisation und individuellem Erleben stehen bei den Interpretationen im Mittelpunkt. Verstärkt werden daraufhin Emotionen als Teil ethnologischer Forschungen verstanden. Geertz (1987: 202) verdeutlicht unter Einbezug von

Emotionen situative Sinngebungen im Rahmen seiner dichten Beschreibungen. Allerdings kommt es erst ab den 1980ern verstärkt zu Untersuchungen, bei denen Emotionen expliziter Forschungsgegenstand sind.

Zur ethnologischen Emotionsforschung ab den 1980ern

Vor dem Hintergrund des Konstruktivismus nimmt das Interesse an Emotionen zu, wie die steigende Zahl der Studien der 1980er bis 1990er zeigt. Innerhalb dieser Ansätze variiert der Umgang mit Emotionen, auch existieren keine einheitlichen Definitionen.

Konstruktivistische Ansätze werten beispielsweise physische Aspekte von Emotionen unterschiedlich: Teils herrscht die Auffassung, dass körperliche Empfindungen nicht explizit zu Emotionen gehören, teils werden die physischen Anteile als essentiell für emotionales Erleben angesehen. Das Hauptargument für letztere Sichtweise ist, dass ohne die körperliche Dimension es schwer sei, emotionale von nicht-emotionalen Bewertungen zu trennen (Röttger-Rössler 2004: 49). Ebenso wie in den Studien, die mit der biologisch-universalen Prämisse arbeiten, ist die Sprache, später erweitert auf den Diskurs im Foucaultschen Sinn, im Konstruktivismus häufig erster Ansatzpunkt für Emotionen (z. B. Röttger-Rössler 2004).

Die ethnologische Emotionsforschung wird in den 1980ern und 1990ern von der Frage dominiert, ob Emotionen ein universales Phänomen oder extrem unterschiedliche Erfahrungen je nach kulturellem Hintergrund darstellen (Universalismus vs. Partikularismus). Forschungsdaten werden nicht selten von Befürwortern beider Pole für sich eingenommen. Beispiel hierfür ist die bekannte Studie über die Emotion *liget* der Illongot (Rosaldo 1984). Rosaldo ist eine der ersten Ethnologinnen, die sich aus konstruktivistischer Sicht mit Emotionen beschäftigt. Gewisse physiologische Aspekte gesteht sie Emotionen zu, zugleich sieht sie Emotionen als Resultat gesellschaftlich organisierter Handlungsweisen und Sprache:

»...what individuals can think and feel is overwhelmingly a product of socially organized modes of action and of talk« (1984: 147)

Rosaldo geht davon aus, dass eine soziale Kraft im Sinne von Kultur oder »Gesellschaft« über die Emotionen dominiert, sie prägt und bestimmt. Eine ebenso formende Kraft übernimmt die Sprache bei Rosaldo: Anhand der Illongot zeigt sie, wie intime, persönliche, emotionale Erfahrungen durch das Emotionsvokabular und durch darauf aufbauende Praktiken entstehen (1980: 20). Rosaldo beruft sich in ihrem Kulturverständnis auf Geertz (1966, 1987). Dementsprechend versteht sie Kultur als symbolisches System und so übernimmt die Sprache ebenfalls eine symbolische Rolle: Sie repräsentiert die Emotionen. Die Emotionen werden vollständig von der Kultur dominiert. Zugleich versteht Rosaldo Emotionen als einen letzten Rückzugsort der Individualität, indem sie davon ausgeht, dass ein gewisser Anteil des Selbst eher psychologisch als kulturell determiniert ist. Diese Diskrepanz bleibt aufgrund ihres an Geertz angelehntes Kulturverständnisses bestehen. Nach Rosaldos Meinung ist das Erleben des *liget*, die Reaktionen auf *liget* bei anderen, die Beziehung zwischen *liget* und anderen kulturellen Konstrukten kulturspezifisch (Rosaldo nach Besnier 1994b: 560). Damit befürwortet sie eine partikularistische Perspektive. Interessanterweise werden aber ihre Daten von anderen Ethnologen als Beweis der Universalität von Emotionen interpretiert (z. B. Spiro nach Besnier 1994b: 560): Für Spiro (1984) stellt *liget* die gleiche Emotion wie Wut/Ärger dar. Die Emotion ist dieser Auffassung nach universal, variabel sind nur die Kontexte.

Neben Rosaldos Untersuchung ist eine bekannte konstruktivistische Studie »Unnatural Emotions: Everyday Sentiments on a Micronesian Atoll and their Challenge to Western Theory« von Lutz (1989). Bei ihr kommt wiederum eine nicht immer unproblematische kulturrelativistische Sicht zum Tragen. Lutz nimmt wie Rosaldo an, dass Emotionen lokale, soziale Konstruktionen seien. Die Diskussion um die Definition von Emotionen als biologisch-physiologische, kognitive oder kulturelle Prozesse versteht Lutz als Konsequenz des westlichen Gefühls- und Emotionsverständnisses. Letzteres basiert ihrer Ansicht nach auf Dualismen wie Körper-Geist oder Denken-Fühlen (1988: 4f). Lutz verknüpft ihre Forschung mit einer vehementen Kritik der westlichen Sicht auf Emotionen und der westlichen sozialen Gegebenheiten (1988: 54ff). Diese bauen auf einer Unterdrückung des Weiblichen (1988: 73) und des »Anderen« auf. Lutz zufolge symbolisiert das »Andere« das Emotionale:

»When the emotional is defined as irrational, all those occasions and individuals in which emotion is idenitfied can be dismissed; and when the irrational is defined as emotional, it becomes sensible to label emotional those who would be discounted.« (1988: 62)

Diese Unterdrückungsmechanismen führen nach Lutz zur westlichen Separation von Körper/Geist und Rationalität/Gefühlen innerhalb von Machtdiskursen. Derartige Trennungen findet Lutz in ihren Datenauswertungen nicht vor. Ergebnis ihrer Untersuchungen ist, dass Emotionen als Produkt von kulturspezifisch-partikulären, sozialen Interaktionen entstehen. Im Anschluss an ihre Datenanalyse kritisiert sie die westliche Sicht, aber nicht die der Ifaluk. Reddy (2001: 42) merkt dazu folgerichtig an, dass sich bei einer derartigen Vorgehensweise innerhalb konstruktivistisch-kulturrelativistischen Denkens Lücken auftun: Wenn Emotionen kulturelle Konstrukte sind, muss dies für jede Gesellschaft gelten, gleich ob US-amerikanisch oder asiatisch. Konsequenterweise lässt sich dann auch keine der unterschiedlichen Perspektiven kritisieren.[3]

In einem späteren Werk vermeidet Lutz (Lutz/Abu-Lughod 1990) Kulturbegriffe als Grundlage der Emotionsuntersuchung. Sie verwendet den Diskurs im Foucault'schen Sinne mit seinem Schwerpunkt auf Machtgefüge. Die von Lutz/Abu-Lughod untersuchten Diskurse kennzeichnen Multiplizität und potentielle Wandlungsfähigkeit:

»The study of emotions as discourse allows us to explore how speech provides the means by which local views of emotion have their effects and take their significance. If earlier scholars who rejected the notion that emotion was sensation preferred the notion of emotions as judgement {Solomon 1976}, their view has since been supplemented by the insight that judgements might better be viewed as socially contested evaluations of the world phrased in an emotional idiom and evident in everyday speech behavior. Rather than seeing them as expressive vehicles, we must understand emotional discourses as pragmatic acts and communicative performance.« (1990: 11)

Deutlich wird, dass Diskurse hier eine vergleichbare Rolle wie die Kultur bei Rosaldo (1984) einnehmen: Sie dominieren und determinieren größtenteils individuelle Emotionen, da diese als kulturelle Konstrukte gelten. Nach Lutz/Abu-Lughod bestehen darüber hinaus Zusammenhänge zwischen Bewertungen und Emotionen. Hierbei verweisen die Autorinnen auf die *appraisal*-theoretischen Annahme.

Appraisal-Ansätze sind Teil der kognitiven Emotionsforschung. Es wird davon ausgegangen, dass Emotionen durch Bewertungen (appraisals) von Ereignissen und Situationen entstehen (Roseman/Smith 2001: 3). *Appraisal*-Theorien werden zur Beantwortung von bestimmten Fragen herangezogen. Hierzu gehören: Wie lassen sich individuelle Unterschiede emotionaler Reaktionen auf ein glei-

---

3 Konstruktivistische Annäherungen an Emotionen müssen selbstverständlich nicht zwangsläufig mit Kritiken des westlichen Umgangs oder eines anderen Umgangs mit Emotionen einhergehen. Rosaldo (1980: 222) kritisiert z. B. das Verhalten der Illongot keineswegs, da es ihrer Annahme nach auf kulturspezifischen Emotionen basiert, denen das Individuum nicht entgehen kann.

ches Ereignis erklären? Wie kommt es, dass verschiedene Ereignisse ähnliche Emotionen hervorrufen? (Roseman/Smith 2001: 4f). Annahmen von *appraisal*-Theorien beinhalten, dass Emotionen aufgrund von Bewertungen differieren (Roseman/Smith 2001: 6). Einigen *appraisal*-Ansätzen zufolge sind es die Interpretationen von Ereignissen und nicht die Ereignisse selbst, welche die Emotionen begründen (ebd.). Zumeist wird angenommen, dass *appraisals* sensorische und kognitive Prozesse repräsentieren (Roseman/Smith 2001: 7). Die erlernten Interpretationsmuster basieren auf normativen Systemen, die teils bewusst, teils unbewusst angeeignet werden. Erst durch die Lernprozesse werden bestimmte Emotionen erfahrbar. Aufgrund des so erworbenem kulturspezifischen Wissens sind Individuen in der Lage, Situation mit bestimmten Emotionen zu verbinden.

Emotionen definieren auf diese Weise Erfahrungen, durch Emotionen wird der Umwelt Bedeutung beigemessen und die Wahrnehmung strukturiert. Ähnlich den *display rules* fungieren die prescriptive thesis nach Armon-Jones (1986: 33): Emotionen sind sozial vorgeschriebene Verhaltensmuster, die es situationsabhängig zu zeigen gilt. So werden Gruppenzusammengehörigkeiten bezeugt und bestärkt. Deshalb sind nach Lynch (1990: 9) Emotionen intrinsisch mit moralischen Aspekten und Wertvorstellungen verbunden. In ihrer Eigenschaft als Bewertung sind Emotionen zudem zielgerichtet, objektbezogen und immer in Relation zu etwas (Ereignis, Person etc.) zu verstehen. Emotionen als Bewertungen aufzufassen, ist speziell für kulturvergleichende Untersuchungen sinnvoll und ersetzt eine Suche nach den Basisemotionen des biologisch-universalens Ansatzes.

Konstruktivistische Ansätze eröffnen die Perspektive, dass als ähnlich bezeichnete Emotionen zu unterschiedlichen Verhaltensweisen führen können. Innerhalb eines kulturellen Systems wird die Verhaltensweise kongruent und bedeutsam. Zugleich besteht in manchen Untersuchungen die Tendenz, verschiedene Aspekte außer Acht zu lassen, wenn Emotionen ausschließlich als Konstrukt diskutiert werden. Sieht man Emotionen als kulturell-kognitive Konstrukte an, die Teil von Bedeutungssystemen im Sinne von Geertz Kulturbegriff[4] (1987: 9) sind, kann die Aufgabe der Ethnologie

---

4   Geertz (1987: 9) sieht Kultur als Komplex von Bedeutungen und Vorstellungen an, die in symbolischer Form zutage treten: »Den Kulturbegriff, den ich vertrete und dessen Nützlichkeit ich ... zeigen möchte, ist wesentlich ein semiotischer. Ich meine mit Max Weber, daß der Mensch ein Wesen ist, das in selbstgesponnene Bedeutungsgewebe verstrickt ist, wobei ich Kultur als dieses Gewebe ansehe. Ihre Untersuchung ist daher keine experimentelle Wissenschaft, die nach Gesetzen sucht, sondern eine interpretierende,

vorrangig in der Übersetzung und Interpretation von Emotionen bestehen (Lutz 1988: 8, Röttger-Rössler 2004: 55). Diese Übersetzungsleistung ist jedoch fraglich, weil davon auszugehen ist, dass immer Ungesagtes vorhanden ist: Jede Aussage fußt auf vorangegangenen und enthält non-verbale Aspekte. Damit steht sie in Verbindung mit einer Vielzahl von Kontexten, die nicht in der aktuellen Aussagesituation enthalten sein müssen.

Während im biologisch-universalem Ansatz die Sprache eine benennende Funktion hat, wird in vielen konstruktivistischen Untersuchungen davon ausgegangen, dass emotionale Konzepte sowohl linguistisch als auch lexikalisch präsent sein müssen (Röttger-Rössler 2004: 65). Alles, was außerhalb dessen liegt, bleibt weitestgehend unbeachtet. Diverse Autoren nennen daher als stärkste Begrenzung des Ansatzes die Reduktion von Emotionen auf mentale Phänomene (Reddy 1995, Röttger-Rössler 2004: 63, Lyon 1995). Röttger-Rössler (2004: 63) führt die Reduktion auf den erwähnten, konstruktivistischen Kulturbegriff zurück, bei dem Emotionen zu Symbolen werden, deren Inhalt interpretativ erschlossen werden muss. Letztlich werden die materiellen, körperlichen und sozialen Dimensionen vernachlässigt. Nicht in dieser Sicht enthalten sind explizit formulierte Phänomene, die zentrale Rollen im Zusammenhang mit kulturellen Repräsentationsformen, sozialen Strukturen oder individuellen Erfahrungen übernehmen. Reddy (1997) kritisiert eine zu starke Fixierung auf das sprachlich Präsente im konstruktivistischen Zugriff. Er verweist auf einen anderen Umgang mit der Sprache: Sie übernimmt eine interpretative Aufgabe und ist nicht gleichbedeutend mit einem Äquivalent oder einer Repräsentation von Emotionen. Nach Reddy haben Emotionen eine innere Dimension, die sich nicht sprachlich wiedergeben lässt. Dies bedeutet, dass Emotionen Komponenten enthalten, die sich nicht über eine ausschließlich linguistische Betrachtungsweise erschließen.

Wie beschrieben führt ein derartiger Umgang mit Emotionen bereits bei dem positivistischen Paradigma dazu, dass die Untersuchung von Emotionen als ausserhalb ethnologischer Möglichkeiten gesehen wird. Abu-Lughod und Lutz gehen ähnlich vor. In ihrer berechtigten Kritik an der Essentialisierung von Emotionen merken sie an: »...hand in hand with essentialism goes a strange invisibility of emotion itself as a problem« (Lutz/Abu-Lughod 1990: 3). Wenn aber der Schwerpunkt bei der Erfassung von Emotionen von der Sprache beziehungsweise von den Diskursen abrückt, wird auch die angebliche Unsichtbarkeit von manchen Emotionen relativiert.

---

die nach Bedeutungen sucht. Mir geht es [...] um das Deuten gesellschaftlicher Ausdrucksformen, die zunächst rätselhaft erscheinen« (ebd).

Der soziale Kontext ist in den kulturkonstruktivistischen Studien zwar Teil des ethnografischen Feldes, gilt aber nicht immer als grundlegend für die Untersuchung von Emotionen. Ein derartiges Verständnis kann ebenfalls die Sicht auf die kulturelle Einbettung von Emotionen limitieren. Demnach könnten Emotionen nicht als Folge oder Indikator sozialer Hierarchien angesehen werden. Lutz/ Abu-Lughod (1990: 3f) positionieren sich zwar dagegen, Emotionen isoliert zu betrachten, weil damit soziale Kontexte vernachlässigt werden. Die bestehende Problematik ist jedoch, dass die Autorinnen dennoch soziale Strukturen nicht direkt in den Bezug zur Entstehung und zum Umgang mit Emotionen stellen. Werden Emotionen ausschließlich als kulturelle Konstrukte angesehen, können Individuen nicht Ziele, Motivationen oder Intentionen zugesprochen werden, die außerhalb der Kultur entstehen:

»Thus the individual cannot want anything unless the culture has taught him or her to want it (...) Political power and political oppression in a culture other than our own, as a result, lack significance for us because it is only in terms of the emotional make-up of members of that culture that suffering, oppression, or desire for liberty can be defined for them. In such a constructed emotional world (...) even when a culture changes, individuals continue to suffer or to be happy in just the ways their culture prescribes.« (Reddy 2001: 47)

Konstruktivistische Ansätze bieten nichts desto trotz interessante Grundlagen für die Emotionsforschung. Die enge Verbindung zwischen Kultur und Emotionen wird stärker betont als beim biologisch-universalen Paradigma. Auch verbinden konstruktivistische Studien diskursive Kontexte miteinander, beispielsweise den Bezug zwischen Emotionen und Moral. Die Überbetonung der sprachlichen Repräsentation von Emotionen birgt allerdings die Gefahr einer Vernachlässigung von nonverbalen Anteilen. Weiterhin werden durch eine rigide konstruktivistische Perspektive die individuellen Komponenten oder auch intrakulturelle Differenzen des Gefühlsleben negiert, da, vereinfacht formuliert, kein Gesellschaftsmitglied sich der Macht der kulturellen Konstrukte entziehen kann.

Kulturelle und individuelle Einflüsse auf Emotionen

Lutz kritische Anmerkungen über das westliche Emotionsverständnis sind zwar in ihrer Verwendung als komparative Kritik fragwürdig, dennoch verweisen sie auf ein Kernproblem ethnologischer Emotionsforschung: Der Großteil ist durch westliches Denken beeinflusst. Die Debatten um die Unterscheidung zwischen biologischen, psychologischen und kulturellen Komponenten von Emotionen sind Teil dieser Perspektive. Röttger-Rössler (2004: 54) zeigt die Problematik deutlich am Beispiel von Lutz Eingrenzung des Begriffs Emotion in ihrer Fallstudie »Unnatural Emotions« (Lutz 1988). Sie bezweifelt ein Entkommen aus der westlichen Bias trotz Lutz Bemühungen und bezeichnet Lutz Versuche als verbale »Spiegelfechterei« (ebd.). Abu-Lughod (1990: 25) verweist ebenfalls kritisch auf eine Vermeidung der westlichen Bias. Bereits die Beschreibung des Forschungsbereiches als »Anthropology of Emotions« bedeutet für sie ein Gefangensein in der westlichen Vorstellungswelt. Als Reaktion auf die Dominanz der konstruktivistischen Perspektive versuchen verschiedene Ethnologen des psychokulturellen Ansatzes (z. B. Hollan/Wellenkamp 1994: 2), einen Gegenentwurf zur kulturkonstruktivistischen Sicht zu entwickeln. Sie gehen davon aus, dass eine grundsätzliche Gleichheit von menschlichen Emotionen vorhanden ist, deren Existenz jedoch wissenschaftlich schwer nachzuvollziehen ist. In dieser Haltung zeigt sich der Gegensatz zum kulturellen Konstruktivismus, der den Partikularismus befürwortet. Beispiel für eine psychokulturelle Studie ist unter anderem die Veröffentlichung von Kleinmann/Kleinmann (1991). Die Autoren arbeiten Zusammenhänge politischer Unterdrückung und emotionaler Betroffenheit in China heraus.

Das Verlangen, ethnologische Theorien vor dem Hintergrund evolutionstheoretischer und neurobiologischer Ansätze (z. B. Röttger-Rössler 2006b) »überprüfen« zu müssen, ist in der Emotionsforschung nach wie vor ausgeprägt. Die Vermutung, dass das ehemalige Paradigma, Emotionen seien eine primär biologische Kategorie, immer noch starken Einfluss auf den ethnologischen Umgang mit Emotionen hat, liegt meines Erachtens nahe, da sich eine kulturwissenschaftliche Emanzipation – die keineswegs eine Verneinung biologischer Grundlagen des Menschseins bedeutet! – nur sehr zögerlich vollzieht. Der Rückgriff auf biologische Theorien kann als eine Legitimation der ethnologischen Beschäftigung mit Emotionen verstanden werden.

Neben Positionen des biologisch-universalen, des konstruktivistischen und des psychokulturellen Ansatzes existiert die bereits angedeutete Sichtweise, dass Emotionen Komponenten aufweisen, die außerhalb der Kultur liegen. Solche Komponenten werden mit einer generativen Kraft von Emotionen verbunden. Diese Auffassung vertreten zumeist Autoren, die zwischen sozialem und kulturellem Konstruktivismus unterscheiden. Der sozialkonstruktivistische Ansatz untersucht Emotionen über ihre kulturelle Form hinaus (Lyon 1995: 248), wobei nicht nur soziale Bezüge, sondern auch andere extrakulturelle Elemente in Betracht gezogen werden. Rosaldo (1989) legt einen Schwerpunkt, bei dem er sowohl der konstruktivistischen als auch der psychokulturellen Perspektive ausweicht: Er schreibt Emotionen eine kulturunabhängige Kraft zu, die zu Veränderungen führen kann.[5] Ein derartiges extrakulturelles Element ist auf den ersten Blick theoretisch ansprechend, allerdings ist der praktische Umgang schwierig: Wie erkennt man eine solche Kraft? Was ist ihr Ursprung? Müssen Emotionen um dies zu erkennen, vielleicht wieder künstlich extrahiert werden, was einen methodischen Rückschritt bedeuten würde? Hier bleiben viele Fragen offen.

Zu den theoretischen Ansätzen, die Emotionen außerhalb kultureller Motivationen positionieren, zählt weiterhin die Sicht auf Emotionen als ökologisches Phänomen, die allerdings in der Ethnologie bis zum Zeitpunkt dieser Studie noch relativ unbeachtet ist. Milton (2005: 31) hält beispielsweise die Argumentation, dass Emotionen sozial sind, letzten Endes für einen weiteren kulturellen Konstruktivismus. Kultureller Konstruktivismus besagt nach Milton nicht, dass Kultur ein rein mentales Phänomen darstellt, sondern dass kulturelle Perspektiven in sozialen Interaktionen entstehen. Die Aussage, dass Emotionen ein soziales Phänomen seien, steht folglich ihrer Ansicht nach nicht in Konflikt mit dem Konstruktivismus, sondern ist bereits per se konstruktivistisch. Die Quelle von Emotionen wird durch das Einbeziehen der sozialen Dimension die gleiche wie für alle anderen kulturellen Bereiche (Wissen, Glauben etc.), nämlich die Gesellschaft. Genau diese Schlussfolgerung bezeichnet Milton (2005: 34ff) letzten Endes als einen kulturellen Konstruktivismus; das Verständnis von Emotionen als soziale Phänomene sieht sie als einen zu kurz greifenden Trugschluss. Um eine Alternative zu einer derartigen unvermeidbaren »konstruktivistischen« Sicht[6] auf Emotionen zu geben, schlägt Milton (2005: 35) vor, Emotionen als ecological mechanism zu verstehen. Sie geht davon aus, dass Menschen lernen, indem sie Informationen aus ihrer Umwelt aufnehmen und diese erinnern. Emotionen spielen dabei eine wichtige Rolle. Wenn aber die Mechanismen, die das Lernen

---

5 Interessant an Rosaldos (1989) Ausführungen ist ein weiterer Aspekt. Er beschreibt Verbindungen, die Emotionen miteinander eingehen wie z. B. Wut und Trauer. Derartige Verbindungen können seiner Auffassung nach in einer Vielzahl von Kulturen existieren, werden aber häufig durch kulturspezifische und/oder lokale Zusammenhänge überdeckt (wie z. B. Verhaltensregeln).

6 Miltons Perspektive auf konstruktivistische Darstellungen bildet m. E. gewiss nicht alle Tendenzen des Konstruktivismus ab. Hinzu kommt, dass häufig nicht zwischen einem sozialen und kulturellen Konstruktivismus unterschieden wird, sondern es sich um konstruktivistische Sichtweisen auf sozio-kulturelle Phänomene handelt. Wird zwischen Sozial- und Kulturkonstruktivismus differenziert, würde die Darstellung von Emotionen als soziale Konstrukte zum sozialen Konstruktivismus zählen (Lyon 1999: 248, Röttger-Rössler 2004: 44).

ermöglichen, präkulturell sind, müssen dies nach Milton auch die Emotionen sein. Allerdings ist für den Menschen der größte Teil seines Umfeldes sozial –»that is one reason why the idea of social interaction as the source of all our understanding is so persuasive« (2005: 35). Auf den ersten Blick ähnelt der umweltbedingte Ansatz dem biologischen. Allerdings stellt Milton nicht das biologische Primat als Quelle von Informationen auf, sondern die Umwelt und die Fähigkeit, zu lernen[7]. Milton hinterfragt mit ihrer These das Bild der allumfassenden sozialen Umwelt. Ihre Intention ist zu zeigen, dass es auch etwas anderes als eine »soziale« Umwelt gibt. Und diese Umwelt bedingt ebenso wie soziale oder relationale Prozesse das Erleben von Emotionen. Werden Emotionen von Ethnologen nun ausschließlich als sozial/kulturell oder sozio-kulturell angesehen, versteht Milton (2005: 35f) dies als eine berufsbedingte Bias, die allerdings nur einen Ausschnitt des Ganzen abbildet.

Zusammenfassend ist zu sagen werden, dass sich die Positionen des universalen und des konstruktivistischen Ansatzes angenähert haben. Zu beachten ist dabei, dass der Konstruktivismus hinsichtlich der Emotionsforschung facettenreich ist und sich nicht auf eine einheitliche Theorie reduzieren lässt. Nach wie vor gibt es aber auch Ansätze, wie beispielsweise der psychokulturelle, die versuchen, von ihnen als mangelhaft empfundene konstruktivistische Ansätze zu vermeiden. Nachdem hiermit verschiedene Perspektiven auf Emotionen vorgestellt wurden, gehe ich auf die Konzeptionen von Emotionen ein, die meiner Studie zugrunde liegen.

Konzeptionen von Emotionen und Gefühlen der Studie

Aus den grundsätzlichen Schwierigkeiten, Emotionen zu präzisieren, entsteht eine terminologische Uneinigkeit. Begriffe wie Emotion, Gefühl, Stimmung und Passion werden in verschiedensprachiger Literatur in unterschiedlicher, teils widersprüchlicher Weise verwendet. Emotionen werden häufig als unmittelbare, kurzfristige Geschehen verstanden, deren Intensität genügt, sie subjektiv zu registrieren (Röttger-Rössler 2004: 50). Länger andauernde emotionale Phänomene ohne notwendige physische Komponente bezeichnen manche Autoren demzufolge als dispositionale Emotionen. Vor diesem Hintergrund kommt es zu erweiterten definitorischen Abgrenzungen: Stimmungen haben z. B. nach Harré (1986) keinen intentionalen Charakter und beziehen sich nicht auf konkrete Situationen oder Ereignisse. Andererseits werden Emotionen mit phy-

---

7 In wie weit Lernfähigkeit wiederum auch biologische Hintergründe hat, beschreibt Milton nicht.

sischer Komponente als »heiße«, ohne physischen Anteil als »kalte« Emotionen beschrieben (Calhoun/Solomon 1984: 24).

Im Rahmen meiner Untersuchung verstehe ich Emotionen und Gefühle als eng verwandte Phänomene, die sich in bestimmten Anteilen und Tendenzen unterscheiden. Gemeinsam ist, dass sie in den Bereich des affektiven Erlebens eingeordnet werden.[8] In Anlehnung an Nussbaum (2008: 62) verstehe ich Emotionen als typischerweise bewusste Erfahrungen:

»in typical cases emotions are conscious experiences as with beliefs generally, the nonconscious are atypical cases, and parasitic on the conscious cases« (ebd.).

Nussbaum vergleicht *feelings* (die ich hier mit Gefühlen übersetze) mit dem was Psychologen als »arousal« oder Proust als »upheaval« bezeichnen: Das Erlebnis, aufgewühlt oder hinsichtlich seiner Gefühlswelten erregt zu sein. Unterscheidungen zwischen Emotion und Gefühl können graduell sein: Unter dem Begriff Emotion verstehe ich affektive Phänomene mit oder ohne körperliche Komponente, die über einen längeren Zeitraum existieren. Bei Gefühlen steht dagegen die Tendenz einer »Dringlichkeit« im Vordergrund. Konsequenz dieser graduellen Abstufung ist, dass nicht unbeachtliche Schnittmengen zwischen Gefühlen und Emotionen existieren. Folglich können bestimmte affektive Phänomene sowohl als Gefühl als auch als Emotion vorhanden sein.

Grundsätzlich fasse ich Emotionen als sozio-kulturelle Phänomene auf. Ich gehe davon aus, dass subjektive Bewertungen (*appraisals*) einer Situation über die Entstehung und Qualität einer Emotion entscheiden. Das *appraisal* selbst hängt von diversen, kulturspezifischen Kriterien ab. Die Emotionsgenese geschieht intuitiv und dynamisch, weil die Entstehung von Emotionen und Gefühlen selbst wiederum zu neuen *appraisals* führen kann (Scherer 1997). Der gesamte Vorgang wird durch diverse Emotionen und sich addierenden *appraisals* immer komplexer. Diese Annahme beinhaltet die Bindung von Emotionen an Personen, Situationen und Ereignisse. Affektives Erleben steht in engem Zusammenhang mit kulturellen Systemen. So kommt es zur Verknüpfungen mit Werten, Normen oder Moralvorstellungen. Für eine Untersuchung der romantischen Liebe in einem kulturellen Umfeld, das Liebe mit Intimität und Se-

---

8   Begriffe wie Passion oder Leidenschaft, wie ihn beispielsweise Giddens (1993: 48ff) gebraucht, berücksichtige ich nicht. Grund dafür ist, dass sie meiner Meinung nach im Zusammenhang mit dem Forschungsgegenstand Liebe im deutschen Alltagssprachgebrauch inhaltliche Implikationen sowie Wertungen beinhalten, die ich vermeiden möchte.

xualität verbindet, erachte ich es als wichtig, das körperliche Erleben in das Erfassen von Emotionen einzubeziehen. Emotionen rufen einerseits physische Reaktionen hervor, werden andererseits durch Körperlichkeit bedingt. Eine exakte Trennung zwischen physischen und mentalen Aspekten einer Emotion (oder auch eines Gefühls) halte ich in meiner Studie für zweitrangig, da sie in vielen Fällen nicht praktikabel ist: Menschen können aus Unsicherheit erröten, aber ebenso kann das Wissen um das eigene Erröten starke Emotionen von Unsicherheit hervorrufen. Die Frage nach der Ursache bekommt vielmals die Dynamik der sprichwörtlichen Frage, ob zuerst das Huhn oder das Ei existierte. Ich gehe weiterhin davon aus, dass Emotionserleben und Gefühlsdarstellungen komplexen, kulturellen Verhaltensregeln unterliegen, die im biologisch-universalen Ansatz u. a. als *display rules* (Ekman 1984: 320) bezeichnet werden. Sie korrelieren mit einer Vielzahl von Umständen wie z. B. der Geschichte, der Religion oder den intrakulturell variablen Moraldiskursen. Normvorstellungen besagen u. a., wie eine Situation emotional einschätzbar ist. Auch eine Situation, die aus unterschiedlichen kulturellen Perspektiven als traurig wahrgenommen wird, kann zu verschiedenen Verhaltensweisen führen: An dem einen Ort gilt es als angemessenes Zeichen der Trauer, laut zu klagen, hingegen wird andernorts das laute Zeigen der Trauer als unpassend, wenn nicht sogar gefährlich, verstanden.

Kulturelle Vorstellungen formen sowohl Sprache und physisches Erleben. An dieser Stelle muss darauf verwiesen werden, dass ein ausschließliches Verlassen auf die linguistische Präsenz einer Emotion ebenso irreführend sein kann wie exklusives Beobachten von Handlungen oder Mimik. Vor allem bei Letzterem besteht die Gefahr, dass Hinweise aufgrund mangelnden Wissens oder der kulturellen Bias des Beobachters übersehen oder fehlgedeutet werden. Zugleich darf, insbesondere bei einer Studie über die romantische Liebe, nicht davon ausgegangen werden, dass selbst aus emischer Sicht alle Anzeichen für eine Emotion eindeutig zu verstehen sind. Relevant ist zudem, dass Verhaltensweisen als Ausdruck für Emotionen gelten können. Dieses Verständnis erstreckt sich auch auf Gegenstände, auf Sinnbilder und auf Situationen, die symbolhaft oder metaphorisch für eine Emotion oder ein Gefühl stehen können.

Sarbin (nach Röttger-Rössler 2004: 95) bezeichnet Emotionen als dramatische Aspekte des sozialen Rollenverhaltens, die Verhaltensmuster, eng verwoben mit kulturellen Bezugssystemen, darstellen. Die dramatischen Rollen werden mit einer unterschiedlichen physischen Beteiligung ausgeübt, denn soziale Situationen erfordern verschiedene emotionale Rhetorik. So werden auch vorgetäuschte Emotionen ermöglicht: Trauerhabitus, -gestik und die entsprechenden Worte können in einer Situation angewendet, obgleich nicht empfunden werden. Aber das Wissen um die kulturellen Modelle und Theorien ermöglicht, per Sprach- und Körpereinsatz das »Trauerprogramm« zufriedenstellend abzuspielen. Dies verdeutlicht wiederum, dass jede Kultur – anlehnend an die *display rules* und die *prescriptive theories* – über Regeln verfügt, welcher Grad körperlichen Einbezugs an bestimmte Szenarien und dramatische Rollen gekoppelt ist (Röttger-Rössler 2004: 95).

Weiterhin gehe ich davon aus, dass Emotionen kommunikative Aspekte aufweisen. Kommunikation findet allerdings nicht ausschließlich verbal statt. Lyon/Barbalet (1994: 58) entwerfen das Modell des *social bodys*. Der soziale Körper ist Akteur und zugleich Objekt der sozialen Welt. Verbindungsglied zwischen dem Objekt- und dem Akteursein sind die Emotionen. Menschen handeln und erleben durch die *embodied agency*: Körperliches Empfinden, Emotionen und Gefühle werden folglich untrennbar. Der kommunikative Aspekt von Emotionen in Zusammenhang mit dem *social body* lässt sich mit den Standpunkten von Quinn/Strauss (1990) vereinen. Wie erwähnt beschreiben sie, dass Kultur sowohl geteilte Komponenten als auch individuelle Bedeutungen aufweist, die eng mit einander verbunden sind. Die Emotionen sind nach Lyon/Barbalet (1994) individuell auf physiologischer Ebene, aber sie kommunizieren dabei auch auf physischer Ebene die »Sicht der Welt«, die zu kulturellen Bedeutungen beiträgt. Neben der kommunikativen Funktion übernehmen Emotionen Aufgaben auf einer symbolischen Ebene, indem sie unter anderem Qualitäten sozialer Beziehungen verdeutlichen. Dies gilt auch für die körperliche Ebene: Der Körper als Informationsträger, - speicher und -vermittler erfährt soziale Beziehungen und verinnerlicht sie. Physische Empfindungen, wie im Extremfall Schweißausbrüche bei dem Kontakt mit Höhergestellten, gehören hierzu. Derartige physische Komponenten variieren individuell und sind nicht zwangsläufig als gesamtgesellschaftlicher Ausdruck einer Emotion zu werten.

Mit diesen Ausführungen endet die Darstellung der dieser Studie zugrundeliegenden Konzeption von Emotionen. Bevor im nächsten Kapitel theoretische Annäherungen an die romantische Liebe vorgestellt werden, wird in Form eines kurzen Exkurses auf die Verknüpfungen zwischen intrakultureller Varianz und Emotionen eingegangen.

Exkurs: Schemata, Individualität und Emotionen

Zu Beginn dieses Kapitels ist verdeutlicht worden, dass Emotionen als ein individuelles und »innerliches« Phänomen wahrgenommen werden. Die Untersuchung, um die es in diesem Buch geht, weist – in Einklang mit dem beforschten Thema Emotionen von Online-Datern – einen subjektbezogenen Ansatz auf. Dieses Vorgehen erscheint angemessen, da Forschungsgegenstand und Herangehensweise stimmig sind. Dennoch kommt die Frage auf, wie sich die Individualität von Emotionen auf theoretischer Ebene erläutern lässt. Diese Frage fällt zwar nicht in den Untersuchungsbereich meiner Studie, sollte aber dennoch aufgegriffen werden. Sie wird an dieser Stelle in Form eines kurzen Exkurses behandelt, damit die intrakulturelle Varianz von Emotionen nicht als unreflektierte Prämisse stehen bleibt.

Um die Individualität von Emotionen zu erläutern, bietet sich eine schematheoretische Betrachtung an. Die Verbindung zwischen den kognitiv ausgerichteten schematheoretischen Annahmen und meinem Forschungsgegenstand besteht in der Überlegung, dass mentale Abstraktionen (im Sinn von kognitiven Mustern bzw. Vorstellungen) und Verhalten (im Sinne jeglicher Aktion) durch eine Wechselwirkung gekennzeichnet sind. Bezogen auf meine Informanten bedeutet dies, dass ihre Praktiken und ihr Umgang mit Emotionen durch ihre kulturellen Vorstellungen beeinflusst werden. Zugleich wirken ihre Erfahrungen, die sie durch ihr Verhalten beim Online-Dating gewonnen haben, wiederum auf ihre Vorstellungswelten ein. Anders ausgedrückt finden an der Schnittstelle von mentalen Abstraktionen, konkreten Handlungen und individuellen Emotionen die von mir untersuchten Aushandlungsprozesse statt. Die Schematheorie ist ein kognitiver Ansatz, der auf Überlegungen zum Thema Emotionen anwendbar ist. Schemata stellen mentale Einheiten im Sinn von Kollektiven dar, die zur Informationsverarbeitung genutzt werden. In die Ethnologie wird das Schemakonzept beispielsweise von Strauss/Quinn (1997) und D'Andrade (1995) eingebracht. Dabei wird unter anderem mit D'Andrade (1992: 23) formuliert gefragt »warum Menschen tun, was sie tun«. Bei der Untersuchung dieser Frage stößt man jedoch unabdingbar auf das Phänomen der intrakulturellen Varianz: Nicht alle Personen einer (wie auch immer definierten) Gruppe agieren gleich. Diese oft nicht unbeträchtlichen Unterschiede können darauf zurückgeführt werden, dass jeder Mensch innerhalb eines gewissen Spektrums verschiedene Schemata für sich »aktiviert« hat. Wichtig ist dabei, dass Schemata zugleich Struktur und Prozess implizieren. Jede Neuaktivierung unterscheidet sich von der vorherigen, trotz einer gewissen Kontinuität. Schemata integrieren auf diesem Weg neu Erlerntes in den Kontext bisherigen Wissens und bisheriger Erfahrungen. Dementsprechend organisieren Schemata Vergangenes und determinieren Bedeutungen in der Gegenwart (Strauss/Quinn 1997: 49). Sie sind hierarchisch organisiert, verschiedene Schemata können sich (beispielsweise als Unterschema) decken. Wichtig ist, dass in diesem Rahmen semantische Informationen (»Was ist Liebe?«) meist nicht von episodischen Erfahrungen (»Meine erste Liebe«) getrennt werden (Röttger-Rössler 2004: 75). Neben dem Term Schema existiert die Erweiterung auf den Begriff kulturelle Schemata: Nach D'Andrade (1995) handelt es sich dabei um Schemata von einer gewissen Komplexität. Kulturelle Schemata werden von Menschen, die ähnliche Erfahrungen und Lebensumstände aufweisen, geteilt. Aber eben nicht alle Schemata müssen gleich verbreitet sein, da entsprechende, »vernetzende« Erfahrungen nicht bei jedem Mitglied einer Gruppe vorhanden sind.

Diese Ausführungen lassen sich auf den Themenbereich Emotionen übertragen, darauf basierend, dass Emotionen und Kognitionen in komplexer Weise miteinander verbunden sind. Die Art und Weise der Verbindung variiert je nach Forschungssicht. Ulich/ Kienbaum/Volland (1999) sprechen aus entwicklungspsychologischer Perspektive von emotionalen Schemata und rücken somit kognitive und emotionale Schemata in engen, fast deckungsgleichen Zusammenhang.[9] Nach D'Andrade (1995: 229) stellen Emotionen ein Informationssystem dar, komplementär zum kognitiven System. Aus diesen, wenn auch unterschiedlich gelagerten Sichtweisen ist der Sachverhalt zu erklären, warum Emotionen als Koordinaten für das Individuum gelten: Sie sind eine wichtige Informationsquelle und Motivation, durch sie erhalten Ereignisse, Sachverhalte und andere Individuen eine Bedeutung. Geht man weiterhin davon aus, dass emotionales Verhalten zu einem bestimmten Teil erlernt sind, verhält es sich mit der Individualität von Emotionen ähnlich wie mit kognitiven Schemata. Durch Einflüsse wie das enge soziale Umfeld, wie sozio-kulturelle Faktoren und nicht zuletzt durch biografische Elemente werden bestimmte Schemata relevant, andere wiederum nicht. Bezogen auf Emotionen bedeutet das, dass erstens zwei Menschen mit ähnlichem sozio-kulturellem Umfeld ein und dieselbe Situation unterschiedlich empfinden und erleben können. Zweitens erklärt sich, warum Menschen mit dem Konzept der romantischen Liebe unterschiedliche Emotionen und Gefühle verbinden. Aller-

---

9 Nach den Autoren verbinden emotionale Schemata bei Reizeindrücke und Situationen. Dadurch entstehen emotionale Organisationseinheiten. Sie sind u. a. für die Reduktion von Komplexität verantwortlich und können emotionale Reaktionen automatisieren. Sie ähneln Schablonen, die an neue Erfahrungen angelegt werden können. Wie eine emotionale Reaktion situativ ausfällt, hängt demzufolge ab, ob das Ereignis zum Schema passt.

dings bleibt noch ein Punkt offen: Selbst wenn Menschen als Beschreibung eines Zustands die gleiche Emotion nennen (z. B. Ärger), bedeutet dies nicht gleiches Erleben.

Zur Individualität von Emotionen gehört demnach nicht nur, dass sie von Mensch zu Mensch variieren, sondern eine weitaus höhere Singularität beinhalten. Reddy (2001: 13) geht dementsprechend davon aus, dass Emotionen eine so signifikante Einzigartigkeit innewohnt, dass sie nie gänzlich kommunizierbar sind. Zur Erläuterung der Problematik der sprachlichen[10] Kommunikation von Emotionen ist ebenfalls die Schematheorie anwendbar. Das in Schemata enthaltene Wissen kann, muss aber nicht sprachlich präsent sein. Hintergrund des Unterschieds zwischen sprachlich präsentem und nonverbalem Wissen ist nach D'Andrade (1995: 173ff) die Art und Weise, wie das Wissen erworben wurde. D'Andrade versteht kulturelle Theorien als explizites, sprachlich formulierbares und vor allem bewusst erlerntes Wissen einer Gruppe. Neben dem kulturellen Wissen existieren kulturelle Modelle innerhalb einer Gemeinschaft. Es handelt sich um implizites, auf Schemata aufbauendes Wissen, das größtenteils unbewusst und nonverbal erlernt wird. Derartig Erlerntes wird häufig angewendet, nur den Anwendern fällt das Verbalisieren dieses Wissens schwer (D'Andrade 1995: 167). Auch hierbei ist es durch die bereits genannten Faktoren wie das enge soziale Umfeld und biografische Komponenten möglich, dass Individuen einzelne Emotionen auf verschiedenem Weg erlernen. So kommt es, dass manchen die Formulierung von bestimmten Gefühlen leicht fällt, wohingegen ein anderer Mensch diese nicht zu verbalisieren vermag. Ableitend daraus können darüber hinaus die Fragen aufgeworfen werden, ob Emotionen vorrangig unbewusst und nonverbal bzw. welche Emotionen bewußt oder unbewusst erlernt werden.

Der Exkurs zeigt einen theoretischen Rahmen für die Individualität von Emotionen und den Umgang mit ihnen. Im Verlauf des Buches wird an einigen Stellen zur vertiefenden Erklärung auf den Schemaansatz verwiesen. Dies geschieht mit dem Wissen, dass abstrakte, kognitive Informationseinheiten nicht im Fokus der Untersuchung stehen. Der Schemaansatz wird unter der Prämisse verwendet, dass kognitive Muster mit ihrer engen Nähe zu Emotionen die bewussten und unbewussten Verhaltensweisen der Akteure dieser Untersuchung signifikant beeinflussen. Mit diesem Exkurs enden die theoretischen Ausführungen zu Emotionen im Allgemeinen.

---

10 Reddy spezifiziert nicht weiter, ob er sich ausschließlich auf die sprachliche Kommunikation beruft, im Kontext seiner Ausführungen ist dies jedoch anzunehmen.

3. DIE ROMANTISCHE LIEBE

Die Abwendung von dem positivistischen Paradigma führte in der Ethnologie zwar zur vermehrten Untersuchung von Emotionen, aber die romantische Liebe wird nach wie vor relativ selten als Forschungsgegenstand in Betracht gezogen (als Ausnahme sind insbesondere US-amerikanische, evolutionspsychologisch ausgerichtete Studien zu nennen). Was zu Beginn des ersten Kapitels zu Emotionen gesagt worden ist, gilt auch für die romantische Liebe: Sie ist begrifflich schwer zu präzisieren. Überträgt man die diskutierten theoretischen und terminologischen Erfassungen von Emotionen auf die romantische Liebe, zeigt sich, dass sich die romantische Liebe eindeutigen terminologischen Zuordnungen als Gefühl oder als Emotion oftmals entzieht. Einerseits lassen sich Situationen finden, in denen ein Mensch liebt: Hierbei richtet sich die romantische Liebe auf eine andere Person, die Liebe lässt sich dabei als stark physisches und imperatives *arousal* oder Gefühl beschreiben. Andererseits ist die romantische Liebe nicht nur auf kurze Zeitspannen begrenzt, auch muss sie nicht permanent an körperliches Erleben gekoppelt sein. Die romantische Liebe kann somit ein Gefühl darstellen. Zur Erinnerung: Als Gefühl habe ich im vorherigen Kapitel länger andauernde Phänomene bezeichnet, seien sie mit oder ohne körperliche Komponenten, die bewusst erlebt werden. Hinzu kommt, dass die romantische Liebe eine Vielzahl von emotionalen Zuständen vereinigen kann. Die Auswahl, welche emotionalen Zustände als zur Liebe gehörig verstanden werden, ist kulturell und sozial determiniert.[1] Zusätzlich spielen intrakulturell differenziertes Erleben und Verstehen wichtige Rollen. Romantische Liebe bezeichne ich daher auch als ein affektives Muster. Es beinhaltet Emotionen, Gefühle, Darstellungsregeln, Bewertungen sowie Verbindungen zu weiteren Lebensbereichen. Die Auswahl dieser zugehörigen Elemente beruht auf emischen Kriterien. Im Folgenden gehe ich auf die romantische Liebe als Forschungsgegenstand ein. Als erstes be-

---

1 Zu beachten ist, dass die romantische Liebe, die Gegenstand dieser Untersuchung ist, bereits per se Qualitäten psychophysischen *arousals* und intensiven Erlebens aufweist. Gefühle wie Nussbaums *feelings* (2008: 62) stellen somit eine Prämisse dieser kulturspezifischen Emotion dar.

schreibe ich die Liebe in der Ethnologie. Anschließend stelle ich definitorische Annäherungen an die romantische Liebe vor.

Die romantische Liebe in der Ethnologie

Der Forschungsgegenstand »romantische Liebe« ist seit geraumer Zeit in Literaturwissenschaften, Psychologie und Soziologie zu finden. Anleihen dieser Disziplinen mit einer längeren »Tradition« der Liebesuntersuchung sind für ethnologische Betrachtungen relevant, daher finden sich in diesem Kapitel wiederholt Ausführungen zu Ansätzen aus nicht-ethnologischen Untersuchungen. In der Soziologie wird die romantische Liebe zumeist in quantitativen Studien (Klein 2001), in historischen Analysen (Luhmann 1982) oder in Medienanalysen (Flicker 1998) behandelt. Hinzu kommt eine Vielzahl allgemeiner Gesellschaftstheorien, die sich mit romantischer Liebe befassen (Burkhart 1998, Fromm 1994). Qualitative Studien befinden sich in der Unterzahl. Außerdem ist anzumerken, dass sich soziologische Forschungen in erster Linie auf westliche Gruppen beziehen und in den Untersuchungen kulturspezifische Aspekte von geringer Bedeutung sind. Die erste Frage, die sich bei einer Verbindung von Ethnologie und romantischer Liebe als Forschungsfeld auftut, ist, warum es so wenige Untersuchungen gibt. Die Abwesenheit hat mehrere Hintergründe, die auf einem Geflecht von Prämissen über die Liebe beruhen. Ein zentraler Grund ist, dass die Fähigkeit, romantische Liebe zu erleben, bis in das 21. Jahrhundert zumeist als ausschließlich westliches Charakteristikum gilt und damit nicht zum Forschungsbereich der Ethnologie zählte. Liebe wird aus wissenschaftlicher Perspektive vorrangig historisch, soziologisch und psychologisch betrachtet: Die Entstehung der Liebe mit dem Aspekt der exklusiven, emotionalen Bindung an den anderen wird beispielsweise in Hinblick auf ihre historische Entwicklung untersucht oder die gesellschaftlichen Folgen von bestimmten Beziehungsmustern werden erforscht. Die Liebe gilt bei diesen Untersuchungen eher als eine soziale Kondition denn als eine Emotion. Der (unbeabsichtigte?) Eindruck, der aus derartigen Darstellungen resultiert, ist, dass vor diesen Entstehungszeiträumen die Liebe nicht existiert hätte. Neben Anleihen an platonische und sokratische Liebeskonzeptionen gilt in vielen Abhandlungen das Hochmittelalter als historischer Ursprung der romantischen Liebe. Die höfische Minnedichtung wird oft als europäisches Beispiel einer der zeitgemäßen Ausdrucksformen der Liebe genannt. Auch Luhmann (1994) datiert die historische Genese des Konzepts der romantischen Liebe auf das Mittelalter. Aus seiner Perspektive der romantischen Liebe als Kommunikationscode erleichtert der Minnesang mit seiner spezifischen Liebessemantik den Rezipienten, in sich selbst die außergewöhnliche Emotion von Liebe zu entdecken, zu identifizieren und zu kultivieren. Er geht weiterhin davon aus, dass eine Evolution des Codes Liebe auf zunehmende Individualisierung hinausläuft. Luhmann führt aus, dass die romantische Liebe mit der französischen Aufklärung als »Passion« dargestellt wird. Seitdem werden Anzeichen wie bestimmte Gefühle als ihr zugehörig interpretiert. Auf diese Weise ist die Liebe ein Konzept, welches von immer mehr Menschen erlernt wird. Die Liebe fungiert als Ideal, das einen ersehnten Kontrast zum Alltag bildet. Zugleich bleibt Liebe eine Anomalie, fast eine Krankheit. Als Paradox der Liebe bezeichnet Luhmann die Widersprüchlichkeit von ersehntem Ideal und Krankheit (1994: 57ff). Er beschreibt weiterhin, dass mit dem englischen Pietismus die Liebe als Möglichkeit einer allgemein menschlichen, soziale Klassen übergreifenden Emotion angesehen wird, während bis zur Aufklärung Liebe eine Angelegenheit des Adels und der gehobenen Stände war. Mit den sozio-ökonomischen und politischen Veränderungen des letzten Jahrhunderts wandelte sich die romantische Liebe schließlich in das zentrale Konzept, auf dem Partnerschaften und Ehen basieren. Darstellungen wie diese von Luhmann, werfen für ethnologische Kontexte relevante Fragen auf wie: Bedeuten derartige Ausführungen, dass romantische Liebe außerhalb der westlichen Hemisphäre nicht existiert? Oder, wenn es doch ähnliche Konzepte gibt, was macht nicht-westliche Liebeskonzepte aus? Mit welchen Entwicklungen stehen diese Konzepte in Zusammenhang? Selbst wenn nachweislich gesellschaftliche Institutionen wie die Ehe in Deutschland noch vor 100 Jahren nicht auf Liebe basierten, darf dies nicht damit verwechselt werden, dass keine der romantischen Liebe entsprechenden Gefühle oder Emotionen existierten. Für ethnologische Studien bedeutet eine Auseinandersetzung mit der Liebe nicht, historische Forschungsparadigmen zu negieren. Aber sie sind auch als Teil der europäischen Liebesbetrachtung zu verstehen, die einen außerordentlichen Einfluss auf wissenschaftliche Praktiken mit sich bringt.

In ethnologischen Auseinandersetzungen mit dem Forschungsgegenstand Liebe dominiert bis Ende der 1990er Jahre die evolutionspsychologisch ausgerichtete Frage, ob die romantische Liebe eine Universalie darstellt (z. B. Endleman 1989, Jankowiak 1995, Kurian 1979, Murstein 1974). Die Analogie zum Forschungsobjekt Emotionen tritt bei diesem Inhalt deutlich zutage. Jankowiak/Fischer (1992) gehen der Frage nach, in dem sie Murdocks/Whites (1969) Standard-Cross-Cultural-Sample-Test anwenden.[2] Dabei

---

2 Die Autoren kommen zu der Schlussfolgerung, dass die romantische Liebe als Universalie gelten kann. Dabei betonen sie, dass (selbst wenn romantische Liebe universal ist) die emischen Ausprägungen je nach kulturspezifi-

überprüfen sie im Rahmen einer offenen Definition die Bekanntheit der romantischen Liebe in ca. 150 Kulturen. Für die Autoren bedeuten die mächtigen, europäischen und US-amerikanischen Diskurse zumeist, dass das Thema Liebe nicht in Untersuchungen einbezogen wird:

»Indeed it has become axiomatic among Western literati that the experience of romantic passion is a mark of cultural refinement, if not obvious superiority, and that the less cultured masses are incapable of such refinement: desire and lust, yes; romance and love, no.« (Jankowiak 1995: 2)

Jankowiak nennt ein weiteres tragendes Merkmal der Liebe in vielen westlichen Diskursen: die Veredelung der Sexualität. Indem sich Emotionen und physisches Begehren relational auf eine Person ausrichten, entfernen sich körperliche Bedürfnisse vom Status des Animalischen. Die Liebe ist, funktional ausgedrückt, sozusagen die kulturelle Verfeinerung des körperlichen Bedürfnisses. Zugleich wird die Liebe in der Variante des Verliebtseins in westlichen Diskursen mit Auseinandersetzungen über Krankheit verbunden. Dabei wird angenommen, dass die Vernunft durch unkontrollierbare Emotionen und entsprechende Handlungen den Verlust ihrer Vormachtposition erleidet. Bereits Freud (1974: 104ff) verweist auf pathologische Züge des Verliebtseins und verwendet als Begründung den Rückgriff auf die Sexualität. Er vermutet, dass die romantische Liebe das Resultat sexueller Repression repräsentiert, die typisch für westliche Gesellschaften sei. Wieder wird die romantische Liebe in den Bereich des Funktionalen gestellt, denn sie ist hierbei Ventil unterdrückter Triebe. Reich (nach Kohler 2001: 114) versteht ebenso die romantische Liebe als »Einbruch der sexuellen Zwangsmoral« und verweist wiederum auf Malinowski:

»Ganz einfach und unverblümt erbittet er [der Trobriander, eigene Anmerkung] eine Zusammenkunft mit der offen bekannten Absicht geschlechtlicher Befriedigung. Wird die Bitte erfüllt, so ist damit jede romantische Einstellung, jede Sehnsucht nach dem Unerreichbaren und Geheimnisvollen hinfällig.« (Malinowski nach Kohler 2001: 114)

Eine Vielzahl ethnologischer Arbeiten tradiert dieses Meinungsbild. Meads »Coming of Age in Samoa« (1976) legte den Grundstein für die lang gehegte Lehrmeinung, Polynesier wären nicht in der Lage,

---

schem Kontext stark variieren (Jankowiak/Fischer 1992: 154). Jankowiak/ Fisher untersuchen den Forschungsgegenstand Liebe aus einer evolutionspsychologischen Perspektive, welche grundsätzlich die Suche nach Universalien anstelle der Erforschung von Unterschiedlichkeiten fokussiert (vgl. Hewlett/Hewlett 2008: 45f).

starke, bindende Emotionen zu erfahren. Heterosexuelle Beziehungen beruhen nach Mead bei den Polynesiern ausschließlich auf Sex; der sexuelle Kontakt ist von Häufigkeit und Beliebigkeit geprägt (Mead nach Harris 1995: 96). Vor dem Hintergrund des ethnozentrischen Liebesverständnisses wird in »Sexual Behavior on Mangaia« von Marshall (1971) diese Darstellung fortgeführt: Er zählt die Anzahl der Orgasmen männlicher Polynesier auf, ob ihrer Anzahl folgert er »copulation is a princial concern of the Managian of either sex« (Marshall nach Harris 1995: 96). Mit diesen Ausführungen wird die Tradition der ethnologischen Darstellung der Polynesier als hyperlibidinös und gefühlsarm weiter generiert.[3] Die ethnozentrische Perspektive setzt sich fort: Endleman (nach Harris 1995) fasst mehr als 20 Jahre später Marshalls Forschungsergebnisse mit dem gleichen Tenor zusammen: »All the Magainas place great value on erotic technique, non on any affection or caring between sexual partners, preceding sexual encounters« (Endleman nach Harris 1995: 98). Harris untersucht in den 1990ern die Polynesier erneut mit dem Ziel, emotionalen Bindungstrukturen nachzugehen. Sie kommt zu dem Ergebnis, dass emotionale Bindung eine mangaiische Motivation für eine lebenslange Partnerschaft sein kann. Verbindungen aus Liebe bezeichnet sie, da sie ihrer Meinung nach bereits vor dem Kontakt mit Europäern in Polynesien praktiziert wurden, als eine »historische Motivation« (Harris 1995: 109). Auch die soziale Norm der arrangierten Ehen muss nicht bedeuten, dass Ehen nicht aus Liebe geschlossen werden oder dass es keinerlei Normverstösse gebe. Mit diesen Erkenntnissen werden zwei wichtige Aspekte hinsichtlich romantischer Liebe angesprochen. Sie tragen dazu bei, dass die romantische Liebe als Forschungsgegenstand von der Ethnologie vernachlässigt wird. Die Aspekte sind folgende:

- Die Annahme der romantischen Liebe als »typisch« westlich geht mit der Idee einher, dass »traditionelle« bzw. nicht-westliche Gesellschaften durch den Kontakt mit europäischer bzw. amerikanischer Kultur die romantische Liebe kennengelernt und übernommen haben.

---

3   Spannenderweise trifft Harris während ihrer Feldforschung Männer, die Marshall kannten. Sie erinnern sich, während eines Trinkgelages mit dem Ethnologen gesprochen zu haben. Dieser Umstand mag sehr wohl zu den Zahlen an Orgasmen, die Marshall berichtet worden, beigetragen haben. Andererseits wirft die Verwendung derartiger Daten als reduzierte, unhinterfragte »Mengenangabe« kein gutes Bild auf Marshalls Datensammlung. Aus Gesprächen unter diesen Umständen hätten sich gewiss besser Rückschlüsse auf Wunschvorstellungen von Sexualität sowohl seitens des Ethnologen oder der Mangaier bzw. über scherzhafte Kommunikation sexueller Themen ziehen lassen.

- Polygame und/oder arrangierte Ehen werden als grundsätzlicher Widerspruch zur romantischen Liebe aufgefasst.

Zum ersten Punkt: Die Auffassung, dass durch den Kontakt mit dem Westen die romantische Liebe »importiert« wird, impliziert Ethnozentrismus: Ein westliches Konzept gilt als derart anziehend, dass bestehende, nicht-westliche Vorstellungen dafür aufgegeben werden. Abgesehen von der ethnozentrischen Position im Sinne eines Neokolonialismus ist es naiv anzunehmen, dass kulturelle Einflüsse ähnlich einem neuen Kleidungsstück übergestreift werden könnten. Unbestreitbar finden mit vermehrtem Kontakt unterschiedlicher Gesellschaften auch kultureller Austausch und Vermischungen statt, aber es besteht ein beträchtlicher Unterschied zwischen einer Übernahme eines Konzeptes und einer Aneignung. Bei letzterer werden die Anteile, die einer Kultur als kongruent, erstrebenswert oder bedeutsam erscheinen, übernommen. Hierbei handelt es sich bei genauem Betrachten vielmehr um Aneignungen, in deren Rahmen neue Elemente einschließlich Veränderungen und Umdeutungen integriert werden. Bereits die Selektion, welche neuen Elemente integriert werden, basiert auf den bis dato bestehenden kulturellen Vorstellungen und sozialen Umständen. Rebhun (1995) beschreibt in ihrer Studie »The Language of Love in Northeast Brazil« verschiedene Typen von Liebe anhand ihrer emischen Bezeichnungen. Eine Form von Liebe und damit einhergehend eine als modern und partnerschaftlich verstandenen Beziehungsführung ist das Konzept von *lóvi*, der brasilianischen Variante von love[4]. Diese Art der Liebe bezeichnet die Art der romantischen Liebe in den brasilianischen *televnovélas*. Der Term *lóvi* repräsentiert eine Mischung diverser Liebesformen, die dem urbanem Lebensstil entspricht, und u. a. das Paar als soziale Einheit fokussiert, zugleich aber genderspezifische Differenzierungen aufwirft. Bereits durch die sprachlichen Anleihen wird die Nähe zu US-amerikanischen Liebesidealen deutlich, dabei handelt es sich jedoch nicht um ein genuin amerikanisches Ideal, sondern um das Phänomen *lóvi*. Zur *lóvi* gehören essentiell brasilianische Vorstellungen über US-amerikanische Beziehungen und über Emotionalität. Die Vorstellungen sind wiederum untrennbar mit den lokalspezifisichen und kulturellen Lebenswelten des Nordeste verbunden und lassen sich z. B. nicht auf New Yorker weiße Oberschichtsverhältnisse remodellieren. Eine Übernahme von US-amerikanischer *love* ist folglich nicht gegeben, sondern es wird ein neues, brasilianisch-lokales Modell erstellt. Es basiert auf den bereits gegebenen brasilianischen Verhältnissen

---

4 Die brasilianische akademische Bezeichnung für die Liebesvariante benennt Rebhun mit *amor-paixão* (1995: 255).

und verbindet sich mit sozial, historisch und kulturell gewachsenen Ideen über die Anderen (in diesem Fall die US-Amerikaner). Zum zweiten Punkt (Polygamie vs. Liebe): Die Exklusion von romantischer Liebe durch die Ethnologie in nicht monogamen Ehekonstellationen wurzelt zu nicht unerheblichem Anteil in der westlichen Verquickung von Liebe als Zweisamkeit in Verbindung mit daraus resultierenden dyadischen Ehekonzepten. Die Verwandtschaftsethnolgie, lange Zeit die »Paradedisziplin« der Ethnologie, ignoriert vor diesem Hintergrund die Liebe: Salopp formuliert bilden die »Wilden« Verwandtschaft in all ihren exotischen Varianten (und gehen dabei bzw. nebenbei einer imperativen Libido nach).»Wir« (die Gesellschaften der Ethnologen bzw. die kulturell versierten Ethnologen) pflegen dagegen die Kultur der Liebe, um auf dieser Basis unsere als individuell und autonom verstandene Partnerwahl zu treffen. Der Artikel zur Sozialethnologie der aktuellen Auflage in der »Ethnologie. Einführung und Überblick« (Helbling 2003) stellt beispielsweise detailliert Heiratsregeln und klassisch-ethnologische Verwandtschaftstypologien vor. Politische und ökonomische Interessen werden u. a. als Begründung der Partnerwahl angegeben (Heiratsalliancen), emotionale Einflüsse jedoch nicht in Erwägung gezogen. Die Prämissen dieser Forschungsausrichtung liegen in dem Verständnis, dass »traditionelle« Gesellschaften das Individuum in ein engmaschiges Netz von sozialen Abhängigkeiten zu den anderen Gesellschaftsmitgliedern stellen. Dieses Netz enthält eine Vielzahl von Verpflichtungen und Geboten, welche die Psyche und das individuell-emotionale Erleben einer Person einer solchen Gesellschaft derart unterwandert, dass es angeblich nicht in der Lage ist, individuell zu agieren und die Emotion Liebe zu spüren, wie Jankowiak beschreibt (1995: 2). Es gibt jedoch Studien, die das Gegenteil zeigen. Bell (1995) stellt anschaulich dar, wie manche polygynen Taita aus Liebe heiraten und v.a., welche Probleme innerhalb der polygynen Haushalte durch dyadische Liebe entstehen können. Auch ist Bell der Ansicht, dass Liebe und Lust lange vor Ankunft der Europäer wichtige emotionale Konzepte der Taita waren. In den Ehen mit mehreren Frauen ist der Mann – nicht nur bei den Taita – dazu angehalten, alle Frauen gerecht und gleich zu behandeln. Die Verletzung der Obligationen zieht soziale Sanktionen mit sich und Frauen können Scheidungen durchsetzen. Hat ein Mann eine Lieblingsfrau oder entschließt er sich zu einer zusätzlichen Liebesehe, kann dies zu erheblichen Schwierigkeiten in seinem Haushalt führen, da sich die anderen Frauen benachteiligt sehen. Berichte über Lieblingsfrauen sind auch außerhalb des afrikanischen Kontextes häufig, erstaunlicherweise wurde selten nachgefragt, wie ausgerechnet eine bestimmte Frau die Bevorzugte wird: Die Antwort ist romantische Liebe. Hinsichtlich polygynen

Ehen wird in neueren Forschungen häufig beschrieben, dass die erste Ehe oft aufgrund sozialer Obligationen eingegangen wird. Gesellschaftliche Verpflichtungen, Landbesitz und Allianzen gelten vielfach als emisch plausibler Grund zu heiraten. Ist diese Verpflichtung jedoch erfüllt und der Mann imstande, mehr als eine Frau zu versorgen, sind nachfolgende Liebesehen keine Rarität. Solche Untersuchungen gehen auf die emische Bewertung der Liebe ein, die sich von der westlichen, generell positiven Sicht unterscheidet: Gesellschaften mit Mehrfachehen und arrangierten Ehen verstehen die romantische Liebe tendenziell als gefährlich, da sie durch die bei Bell beschriebenen Folgen zu Streitigkeiten und Unfrieden führen kann, die letzten Endes eine Gemeinschaft bedrohen. Auch Kohl (2001) beschreibt, wie Liebe und Heiratsregeln miteinander vereinbart werden können, und widerspricht damit den Annahmen, dass in nicht-westlichen Kulturen entweder Sexualität unreglementiert ausgelebt wird oder ausnahmslos starre, funktionale Heiratsregeln befolgt werden.

Ethnologen betonen, dass romantische Liebe unterschiedlichen gesellschaftlichen Bewertungen ausgesetzt ist. Lau (2006: 224) beschreibt, wie die romantische Liebe in Indien angesichts der Norm der arrangierten Ehen negativ belegt ist. Sie wird hier, ebenso wie in afrikanischen polygynen Gemeinschaften, mit einer Gefährdung der Ordnung gleichgestellt. Die romantische Liebe wird daher in Indien auch als Verrücktheit und psychosomatische Störung klassifiziert: Eine Person, die an Liebe »leidet«, verliert z. B. nach tamilischem Verständnis die Fähigkeit zu denken und gesellschaftliche Regeln zu befolgen (Trawick nach Lau 2006: 225). Zusätzlich existiert die Norm, dass Eltern bzw. ältere Menschen durch ihre Lebenserfahrung besser einen passenden Lebenspartner wählen können als junge Leute (Lau 2006: 225). Im indischen Kontext ist es nach Derné (1995: 21) außerdem nicht erwünscht, die romantisch-exklusive Liebe zwischen Eheleuten zu betonen, denn Liebe lenkt wegen ihres pathologischen Potentials von den Verpflichtungen gegenüber der restlichen Familie ab. Ein derartiger Fall bedeutet also eine sträfliche Vernachlässigung der sozialen Pflichten. Regis (1995) dokumentiert eine ähnliche Bewertung der Liebe bei den Fulbe im Norden Kameruns. Handlungen, die unbeherrscht und unkontrolliert unter dem Einfluss der Liebe geschehen, verstehen die Fulbe als negativ. Romantische Liebe bedeutet Gefahr, denn sie verführt zu ungebührlichen Handlungen, weil den Liebenden die Emotionen beherrschen und er selbst die Kontrolle über sich verliert. Die Liebe führt in die Devianz, aus der die Verletzung sozialer Obligationen resultiert. Romantische Liebe ist schlecht angesehen – aber nur, wenn sie die Handlungen des Liebenden dominiert. Sofern sich allerdings Liebende nicht dazu versteigen, ihre Emotionen überschwänglich publik zu machen und ihren gesellschaftlichen Verpflichtungen weiterhin nachgehen, akzeptieren die Fulbe die emotionale Bindung. Regis argumentiert, dass eine solche rigide Kontrolle der Liebe in der generellen Haltung der Fulbe gegenüber Emotionen wurzelt: »The ability to control emotions lies at the heart of Fulbe construction of personhood« (1995: 142). Um die Liebe und ihre Ausdrucksformen der Fulbe zu verstehen, muss die Relevanz der Selbstkontrolle und Selbstdisziplin dieser Gemeinschaft herangezogen werden. Die Fulbe haben eine lange Geschichte der Sklaverei hinter sich und auch zur Zeit der Feldforschung von Regis in den 1990ern gehörte Sklaverei nach wie vor zum Alltag. Diese Erfahrungen bedingen die Verbindung von der Identität als freie Person mit Gefühlskontrolle: Wer nicht Meister seiner Gefühle und Emotionen ist, ist ein Sklave. Das Beispiel zeigt, wie historische und kulturelle Umstände den Umgang mit der romantischen Liebe prägen.

Einige Ethnologen sind der Auffassung, dass romantische Liebe eine Folge sozialer Erwartungen sein kann. Hierzu gehört Rebhun (1995: 241). Sie bemerkt über arrangierte Ehen, dass aufgrund ihrer verwandtschaftsbildenden Eigenschaften affektive Obligationen entstehen: Durch die Ehe werden einst Fremde in eine Konstellation gebunden, die sozial und kulturell affektiv belegt ist. So kann die gesellschaftlich-kulturelle Erwartung, dass Liebe in der Ehe vorhanden ist, letzten Endes dazu führen, dass das Paar sich emotional aufeinander zu bewegt. Kohl (2001) ist ebenfalls der Ansicht, dass die romantische Liebe mit ihrem »gehörige[n] Maß an Sprengkraft [...] für die Stabilität sozialer Beziehungen« (2001: 117) in Heiratspraxen integriert wird. Nach Kohl wird in der Regel romantische Liebe dort erlebt, wo sie sozial erwünscht ist (ebd.). Im geschlossenen Heiratssystem matrilateraler Kreuzcousinenheirat in Indonesien werden die Emotionen mit Hilfe eines »affektiven Konditionierungsprozesses« (2001: 129) auf eine bestimmte Gruppe möglicher Heiratskandidaten gelenkt. Bei der Wahl des Ehegatten entscheidet dann innerhalb dieser Gruppe sehr wohl die romantische Liebe.[5] Kohl folgert, dass die affektiven Konditionierungen als verborgene Determinanten auch in westlichen Gesellschaften vorhanden sind.

---

5   Laut Kohl (2001) entsprechen 90% der von ihm untersuchten indonesischen Eheschließungen den Normvorstellungen. Der Großteil der Ehepartner berichtet parallel dazu von einer die Ehe einleitenden romantischen Liebesgeschichte.

Theorien und Definitionen romantischer Liebe

Wissenschaftliche Auseinandersetzungen über einen bestimmten Forschungsgegenstand fußen auf Definitionen und Eingrenzungen. Betrachtet man die Annäherungen an die Liebe mit ihren entsprechenden Definitionsansätzen, wird deutlich, wie sich die Definitionen und kulturspezifischen Diskurse der jeweiligen Wissenschaften mischen. Im Folgenden gehe ich auf Merkmale ein, die mehrheitlich in den raren Definitionen enthalten sind, um damit für die Ethnologie relevante wissenschaftliche Perspektiven des Zugriffs auf die Liebe vorzustellen.

Der Soziologe Giddens (1993: 49) unterscheidet zwischen romantischer und leidenschaftlicher Liebe. Interessanterweise verwendet er kulturelle Differenzierungen als Merkmal der romantischen Liebe:

»Leidenschaftliche Liebe ist ein mehr oder weniger universelles Phänomen. Sie sollte (...) von der romantischen Liebe, die viel stärker kulturell bestimmt ist, klar unterschieden werden.« (1993: 49)

Hier findet sich eine deutliche Parallele zu dem von Jankowiak (1995: 2) beschriebenen Sachverhalt, dass romantische Liebe nicht selten als Zeichen kultureller Verfeinerung verstanden wird. Giddens stellt keine explizite Wertung auf; aber es wird zwischen den Zeilen das Verständnis kolportiert, dass weltweit physische Anziehungskraft und die *amour fou* mit ihren angeblich »niederen Instinkten« existiert. Genau dies ist aber seiner Ansicht nach von dem komplexen, historisch gewachsenem, europäischen Gebilde der romantischen Liebe zu trennen. Letztere Art der Liebe muss, wenn die *amour passion* (Giddens 1993: 48) universeller ist, folglich »weniger universell« sein. Die romantische Liebe beinhaltet nach Giddens vielschichtige Aspekte wie die Reflexion über das Selbst oder das Motiv der Suche, wohingegen die leidenschaftliche Liebe von Passivität und Abhängigkeit gekennzeichnet ist. Verbindet man diese definitorische Unterscheidung mit dem Umstand, dass die romantische Liebe in ethnologischen Untersuchungen als nicht existent angenommen wird, erscheint bei rigider Interpretation das stereotype Bild der »Wilden«: Sie leben (angeblich) Lust und Sexualität unkontrolliert aus, sind aber nicht in der Lage, den komplexen, mit Individualität verknüpften Anforderungen der romantischen Liebe nachzukommen. Eine bekannte, ältere psychologische Theorie ist das »triangle of love« (Sternberg 1988). Intimität, Leidenschaft und Entscheidung/(Selbst-)Verpflichtung stellen hierbei drei Komponenten einer Liebesbeziehung dar. Liebesbeziehungen variieren demnach in bewusster Kontrollierbarkeit, Stärke der Empfindung,

Relevanz für Kurz-/Langzeitbeziehungen, dem psychophysiologischen *arousal* und der Empfänglichkeit für bewusste Überlegungen (Sternberg nach Walter 2006: 84). Hervorzuheben bei diesem Ansatz ist, dass zwei wichtige Merkmale der Liebe ihre Kontrollierbarkeit (bzw. vielmehr ihre Unkontrollierbarkeit) und die Nähe zum Unbewussten sind. Die Frage nach der Kontrollierbarkeit spiegelt sich in vielen soziologischen Annäherungen wieder: Nicht selten wird der Grad der Liebe, ausgehend von den Polen leidenschaftlich = unkontrollierbar und ruhig = kontrollierbar(er) dazu genutzt, die Liebe in Hinsicht auf ihre Tragfähigkeit als Beziehungsgrundlage zu bewerten. Es wird folglich zwischen einer heftigen, entflammten und einer als partnerschaftlich bezeichneten Liebe (ähnlich wie bei Jankowiak/Fischer) differenziert. Diese qualitative Trennung enthält, neben der soziologischen Tendenz zum Aufbau dichotomer Beziehungen, signifikante kulturspezifische Annahmen. Giddens (1993: 48ff) schreibt der leidenschaftlichen Liebe zerstörerisches Potential und die Gefährdung bestehender Ordnung zu. Daher versteht er sie aus gesellschaftlicher Sicht nicht als Grundlage der Ehe. Für die Heirat ist dagegen die romantische Liebe gedacht. Giddens beschreibt sie als ruhig und beständig. Diese Liebesvariante integriert in abgeschwächter Form Anleihen der leidenschaftlichen Liebe und ist zukunftsgerichtet auf eine Beziehung. Aus diesen Annahmen resultieren zwei Schlüsse: Erstens existiert die Vorstellung, dass eine leidenschaftliche Liebe eine Gefährdung der gesellschaftlichen Ordnung bedeuten kann. Zweitens findet sich die Vorstellung, dass Partnerschaften/Ehen von romantischen Gefühlen gekennzeichnet sind. Implizit ist dadurch auch die leidenschaftliche Liebe stärker durch Sexualität im Sinne der Lust charakterisiert, wohingegen in der Partnerschaft Sexualität zwar auch Lust und Intimität beinhaltet, aber deutlich stärker »biologisiert« im Sinne von Reproduktion wird. Giddens Beschreibungen der leidenschaftlichen Liebe finden sich häufig in Darstellungen einer Verliebtheit, die den Anfang einer langandauernden Beziehung einleitet. Die zweite Schlussfolgerung besagt, dass Partnerschaften ruhig und beständig sein müssen, damit sie funktionell in eine Gesellschaftsordnung passen. Hierbei stellt sich die Frage, in wie weit in diese Differenzierungen kulturelle Erwartungshaltungen einbezogen werden. Weiterhin schreibt Giddens der leidenschaftlichen Liebe den Aspekt der Passivität zu: Der Mensch ist quasi Opfer seiner Passionen und handlungsunfähig, das heißt, er wird von seinen Emotionen beherrscht. Dies bildet dabei einen Widerspruch zur »Funktionsfähigkeit« des Menschen als Teil der Gesellschaft. Eine derartige Haltung spiegelt sich in diversen Annahmen wieder, welche die romantische Liebe in den Bereich des Gefährlichen positionieren. Bisher erwähnte Beispiele aus der Ethnologie hierfür sind Derné (1995) und Lau (2006) für

Indien oder Regis (1995) für die Fulbe in Afrika. Derartige Liebesauffassungen betonen, dass Liebe sich dadurch definieren lässt, dass sie gleich einer außenstehenden Macht Kontrolle über Personen übernimmt. Diese Annahme mag als Teil kultureller Modelle zweifelsfrei vorhanden sein, aber sie sollte auch als Teil eines kulturellen Modells oder als Ethnotheorie behandelt und nicht per se in Liebesdefinitionen übernommen werden.

Das Paar als Symbol und die Paarbeziehung stehen in westlichen Diskursen für die Verkörperung der romantischen Liebe: Im Paar finden zwei Menschen zusammen und komplettieren sich. Indem der liebende Mensch in vielen theoretischen Annäherungen an die Liebe darauf abzielt, mit der geliebten Person ein Paar zu bilden, zeigt sich eine zentrale Eigenschaft, die häufig der Liebe zugeschrieben wird: Sie ist zukunftsgerichtet. Ein Partner fixiert sich auf den anderen, idealisiert ihn und entwirft eine Zukunftsvision (Giddens 1993: 53). Im Umkehrschluss bedeutet dies allerdings, dass die Liebe, sobald die Partnerschaft, Beziehung oder Ehe zustande gekommen ist, eine ihrer wichtigen Orientierungen verloren haben muss. Folglich kann innerhalb Giddens Argumentation dieser funktionelle Verlust, den die Liebe durch das Erreichen des Status des Paares erfährt, dazu führen, dass die Liebe ihre Qualität ändert und sich vermehrt der partnerschaftlichen Variante annähert. Problematisch an Giddens Darstellung ist die Behandlung der Qualitätsänderung als gegeben. Beachtet wird nicht, ob es sich dabei um eine allgemein existente Tatsache handelt oder wie Paare mit Veränderungen in ihrer Beziehung umgehen.

Die Beziehung der beiden Personen, die das Paar bilden, ist vielen theoretischen Annäherungen nach durch Idealisierung und Einzigartigkeit charakterisiert: Der Partner wird erhöht und als exklusiv-einzigartig behandelt. Indem Idealisierung und Bindung an das Liebesobjekt Bestandteil der romantischen Liebe darstellen, fordert sie die Selbstreflexion seitens der Liebenden (Giddens 1993: 50). Dem zugrunde liegt die Vorstellung, dass ohne ein Wissen um die eigenen Eigenschaften ein passender Partner nicht erkennbar ist und dass der Partner als die Vervollständigung des Selbst wahrgenommen werden kann. Derartige inhaltliche Merkmale der Liebe sind eindeutig mit Vorstellungen von Individualität verknüpft: Selbsterkenntnis benötigt als Grundlage die Differenzierung zwischen sich und den Anderen. Auf ethnologische Kontexte übertragen heißt das, dass als erstes kulturspezifische Begrifflichkeiten von Individualität erkannt werden müssen, um dieses Merkmal der romantischen Liebe auszumachen. Wird dem Individuum eine andere Wertigkeit als in westlichen Gesellschaften zugesprochen, bedeutet es im Umkehrschluss nicht, dass das Verständnis von einem »individuellen Selbst« fehlt. Das Übergehen nicht-westlicher Konzepte von personengebundener Einzigartigkeit durch die Ethnologie und andere Wissenschaften suggeriert jedoch eine derartige Schlussfolgerung. Weiterhin muss vor ethnologischem Hintergrund gefragt werden, ob es nicht eine kulturspezifische Auffassung ist, Liebe zwangsläufig mit bewusster Selbstreflexion zu verbinden. Angedacht werden muss, die Verknüpfung von Liebe und individueller Identität weniger als definitorischen Bestandteil der romantischen Liebe zu sehen, sondern sie als Teil westlicher Liebeskonzepte zu behandeln. Antworten darauf lassen sich nicht verallgemeinernd an dieser Stelle geben, die Frage muss vor dem jeweiligen Forschungskontext erarbeitet werden. Giddens stellt weiterhin die »romantische Suche« als zentrales Merkmal der romantischen Liebe dar. Dabei greift er den Zusammenhang zwischen Liebe und Identität auf:

»Die ›Suche‹ ist eine Odyssee, in der die Identität ihre Bestätigung durch die Entdeckung des anderen finden will.« (1993: 57)

Giddens nimmt an, dass in die romantische Liebe bestimmte Aspekte der *amour passsion* integriert sind. Das Motiv der Suche ersetzt in Giddens Ausführungen funktional die komplette Hingabe der leidenschaftlichen Liebe an den Anderen (1993: 57). Von Relevanz ist die Aktivität der Suche, gleich ob seitens der Frau oder des Mannes.[6] Im Gegensatz dazu steht die Passivität, welche hervorgerufen durch die Hingabe an einen anderen Menschen bei der leidenschaftlichen Liebe entsteht. Durch das Motiv der Suche wird sozusagen die Überfallsartigkeit der von ihm als leidenschaftlich klassifizierten Liebe substituiert – eine Annahme, die ich zuvor als Teil eines *folk modells* Liebe bezeichnet habe.

Luhmann (1994) fokussiert den kommunikativen Aspekt der romantischen Liebe, indem er sie als System und kommunikativen Code bezeichnet. Der Autor betont innerhalb seiner Perspektive die wechselnden Bedeutungen von Handeln und Beobachten (Luhmann 1994: 21ff) als analytischen Rahmen für das Unausgesprochene und die Erwartungshaltungen der romantischen Liebe. Luhmann weist die marxistische Entfremdungs-These zurück, da er als gesellschaftsanalytisches Anzeichen nicht nur die Steigerung unpersönlicher, sondern auch die Intensivierung persönlicher Beziehungen annimmt (1994: 13). Vor dem Hintergrund seines systemtheoretischen Ansatzes versteht er die Liebe als ein Kommunikationsmedium mit starkem Symbolcharakter. Dessen Zweck ist, Unwahrscheinlichkeiten auszuschließen, denn nur so können wiederum

6 Giddens (1993: 61ff) macht dies anhand des Vergleiches von mittelalterlichen Romanzen und modernen romantischen Romanen aus. Ich halte dies für durchaus übertragbar auf die nicht literaturimmanente Sphäre.

Systeme gebildet und verständliche Kommunikation vollzogen werden. Liebe ist nach Luhmann explizit keine Emotion

»sondern ein Kommunikationscode, nach dessen Regeln man Gefühle ausdrücken, bilden, simulieren, anderen unterstellen, leugnen und sich mit all dem auf die Konsequenzen einstellen kann, die es hat, wenn entsprechende Kommunikation realisiert wird.« (1994: 23)

Bis hierher habe ich in erster Linie soziologische Theorien vorgestellt, nun gehe ich auf ethnologische Ansätze und Definitionen ein. Eine der raren Definitionen und vermutlich auch die bekannteste stammt von Jankowiak/Fischer (1992). Sie definieren [7] in ihrer bereits erwähnten, an die Murdock-Schule angelehnte Studie romantische Liebe folgendermaßen:

»By romantic love, we mean intense attraction that involves the idealisation of the other, within an erotic context, with the expectation of enduring for some time in the future. Romantic love stands in sharp contrast to the companionship phase of love which is characterised by the growth of a more peaceful, comfortable, and fulfilling relationship; it is a strong and enduring affection built upon long term association.« (Jankowiak/Fischer 1992: 150)

Wie andere Autoren (Giddens 1993, Hatfield/Rapson 1996) unterscheiden Jankowiak/Fischer Varianten der Liebe. Sie benennen romantische und partnerschaftliche (1992: 150). Die romantische Liebe bezeichnen sie als leidenschaftlich sowie erotisch geprägt (1992: 150f, 2008: 2). Die partnerschaftliche dagegen wächst in einer fortwährenden Beziehung. Giddens und Jankowiak/Fischers Auffassung von romantischer Liebe weist Unterschiede auf, die sich meines Erachtens nach vorrangig in den Bezeichnungen finden: Giddens teilt zwischen romantischer und leidenschaftlicher Liebe auf, Jankowiak/Fischer unterscheiden romantische und partnerschaftliche Liebe. Bei Jankowiak/Fischer evolviert die partnerschaftliche Liebe in einer Beziehung, bei Giddens ist die romantische Liebe die Grundlage einer Ehe. Zentral an Jankowiak/Fischers Definition sind die Elemente Idealisierung, erotischer Kontext und ein in die Zukunft weisender Aspekt. Auch unterscheiden Jankowiak/Fischer in Anlehnung an psychologische Liebesdefinitionen zwischen einer »intensiven« Liebesphase und einer partnerschaftlichen Liebe. Lau (2006) beruft sich mehr als 15 Jahre später auf diese Definition. Sie spezifiziert die romantische Liebe als ein »einige Zeit andauerndes Phänomen« (2006: 223), dem sie diverse affektive Zustände wie auch Erregung zuordnet. Lau gesteht der Liebe innerhalb der Emo-

---

7   Zu beachten ist die Offenheit der Liebesdefinition. Limitierungen hätten die Durchführung ihres methodischen Vorgehens nicht möglich gemacht.

tionen eine Sonderrolle zu: Die Liebe ist »keine distinktive Emotion mit einer klar korrelierbaren, einige Sekunden anhaltenden physiologischen Erregung« (ebd.). Lau geht aber nicht näher darauf ein, ob sie Liebestypisierungen vornimmt wie z. B. eine leidenschaftliche Form von einer partnerschaftlichen Variante zu trennen.

Harris (1995) entwirft in ihrer Revision heterosexueller Beziehungen in Polynesien eine Arbeitsdefinition von romantischer Liebe unter Berufung auf die US-amerikanische Psychologin Tennov (1979). Tennov entwickelt eine Liste von Komponenten als Anzeichen romantischer Liebe. Sie (Tennov nach Harris 1995: XX) abstrahiert emotionale, kognitive und das Verhalten betreffende Muster, die sie mit dem Neologismus *limerance* benennt. Eine Erklärung dieses Begriff findet sich bei Harris (1995: 99) mit »infatuation, falling in love, or romatic love«. Tennov erstellt Liebesaspekte, die in erster Linie auf den Geist (*mindcentered*) ausgerichtet sind. Allerdings gesteht sie der Liebe keinerlei Abstufungen und Variablen zu, sondern alle ihre Komponenten müssen erfüllt sein, um als romantische Liebe zu gelten (1995: 102). Harris kritisiert an Tennovs Konzept die rigide Ausschließlichkeit und dass mit *limerance* Liebesgefühle abgeckt werden, die Giddens leidenschaftlicher Liebe oder Verliebtheitsgefühlen ähneln. Harris möchte mit ihrer Adaption der *limerance*-Aspekte »a more generalized form of passionate love« (1995: 102) einschließen. Ihre Merkmale beziehen diverse Aspekte ein, die jedoch Wertungen und westliche Annahmen über romantische Liebe enthalten. Abschließend zu den ethnologischen Definitionen und Theorien zeige ich, welche Probleme eine Arbeitsdefinition von romantischer Liebe mit sich bringen kann, wenn sie aus ihrem Kontext gelöst oder auf andere Forschungssituationen übertragen wird. Dabei geht es nicht darum, Harris Arbeitsdefinition im Rahmen ihrer Studie in Abrede zu stellen, sondern die Komplexität der romantischen Liebe als Forschungsgegenstand demonstrieren. Als erstes Merkmal der Liebe nennt Harris den Wunsch nach geistiger und körperlicher Vereinigung (1995: 102). Harris betont den Drang, mit der geliebten Person zusammen sein zu wollen. Dieser Umstand wird gewiss von vielen Liebenden beschrieben, allerdings muss hierzu eine gemeinsame Basis der zwei Personen vorhanden sein. In meinen Daten finden sich beispielsweise Beschreibungen, die diesen Wunsch parallel mit einem Erleben von Angst äußern. Folge dessen kann sein, dass diejenigen die Zweisamkeit vermeiden. Hinzu kommt, dass Harris als erste Empfindung sexuelle Anziehung nennt, aus der sich dann die Emotion gleich einer Steigerung entwickelt. Harris trennt bei der Entwicklung zwischen sexuellem Erleben und »physical and psychological intimacy« (1995: 102). Eine derartige Trennung muss keineswegs von jeder Person erlebt werden. Sie kann als ein kulturspezifisches Detail verstanden werden, in dem sich beispielsweise die westliche Trennung von Körper/Geist widerspiegelt. Das zweite Merkmal nach Harris ist die bereits vorgestellte Idealisierung des Anderen: Qualitäten des geliebten Menschen werden erhöht wahrgenommen, Fehler ausgeblendet. Die Idealisierung kann in verschiedenen Graden vorhanden sein. Meine Anmerkung: In einer Vielzahl von Liebesbeziehungen mag eine solche Tendenz vorhanden sein. Im Sinne der Paradoxien der Liebe können aber Fehler des Partners als liebenswert angegeben werden. Weiterhin weisen viele Beschreibungen längerer Partnerschaften ein explizites Wissen um die Schwächen und Fehler des anderen auf. Dieses Wissen, weit entfernt von jeglicher Idealisierung, bedeutet aber nicht zwangsläufig das Erlöschen der Liebe oder das Ende der Beziehung/Ehe. Drittes definitorisches Merkmal von Harris (1995: 115) ist, dass die romantische Liebe Exklusivität beinhaltet: Der Andere wird als einzigartig aufgrund seiner individuellen Merkmale angesehen. Ausdrückliche Gegenpositionen zu diesem Punkt zu finden, halte ich für schwierig. Es können jedoch polyamouröse Konstellationen existieren, bei denen mehrere exklusive und gleichgestellte Beziehungen geführt werden. Das vierte Merkmal ist ein relativ offenes, das ich aus diesem Grund unkommentiert belasse: Harris (1995: 114) nennt die kognitive, intensive Beschäftigung mit der geliebten Person als Zeichen der Liebe. Fünftes Merkmale ist die emotionale Abhängigkeit von der geliebten Person. Der emotionale Zustand beruht darauf, ob Kontakt mit der geliebten Person möglich ist bzw. ob die Gefühle erwidert werden (1995: 111). Als problematisch hinsichtlich solcher Generalisierungen sehe ich hier das Verständnis von Abhängigkeit: Woran macht sich die Abhängigkeit von einer geliebten Person fest? Was bedeutet Abhänigigkeit genau? Wird diese Abhängigkeit als positiv, negativ oder vielleicht neutral bewertet? Gibt es soziale oder kulturelle Einflüsse, die emotionale Abhängigkeiten fördern oder unterbinden? Kann es auch sein, die eine Abhängigkeit von der betroffenen Person nicht wahrgenommen wird oder jemand vielleicht Verhaltensweisen an den Tag legt, um einer möglichen Abhängigkeit entgegen zu wirken? Auch hierbei sollten Abstufungen und Inhalte des Begriffs Abhängigkeit unbedingt in Betracht gezogen werden. Das sechste Merkmal repräsentiert die Wichtigkeit der Beziehung zur geliebten Person: Innerhalb der hierarchisch organisierten Lebensnotwendigkeiten nimmt die Beziehung zum geliebten Menschen eine der wichtigsten Positionen ein. Laut Harris werden andere Verpflichtungen darüber nicht selten vernachlässigt (1995: 103). Auch dieses Merkmal ist zu diskutieren. Lau (2006) und Derné (1993) beschreiben zwar für indische Kontexte eine negative Bewertung der Liebe, weil befürchtet wird, dass durch sie Obligationen gegenüber der Familie vernachlässigt werden können. Bei Versuchen, dieses Merkmal zu verallgemeinern, kann aber gefragt werden, ob es für deutsche Verhältnisse gilt, dass jemand, der liebt, per se seine Arbeit vernachlässigt. Harris bringt hier ein bestimmtes Verhalten in die Definition mit ein, das einerseits empirisch schwer nachweisbar und zweitens eng mit emischen Bewertungen verquickt ist. Als siebten und letzten Aspekt des »definitorial consensus from the love research« stellt Harris das Element Empathie vor: Für die andere Person wird ein Mitfühlen postuliert, es wird als notwendig verstanden, sich um den Anderen »zu kümmern« (*to care*). Die Motivation dahinter bezeichnet Harris aber nicht als nicht altruistisch, sondern als bindungsverstärkendes Eigeninteresse: »to maintain access to the beloved and pave the way for reciprocal feelings« (1995: 103). Hier findet sich ein Merkmal, das eine einschränkende, funktionalistisch-psychologisierende Perspektive repräsentiert. Streng ausgelegt bedeutet dies, dass Handlungen aus Liebe immer einem Selbstzweck dienen. Eine empirische Belegung dessen halte ich für schwer durchführbar. In den Gesprächen und Interviews mit meinen Informanten gibt es Berichte, die geplante Handlungen beschreiben, um die andere Person weiter für sich einzunehmen. Ebenso lässt sich ein großer Bereich an spontanen Aktivitäten und Liebesbezeugungen ausmachen, in denen keine ausschließlich egoistischen Motive zu Tage treten.

Anhand von Harris Auflistung von Liebesmerkmalen habe ich die Problematik der definitorischen Annäherungen an die Liebe aus ethnologischer Perspektive verdeutlicht. Essenz der Darstellungen in diesem Kapitel ist, dass der ethnologische Umgang mit dem Forschungsgegenstand romantische Liebe von Schwierigkeiten definitorischer und inhaltlicher Art geprägt ist. Der Grund, warum es kaum ethnologische Forschung über diesen Gegenstand gibt, liegt zu einem erheblichen Anteil auch hierin begründet. Probleme dieser Art sollten jedoch nicht dazu führen, einen Forschungsgegenstand zu ignorieren, sondern sie sind als substantieller Teil der Thematik zu begreifen. Aus diesem Grund erstelle ich für meine Studie keine Arbeitsdefinition von romantischer Liebe. Demzufolge müssen meine Informanten auch keine »Bedingungen« erfüllen, wenn sie berichten, verliebt zu sein oder über ihre Liebesbeziehung sprechen, damit ich sie als liebende Menschen ansehe. Es ist genügend für meine Untersuchung, wenn Informanten berichten, nach der Liebe und nach einem Partner zu suchen. Für meine Zwecke erachte ich es als ausreichend, dass in der Gesellschaft meiner Informanten ein emotions- und gefühlszentriertes Modell der romantischen Liebe als Grundlage von Partnerschaften/Ehen angesehen wird. Nichtsdestotrotz ist die Auseinandersetzung mit dem Forschungsgegenstand Liebe auf theoretischer Ebene für das empirische Vorgehen sowie zur Analyse und zur Interpretation meiner Daten unabdingbar.

Mit diesen Darstellungen endet der erste Teil. Nachdem hiermit ein Überblick über theoretische Ansätze zu Emotionen, Gefühlen und romantischer Liebe gegeben wurde, steht im anschließenden zweiten Teil meine Studie im Mittelpunkt.

Teil 2: Annäherungen an das Online-Dating

4. Forschungshintergrund

Im zweiten Teil stehen die Annäherungen an das Online-Dating und die empirischen Darstellungen im Mittelpunkt. Begonnen wird mit der Beschreibung des Forschungshintergrundes (Kapitel 4). Daraufhin erfolgen die Vorstellung des Forschungsstandes zur Online-Partnersuche und die Spezifizierung des Begriffs Online-Dating. Zudem werden die Zielsetzungen, die Forschungsfragen und das methodische Vorgehen dargelegt. Das 5. Kapitel bildet den Einstieg in das Forschungsfeld. Thematisiert werden unter anderem Stereotype über die Partnersuche online, vier Informanten werden vorgestellt und Motivationen zum Eintritt in eine Singlebörse dargelegt. Ab diesem Kapitel verwende ich eine erzählend geprägte Darstellungsweise. So sind die Charakteristika und das narrative Element der Partnersuche über das Netz am direktesten zu vermitteln. Im 6. Kapitel, genannt »Facetten des Online-Dating«, liegt der Schwerpunkt auf Spezifika des Online-Dating und ihren Relationen zu Emotionen.

Zum Forschungsstand über Online-Dating

Als Folge der zögerlichen kulturwissenschaftlichen Annäherungen an das Thema romantische Liebe ergeben sich kaum Studien über das Online-Dating. Phänomene wie Cybersex sind besser erforscht als die Suche nach der Liebe und einem Partner im Netz. Über Cybersex, -ehen und angrenzende Thematiken schreiben beispielsweise Ben-Zév (2004) und Daneback (2006). Beide Studien untersuchen Liebes- und Sexgeschehen im Netz, aber im Unterschied zum Online-Dating zielen die Akteure nicht auf eine reale Umsetzung der Beziehungen ab: Sex und Liebe finden hier ausschließlich im WWW statt. Daneback (2006) fragt, wie die Entwicklung des Internets als Raum für Liebe und Sexualität zustande gekommen ist und untersucht die Motivationen von Usern, die das Netz für diese Zwecke gebrauchen. Er findet dabei Muster, die er auf die Faktoren Alter und Gender zurückführt. In der Analyse der über 1800 Fragebögen und von 26 Interviews betont er, dass die Interviewten das Internet vor allem aufgrund der vorherrschenden Anonymität als geeignetes Medium für Liebes- und Sexbeziehungen verstehen. Durch die Anonymität fühlen sich die User frei, an Aktivitäten oder Praktiken online teilzuhaben, auf die sie sich im realen Leben nicht einlassen. Die Soziologin Döring (2000) fokussiert sozialpsychologische Aspekte des Internets und beschreibt romantische Vorgänge im Netz. Bei ihr steht der Verlauf von Kommunikationsprozessen, ihre Besonderheiten sowie Fragen nach der Veränderung von Identitäten, von sozialen Beziehungen oder von Gruppenstrukturen durch den Internetgebrauch im Vordergrund. Kulturelle Modelle der Liebe oder generell kulturelle Einflüsse fallen aus ihrer Perspektive heraus. Bühler-Illieva veröffentlicht die soziologische Doktorarbeit »Einen Mausklick von mir entfernt« (2006) über eine Schweizer Singlebörse. Für ihre Webumfrage hat sie 4110 deutschsprachige Nutzer befragt. Ein großer Teil ihrer Ergebnisse ist in statistischen Darstellungen subsumiert. In der explorativen Fallstudie geht sie unter anderem Fragen der Benutzermotivation und Formen von Identitätskonstruktion nach. Inhaltlich sind die Fragestellungen sehr breit gefächert, so dass zu den stark auseinanderklaffenden Thematiken oft nur rudimentäre Ausführungen und Analysen zu finden sind. Der interdisziplinäre Sammelband »dating.21« (Ries/Frauenreder/Mairitsch 2007) befasst sich mit Verabredungskulturen im Netz einschließlich des Online-Dating. Autoren wie Ellrich/Funken (2007) oder Kellner (2007) liefern in den Aufsätzen interessante Denkanstöße aus medienwissenschaftlicher, soziologischer und pädagogischer Sicht. Der Sammelband beinhaltet vorrangig theoretische Betrachtungen, empirische Daten stehen im Hintergrund. Deutlich wird in den Aufsätzen der Einfluss der Soziologin und Ethnologin Illouz. Die Israelin ist die wohl meistzitierte Autorin in Zusammenhang mit Online-Dating. Ihre Thesen werden in deutschen Tageszeitungen (z.B. taz 2007) aufgegriffen, mit ihr werden Interviews in populärwissenschaftlichen Zeitschriften (z. B. psychologie heute 2007) gedruckt und in wissenschaftlichen Sammelbänden kommt so gut wie kein Artikel zum Thema Online-Dating ohne Zitate ihrer Werke aus. Illouz zentrale Publikationen zu diesem Thema sind »Gefühle in Zeiten des Kapitalismus« (2006) und »Der Konsum der Romantik« (2003). Das zuerst erschienene Werk befasst sich nicht mit dem Thema Online-Dating, sondern untersucht die Beziehung von kapitalistischer Markwirtschaft und Liebe. Liebesbeziehungen beschreibt Illouz als abhängig von Konsumerlebnissen und Konsuminszenierungen. Liebespraktiken werden kommodifiziert und im Gegenzug Waren romantisiert. Die Waren werden mit romantischen Bedeutungen belegt und aufgewertet. Das Werk kann als Grundlage ihrer Ausführungen in »Gefühle in Zeiten des Kapitalismus« (2006) verstanden werden. Dort nimmt sie ausschließlich Bezug auf Singlebörsen. Für diese Studie hat sie 25 Personen (15 Israelis und 10 US-Amerikaner) befragt. Interessanterweise findet sie in ihren

Daten keinerlei kulturspezifische Unterschiede, weder im Aufbau der israelischen beziehungsweise der US-amerikanischen Börsen noch in den Berichten der Online-Dater. Die inhaltliche Verbindung zu »Der Konsum der Romantik« besteht darin, dass Illouz die kapitalistisch geprägte Vermarktung des Selbst mit denen ihr innewohnenden Prozessen und den sich daraus entwickelnden Folgen am Beispiel Online-Dating verdeutlicht. Illouz versteht das Internet als Verschmelzung zweier Logiken mit humanistisch fragwürdigen Konsequenzen und schreibt:

»Indem es [das Internet, eigene Anmerkung] die Logik des Konsumismus und der Psychologie benutzt und sich auf sie stützt, radikalisiert das Internet die Forderung, für sich selbst das beste (ökonomische und psychologische) Geschäft zu machen.« (2006: 129)

Illouz übt einen kritischen Blick auf das Online-Dating und auf die in ihren Augen stark vom Kapitalismus durchdrungenen Liebespraktiken aus: Selbstentfremdung und Verdinglichung tragen ihrer Ansicht nach dazu bei, dass User individuelles Unglück erfahren. Dies belegt Illouz mit empirischen Daten in Form von Interviewausschnitten. Ihre Fallbeispiele spiegeln dies dergestalt wieder, dass keine Gegenaussagen oder Ambivalenzen zitiert werden (z. B. 2006: 131). Auf diese Weise wird bei Illouz nicht weiter ersichtlich, ob auch positive Erfahrungen und Erlebnisse entstehen, die das im Rahmen des Online-Dating erfahrende Leid auffangen und relativieren. Illouz nennt als Ursache des Leids die von ihr als problematisch dargestellten Widersprüchlichkeiten des Online-Dating: Einerseits ist eine introspektive Betrachtung des Selbst notwendig, andererseits wird der Online-Dater als öffentliches Selbst den Konkurrenzstrukturen das Marktes auf der Suche nach seinem privatem Glück ausgesetzt (2006: 120). Die Autorin geht davon aus, dass Online-Dating den Dualismus zwischen Körper und Geist verstärkt und

»ein Internetselbst zu haben bedeutet, ein cartesianisches Ego zu haben und sich durch Blick aus den Mauern des eigenen Bewusstseins auf die Welt einzulassen.« (ebd.)

Neben grundsätzlicher Kapitalismuskritik durchzieht der Aspekt des psychologischen Selbsts und Weltbildes (2006: 119ff) Illouz Ausführungen in »Gefühle in Zeiten des Kapitalismus«. Definitionen des psychologischen Selbst bleiben allerdings aus. Illouz stellt die Psychologie als omnipräsentes »Magma« (nach Castoriadis 2006: 159) dar: Ihre Bedeutungen werden kollektiv geteilt, sie konstituieren Selbstverständnis und Kommunikationsformen (2006: 160).

Letztlich erkennt Illouz »die Psychologie« als Ursprung, private Erfahrungen und intimes Erleben in öffentliche Diskussionen umzuwandeln (ebd.). Die Ressourcen des Marktes und die aus der Psychologie entsprungene Formulierung des Selbst bilden die Basis für den emotionalen Kapitalismus (2006: 161). Dieser ist davon geprägt, dass »sich die Emotionen in Entitäten verwandelt [haben], die bewertet, inspiziert, diskutiert, verhandelt, quantifiziert und kommodifiziert werden« (2006: 161). Identitäten sind auf dieser Grundlage als Mangelwesen konstruiert; Selbstdefinitionen fußen auf dem Wissen um psychische Fehler und Mängel. Illouz bezeichnet die modernen Menschen demzufolge als leidende Selbsts (2006: 161). Daraus entsteht die permanente Aufforderung zu Selbstwandel und -verwirklichung. Dieser Zwang wird in die Marktsphäre integriert, wobei Emotionen an Kapital gebunden werden (2006: 163). Individuelles Unbehagen ist Folge dieser Verbindung, denn die Online-Dater müssen zwischen uneigennütziger Emotion und kapitalistisch-markwirtschaftlicher Strategie pendeln. Online-Dating ist nach Illouz der Höhepunkt der »Internet- und Psychologieära« (2006: 163), an dem sie ihre Thesen von individuellem Leid und Zerrissenheit durch die Vermengung von Kapitalismus, Psychologie und privaten Emotionen demonstrieren kann. Illouz formuliert, dass unter anderem Online-Dater bei ihrer Selbstrepräsentation ein hohes Maß an »psychologischer und emotionaler Kompatibilität« (2006: 119) benötigen. Talkshows und Selbsthilfegruppen mit ihren öffentlichen Berichten von privat-emotionalen Geschehnissen werden als eine »psychologisch-kulturelle« Ausdrucksweise (2006: 119) bezeichnet. Das Netz gilt als Teil des »psychologischen Weltbildes« (ebd.). Die Anwendung des Internets beim Online-Dating steht bei Illouz im Kontrast zum restlichen Internetgebrauch. Den grundsätzlichen Umgang mit dem Netz bezeichnet sie als postmodern, ihr zufolge fördert er ein offenes, flexibles Selbst. Es besteht nicht aus einem Kernselbst, sondern aus einer Multiplizität von zu spielenden Rollen (2006: 122). Demgegenüber steht der Umgang mit dem Selbst beim Online-Dating. Singlebörsen bringen das Selbst dazu, sich mit Hilfe »psychologischer Selbsttechnologien« (200: 121) zu begreifen.[1] Folge dessen ist, dass das Selbst der Online-Dater postmodernen Identitäten widerspricht (Illouz 2006: 122): Es wird ein von ihr als ontisch (ebd.) bezeichnetes Selbst erschaffen. Das ontische Selbst weist ein fixiertes Kernselbst auf, denn es ist eingefangen in den Darstellungen von Fragebögen, Fotos und E-Mails (ebd.). Inhaltlich problematisch ist Illouz konstante Abwertung des Online-Dating vor dem Hintergrund einer Kapitalismuskritik. Die Autorin

---

1   Den Begriff psychologische Selbsttechnologien führt die Autorin nicht weiter aus.

lässt meiner Ansicht nach zwei bedeutungsvolle Aspekte außer Acht: Erstens die kulturellen Einflüsse, denen Liebe und Online-Dating unterliegen, zweitens den Aufbau und das Konzept der Datingbörsen selbst. Natürlich handelt es sich bei den Börsen um ökonomische »Betriebe«, die auf Profit ausgerichtet sind. Ebenso relevant ist aber, dass sie kulturelle Vorstellungen wiedergeben: Ihre Macher sind Träger und Spezialisten der kulturspezifischen Liebesvorstellungen. Kulturelle Auffassungen wie die der romantischen Liebe versteht Illouz als Gegenentwurf zu den kapitalismusgeprägten aktuellen Praktiken (2006: 134, 152). Der praktische (sowohl individuelle als auch gruppenspezifische) Umgang mit den immanenten Widersprüchen der Liebesvorstellungen wird von ihr jedoch nicht tiefergehend analysiert. Offen bleibt, in wie weit kulturspezifische Liebesideale und gelebte Beziehungen in gleichen kulturellen Rahmen voneinander abweichen können, ohne dass es von den Beteiligten als problematisch empfunden wird.

Studien, die sich aus ethnologischer Perspektive dem Online-Dating widmen, sind zum Zeitpunkt meiner Untersuchung rar. Von Ardévol (2005) existiert ein *working-paper*, es behandelt die Abbildungen in den Börsen. In diesem »Catálogo de sueños« schlägt die Autorin eine Untersuchung der Profilfotos vor und betont den Aspekt eines konsumorienterten Verhaltens bei der Partnersuche. »Romance on a Global Stage« (Constable 2003) beschreibt eine spezielle Form von Partnersuche, die über das Internet verläuft. Die amerikanische Ethnologin Constable berichtet über US-Amerikaner und philippinische sowie chinesische Frauen, die sich mit dem Ziel einer Eheschließung im Netz kennenlernen. Constable stellt detailliert die lange Zeit andauernden, von beiden Seiten emotional aufgeladenen Prozesse des Kennenlernens dar. Sie dokumentiert die dazu notwendigen Strukturen, wie z. B. Internetcafés auf den Philippinen oder Foren im Netz, in denen sich die amerikanischen Männer über ihre Situation austauschen. Dabei betont sie den aktiven Part der asiatischen Frauen, der dem Klischee der passiven, gleichsam versklavten Katalogfrauen widerspricht. Sie lässt ihre Informanten eindringlich die ersten Besuche schildern, bei denen meist die Männer aufgrund finanzieller Möglichkeiten in das Land der Frauen reisen und stellt die Erfahrungen bereits verheirateter Paare dar. Die Momente des Verliebens werden in ihrer Individualität, aber in Relation zu den kulturellen Hintergründen, geschildert. Constable geht auf die unterschiedlichen, kulturell geprägten Liebesvorstellungen der Männer und Frauen ein. In ihrer Umsetzung in der Realität werden die Diskrepanzen in den Ehen für beide Seiten jedoch in vielen Fällen zufrieden stellend ausgehandelt. Auch die Beweggründe, eine binationale Ehe bewusst zu suchen, unterscheiden sich bei den asiatischen Frauen und den amerikanischen Männern: Die Männer heben hervor, dass sie eine Frau mit »traditionellem« Wertesystem wünschen, die für die Familie lebt und Tugenden wie Hingabe oder Treue schätzt. Die Frauen hingegen suchen nach Beziehungen, die sie als »modern« und »demokratisch« im Sinne von gleichberechtigt verstehen (2003: 94ff). Letztendlich erleben jedoch beide Seiten ihre Ehen als befriedigend und schaffen es, ihre Bedürfnisse und Wünsche in Verbindung mit gegenseitiger Kompromissbereitschaft auszuleben.

Mit dieser Vorstellung endet die Beschreibung der wissenschaftlicher Literatur zum Thema Partnersuche im Netz. Gründe für die geringe Zahl ethnologischer Untersuchungen über Online-Dating beruhen meiner Meinung nach im Wesentlichen auf zwei Aspekten. Erstens wird Online-Dating nicht als Thema angesehen, das sich als lohnenswertes, wissenschaftliches Forschungsfeld erweist. Als Grund sind Vorstellungen über das Internet anzuführen. Zweites Hindernis der wissenschaftlichen Auseinandersetzung ist die Unschärfe des Begriffs Online-Dating.

Zur Eingrenzung des Begriffs Online-Dating

Der Begriff Online-Dating ist, wie erwähnt, mit zahlreichen Bedeutungen belegt. Um den Forschungsgegenstand dieser Studie einzugrenzen, gehe ich im Nachfolgenden auf das Online-Dating ein, praktiziert unter heterosexueller Ausrichtung in Deutschland.

Online-Dating stellt grundlegend eine Form der Partnersuche dar. Unter dem Begriff Dating können erste Kontakte, Treffen und gemeinsame Aktivitäten zweier Menschen zusammengefasst werden mit der Option, sich zu verlieben oder bereits ineinander verliebt zu sein. Dating impliziert kein Versprechen auf eine feste Beziehung, ist aber der Weg dahin, auf dem der Andere quasi einer Überprüfung auf »potentieller Partner« unterzogen wird. Aus diesem Grund kann eine Person verschiedene Personen zeitgleich daten.[2] Beim Dating, gleich ob on- oder offline, finden Treffen (Dates) zwischen zwei Personen statt. Häufig werden beim »daten« Orte aufgesucht oder Aktivitäten ausgeübt, die als »besonders« bewertet werden, dabei aber auch eindeutig dem Dating zugeordnet werden. Den Begriff Rendezvous verstehe ich gleichbedeutend mit dem Term Date. Dating kann als Form der Liminalität aufgefasst werden. Die Rendezvous zielen auf einen Zustandswandel ab, wie Van Gennep (1999) in seinen »Rites de Passage« beschreibt. Idealtypischerweise[3] versu-

---

2 Mehr zu dem Thema Multidating in Kapitel 6.

3 Natürlich gibt es Personen, die keine Singles sind und trotzdem daten. Es wird dann allerdings kein direkter Statuswandel von Single in Partnerschaft vollzogen. Weiterhin gibt es den Fall, dass es Menschen in Singlebörsen

chen beim Dating Singles durch Erstkontakte, Treffen und Unternehmungen einen Statuswandel herbeizuführen, indem sie mit der betreffenden Person eine Beziehung eingehen. Ein derartiges Dating unter freier Partnerwahl ist eine kulturelle Praktik, die vielen Variationen unterliegen kann. Dating hat in dem von mir untersuchten Kontext keinen festen Zeitrahmen: Es kann sich bei manchen Personen über die lange Phase einer intensiven Partnersuche erstrecken, es kann aber auch eine kurze Zeit bezeichnen, die ein späteres Paar während des Kennenlernens zusammen verbringt.

Online-Dating ist eine spezielle Variante der Partnersuche, bei der das Internet als Medium einbezogen wird. Mit Online-Dating und Singlebörsen werden nicht selten Cybersex, Onlinebeziehungen oder Sexbörsen in Verbindung gebracht. Im Fall meiner Studie besteht jedoch eine Trennung zu diesen Phänomenen. Online-Dating kann separat von diesen Möglichkeiten ausgeübt werden bzw. selbstverständlich auch parallel zur Mitgliedschaft in einer Börse, die auf Sexkontakte spezialisiert ist. Online-Dating, Cybersex, Onlinebeziehungen und Sexbörsen gemeinsam ist, dass das Internet als vermittelndes Medium genutzt wird, aber die Motivationen zum Gebrauch eines solchen Angebots unterscheiden sich ebenso wie die daran gebundene Praktiken und Erwartungen. Online-Dating ist ein Begriff, der bei vielen Menschen sehr unterschiedliche Vorstellungen hervorruft. Um Klarheit über den Gegenstand meiner Forschung zu verschaffen, beschreibe ich im Folgenden meine Arbeitsdefinition von Online-Dating. Diese Definition soll keineswegs allgemein gültig sein, legt also nicht fest, was Online-Dating »ist«, sondern charakterisiert das Phänomen, dem ich in meiner Studie nachgehe:

»Online-Dating bezeichnet das Treffen und Kennenlernen von potentiellen Partnern über extra zu diesem Zweck ausgeschriebene Börsen im Internet. Vorrangiges Thema dieser Börsen sind Liebes- und Beziehungsvorstellungen. Das Online-Dating ist eine internetbasierte Aktivität, die sich aber auf face-to-face-Kontakte wie Treffen (Dates, Rendezvous) oder Kommunikationswege ohne Einbezug des Netzes (z. B. Telefonate) als Folge der Internetbekanntschaft ausweitet. Ziel des Online-Dating ist, einen Partner für eine außerhalb des Internets stattfindende Beziehung zu finden.«

In der Arbeitsdefinition von Online-Dating verwende ich mehrere Kriterien. Der Term Online-Dating bezeichnet in dieser Untersuchung grundsätzlich das Treffen und Kennenlernen möglicher Partner über speziell dafür eingerichtete Datingplattformen (Singlebör-

---

nur um erotischen Austausch oder Sexkontakte geht. Diese Fälle habe ich aber – zumindest soweit mir bekannt ist – nicht in meine Forschung eingehen lassen.

sen, Datingbörsen, Datingplattformen) im Internet. Im Gegensatz zu Sexbörsen (beispielsweise poppen.de 2007) sind bei den hier untersuchten Datingplattformen die Themenkreise Liebe und Beziehung eindeutig die dominanten und nicht sexuelle Inhalte wie z. B. bevorzugte Sexpraktiken. Liebe und Partnerschaft stehen visuell und textlich im Vordergrund. Explizit sexualisierte Inhalte werden dagegen von Datingbörsenmitgliedern häufig als unpassend bewertet. Online-Dating bezeichne ich weiterhin als eine internetbasierte Aktivität, deren Praktiken vis-a-vis-Kontakte einbeziehen. Beim Online-Dating werden im Internet sowohl Erstkontakte hergestellt als auch bestehende Kontakte gepflegt. Grundsätzlich ist die Zielsetzung ein Treffen der Personen in der Realität bzw. eine reale Beziehung. Die durch die Singlebörsen vermittelten ersten Treffen sehe ich daher als Bestandteil des Online-Dating an. Hierin liegt auch der Unterschied zu reinen Onlinebeziehungen und Onlinesex (beschrieben z. B. von Danebeck 2006).

Zielsetzung, Forschungsfragen und Erläuterungen

Im Fokus meiner Untersuchung stehen Emotionen und kulturspezifische Vorstellungen. Ziel ist, die Emotionen von individuellen Online-Datern während der Partnersuche in ihrer Vernetzung zu kulturspezifischen Liebesvorstellungen herauszuarbeiten. Die Ausarbeitung der Liebesvorstellungen samt Bedeutungen, Praktiken, Idealen und Symbolen im Rahmen des Online-Dating nimmt dabei einen relevanten Teil der Forschung ein. Weiteres Ziel ist, mit der Studie ethnologische Forschungen zum Thema Partnersuche über das Netz anzustoßen, indem ich ein Feld behandele, das offen für interkulturelle Vergleiche ist. Online-Dating gibt es nicht nur in Europa, sondern auch in Asien, Afrika und den Amerikas mit den jeweiligen lokalen, kulturellen Implikationen. Im Fazit arbeite ich deshalb meine Ergebnisse nach dem Dynamiken von Miller/Slater (2000) aus, um komparative Untersuchungen zu ermöglichen.

Die übergreifende Forschungsfrage lautet »Wie werden kulturspezifische Liebesideale und individuelle Emotionen beim Online-Dating unter spezieller Beachtung der Vernetzung von kulturellen Bedeutungen und individuellem Erleben ausgehandelt?«. Um diesem Problem nachzugehen, ist es notwendig, die Forschungsfrage aufzugliedern. Das geschieht durch folgende fünf Unterpunkte:

- Welche kulturspezifischen Liebes- und Beziehungsvorstellungen stehen beim Online-Dating im Vordergrund und wie werden sie in die Partnerbörsen eingebunden?
- Welche Emotionen werden beim Online-Dating mit der romantischen Liebe in Verbindung gebracht?
- Welche Rollen übernehmen Emotionen beim Online-Dating?

- Von welchen Merkmalen ist die Kommunikation in den Börsen gekennzeichnet und welche Rollen kommen dabei Emotionen in textbasierter Kommunikation per Mail zu?
- Lassen sich innerhalb des Online-Dating kulturspezifische Logiken des Begehrens ausmachen?

In der übergreifenden Forschungsfrage verwende ich den Ausdruck »kulturelle Bedeutungen«. Kultur ist ein zentraler und einer Vielzahl von Definitionen und theoretischen Annäherungen unterzogener Untersuchungsbereich der Ethnologie. Meiner Frage liegt ausdrücklich keine dichotome Vorstellung einer abstrakten, öffentlichen Entität Kultur und eines privaten Erlebens zugrunde. Meine Perspektive auf Kultur geht von fließenden Übergängen und Wechselwirkungen zwischen unbestreitbarer Individualität und kulturellen Prämissen, Wahrnehmungen und Vorstellungen, die eine Gruppe teilt, aus. Neben dem Fokus auf Emotionen liegt ein Schwerpunkt auf kulturellen Bedeutungen. Hinsichtlich der Kultur sind zwei interagierende Strukturen zu beachten: Die der geteilten Bedeutungen und die der individuellen Interpretationen und Wahrnehmungen. Diese beiden Strukturen bedingen sich gegenseitig, d. h. dass es kein exklusiv öffentliches Gebilde namens Kultur gibt, sondern eine Kultur im Sinne von geteilten Bedeutungen, die in den Köpfen der Menschen vorhanden sind. Ebenso ist die »Welt in den Köpfen« nicht als ein geschlossener, rein »privater« Bereich zu verstehen. Sie weist durchaus Strukturierungen und Ordnungen durch die geteilten Bedeutungen auf. Sie ist aber auch ein Areal, geprägt durch persönliche Erlebnisse, Erfahrungen, Biografien und Konstitutionen. Das Verhältnis der beiden Strukturen zueinander greift die Forschungsfrage auf, welche Wechselwirkungen zwischen dem kulturellen Liebesmodell und den individuellen Emotionen von Online-Datern bestehen.

Online-Dating ethnologisch betrachtet

Ein großer Vorteil, den das Online-Dating für eine Untersuchung kultureller Liebesmodelle bietet, ist, dass Singlebörsen aufgrund ihrer Besonderheiten als ein Raum verstanden werden können, in dem das Thema Liebe in »verdichteter« Form präsent ist. Indem sich Menschen in erster Linie in die Börsen begeben, um die Liebe zu suchen und die Börsen speziell zu diesem Zweck kreiert sind, findet sich dort eine Fülle an ethnografischem Material. Online-Dating wird von vielen Menschen als Sonderform der Partnersuche angesehen und steht in mehrfacher Hinsicht in Kontrast zu gängigen Liebesvorstellungen (und entsprechenden Praktiken). Eine ethnologische Untersuchung in diesem Spannungsfeld bedeutet, dass einerseits Aussagen über die Sonderform, andererseits über als gängig eingestufte Liebesvorstellungen herausgearbeitet werden können.

Der Grund dafür, dass es der »Rechtfertigungen« bedarf, über Online-Dating ethnologisch zu forschen, liegt in spezifischen Vorstellungen von Kultur, Liebe und Internet. Sie beeinflussen erheblich die Auswahl von wissenschaftlichen Fragestellungen und Gegenständen. Im deutschen Sprachraum findet sich ein abwertendes Verständnis von Medien, das sich in einer Vielzahl negativ geprägter Diskurse äußert. Hintergrund ist die Vorstellung einer Dichotomie zwischen hochwertiger Kultur (z. B. bildende Kunst, Literatur) und einer simplen Massenkultur mit Bezug auf ein unreflektiertes Konsumverhalten und Assoziationen der Beliebigkeit. Die Massenkultur benötigt zur Gestaltung, zur Verbreitung und zum Konsum Medien – die sogenannten »Massenmedien«. Die »Massenmedien«, speziell das Internet, kennzeichnet ihre Möglichkeit zur technischen Vervielfältigung (Dracklé 1999: 263). Vervielfältigung steht wiederum in starkem Kontrast zum deutschen Verständnis hochwertiger Kulturprodukte. Zudem gilt das, was sich vervielfältigen lässt, als beliebig und damit relativ wertlos. Parallel dazu widerspricht das Merkmal der Vervielfältigung auch der hiesigen Sicht auf die Liebe: Nicht nur der geliebte Mensch und die gemeinsame Beziehung gelten als einzigartig, in personenübergreifenden Liebesidealen wird die Liebe mit Exklusivität und Erhabenheit assoziiert. Online-Dating als »massenmediale« Aktivität spiegelt die negativstereotypisierten Merkmale wieder. Folglich wird der Zusammenhang zwischen Online-Dating und Liebe häufig in Frage gestellt: Aufgrund der eben genannten Komponenten erscheint nicht nur Online-Dating als »wertlos«, sondern auch der Wahrhaftigkeit und Authentizität der Liebe schlägt beim Online-Dating Misstrauen entgegen. Gängige, daraus resultierende Ressentiments sind: Kann aus einem derartigen Vorgehen überhaupt »wahre Liebe« entstehen? Handelt es sich beim Online-Dating nicht vielmehr um Bedürfnisbefriedigung und »Liebe light«? Mit diesen Fragen zeigt sich, dass Online-Dating eine Aktivität ist, die deutlich moralisierenden Bewertungen unterliegt. Dieser Umstand kann ebenfalls auf Diskurse über das Internet bzw. »Massenmedien« zurückgeführt werden. Der Umgang mit der »Kultur der anonymen Menge« ist geprägt von stereotypisierenden Moralisierungen: Die Medienerzeugnisse gelten als Konsumprodukte, welche Geschmack, Stil und speziell die »guten Sitten« verderben (Hirsch 1988). Dementsprechend wird Online-Dating in öffentlichen Diskursen schnell in den Kontext sittenverletzender Sexualität (Promiskuität, Pornografie oder Prostitution) gestellt. Mithilfe der Kategorien von »Masse« und »Medien« wird eine Separation durchgeführt. Kommen die beiden Komponenten zusammen, entsteht eine Grenzziehung zwischen Gebildeten und der Ungebildeten. Konsumenten und Produzenten der Kulturprodukte, die als einzigartig verstanden werden, entsprechen dem Kreis der Gebildeten. Die Konsumenten der Massenkultur dagegen und der vervielfältigten Produkte zählen klischeehaft zu dem »Ungebildeten«. Dabei drückt sich die Angst der Ersteren in Abwehr und Ablehnung der Massenmedien aus (Dracklé 1999: 264). Derartige Grenzziehungen weichen seit der letzten Dekade in vielerlei Hinsicht auf, aber grundlegende Tendenzen lassen sich immer noch beobachten. Die Liebe, die nicht selten als ein Refugium von einer harten, marktbeherrschten Welt wahrgenommen wird, enthält dem kulturellen Modell nach nicht zuletzt ob ihrer Verbindung zu individuellen, als privat angesehenen Gefühlen die bereits erwähnten Vorstellungen der · Einzigartigkeit. Bei einem Sonderfall wie dem Online-Dating spielen die dargestellten Grenzziehungen nach wie vor eine wichtige Rolle: Online-Dating erscheint erstens nicht als ausreichend ernsthaft, um kulturwissenschaftlich, untersucht zu werden. Zweitens wird es meiner Meinung nach in der Wissenschaft weitestgehend ignoriert, weil Online-Dating selbst als ein »Verfall von Kultur« empfunden wird. Werden allerdings angebliche Separationen wie die der Liebesideale und des Online-Dating nicht mehr als faktisch gegeben angesehen, sondern als kulturelle Vorstellungen behandelt, wandelt sich das Online-Dating in ein spannendes, aussagekräftiges ethnologisch-ethnografisches Thema.

Methodisches Vorgehen

Mit der Definition des Online-Dating, der Darlegung der Forschungsfrage und den Erläuterungen, warum Online-Dating das Feld für eine Studie über Liebesmodelle bildet bzw. welche Implikationen dieser Umstand mit sich zieht, ist ein Teil des Rahmens meiner Studie beschrieben. Es folgt nun die Darstellung meines methodischen Vorgehens.

Die Auswahl meiner Methoden und Verfahren entspricht im Wesentlichen dem der klassisch ethnologisch-ethnografischen Vorgehensweisen: Im Vordergrund stehen Interviews und die teilnehmende Beobachtung. Dadurch, dass sich das Forschungsfeld anteilig im Internet befindet, ergeben sich leichte Veränderungen für den Umgang mit Daten und Methoden. Das Internet bietet Ethnologen besondere Forschungsmöglichkeiten im Vergleich zur »Offline-Welt«, vor allem hinsichtlich der Beobachtungstechniken. Diese auf den ersten Blick einfachen Erweiterungen ziehen jedoch ethische Implikationen mit sich und bedürfen einer Positionierung seitens des forschenden Ethnologen. Aufgrund der Forschung in den Börsen lässt sich eine klassische Forschungsperiode im Feld nicht ausmachen, da mir der Zugang zu den Singlebörsen nach Ende der Interviewphase jederzeit möglich war. Über die Singlebörsen und das Internet wurde nach Abschluss der Interviews Kontakt zu vielen Online-Datern gehalten, so dass Rückfragen kein Problem darstellten. Der Schwerpunkt der Datensammlung erstreckte sich über einen Zeitraum von ca. 13 Monaten (Januar 2007 bis Februar 2008). Als erstes loggte ich mich in Börsen ein, verhielt mich aber zunächst passiv. Nachdem ich anfing, mich in den Börsen heimisch zu fühlen sowie grundlegende Funktionen und Bereiche kennengelernt hatte (wie Profiloptionen oder Gästebücher), begann ich, erste face-to-face-Interviews zu führen. In den Börsen war ich so gut wie täglich, teilweise war ich einen ganzen Tag oder eine Nacht über eingeloggt. Hauptsächlich habe ich eine Kombination von Interviews und teilnehmender Beobachtung durchgeführt. Der Großteil der Darstellungen des Online-Dating und der aufgearbeiteten Daten basiert jedoch auf Interviews (sprachlich face-to-face und schriftlich per E-Mail). Die Einstiegsinterviews waren nicht leitfragengestützt. Ich bat Online-Dater mit der Grand-Tour-Frage:»Was weißt du über Online-Dating?« mir über ihr Dating zu erzählen. Ziel war, Praktiken des Online-Dating kennenzulernen und grundlegende Themen, welche die Akteure beschäftigen, zu erfahren. Auf der Basis meiner Beobachtungen in den Börsen, wissenschaftlicher Literatur und den einleitenden Interviews arbeitete ich Fragen für die folgenden Kontakte, Gespräche und Interviews[4] aus.

Die teilnehmende Beobachtung stellt neben den Interviews meine zweite, zentrale methodische Annäherung dar. Die teilnehmende Beobachtung wandte ich sowohl online als auch offline an. Unter anderem saß ich neben Online-Datern an ihren Computern, wenn sie sich einloggten, ihre Suche begannen oder Nachrichten beantworteten. So konnte ich zusehen, wie sie vorgingen und hörte mir ihre Kommentare und Bewertungen an. Es stellte sich dementsprechend als hilfreich heraus, die Interviews an Orten zu führen, an denen ein internetfähiger Computer stand. Alle Online-Dater, die ich persönlich traf, hatten einen solchen zu Hause. Bei fast allen Interviews ging ich mit Online-Datern gemeinsam in die jeweilige Börse.

Ethnologische Forschung im bzw. über das Netz erfordert nicht völlig neue Methoden oder Verfahren, aber das methodische Vorgehen muss dem Forschungsfeld angepasst werden. Die teilnehmende Beobachtung im Internet steht vor speziellen Herausforderungen. Onlineforschung erlaubt in einem weitaus größeren Maß, unbemerkt Einblick in den Alltag der Untersuchten zu nehmen (Consta-

---

4   Weitere Ausführungen über die Datengewinnung durch Interviews finden sich in Kapitel 8.

ble 2003: 34). Dieser Umstand betrifft in erster Linie die teilnehmende Beobachtung. Indem ich mich zur Beobachtung und Kontaktaufnahme als Mitglied in die Börsen einloggte, war ich automatisch Teil der Datercommunity. Ein Vorstellungsprozess oder ein Initiationsritus war nicht notwendig, um in die Community der Online-Dater aufgenommen zu werden. Ich musste niemanden um Erlaubnis bitten, Zugang zu einer Datingbörse zu haben, nur die AGB (Allgemeinen Geschäftsbedingungen) akzeptieren und in einigen Fällen auf die Freischaltung durch die Börsenbetreiber zu warten. Ein anderer Weg, Einblick in eine Börse zu nehmen ohne selbst Mitglied zu werden, bestand zum Zeitpunkt meiner Forschung nicht. Die Konsequenz daraus ist, dass ich mit diesem Schritt automatisch den Deckmantel Daterin über meine Forscheridentität gestülpt habe. Auf diesem Weg konnte ich mich in der Börse frei bewegen, Profile besuchen, Gästebucheinträge lesen oder andersherum Kommentare zu meinem Foto und Profil sammeln. Völlig »unsichtbar« war ich ebenso wenig wie die anderen Börsenmitglieder: In den Börsen ist es jedem Mitglied einsehbar, wer sein Profil besucht hat. Dabei werden das Datum, die Uhrzeit und der Nickname vermerkt.

Aus derartigen Möglichkeiten resultieren ethische Fragen: Ab wann enthülle ich meine Forscheridentität? Wem gehören die Texte in den Profilen und Gästebucheinträgen? Sind sie anonym und öffentlich zugänglich? Darf ich sie somit ungefragt zitieren? Soll ich Verfasser von Einträgen nennen oder ihre Anonymität (die bereits auch schon im Nicknamen enthalten ist) beschützen? Ebenso wie Constable (2003: 34) halte ich es für wichtig, diese Fragen zu stellen und ernst zu nehmen. Die Antworten auf sie sind jedoch kompliziert und werfen nicht selten neue Probleme auf. Ich habe mich dafür entschieden, in meinem Profil meine Forscheridentität offenzulegen. Auf eine mir als passend erscheinende Profilfrage schrieb ich so:

»Hier in [Name der Börse] bin ich auf der Suche nach Online-DaterInnen, die mir von ihren Erfahrungen und Gedanken berichten. Ich schreibe meine Doktorarbeit (Kulturwissenschaften/Ethnologie) über ›Die Suche nach der Liebe im Netz‹. Wenn ihr mehr Infos haben möchtet, findet ihr sie unter www.netz lliebe.wordpress.com.«

Wie ich von Online-Datern gelernt habe, beantwortete ich immer nur einen Teil der vielen Fragen zu meiner Person in dem Profil um zu gewährleisten, dass die Texte gelesen werden. Ich wollte damit bezwecken, dass die Börsenmitglieder auf meine Identität als Forscherin aufmerksam wurden. Häufig kamen Zuschriften von Männern mit Kontaktanfragen. Dabei wurde deutlich, dass außer dem Bild und den Stammdaten der Rest meines Profils wahrscheinlich nicht beachtet wurde. Auf derartige Antworten schickte ich in personalisierter Ansprache den oben genannten Text. Verärgerung darüber, die sich beispielsweise in Form von flaming oder börseninternen Diskussionen äußerte wie es Constable (2003: 48) bei ihrer Forschung beschreibt, wurde mir nicht zuteil. Entweder zogen sich die Männer zurück, bedankten sich teilweise für die direkte Mitteilung oder gaben mir Informationen. Sobald ich in Betracht zog, längere Texte aus Profilen zu zitieren, schrieb ich das betreffende Börsenmitglied an. In der Mehrzahl der Fälle handelte es sich dabei um persönliche Texte, in denen die Vorstellungen beispielsweise in einem selbstverfassten Gedicht präsentiert wurden. Oft werden in Profilen aber auch gängige Witze, Sprüche oder Zitate (teils mit Urheberangabe wie beispielsweise der entsprechende Dichtername) eingefügt. Solche Ausdrucksformen verstehe ich als geistiges Allgemeingut, öffentlich zugänglich in den Börsen, und habe es teilweise ungefragt in meine Datensammlung übernommen.

Im Netz stattfindende Kommunikation ähnelt face-to-face-Situationen, weist aber auch relevante Unterschiede auf. In erster Linie wird Sprache durch Schrift ersetzt. Viele meiner primären Daten bestehen folglich aus Texten. Texte sind im Gegensatz zu situativen Sprechakten, sofern sie nicht auf Band aufgenommen werden, mobil. Sie können generell außerhalb ihres unmittelbaren Produktionsumfeldes zugänglich sein. Hine (2000: 50) schreibt, dass der Fokus der Datengewinnung aus Texten stärker in der interpretativen Leistung seitens der Leser als auf einem gemeinsamen Verständnis zwischen Autor und Lesern beruht. Dies gilt für meine Forschung, wenn ich geschriebene Äußerungen aus Börsen ohne Nachfragen übernehme. Indem ich per E-Mail oder per Chat Interviews führte, werden mir die Antworten als Texte zugänglich. Aufgrund der Technologie sind allerdings E-Mails und speziell Chats Texte, die hochgradig mobil zwischen Leser und Autor hin- und herwandern. Die Rollen Leser-Autor wechseln ständig dabei. Durch das rasche Versenden und die Möglichkeit des Zitierens in E-Mails beruhen meine Textdeutungen eben nicht ausschließlich auf einer einseitigen Interpretationsleistung, wie von Hine ausgemacht. Mir war immer möglich, Rückfragen zu stellen und mich dabei per Zitat exakt auf einen Textauszug zu berufen.[5]

Die Kontakte, die ich direkt über das Netz und diejenigen, die ich nicht über Singlebörsen initiiert hatte, unterschieden sich zumeist deutlich in ihrer Qualität und ihrem »Entwicklungstempo«. Bei reinen Online-Kontakten oder bei Kontakten, die im Netz ihren

---

5   Mit diesen Ausführungen möchte ich nicht sagen, dass mein Verständnis der Texte (Emails, Chats) ausschließlich auf einer einseitigen Interpretationsleistung beruht. Ich gehe davon aus, dass Kommunikation immer ein interpretatives Element enthält.

Ursprung hatten, öffneten sich die Menschen schnell: Sie erzählten mir von ihren Gründen, Online-Dating zu machen und vielen intimen Details. Lernte ich Online-Dater nicht über die Börsen kennen, wurden emotional besetzte und intime Themen in den Gesprächen, Interviews und E-Mails zumeist wesentlich später und teilweise sprachlich weniger explizit behandelt. Ich habe diesen Umstand in Situationen, die mir dazu passend erschienen, den Online-Datern gegenüber angemerkt. Die Antwort einer 34-jährigen Frau, die seit drei Jahren Börsenmitglied ist, ist typisch für die der anderen Börsenmitglieder:

@ »Ich weiß, dass ich gerade sehr offen war :) das ist aber immer bei mir so, wenn ich Kontakt über Finya.de habe. Das ist, wohl, weil ich keinem gegenübersitze, weil andere zwar mein Foto, aber nicht meinen richtigen Namen kennen und ich finde Schreiben über derartige Themen viel angenehmer als zu reden. Weil man da mal schnell was daherredet, bin ich da vorsichtiger. Und außerdem geht es hier in finya ja um Gefühle, also ist es einfach der richtige Rahmen, um offen zu sein. Es gibt eigentlich wenig zu verlieren, oder?« (34-jährige Frau, anonym)

Damit sich die Personen in den Börsen über mich sowie den Hintergrund meiner Anfragen informieren konnten, erstellte ich einen Blog. Er erfüllte zwei Funktionen: Erstens konnten sich Personen, die ich in Börsen kontaktierte, dort einen Überblick über mein Forschungsvorhaben und meine Fragen verschaffen. Zweitens diente der Blog dazu, meine Existenz zu belegen. Hin und wieder bekam ich in Börsen Rückfragen, ob ich ein Mann wäre und Frauen aushorchen wolle oder ob ich Journalistin wäre. Im Blog fand sich z. B. eine Referenz zur Homepage meiner Doktormutter und der Universität Bremen. Auf diese Weise wurden meine Kontaktanfragen in einen nachvollziehbaren Rahmen gestellt.

Meine Daten entstammten unterschiedlichen Bereichen. An erster Stelle stehen natürlich die Menschen, die Einblick in ihr Leben und ihre Gefühlswelten nehmen ließen. Sie gewährten mir Interviews, erlaubten mir dabei zu sein, wenn sie in den Online-Börsen waren. Informanten mailten und chatteten mit mir. Die Singlebörsen selbst lieferten durch ihren Aufbau und ihre Funktionen zentrale Daten. In ihnen führte ich die teilnehmende Beobachtungen durch, besuchte unzählige Profile und konnte Kontakte zwischen Börsenmitgliedern über die öffentlichen Gästebücher nachverfolgen. Als weitere Quellen sind Zeitungs- und Onlineartikel und Selbsthilfeliteratur für Online-Dater zu nennen. Sie bieten eine Fülle von individuellen Vorstellungen und gesellschaftlichen Sichtweisen auf die Datingvariante. Meine Recherchen über wissenschaftliche Literatur zu den Themen Internet, Liebe und Partnersuche stellt ebenfalls eine wichtige Quelle von Hintergrundwissen dar.

Grundbedingungen bei der Auswahl meiner Informanten war, dass die Online-Dater mindestens seit drei Monaten Mitglied einer Single- oder Partnerbörse waren bzw. sind und dort Kontakte knüpfen. Eine »Mindestaktivität« im Sinne der Häufigkeit, in der die Börse genutzt oder Treffen ausgemacht wurden, habe ich nicht festgelegt. Die Mitgliedschaft sollte der Partnersuche dienen und nicht in erster Linie zu erotischen Abenteuern oder zu Seitensprüngen genutzt werden. Bei diesem Kriterium habe ich mich ausschließlich auf die Aussage der Online-Dater verlassen. Die von mir untersuchten Online-Dater hatten im Durchschnitt ein Alter zwischen 30 bis 50 Jahren. Das Gros der Online-Dater hatte bereits eine oder mehrere langjährige Beziehung(en) oder Ehe(n) hinter sich. Zur erstmaligen Partnersuche hat keiner der von mir Befragten die Börsen genutzt. Der Anteil der in die Forschung einbezogenen Frauen und Männer ist gleich hoch. Auffällig war, dass bei denjenigen, die auf meinen E-Mailaufruf antworteten, viele Männer waren, die bis dato keine Beziehung über Online-Dating gefunden hatten. Frauen hingegen meldeten sich für face-to-face-Treffen fast ausschließlich nur dann, wenn sie in einer Beziehung waren, die über Online-Dating entstanden war. Sobald ich Kontakte in den Börsen knüpfte, fiel dieser Unterschied umständehalber weg, da sich in der Börse nur Suchende, gleich welchen Geschlechts, befinden.

Zum Kontakt zu Online-Datern kam es zum Teil durch Rundmails, die ich an meinen Bekanntenkreis verschickte und die weitergeleitet wurden. Die hohe Anzahl an Antworten von mir unbekannten Menschen auf meine Rundmails war überraschend. In den ersten zwei Monaten erreichten mich neunundzwanzig Zuschriften. Die Mehrzahl der Kontakte knüpfte ich jedoch in den Börsen. In diesen Kontakten blieben nicht selten einige Angaben offen. Ein Beispiel: In den Börsen verschweigen auch viele Mitglieder ihren Beruf, geben nur ein Berufsfeld (»Pädagogisches«, »Selbstständig«) oder Fantasiebezeichnungen wie »Live-Daterin« (Frau, 36 Jahre) oder »Profi im Nicht-Kommunizieren« (Frau, 42 Jahre) an. Begründungen, die mir dafür genannt wurden, sind, dass die Anonymität bewahrt werden sollte bzw. dass die Thematik Geld (im Sinne von Arbeitslohn) nicht in den Börsenkontext eingebracht werden sollte. Die Kontakte in den Börsen waren sehr unterschiedlicher Art und Weise: Manchmal blieb es bei einem kurzen Chat, der beendet wurde, wenn ich meine Forscheridentität erwähnte. Bei anderen Kontakten bestand ein großes Interesse, sich per E-Mail mitzuteilen und mich zu treffen. Alle Online-Dater, die ich über den E-Mailaufruf außerhalb der Börsen erreichte, hatten eine akademische Ausbildung genossen. Dieser Umstand liegt sicherlich an dem Schneeballprinzip, das ich zur Informantensuche angewendet hatte: Als Doktorandin schickte ich den Aufruf an Bekannte, die alle –

wenn auch sehr unterschiedliche – Studiengänge absolviert hatten. Diese wiederum setzten mit dem Weiterleiten der E-Mail das Schneeballprinzip fort. Hinsichtlich der Informanten, die ich auf diesem Weg kennengelernt habe, gilt: Keiner gehörte zur finanziellen Elite, eher zur Bildungselite. Das Einkommen reichte bei dem Großteil meiner Informanten aus, um den eigenen Lebensbedarf in für sie zufrieden stellender Art und Weise zu decken. Keiner von ihnen musste auf komplette staatliche Unterstützung zurückgreifen (z. B. Hartz IV). Teilweise wurden Unterstützungen wie Wohn- oder Kindergeld bezogen.

Hiermit endet die Darlegung des Forschungshintergrundes: Die rare wissenschaftliche Literatur über Online-Dating wurde beschrieben und der Term Online-Dating für die Zwecke dieser Untersuchung eingegrenzt. Weiterhin erfolgte die Vorstellung der Forschungsfragen. Darüber hinaus wurden die Datenquellen, Methoden und Verfahren beschrieben. Nach dieser Grundlagendarstellung werden im nachfolgenden Kapitel das Forschungsfeld und seine Charakteristika eingeführt.

5. DAS FORSCHUNGSFELD

Bei dem Begriff Online-Dating liegt die Assoziation des Internets nahe, und in der Tat ist ein Großteil meiner Untersuchungen in den Single- und Datingbörsen im WWW lokalisiert. Weniger bedacht wird häufig, dass ein nicht unerheblicher Teil des Online-Dating in Wohnungen, in denen die Computer stehen oder in Cafés und Restaurants, wo erste Begegnungen stattfinden – an sozusagen »realen« Orten – geschieht. Das Forschungsfeld ist somit multilokal, zumal Definitionen von Ort und Raum im Netz schwer erstellbar sind: Existiert eine Börse beispielsweise auf dem Bildschirm in einer Wohnung in Berlin oder in Schwerin, wo gerade eine andere Seite der gleichen Börse angefordert wird? Oder befindet sie sich in einem Computerprogramm, in Form einer Programmiersprache oder vielleicht doch auf einem bestimmten Server? Wie diese Fragen zeigen, entzieht sich der Gegenstand dieser Studie durch seine weite räumliche Streuung sowie seine »virtuellen« und »realen« Komponenten einem klassischen, ethnologisch-ethnografischen Überblick. Koordinaten wie verlässliche Zahlen, wie viele Online-Dater es in Deutschland gibt, oder eine kartografische Eingrenzung des Gebietes, in dem die Studie stattfindet, gibt es in diesem Fall nicht.

Meine Untersuchung ist eine Studie unter »Singles«. Einen statistischen Überblick über Singles in Deutschland zu bekommen, gestaltet sich nicht einfach. In Erhebungen wird der Term Single unterschiedlich gehandhabt. Häufig werden unter »Singles« Ein-Personen-Haushalte verstanden, aber alleine zu wohnen bedeutet keineswegs, ohne Partner zu sein. Das Statistische Bundesamt (Abendblatt 2008a) hat 2001 in seinem Mikrozensus ermittelt, dass nur 17% der Menschen in Ein-Personen-Haushalten lebten. Weil aber hier auch Wohngemeinschaften, die im Mikrozensus als mehrere Ein-Personen-Haushalte erfasst werden, enthalten sind, ist diese Zahl nicht eindeutig. Nach dem Mikrozensus 2005 (ebd.) des Statistischen Bundesamtes leben 26% aller deutschen Frauen ohne Partner (im Vergleich zu 18% der Männer): 8,651 Millionen alleinstehende und 2,236 Millionen alleinerziehende Frauen (ebd.). Im Jahr 2005 hat Parship.de ein Umfrage unter Singles mit der Leitfrage erhoben, wobei Singles als Menschen ohne feste Partnerschaft definiert wurden (Abendblatt 2008a, Parship.de 2008i). Die Börse gibt die Zahl der Alleinstehenden in Deutschland für 2005 mit 11,2 Millionen Personen, also rund 20% der Gesamtbevölkerung, an. Auch die Online-Agentur Elitepartner.de (2008) führt Erhebungen durch. Sie publiziert folgende Zahlen für Deutschland[1]: 10,5 Millionen Internetnutzer sind im Jahr 2008 Single, jeder Zweite davon ist aktiv auf Partnersuche. Jeder fünfte Single nutzt eine Online-Partnervermittlung und jeder sechste Internet-User hat seinen Partner online gefunden. Jeder Zweite hat im Bekanntenkreis mindestens ein Paar, das sich online kennengelernt hat. 31% der Singlefrauen und 26% der Singlemänner mit akademischem Hintergrund nutzen eine Online-Partnervermittlung (Elitepartner.de 2008m). Parship.de (2008i) hat in einer erneuten Studie 13 000 Singles im Jahr 2008 in westeuropäischen Ländern befragt. Demnach ist die Partnersuche im Netz besonders bei Deutschen beliebt.

Es lassen sich also einige Untersuchungen finden, doch sie sind durch unterschiedliche Vorgehensweisen schlecht vergleichbar. Laut singleboersen-vergleich.de (2008b) hat Parship.de 4,5 Millionen Mitglieder und Elitepartner.de weist 1,2 Millionen Mitglieder auf. Bei den beiden Börsen handelt es sich somit um die mitgliederstärksten in Deutschland. Finya.de hat immerhin 723 520 Mitglieder (ebd.). Diese Zahlen zeugen davon, dass das Forschungsfeld groß ist – und folglich auch heterogen. Es stellt sich die Frage, ob diese große »Gruppe« von Singles, die nach der Liebe im Netz suchen, als Gemeinschaft zu verstehen ist.

Eine Community von Online-Datern?

Gemeinschaften im Netz sind unterschiedlicher Ursprünge. In Hinblick auf die Bildung von *Communities* übernimmt das Internet verschiedene Rollen: Es bestärkt bereits bestehende Gruppen, da die Kommunikation einfach, intensiv und teilweise trotz großer Distanz auch synchron gestaltet werden kann. Beispiel hierfür sind Diasporagruppen. Im Internet bilden sich weiterhin neue Gruppen, die auf gemeinsamen Interessen aufbauen. Hierzu gehören z. B. politisch motivierte Foren oder Gruppen in MUDs. Nach Appadurai (2000: 8) kreieren elektronische Massenmedien »imagined selves and imagined worlds« und tragen dazu bei, gefühlsbasierte Gemeinschaften (»communities of sentiment«) zu bilden.

Die Online-Dater stellen eine *Community* dar, die durch eine kulturspezifische Annahme verbunden ist: Sie gehen davon aus, dass ein Partner für eine Liebesbeziehung durch die aktive Suche

---

1 Insgesamt nahmen 10 067 deutschsprachige Singles an der Befragung im Zeitraum April/Mai 2008 teil. Es handelt sich damit laut Elitepartner.de (2008m) um die größte Singlestudie Deutschlands.

zu finden ist. Wichtig ist, dass die Emotion Liebe zwar das Leitmotiv bildet, nicht aber zwangsläufig zu einer emotionalen Verbindung aller Börsenmitglieder führt. Datingbörsen versuchen teilweise solch ein Bild zu entwerfen. Die Börse Neu.de entwickelte während meiner Forschungsperiode eine Werbestrategie, in der sowohl Individualität als auch Zusammengehörigkeitsempfinden propagiert werden (2007b). In dem TV- und Internetclip sieht man Menschen in teils außergewöhnlichen, teils alltäglich anmutenden Situationen: Ein Mann, mit Brille und Schnorchel ausgestattet, steckt seinen Kopf in ein Aquarium, ein anderer zersägt ein Sofa oder eine attraktive Frau isst Kuchen. Während dieser Sequenzen läuft ein Text mit immer gleich aufgebauten Kurzaussagen wie »Ich liebe Fische«, »Ich liebe meine Ex« oder »Ich liebe Kuchen«. Danach sieht man die gleichen Personen wieder, allerdings in Posen, die sexuelles Verhalten bzw. als außergewöhnlich angesehene sexuelle Varianten wie beispielsweise Crossdressing andeuten. Zum Ende steht der Text »du bist nicht allein«. Das letzte Bild zeigt die Aussagen »wir sind 5 millionen« und das Logo von Neu.de. Individualität, vermengt mit positiv gedeuteter Andersartigkeit, wird in diesem Fall werbewirksam genutzt, um gemeinsame Identität und Zusammengehörigkeit zu generieren. Ein »Wir-Gefühl« unter Online-Datern wird in meiner Studie allerdings nur von drei Personen ohne Nachfrage explizit formuliert. Eine 42-jährige Frau spricht davon, dass »wir hier drin doch alle nur das Gleiche suchen«. Ähnlich drückt es eine weitere 31-jährige Frau aus »Wir in Finya suchen natürlich schon ein bisschen anders nach einem Partner, vielleicht gibt es da dann auch eine grundlegende Empathie zwischen uns«. Ein 34-jähriger angehender Lehrer beschreibt, dass für ihn ein »Wir-Gefühl« nur in Abgrenzungssituationen zu Personen, die nicht online daten, existiert:

@»Manchmal kommt es mir schon wie eine Gemeinschaft, ein wir Onlinedater vor, aber nicht in den Börsen, sondern nur, wenn es eben gegen die Nichtonlinedater geht und man das Gefühl hat, sich auch ein bisschen verteidigen zu müssen. Aber andererseits macht es ja auch so gut wie jeder Single, es sozusagen der unausgesprochene Mainstream.«

Bei den Datingplattformen handelt es sich um lose verbundene Gemeinschaften, die als kleinsten gemeinsamen Nenner den Wunsch nach einem Beziehungspartner aufweisen. Die Onlinebörsen helfen dabei, Menschen einander vorzustellen. Ein Teil dieser Menschen würde sich aufgrund unterschiedlicher Wohnorte oder Lebensumstände höchstwahrscheinlich nie ohne die Vermittlung der Börsen begegnen. Weiterhin erhöhen die Börsen die Chancen, beziehungswilligen Personen zu treffen. Folglich bieten sie eine entsprechende Vorauswahl an. Mitglieder der hier untersuchten Börsen sind hochgradig heterogen, weil diese Mitgliedschaften nicht von Determinanten wie beispielsweise Alter, ethnischer Zugehörigkeit oder Geschlecht abhängig sind wie z. B eine Internetcommunity der Hakka (Lorenzo 1999). Meine Informanten haben vier grundlegende Merkmale gemeinsam:

- Den Zugang zu einem internetfähigen Computer sowie entsprechendes Know-How, um damit umzugehen
- Das Motiv, einen heterosexuellen Partner kennenzulernen
- Kulturspezifische Vorstellungen von Liebe und Partnerschaft, die Fähigkeit, diese schriftlich formulieren zu können
- Erfahrungen und Wissen, die aus dem Online-Dating resultieren

Internetcommunities werden in diversen Studien als komplexe Gemeinschaften mit hohem Organisationsgrad beschrieben (z. B. Constable 2003: 33, Hine 2000, Lorenzo 1999, Miller/Slater 2000). Constable (2003: 33) macht in ihrer Untersuchung Anführer, Organisatoren, aktive und passive Mitglieder aus. Die Communities, in denen ich forsche, weisen keine Anführer auf. Es gibt aber Organisatoren, die Börsenbetreiber. Sie stellen Regeln auf, z. B. welche Fotos als akzeptabel gelten. Die Börsenbetreiber können zudem eine Schiedsrichterfunktion übernehmen, da an sie Beschwerden gerichtet werden können. Es steht in ihrer Macht, Mitglieder auszuschließen. Das Besondere an den Organisatoren der Singlebörsen ist, dass sie nicht als Individuen oder Gruppe in Erscheinung treten, sondern ihr Produkt voranstellen. Namentlich erwähnt werden die Betreiber bei manchen Börsen unter den Punkten Kontakt, Impressum oder Presse, aber häufig stehen an diesen Stellen anonyme E-Mailadressen. All dies führt zu dem Anschein, dass die Börse ein eigenständiges Gebilde mit eigenen Charakteristika ist. Hinter dieser Wahrnehmung verschwinden die Macher. Je nach Börsenangebot entsteht unter den Mitgliedern der Eindruck, die einzigen menschlichen Akteure zu sein.

Sofern es von den Singlebörsen angeboten wird, besteht die Möglichkeit, zwischen dem Status eines vorrangigen Premium-Mitglieds oder dem eines normalen Mitglieds zu unterscheiden. Premium-Mitglieder zahlen mehr, ihnen wird dadurch ein verstärkter Service geboten, z. B. eine Beziehungsberatung. Außerhalb der Distinktion von Premium- und normalen Mitgliedern liegen keinerlei Hierarchien vor. Jeder hat die gleichen Rechte und Möglichkeiten, die gleichen Profiloptionen und unterliegt dem gleichen Reglement. Eine Unterscheidung in aktive und passive Mitglieder ist schwer durchführbar. Sie kann theoretisch nach diversen Bewertungskriterien geschehen, weil die Aktivität sich von variablen Parametern ableiten lässt: Einmal von der Häufigkeit, mit der sich jemand in der Börse aufhält und andererseits von der Frequenz, in der die Person sich an Datingprozessen beteiligt. Das erste Kriterium ist öffentlich einsehbar: Das letzte Login-Datum ist generell publik zugänglich, außerdem lässt sich bei vielen Börsen der Tag des Börsenbeitritts erkennen. Viele Personen stellen einen Kommentar in ihr Profil, wenn sie für einen längeren Zeitraum abwesend sind oder melden sich mit einer entsprechenden Bemerkung zurück. Nicht einsehbar ist das zweite Kriterium (die Frequenz, mit der sich jemand an Datingprozessen beteiligt). Die Profile zeigen nicht an, wie oft ein Börsenmitglied E-Mails verschickt, Suchen aufnimmt oder andere Mitglieder trifft. Diesbezüglich habe ich mich ausschließlich auf die Angaben der Online-Dater verlassen. Die subjektive Sicht auf die Intensität des Online-Dating ist variabel: Für den einen sind vier Treffen im Monat häufig und damit Zeugnis seiner starken Involvierung in das Online-Dating, eine andere Person bezeichnet drei Treffen in einem halben Jahr als zahlreich. Durch die Aktivitäten des Online-Dating entstehen demzufolge lose vernetzte, multilokale Communities. Im Gegensatz dazu wird aus etischer Sicht Online-Dating häufig verallgemeinernd und klischeehaft behandelt. Auf diese Vorstellungen gehe ich im nachfolgenden Kapitel ein.

Stereotype

Auch wenn die Community und die Örtlichkeiten des Online-Dating schwer fassbar sind, findet es als »Mainstream-Aktivität« reichlich Beachtung in der Öffentlichkeit. Partnersuche ist zum Zeitpunkt der Forschung ein beliebtes, mediales Thema. Datingshows diverser Spielarten wie »Date my Mom« (MTV 2009) oder »Bauer sucht Frau« (RTL 2009) gehören zum Standardfernsehprogramm. Romantische Liebe, ihre Folgen, das damit zusammenhängende Glück und die Probleme werden alltäglich in den Nachmittagstalkshows aufgegriffen. Dating nimmt einen festen Platz in der öffentlichen Aufmerksamkeit und in einer stark erlebnisorientierten Medienkultur ein. Bestandteil, speziell der medialen Darstellungen im Fernsehen, ist, dass als tendenziell intim angesehene Bereiche wie Liebesbeziehungen öffentlich in Szene gesetzt werden. Theoretisch kann dabei jeder die Chance haben, mit Hilfe der Themen Liebe und Beziehung für zehn Minuten eine Person öffentlichen Interesses im Fernsehen zu sein. Online-Dating ist vor diesem Hintergrund ein Thema, über das bis dato zwar keine TV-Shows existieren, das aber häufig Eingang in mediale Diskurse findet. Nicht selten wird in TV-Krimiproduktionen Online-Dating als Verbrechenshintergrund eingeführt. Das Opfer wird beispielsweise bei einem »Blind-Date« entführt, das durch eine Singlebörse zustande kommt, und die Kommissare müssen recherchieren, wer hinter den Online-Identitäten steckt. Online-Dating bietet durch seine Verknüpfung mit dem Internet ein geeignetes

Forum, Fabeln von Gefahr, Missbrauch und Entfremdung von hehren Liebesidealen publikumswirksam zu spinnen. Als potentielle »Gefahrenherde« werden in erster Linie die vorgebliche Anonymität des Netzes, die emotionale Bedürftigkeit seiner User und die angebliche Unfähigkeit, auf nicht-medialem Weg kommunizieren zu können, herangezogen. In Tageszeitungen erscheinen Berichte über Online-Dating, Frauenmagazine nehmen sich wiederholt des Themas an und populärwissenschaftliche Magazine wie beispielsweise »Psychologie heute« (2007) setzen sich mit Aspekten des Online-Dating auseinander.

Zwei Zeitungsartikel aus dem Jahr 2007 sind ein treffendes Beispiel für journalistische Berichterstattung über Online-Dating. Es handelt sich um Artikel aus der Süddeutschen Zeitung (2007a) und um einen aus der tageszeitung/taz (2007). Beide Zeitungen gelten als politische liberal bis links. Die Süddeutsche Zeitung veröffentlicht »Traumfrau mit Risiko. Das einträgliche Geschäft mit Flirt-Chats, Pornoseiten und fiktiven Traumpartnern« in ihrer aussagekräftig betitelten Reihe »Online-Kriminalität« (2007a). Der Titel bezieht sich auf das Klischee der verführerischen Frau, durch die der Mann seiner Ratio beraubt wird. Durch ihr Zutun läuft er blindlings und unschuldig ins Verderben. Das Verderben ist in diesem Fall ein (leichter) finanzieller Schaden und ein emotionaler Betrug. Im Anschluss an den Artikel steht die Aufforderung, dass Leser, die schlechte Erfahrungen im Internet gemacht haben, ihre Berichte einsenden können. Diese werden wiederum auf den Internetseiten der Süddeutschen Zeitung (2007b) veröffentlicht. Interessanterweise wird der Ausdruck »schlechte Erfahrungen« nicht weiter spezifiziert – auch nicht, ob es sich um Online-Dating-spezifische Erfahrungen handelt oder um allgemein im Netz gemachte.[2] Eine hohe Subjektivität wird somit zur Grundvoraussetzung: Für den einen mag eine unbeantwortete E-Mail bereits eine schlechte Erfahrung sein, für den anderen eine Beziehung mit einem Ehebetrüger. Auf diese Weise wird das öffentlich-mediale Bild vom gefährlichen Online-Dating mittels direkter Einbeziehung der Konsumenten unterfüttert. Beachtenswert am Beispiel des Artikels »Traumfrau mit Risiko«(2007a) ist die Wortwahl. Sie summiert stereotype Vorstellungen zum Thema Online-Dating in Kurzfassung. Bereits der Untertitel leitet von dem Term »Traumfrau« über zu »Flirt-Chats« und »Pornoseiten«. »Traumfrau« kann in das semantische Feld der »Be-

---

2   Wie auf dem entsprechenden Link deutlich wird, befinden sich dort zahlreiche Berichte über finanziellen Internetbetrug, geschrieben von den Lesern der Zeitung. Allerdings ist zum Zeitpunkt meiner Recherche kein Bericht über negative Erfahrungen mit Online-Dating zu finden (Süddeutsche Zeitung 2007b).

ziehung« gesetzt werden, »Flirt-Chats« implizieren schon eine stärkere Unverbindlichkeit und Schnelllebigkeit. »Pornoseiten« spielt auf die gesellschaftlich diffamierte, »schmutzige« Pornografie an. Online-Dating rückt auf diesem Weg in den zwielichten Zusammenhang von »schmutziger« Sexualität, die gewiss nicht Teil der kulturellen, romantischen Ideen von Partnersuche ist. Mit ähnlichen Vorstellungen geht die tageszeitung/taz in ihrem Artikel »Na, wie habe ich mich verkauft?« (2007) vor. Im Untertitel wird auf die »Regeln des Marktes« verwiesen, die nach Meinung des Autors das Online-Dating dominieren. Sie lauten wortwörtlich »Prostituiere dich und bekomme deinen Lohn dafür«. Die Schlagworte des Artikels entstammen kapitalismuskritischem Vokabular. In erster Linie wird die Schaffung von zwischenmenschlicher Konkurrenz in den Börsen kritisiert, unterstützt durch Zitate der bereits erwähnten Soziologin und Ethnologin Illouz, in denen gesagt wird, das Online-Dating mache »aus dem Selbst eine öffentlich ausgestellte Ware« (ebd). Entsprechend dem Zitat folgert der Autor, dass auch die seriösen Börsen »wie Bordelle« (ebd.) funktionieren: »Wir müssen uns prostituieren, wenn wir nicht länger allein sein wollen« (ebd.). Diese Aussage dokumentiert neben einem fragwürdigen Prostitutionsverständnis, wie Online-Dating in einen direkten Zusammenhang mit promiskerem Verhalten bar jeder Emotionen gestellt wird. Die beiden ausgewählten Zeitungsartikel rücken Online-Dating in eine Grauzone zwischen marktwirtschaftlichen Strukturen und sexueller Promiskuität. Den stereotypisierenden Vorstellungen nach sind die Akteure ob ihrer Lebensumstände nicht in der Lage, die »entfremdenden« Mechanismen des Online-Dating zu durchschauen. Selbst, wenn sie sie erahnen, sind sie nicht in der Lage, sich von ihnen loszusagen. Diese Darstellungen als Stereotype zu bezeichnen, ist gerechtfertigt, weil sie zum einen verallgemeinernd angewendet werden und zum anderen Überzeichnungen darstellen, die sich nur partiell in meinen Daten finden. So werden beispielsweise die Stereotype Sucht und Promiskuität bedient. Auffällig ist, dass in vielen Liebesbiographien Online-Dater von einem Suchtcharakter der Singlebörsen berichten. Ausschlaggebend ist meiner Meinung nach jedoch, dass das Gros der von mir gesprochenen Online-Dater mit der von ihnen selbst häufig als Sucht bezeichneten, anfänglich starken Faszination und Involvierung umzugehen lernen. Von einem willenlosen Umgang mit dem Internet oder einer »Unterwerfung« an die fiktive »Macht Internet« kann keineswegs die Rede sein. Für einen nicht unerheblichen Anteil meiner Interview- und Gesprächspartner dienen die Börsen zum Anbahnen erotischer Beziehungen. Auch wenn das Online-Dating zu willkommenen, erotischen Abenteuern führt, sollten diese nicht als Selbstzweck des Dating interpretiert, sondern als ein kulturell akzeptierter »Nebeneffekt« gehandhabt werden. In negativen Darstellungen sprechen viele meiner Informanten von einer »Ebay-Mentalität«. Bei der gilt es, sich bestmöglichlich zu präsentieren und sie verdeutlicht, dass für jeden noch ein Schnäppchen dabei sein mag. Keiner meiner Gesprächspartner hat jedoch Online-Dating in die Nähe von Prostitution gestellt. Ein Teil meiner Interviewpartner berichtet, für sexuelle Zwecke einschlägige Börsen wie Poppen.de zu besuchen. Dies wird aber konzeptuell eindeutig von dem Geschehen und den Kontakten in den Datingbörsen getrennt. Mitgliedschaften in Sexbörsen sollten aber keineswegs, wie in den medialen Darstellungen gern gemacht, stigmatisierend in den diffusen Themenkreis devianter Sexualität eingeordnet werden. Sie können ebenso von einem zielgerichteten Umgang mit dem Internet zeugen: Je besser sich User im Netz auskennen, umso größer wird die Bandbreite an Aktivitäten, die online genutzt werden. Sex stellt dabei keine abnorme Ausnahme dar, sondern ist ein Teilbereich des Lebens, der sich im Internet in entsprechenden Formen befindet.

Die hier genannten Stereotype über das Online-Dating und seine Akteure fußen meines Erachtens zum einen auf den zuvor beschriebenen kulturspezifischen Haltungen gegenüber dem Internet als Massenmedium. Zum anderen stellt Online-Dating in vielfacher Weise das kulturell und gesellschaftlich geprägte Modell der romantischen Liebe in Frage, wie im Nachfolgenden beschrieben.

Online-Dating als Herausforderung für kulturelle Liebesvorstellungen

Online-Dating basiert auf kulturellen Liebesvorstellungen, aber viele seiner Charakteristika und Strukturen stehen gleichzeitig im Widerspruch zu Liebesidealen. In diesem Kapitel stelle ich die entscheidenden Merkmale vor. Sie erklären inhaltlich zudem die zuvor beschriebenen stereotypisierenden Darstellungen. Wie in der Arbeitsdefinition des Online-Dating (Kapitel 4) beschrieben, gehören zum Online-Dating im Rahmen dieser Studie Onlinekontakte und jegliche Online-Aktivitäten, sich daraus entwickelnde Telefonate, SMS-Kommunikation und reale Treffen. Dementsprechend finden sich die im Nachstehenden genannten Merkmale nicht ausschließlich in Online-Aktivitäten. Die folgende Auflistung in Anlehnung an Illouz (2006) dient der besseren Übersicht und ist nicht hierarchisch zu verstehen, denn die Merkmale beeinflussen sich gegenseitig.

1. Die Substitution des Zufalls

»Ich wollte die Liebe ja auch dem Zufall überlassen: Ich war mit Freundinnen auf dem Kiez, schön locker und ungezwungen, ich saß alleine in Cafés und ich verreiste sogar alleine. Aber das half alles nichts. Ich denke, dass es bei mir mit dem Zufall und der Liebe nicht so klappt, also bin ich nun in einer Partnerbörse. Aber vielleicht finde ich ja zufällig jemanden dort...« (Elena, 40 Jahre)

»Liebe ist kein Zufall – dies beweisen zahllose psychologische Studien der letzten Jahre. Das TÜV-geprüfte wissenschaftliche Matching-System von Elitepartner hilft Ihnen, Ihre neue Liebe zu finden – gezielt, einfach und effektiv. Entdecken Sie die Liebe jetzt ganz neu mit einem attraktiven und charmanten Partner mit Stil und Niveau. Werden Sie gleich kostenlos Mitglied bei Elitepartner und erleben Sie endlich wieder das höchste und schönste aller Gefühle: die Liebe.« (Elitepartner.de, 2007a)

Die beiden Zitate bilden zwei Pole, zwischen denen das Online-Dating ausgehandelt wird: Auf der einen Seite stehen kulturspezifische Liebesvorstellungen und -ideale, die mit Zufall verbunden sind. Auf der anderen Seite finden sich gezieltes Vorgehen, Planung und Berechnung. Die Suche in einer Börse ist zusätzlich eng an Formalitäten und Vorgaben gebunden, was ebenfalls der Idee der Zufälligkeit und Spontaneität der romantischen Liebe widerspricht. Eine Vielzahl von Optionen in den Börsen ermöglicht, Wünsche relativ explizit auszuformulieren. Features helfen, bestimmte Profile zu ignorieren oder Kontaktanfragen ohne tiefgreifende soziale Sanktionen zu vernachlässigen. Zugleich finden die Kontakte in einem hochgradig formalen Rahmen statt, der feste Regeln und Parameter vorgibt. Dies widerspricht der im deutschsprachigen Raum gängigen, informellen Partnersuche. Die Formalität des Online-Dating soll der Optimierung der Partnersuche dienen, weil es ein schnelles, übersichtliches Abgleichen als zentral verstandener Parameter ermöglicht und somit selektierte Kontakte verspricht. Das ist ein entscheidender Unterschied zu anderen Orten des Kennenlernens wie z. B. einer Bar. Viele Menschen gehen dort zwar mit dem Wunsch hin, einen Partner zu treffen, aber oft kommt es nicht einmal zu entsprechenden ersten Kontakten, geschweige denn zu weiterem Austausch. Im Internet gibt die Börse Parship.de dagegen sogar Garantien auf Erstkontakte:

»Sollten Sie am Ende einer 6- oder 12-monatigen Premium-Mitgliedschaft nicht wenigstens mit 10 Mitgliedern in Kontakt gestanden haben, verlängern wir Ihre Premium-Mitgliedschaft auf Wunsch kostenlos um 6 Monate. Als Kontakt gilt jede Anfrage, die durch Sie oder Ihr Gegenüber mit einer Freitext-Mail beantwortet wird.« (2007a)

Börsen fördern eine Wahrnehmung von Sicherheit, das in den von Zufällen dominierten Offline-Begegnungen nicht gegeben ist. Eine derartige Sicherheitsgarantie widerspricht kulturspezifischen Überzeugungen. Verbindungen von Zufällen und der Liebe bestehen bereits lange Zeit und sind ein beliebtes Thema diverser Kunstformen. So wurde bereits 1730 die volkstümliche französische Komödie »Le Jeu de l'Amour et du Hasard« (Das Spiel von Liebe und Zufall) von Pierre Carlet de Marivaux (1984) uraufgeführt. Die Komödie wird immer noch auf deutschen Bühnen gespielt.[3]

Die beiden Zitate zum Beginn des Kapitels verdeutlichen die Spannung, zwischen denen sich Online-Dating und kulturelle Ideale bewegen: Die Informantin Elena verbindet das Finden eines Partners mit Zufall, der sich aber in ihrem Leben nicht einstellt. Selbst wenn sie Situationen herstellt, die den Zufall in Sachen Liebe begünstigen könnten, hat sich noch nicht der richtige Mann eingefunden. Online-Dating bietet eine Lösung des Dilemmas an, da hier Zielgerichtetheit anstelle von unvorhersehbaren Einflüssen den Erfolg verspricht. Diverse Online-Datingbörsen werben folglich explizit gegen die kulturelle Verbindung von Liebe und Zufall an: Mit als »wissenschaftlich« beschriebenen Untersuchungen unterlegen sie ihre Auswahlmechanismen und verweisen auf die Effizienz. Eine Börse nennt sich sogar www.liebekeinzufall.de (2008). Auf ihre Seite steht:

»Liebe [...] ist etwas Magisches - aber auch etwas, für das man aktiv werden muß, etwas nachhelfen eben. Nur eins ist Liebe nicht: Zufall« (2008).

Für die Börsen als Geschäftsmodell ist der Zufall weiterhin ein Aspekt, der nicht in ihr Konzept passt, da er per Definition unbeeinflussbar ist. Er kann zwar sprichwörtlich herausgefordert werden, ist aber letztlich nicht lenkbar. Eine Börse, Finya.de, integriert den Zufall und bildet damit eine Ausnahme. Sie hat in ihre Optionen einen sogenannten »Zufalls-Generator« eingebaut. Es wird ein Bild gezeigt, das auf ein Profil verweist. Gefällt dies dem Betrachter nicht, kann er einen Befehl eingeben und ein weiteres Profil erscheint.

---

3 Inhaltlich handelt es sich um ein Verwirrspiel: Silvia soll von ihrem Vater Orgon an Dorante verheiratet werden. Von vorne herein dieser Ehe gegenüber skeptisch eingestellt, bittet Silvia ihren Vater, Dorante zuvor unerkannt prüfen zu dürfen. Sie tauscht mit ihrer Zofe die Rollen. Ihr Vater ist damit einverstanden, da er weiß, dass Dorante zufällig auf die gleiche Idee verfallen ist und die Identität mit der seines Dieners vertauscht hat. Das Verwirrspiel mit dem Zufallselement führt letztes Endes zu einem glücklichen Ergebnis für alle Beteiligten.

Nicht selten äußert sich der Konflikt, den Online-Dater ob des Verlusts des »Faktors Zufall« verspüren, darin, dass Online-Dating als »unromantisch« beschrieben wird:

»Natürlich gibt es hinter den Profilen jede Menge zu entdecken, aber irgendwie ist es auch unromantisch, Alter, Größe und den Musikgeschmack den eigenen Wünschen nach auszusortieren. Woher weiß ich denn zum Beispiel, ob nicht ein Mann, der fünf Jahre jünger ist als ich, zufällig der Richtige ist. Nur erscheint er nicht, weil ich ein anderes Alter eingebe! Romantisch wird das Kennenlernen ja durch die zufälligen Begegnungen, finde ich. Nur, ich frage mich schon, ob sowas oder eben die Börsen effizienter sind.« (Elena)

Obwohl vielen Online-Datern wie Elena bewusst ist, dass der Aspekt des Zufalls bei der Suche nach der Liebe per Partnerbörse ausgeklammert wird, akzeptieren sie dies. Interessant ist an Elenas Aussage, dass andere kulturelle Liebesvorstellungen (der Mann ist älter als die Frau) eine derart tragende Rolle spielen, dass sie den Mechanismus Zufall sozusagen »schachmatt« setzen: Indem das Alter des Partners zu einer exklusiv funktionierenden Option wird, begrenzt man den Radius Zufall. Margitt ersetzt den Zufall wie viele Online-Dater und Börsenbetreiber durch ein anderes Konzept. Sie ist der Ansicht, dass

@ »es wirklich so ist, dass Liebe mehr ist als nur Zufall. Ich glaube an eine Kompatibilität von Menschen, und die entsteht durch viele Merkmale oder Vorlieben, die die beiden Menschen teilen. Und dann denken alle, es wäre Zufall, ich finde es ist letztlich ... Psychologie vor allem oder bisschen Biologie oder vielleicht Chemie!!« (Margitt)

Wird beim Online-Dating der Zufall durch Betonung des »Wissenschaftlichen« substituiert, stellen Vorstellungen von Psychologie vorrangig den Ersatz dar. Auch das Paar Michaela, eine 31-jährige Bankangestellte, und Lorenz, ein 35 Jahre alter Fahrschullehrer, die sich über eine Börse kennen und lieben lernten, sind der Ansicht »dass die Chemie oder sogar die Liebe und unser Aufeinandertreffen letzten Endes wohl etwas Psychologisches ist« (Michaela und Lorenz, gemeinsame E-Mail). Die Formulierung verweist deutlich auf eine von vielen Online-Dater gezogene Verbindung zwischen der Liebe und einem »common-sense-Verständnis« von Psychologie. Wie erwähnt, beschränkt sich eine derartige Verbindung zwischen Liebe und »Psychologie« nicht nur auf den Alltagsumgang, sondern findet sich auch in wissenschaftlichen Studien über Online-Dating wieder. Das Online-Dating ist im Illouz'schen Sinne der Höhepunkt der »Internet- und Psychologieära« (Illouz 2006: 163), an dem sie ihre Thesen von individuellem Leid und Zerrissenheit durch die Vermengung von Kapitalismus, Psychologie und privaten Emotionen demonstrieren kann. In ihren Ausführungen geht Illouz jedoch ebenso wenig wie die Online-Dater Michaela und Lorenz genauer auf Definitionen oder Vorstellungen von Psychologie ein. Psychologie wird in beiden Kontexten als selbstevidenter Term behandelt. Derartige Formulierungen und ein entsprechendes Erleben fußen auf einer engen, ideellen Verbindung zwischen Liebe und Psychologie: Die Psychologie wird sozio-kulturell im Alltagsgebrauch als die Wissenschaft »der Seele« behandelt, die sich am besten auf die Gegebenheiten der Liebe anwenden lässt. Folglich wird seitens der Börsen der Ersatz des geschäftlich unwägsamen Elements Zufall durch »Wissenschaft/Psychologie« sehr offensiv vorgenommen. Für die Online-Dater ist dies größtenteils ein plausibler Tausch, da sie kulturelle Schemata bezügliche Liebe und Psychologie als kompatibel verstehen. Hinzu kommt die kulturspezifische Verbindung von Effizienz und Wissenschaft: Wird also, wie z. B. in den Börsen Elitepartner.de oder Parship.de, mit psychologischer Kompetenz und Effizienz geworben, erscheint dies vielen Online-Datern als geradezu erleichternde Abwendung vom Zufall:

@ »Ich dachte so lange, dass ich etwas falsch mache, weil sich eben nicht plötzlich und unerwartet wie beim Traumschiff oder dem Bergdoktor die Liebe einstellte. Oder das ich einfach kein Zufalls-Typ bin. Im Job plane ich auch gerne...Dann bin ich weggekommen von diesem Gedanken, dass zufällig sich doch mal was tun muss. Liebe hat viel mit Psychologie zu tun, und mir gefallen die Tests, ich fülle gerne Psychofragen aus. Und ich weiss, dass ich mein psychologisches Profil sozusagen günstig beeinflussen kann. Ich glaube wirklich, dass ich es vielleicht so bewerkstelligen kann, eine Frau zu finden, bei der die Chemie stimmt. Es ist nur eine Frage es wie...« (Online-Dater, anonym, 43 Jahre)

Die Erleichterung besteht, wie das Statement des anonym bleiben wollenden Online-Daters verdeutlicht, darin, dass man sich im Rahmen des »psychologischen« Verhaltens verbessern kann: Man kann an sich arbeiten, damit man in der Lage ist, eine Beziehung zu finden. Eigenaktivität wird folglich zu einem sinnstiftenden Verhalten bezüglich der Liebe. Der Zufall wird als zu »passiv« bewertet und als irrelevant behandelt.

Neben dem Arrangement, bei dem das kulturspezifische Liebeselement Zufall ersetzt wird, entsteht aufgrund der Formalität ein weiteres Merkmal und gleichzeitig ein nächstes Dilemma des Online-Dating: Durch die Zielgerichtetheit bei der Partnersuche via Börse wird das Ideal der freien Partnerwahl gewissermaßen beschnitten. Der Kunde gibt das Zepter mit den Schlüsseln zu seinen Emotionen aus der Hand und überlässt es »wissenschaftlichen« Instanzen (den Börsen), mögliche Partner auszuwählen. Akzeptiert wird dies, wie beschrieben, durch die kulturspezifischen Bedeutungen der Psychologiediskurse. Hilfreich ist für die Börsen zudem, wenn die Psychologie in Form von konkret vorgestellten Menschen in Erscheinung tritt. Viele kostenpflichtige Börsen berufen sich auf einen namentlich genannten und abgebildeten Psychologen. Dieser Psychologe hat nicht selten Einfluss auf die Konzeption der Börsen gehabt, indem er z. B. die Kriterien für die Partnervorschläge ermittelte. Manchmal stehen Psychologen den Börsenmitgliedern mit einer Beratertätigkeit zur Verfügung. Durch die persönliche Vorstellung der Autorität des Psychologen gewinnt die Beziehung zwischen Kunde und Dienstleistungsanbieter an zwischenmenschlicher Intimität, die als passende Atmosphäre der Liebe gilt. Auch wenn Singlebörsen, sei es aus Überzeugung oder Geschäftssinn, gegen das Liebeselement Zufall anschreiben und User entsprechende Verfahren für gut heißen, bedeutet dies nicht, dass der Zufall beim Online-Dating wegfällt. Haben sich Paare online gefunden, wird der Zufall rückwirkend in Berichten der Kennenlerngeschichte als ein wichtiges, romantisches Element eingeflochten. Zum einen zeigt dieser Vorgang, wie bedeutsam der Zufall in den idealtypischen Liebesvorstellungen ist. Zum anderen verdeutlicht er, wie notwendig es ist, dass Börsen den Zufall thematisieren. Das Thema Zufall zu ignorieren, machen nur sehr wenige Börsen. Auch wenn er negiert wird, ist es für Börsen existenziell, Bezug zum Zufall als wichtiges Liebesmotiv herzustellen. Michaela und Lorenz schreiben:

@ »Natürlich haben wir gewählt, was z. B. das Alter anging. Oder für mich war es wichtig, dass Lorenz auch Kinder haben möchte. Aber letztlich ist es doch auch ein unglaublicher Zufall, dass wir beide in die gleiche Börse gingen, dann auch beide online waren, so dass wir sofort eine Nacht lang durchchatteten oder uns überhaupt in dieser Menge von Singles gefunden haben« (Michaela und Lorenz)

2. Anonymität
Partnersuche und Anonymität bzw. Liebe und Anonymität werden nicht zwangsläufig miteinander in Verbindung gebracht. Im Gegenteil, das Kennenlernen des Anderen besteht vorrangig darin, Informationen zu bekommen und einen gegenseitigen Austausch einzugehen. Entscheidungen, wie viel man von sich preisgibt, sind emotional bedingt und resultieren verstärkt bei Frauen aus einem Sicherheitsdenken. Margitt, 34 Jahre, beschreibt dies so:

@ »Ich überlege mir sehr gut, was ich von mir erzähle am Anfang. Meistens zumindest, denn mich machen so intime Details ja auch verletzlich«

Der Sicherheitsgedanke in dem Sinne, als dass die körperliche Versehrtheit bedroht sein könnte, ist bei romantischen Kennenlernprozessen außerhalb des Internets zumeist zweitrangig:

@ »Beim realen Kennenlernen habe ich eigentlich keine Angst, dass mir etwas passieren könnte. Ich sehe den anderen, höre ihn und nehme ihn ja mit allen Sinnen wahr. Wenn er mir wie ein Psycho oder gefährlich vorkommt, breche ich den Kontakt ab. Probleme gab's damit bei mir nie und ich hätte es absurd gefunden, immer misstrauisch zu sein. Beim OD bin ich es aber viel mehr. Da schreibe ich mir lange unter dem Nicknamen und gebe ganz spät erst meine Nummer raus. Da ist das Kennenlernen ja auch anders!« (Margitt)

Anonymität und Sicherheit stellen ein wichtiges Thema unter Börsenmitgliedern dar, das die Selbstdarstellungen in den Profilen beeinflusst und von Börsenbetreibern oftmals angesprochen wird. Die im vorherigen Kapitel beschriebenen öffentlichen Erörterungen über die potentielle Gefährlichkeit des Online-Dating werden von der Börse Parship.de zunächst offensiv aufgenommen, dann als Gerüchte bezeichnet und schließlich relativiert:

»Entgegen anders lautender Gerüchte ist der Anteil der >schlimmen Finger< im Netz nicht größer oder kleiner als im richtigen Leben. Wer sich auf andere einlassen und sich im besten Fall verlieben will, sollte deshalb eins ganz sicher nicht sein: übertrieben misstrauisch. Online-Partneragenturen wie Parship.de versuchen, ihren Mitgliedern einen größtmöglichen Schutz zu gewähren. Dennoch bleibt eine gewisse Verantwortung beim Nutzer selbst.« (2008a)

Seitens der Börsen wird die Anonymität als die wichtigste Sicherheitsvorkehrung beschrieben. Parship.de verwendet eine ganze Seite, um seinen Kunden Vorschläge für einen sicheren Umgang mit dem Online-Dating zu geben:

»Einer der größten Vorteile der Partnersuche mit Parship.de ist die garantierte Anonymität. Diese sollten Sie erst dann aufgeben, wenn Sie wirklich Vertrauen zu Ihrem Flirtpartner gefasst haben. Insbesondere Ihre persönlichen Daten sollten Sie nicht zu schnell verraten.« (2008a)

Die Hinweise zur Anonymität gehen so weit, dass den Kunden für den Kontakt außerhalb der börseneigenen E-Mailprogramme anonyme Adressen bei Anbietern wie gmx.de oder hotmail.com empfohlen werden. Der erste Schritt zur Anonymisierung der realen Identität geschieht durch die Wahl des Nicknamens. Allerdings beinhalten, wie Parship.de erklärt, die Profile Fallen, welche die Anonymität aufheben können:

»Beim Anlegen seines persönlichen Profils legt so mancher Nutzer fast seine gesamte Biographie offen. Dabei können unter Umständen schon wenige Informationen genügen, um von einem scheinbar anonymen Profil auf dessen Urheber zu schließen. Wer etwa in einem kleinen Ort als Japanisch-Dolmetscherin oder in einem ähnlich seltenen Beruf arbeitet, sollte bedenken, dass er/sie in den Gelben Seiten über die Kombination Vorname, Beruf, Wohnort leicht zu identifizieren ist, und sich entsprechend bedeckt halten.« (2008a)

Die praktische Umsetzung dieser Vorschläge wird von Online-Datern sehr unterschiedlich gehandhabt: Manche Leute, zumeist mehr Männer als Frauen, sind offen in ihren Selbstbeschreibungen. Paul, ein 40-jähriger Schlosser, hat sowohl Berufsangaben nicht verfälscht als auch seinen echten Vornamen in seinen Nicknamen einfliessen lassen:

@ »Ich habe keine Angst. Wovor auch? Das schlimmste, was mir passiert ist, war, dass mich eine Frau mal mit Telefonanrufen verfolgte. Aber die hatte ich in einer Kneipe ums Eck kennen gelernt.« (Paul)

Frauen sind häufig vorsichtiger mit ihren Angaben: »Ich als Frau passe auf. Verrückte gibt es immer. Was mache ich denn, wenn mich jemand dann stalkt?« so Elena in einem Gespräch. Neben geschlechtsspezifischen Begründungen variiert auf individueller Ebene die Einschätzung, was eine gefährliche Situation ausmacht. Elena fürchtet sich vor verstärkten Telefonanrufen, wohingegen Paul damit anders umgeht. Er ordnet ein solches Verhalten als störend, aber nicht als bedrohlich, ein. Wie Parship.de in dem letzten Zitat deutlich macht, ist die Anonymität schnell durch verschiedenen Angaben zu verlieren: Viele Personen nennen nur ihr Berufsfeld (»Pädagogisches« anstelle von »Kindergärtnerin« beispielsweise). Werden von Börsen wie z. B. Finya.de allerdings bevorzugte Lokalitäten wie Clubs oder Restaurants abgefragt, beantworten viele Mitglieder diese Angaben meist mit den richtigen Namen der Örtlichkeiten. Gleichzeitig fordern Börsen wie Finya.de Fotos, die das jeweilige Mitglied zumindest grundsätzlich erkennbar abbilden: Es ist nicht erlaubt, Comicbilder, Zeichnungen oder Fotos berühmter Persönlichkeiten zu nutzen. Der Großteil der Fotos ist somit identifizierbar, zumal dies auch die Kontaktchancen erhöht. Einige Börsenmitglieder wie Torben (36 Jahre) möchten jedoch aus diversen Gründen anonym sein. Torben bevorzugt daher Fotos, die seine Silhouette zeigen, und sein Gesicht im Schatten lassen: »Ich mach' das ehrlich gesagt, weil ich zu denen gehören, denen Online-Dating noch peinlich ist. Ich will nicht im nächsten Club erkannt werden« begründet er seine Entscheidung in einer E-Mail. Wird aber ein deutlich identifizierbares Foto neben beispielsweise den Angaben eines Lieblingsclubs eingestellt, so machen sich Online-Dater in der Tat schnell erkenntlich. Ebenso oft verlinken internetaffine Dater ihr Profil mit einem Blog, der Fotos und eventuell auch ihre Adresse, persönliche E-Mail oder andere Daten enthält. Torben und weitere Online-Dater erzählten mir, dass sie mehrfach andere Börsenmitglieder wiederzuerkennen glaubten. Sie direkt auf ihre Mitgliedschaft anzusprechen, bewerten meine Informanten als hochgradig unpassend:»Ich finde es peinlich, zu sagen - ey, du bist doch auch da drin, oder? Das ist irgendwie doch grenzverletzend« schreibt Torben in einer E-Mail. Das Gebot der Anonymität wird in diesem Fall nicht mehr direkt mit dem Thema Sicherheit in Verbindung gebracht, sondern die Anonymität dient dazu, die wahre Identität aus Respekt vor der Privatsphäre zu schützen.

Die viel zitierte Anonymität innerhalb der Börsen ist jedoch aus emischer Perspektive als relativ zu betrachten: Anonymität mag zwar den richtigen Namen und die »wirkliche« Gestalt der eingeloggten Person betreffen. Nichtsdestotrotz haben die Mitglieder einer Börse ein großes Wissen übereinander und stehen in engem Austausch: Anonymität bedeutet in den Börsen kein ein mangelndes Wissen über persönliche Merkmale. Gästebücher wie bei Finya.de sind beispielsweise ein illustres Zeugnis über Bekanntschaften und Kontakte. Nicht selten werden über sie Streitigkeiten ausgetragen, so dass bestimmte Eigenheiten letztlich für alle anderen Online-Dater einsehbar werden. Weiterhin stellen Angaben wie der Nickname Verweise dar, die Rückschlüsse zulassen auf die »wahre« Person, die schließlich diese Angaben bewusst gewählt hat. Durch solche Techniken des Verweisens wird eine Spannung aufgebaut, die wiederum in das Feld der romantischen Vorstellungen des Liebesideals hineinpasst: Die andere Person muss erst entdeckt werden, und auf diesem Weg entdeckt man auch sich selbst. Auch wenn Anonymität und Liebe kulturellen Assoziationen gemäß nicht direkt zusammenhängen mögen, gibt es jedoch Abschwächungen der Anonymität, die durchaus Bestand der kulturellen Liebesvorstellungen sind: Hierzu gehören Verwirrspiele um verschleierte Identitäten, meist um die Liebe des Anderen auf den Prüfstand zu stellen. Unter dem Merkmal Zufall des Online-Dating habe ich die französische Komödie »Spiel von Liebe und Zufall« beschrieben. Inhaltlich handelt es sich dabei um ein Verwirrspiel, die wahren Identitäten und Standeszugehörigkeiten werden verschleiert, um die Liebe herauszufordern. Derartige Verwirrspiele sind nicht nur in historischen Komödien zu finden, auch das Online-Dating stellt eine praktikable Bühne hierfür dar. Tanja ist eine 31-jährige Verkäuferin. Sie beschreibt ihren Wunsch, den passenden Mann kennenzulernen, als sehr intensiv. Zugleich bezeichnet sie sich als misstrauisch:

»Ja, ich bin misstrauisch. Aber ich hatte auch ein harte Schule, von meinen Exmann bin ich über ein Jahr betrogen worden, von dem nachfolgenden Freund auch. Und nun, wenn ich jemanden kennenlerne, möchte ich es auch genau wissen. Online-Dating ist dafür [das Nachspionieren, eigene Anmerkung] sehr gut geeignet«.

Tanja lernt über die Datingbörse Thomas kennen. Nach den ersten Treffen sagt er zu ihr, dass er zwar noch sein Profil hat, es aber nicht mehr nutzt. Daraufhin reagiert Tanja folgendermaßen:

@ »Und da hat es mich in den Fingern gejuckt. Ich habe mir ein falsches Profil angelegt, irgend ein gutes Foto einer sehr, wirklich sehr attraktiven Bekannten verwendet und ihn angeschrieben. Blond, sexy und nicht wie ich klein und mäuschenbraun. Und prompt antwortet das Schwein und will sich treffen. Am gleichen Ort, den er mir vorgeschlagen hat! Ich habe nie wieder etwas von mir hören lassen. Und er rief oft an und schickte unzählige Emails. Daran sollte er knabbern. Und ich schwöre, ich bin nicht die einzige, die so etwas macht!«

Die Anonymität, die Börsen gewährleisten, bedeutet also nicht nur Sicherheit für die Klientel, sondern bietet Nutzungsformen, die wahrscheinlich nicht bei der Erstellung der Börsen eingeplant waren.

3. Das Wählen
Das dritte, wichtige Merkmal des Online-Dating ist der Aspekt des Wählens. Online-Dating ermöglicht eine hohe Auswahl an potentiellen Kontakten, die offline so gut wie nie in dieser Masse und Kataloghaftigkeit existiert. Online-Dater sind »wählende Identitäten«, die romantische Begegnung ist damit das Ergebnis einer möglichst sorgfältig gestalteten Wahl (Illouz 2006: 120). Die Wahlen limitieren nicht nur den Zufall, sie stellen darüber hinaus für viele der Online-Dater zugleich Faszination und Verdruss dar.

»Zu Beginn war ich regelrecht süchtig: So viele Männer, mit denen ich Kontakt aufnehmen könnte. Und wie eine Prinzessin könnte ich mir den schönsten, klügsten und stärksten heraussuchen. Aber dann kam die Qual der Wahl: Wollte ich jemanden, der in der Nähe wohnt? Aber vielleicht passt der in München besser zu mir? Ist es oberflächlich, Männer nach der Größe zu sortieren? Oder wähle ich hier vielleicht wie an der Wursttheke? Und: Warum sollte überhaupt jemand mich wählen. Bin ich auf dem Foto wirklich ich oder stelle ich da nur meine Sahneseite dar? All die Zweifel kommen mir immer wieder auf, wenn ich mich durch meine Börse klicke. Und gleichzeitig amüsiere ich mich dabei auch ein wenig...« (Elena)

Deutlich wird bei Elenas Ausführungen, dass sie ein Dilemma verspürt: Moralisch und ethisch erscheint ihr das Verfahren, Menschen zwecks Liebesbeziehung auszusortieren, unpassend. Den gleichen Sachverhalt drückt auch Torben aus:

@ »3,2,1, meins. Das ist Ebay-Mentalität und hat auch etwas Unwürdiges. Aber es macht zugleich Spaß. Und eventuell hat es auch etwas Ehrliches: Die ja, die nein, da gefällt mir die Nase nicht. Oft traut man sich ja nicht, sowas zuzugeben. Dann gilt man, zumindest als Mann, direkt als Chauvi. Oder??«

Viele Online-Dater schwanken zwischen der Haltung, die Wahlen als eine Form sinnvoller Effizienz zu behandeln und der Sicht, das Wählen als marktwirtschaftlich geprägt und damit der Liebe unwürdig anzusehen. Wird die Liebe als Refugium von einer kalten, an Gewinn orientierten Welt aufgefasst, rücken die Wahlen in die letzte Perspektive. Wenn aber bereits lange nach einem geliebten Menschen gesucht wird, erscheinen die Wahloptionen als eine Erhöhung der Erfolgschancen. Aus den beiden gegensätzlichen Positionen entsteht für viele Online-Dater ein Dilemma, mit dem sie immer wieder konfrontiert werden. Im öffentlichen Umgang mit dem Online-Dating wird der Aspekt des Wählens genutzt, Online-Dating als Kommodifizierung der Liebe zu präsentieren:»Ware Liebe« titelt der Spiegel im Jahr 2006 eine Ausgabe (Spiegel 2006). Dieser Aspekt durchzieht ebenfalls Illouz soziologische Ausführungen über das Online-Dating im Speziellen und das Internet im Allgemeinen: »Das Selbst muss hier wählen und seine Optionen maximieren, es ist gezwungen, Kosten-Nutzen-Analysen und Effizienzberechnungen durchzuführen« (2006: 128).

Voting-Angebote mancher Börsen sind Teil der Wahlmöglichkeiten. Online-Dater können in Finya.de direkt über die Attraktivität eines Mitglieds abstimmen. Torben versteht derlei Optionen als einen »Höhepunkt der Eitelkeiten, bei dem es doch nur darum geht, sich Bestätigung zu holen«. In einem Hamburger Stadtmagazin fand sich 2007 eine Annonce zwecks Partnersuche, die – zumindest auf den ersten Blick – genau das ebenfalls kritisiert:

»Ich will nicht zu Parship und erst recht nicht zu Friendscout, weil ich keinen dieser Männer suche, die sich dort ihre Bestätigung holen müssen. Ich will eine Mischung aus Spencer Tracy, Richard Burton und Gerard Depardieu...« (Szene 2007)

Die Annonce zeigt, dass die Autorin männliche Idole dazu nutzt, ein persönliches, anscheinend auch genau definiertes Auswahlverfahren zu gebrauchen. Somit ist die Annonce keineswegs frei von den Wahlstrukturen, wie es sie beim Online-Dating gibt. Deutlich wird, gleich wie die Wahloptionen bewertet werden, dass sie eine Herausforderung an kulturelle Liebesvorstellungen sind. In der Liebe darf zwar gewählt werden, aber die Wahl sollte zugleich frei von Gedanken der Effizienz sein. Grundlage der Wahl sind dem kulturellen Ideal nach Emotionen. Das Aushandeln des Umgangs mit den Wahlmöglichkeiten gestaltet sich demzufolge für viele meiner Informanten schwierig.

4. Die Kategorisierung des Selbst

Die Kategorisierungen des Selbst stehen in enger Beziehung zu den Wahlmöglichkeiten. Börsennutzer müssen beim Online-Dating ihre Selbstdarstellungen in Kategorien organisieren. Die Kategorien betreffen beispielsweise Geschmack, Äußeres oder persönliche Ansichten. Die Kategorisierung dient der Zugänglichkeit, denn nur so können Übereinstimmungen in den Suchfunktionen ermittelt werden:

»Ich splitte mich dann sozusagen auf: In Hobbys, in Lieblingsessen, in Lieblingsorte und was auch immer abgefragt werden kann. Ich packe mich in die Kategorie treu (was nur so halb stimmt) und romantisch (was stimmt). Neben all den Sachen bringe ich dann noch einen Text von einer Lieblingsband ein. Vielleicht kennt die Frau, die das liest ja auch die Band, und damit passe ich auch in die Schublade >Britpop< oder so. Ich habe mir das danach angeguckt und fand es erstaunlich, dass ich mich quasi in Listen beschreiben kann! Oder dass ich Leute nach Schubladen auswähle.. Aber ich muss zugeben, in meinem Kopf sind einfach auch viele Schubladen und Vorurteile vorhanden.« (Manuel, 31 Jahre)

Die Kategorien sind als kulturelle Vorgaben zu verstehen. Auf der einen Seite präsentieren sie Besonderheiten eines individuellen Online-Daters. Auf der anderen Seite sind sie Ausdruck von Merkmalen, Vorlieben, Örtlichkeiten oder Aktivitäten, die von der Gesellschaft als relevante Elemente in Liebesbeziehungen verstanden werden. Aussagen wie die Angabe eines bevorzugten Restaurants sind als Verweise auf den Ersteller des Profils zu lesen: Die Aussage beinhaltet Informationen über den Geschmack (schlicht, trendy oder eher bieder-rustikal), über den finanziellen Hintergrund (ist das Restaurant teuer?) und nicht zuletzt über die Kreativität der Person (wird wirklich ein Restaurant genannt oder eine scherzhafte Bemerkung wie »McDonalds« oder »daheim bei Mutti« gemacht). Darüber hinaus verdeutlicht das Benennen des Term Restaurant im Zusammenhang mit der Liebe, dass bestimmte kulturelle Vorstellungen (Essen gehen im Restaurant) als typisch für das romantische Kennenlernen verstanden werden. Weiterhin zeigt sich durch das Aufgreifen dieser Ideen, dass in den Börsen liebesspezifische Themen behandelt werden, die auch außerhalb des Internets präsent sind. Wie Miller/Slater (2000) verdeutlichen, sind das Internet und damit auch die Single-Börsen keine virtuellen, hermetisch abgeschlossenen oder »neuen« Entitäten, sondern Verlängerungen der Realität.

Für die Online-Dater sind nicht nur die einzelnen kategorisierten Angaben wichtige Anhaltspunkte für ihre Wahlen, sondern auch die Schlüssigkeit der verschiedenen Kategorien spielt eine zentrale Rolle:

@ »Manche tragen da schon dick auf, so dick, dass es fast schon stinkt. Das kann dann nicht sein, und da ist dann auch keine Ironie mehr dabei. Und die fallen dann aber auch schon direkt durch bei mir.« (Margitt)

Unschlüssige und für unwahr befundene Angaben führen nicht selten in manchen Börsen zu Kommentaren in den Gästebüchern. Eintragungen wie:»Tja, das hört sich ja ganz schön arrogant und Möchte-gern-Neureich an. Hast du das wirklich nötig?« sind dort verzeichnet (Frau, Alter unbekannt, anonym). Die Kategorien stellen für viele Online-Dater einen problematischen Sachverhalt dar: Die Börsenmitglieder zweifeln auf der einen Seite an der Praxis des Kategorisierens, weil sie sie als zu stark vereinfachend oder ethisch bedenklich verstehen:

@ »Viele Leute schreiben da dann ja auch aus einer Mischung aus Protest und Ironie komische Bemerkungen in die Felder rein. Zum Beispiel wie ich habe als Beruf Nichtkommuniziererin da reingestellt. Das ist ja kein Beruf, aber man kann es auch schon als ein Statement über mich verstehen« (Online-Daterin, 27 Jahre, anonym)

Andererseits sind manche Online-Dater der Ansicht, dass sie bestimmte Vorstellungen über einen zukünftigen Partner haben, die sich in Kategorien ausdrücken lassen:

»Vielleicht klingt es oberflächlich, aber ich bin gewiss nicht der einzige Mann, der ein bestimmtes Frauenschema hat, das ich abklopfe, wenn ich eine Frau sehe. Da sind optische Sachen wie blonde Haare und schlank, aber auch ob sie gerne Elektromusik hört oder zu viel Sport machen mag ich auch nicht. Das sind Schubladen, aber das gibt keiner gerne zu. Aber vielleicht machen die offensiven Kategorien Online-Dating ja auch so attraktiv für viele Leute. Man kann endlich mal hemmungslos wählen oder auch voten, ohne dass man dafür sozial bestraft wird!« (Torben)

5. Inversion der Kennenlernprozesse
Fünftes zentrales Kennzeichen der Partnersuche im Netz ist die Umkehrung der Kennenlernprozesse: Zwischen Online-Datern kann intensiver, emotionaler Austausch bestehen ohne face-to-face-Kontakte. Bestimmte sinnliche Anhaltspunkte, die vielfach beim Verlieben ausschlaggebend sein können (z. B. Aussehen, Stimme oder Geruch), sind nicht die initialen Auslöser des Kontaktes, sondern stehen am Ende des Kennenlernens:

»Es ist falsch zu sagen, dass ich ihn nicht kannte. Ich wusste, wie er schreibt, ich wusste wann er online ist und was ihn beschäftigt. Wir haben uns so intensiv über Gefühle ausgetauscht... aber ich wusste nicht, wie er riecht oder ob ich ihn überhaupt sexy finde. Und komischerweise war das auch egal, weil ich mich in sein Profil, sein Foto und seine Mails verliebt hatte.« (Margitt)

Der intensive Kontakt via Mails kann viele Online-Dater stark in den Bann ziehen, nicht selten bin ich auf Aussagen wie die von Christian (34 Jahre) gestoßen:

@ »Es ist verrückt, wie gefühlvoll vieles schon bei den Mails wird. Ich war da schon so oft drin gefangen, in irgendeinen Austausch. Und dann treffe ich die Frau und frage mich, wie solche Formulierungen aus ihr herausgekommen sein sollen. Es kann schon sehr desillusionierend sein, auf einen Feingeist zu warten und vor dir steht eine Matrone in Lackschühchen.« (Christian)

Natürlich enden nicht alle emotionalen Online-Kontakte in derartigen Enttäuschungen. Michaela und Lorenz, die sich in einer Partnerbörse kennenlernten, erinnern sich nach wie vor an ihre vielen E-Mails und haben die wichtigsten auf ihren Computern gespeichert. Lorenz ist der Ansicht, dass er sich durch den Online-Kontakt Michaela gegenüber viel schneller geöffnet hat, als er es bei Treffen in Cafés oder Kneipen getan hätte. Eine derartige Meinung vertreten viele Börsenmitglieder:

»Klar, hier sind glaube ich viele Leute sehr schnell sehr offen, wenn es um Gefühle geht. Im Guten wie im Schlechten. Aber ich mag das und ich glaube, dass das Schreiben einem sehr viel ermöglicht, was man sich sonst so im Gespräch eben nicht traut«,

schreibt Jürgen, ein 39-jähriger Facharbeiter.

Beim Online-Dating sind insbesondere Fotos der Auslöser zur Beschäftigung mit einem Profil. Die Fotos sind nicht mit einem »realen« ersten optischen Eindruck gleichzusetzen. Viele Online-Dater sprechen darüber, dass Fotos per Computerprogramm leicht manipulierbar sind und dass sie bereits eklatante Unterschiede zwischen der realen Person und ihrem Foto bei einem Date erfahren haben. Aus diesem Grund werden Fotos zwar ebenso wie »reale« optische Reize als erste Anziehungspunkt angesehen, gelten zugleich als Verweise auf die Person und werden nicht zwangsläufig als eine ebenbürtige Abbildung gebraucht:

@ »Ich weiss, dass Fotos nicht selten gestellt, manipuliert oder was weiß ich sind. Vielleicht gilt das sogar öfter für Frauenfotos als für Männer, aber das ist nur eine Vermutung von mir. So oder so, ich finde es interessant, wie sich jemand auf dem Foto präsentiert. Es sagt doch schon viel über einen Mann aus, ob er eine Art Bewerbungsfoto oder einen Schnappschuss von sich auf einem Straßenfest reinstellt. Aber alles andere, wie er wirklich aussieht, weiß ich erst, wenn ich vor ihm stehe.« (Margitt)

Romantische Liebe wird weiterhin eng mit körperlicher Anziehung verbunden. Wann die körperliche Anziehung bei Kennenlernprozessen einsetzt, ist sehr unterschiedlich: Sie kann von Anfang an vorhanden sein, mit zunehmender Sympathie wachsen oder sich erst nach langem Kennen und spätem Verlieben entwickeln. Beim Online-Dating kann sich das physische Begehren nach dem Kennenlernen in der Realität einstellen. Vorher verschiebt sich die körperliche Ebene auf eine textliche, die in E-Mails oder Chats existiert, ein »fleischliches« Begehren findet bis dahin ausschließlich aufgrund von Fotografien und Texten statt. Margitt hat bei ihrer unglücklichen Online-Liebe dies erfahren:

@ »Es war genauso, als ob ich unbedingt mit ihm schlafen wollte oder Zärtlichkeiten austauschen wollte. Ich begehrte seine nächste Email und es durchfuhr mich wirklich physisch, wenn ich wieder eine im Briefkasten vorfand. Es war ganz und gar körperlich und gleichzeitig irgendwie auch nicht existent, weil ich ihn ja noch nie gesehen oder gehört hatte!«

Elena empfindet es als sehr angenehm, dass

@ »zuerst ein geistiger Kontakt da ist. Dann wird man natürlich über das Profil begutachtet aber irgendwie auch nicht so direkt gemustert, also man kann sich Zeit geben zum Kennenlernen. Oder ich bilde mir das zumindest ein. Ich will ja keine One-Night-Stands sammeln, auch wenn das andere über die Börsen machen. Ich will mir mindestens 2 oder 3 Wochen mailen, bevor ich jemanden treffe. Natürlich besteht die Gefahr, dass ich ihn dann beim Treffen nicht attraktiv finde, aber das ist nun einmal dann der Lauf der Dinge, das kann ich ja nicht beeinflussen.«

Die Umkehrungen der Kennenlernprozesse können also bei starker emotionaler Involvierung Probleme aufwerfen, aber größtenteils bewerteten meine Informaten die Inversionen als eine spannende, weil »andere« Form des Kennenlernens.

6. Das Wissen um Mechanismen des Begehrens
Beim Online-Dating ist ein beträchtliches Wissen um die Techniken und Auslöser des Begehrens gefragt. Es wird vorrangig auf die Darstellung der eigenen Person in den Profilen angewandt, damit möglichst viele andere Börsenmitglieder aufmerksam werden. Außerhalb des Online-Dating verläuft dieser Prozess anders: Es wird eine Anwendung von Techniken des Begehrens zumeist im Kontakt mit einer oder mehreren Personen verwendet. Beim Online-Dating weiß ein Börsenmitglied beim Erstellen eines Profils nicht, wen seine Präsentation anzieht.

@ »Da kommen dann die Fragen auf: Wie präsentiere ich mich? Will ich, dass mich möglichst viele Männer anklicken? Oder eher wenige, aber sozusagen die mit Niveau? Was macht mich attraktiv? Ein Foto, ein Gedichtetext? Was kommt an sozusagen? Es ist komisch, sich sozusagen für so ein breites Publikum und nicht für eine Person attraktiv zu machen. Man muss halt wissen, was ankommt. Sonst schreibt dir keiner. Bei Männern, finde ich, kann es gerne skurril sein, aber bei uns Frauen zählt schon so Sexappeal« (Birgit, 34 Jahre)

Um sich als begehrenswerter Single zu präsentieren, ist Reflektionsfähigkeit notwendig (Illouz 2006: 119). Diese Fähigkeiten kommt insbesondere in Börseneingangstests und beim Erstellen der Profile zum Einsatz. Häufig berichten Online-Dater, dass von Börsen Aspekte erfragt werden, mit denen sie sich zuvor nicht auseinandergesetzt haben:

@ »Also, bei Parship.de war das schon so, dass da Fragen kamen, auf die war ich nicht vorbereitet. Esse ich bei Liebeskummer oder welches Bild gefällt mir besser, fragen die. Auf jeden Fall sollte man wohl, wenn es um Beziehungen geht, mit sich selber auseinander setzen. Beim Online-Dating wird man da sogar mit der Nase drauf gestossen, finde ich.« (Hubert, 45-jähriger Angestellter)

Die Kombination aus dem kulturellen Wissen um die Liebe und ihre Praktiken in Zusammenhang mit dem darauf aufbauenden Wissen, wie man sich selbst als eine begehrenswerte Person in der Börse darstellt, kann somit als Grundlage für ein aktives, erfolgreiches Online-Dating angenommen werden.

7. Die Präsentation von intimen Emotionen

Der letzte Punkt betrifft die Wandlung des Privaten in einen öffentlichen Bereich. Tendenziell als intim oder persönlich angesehene Bereiche werden beim Online-Dating einer Vielzahl von Menschen zugänglich gemacht. Die Öffentlichkeit im Fall der Datingbörsen ist keine passiv konsumierende Menge. Gebildet wird dieses Publikum durch andere »private Selbste«, die sich den gleichen Regeln unterwerfen (vgl. auch Illouz 2006: 119). Die Audienz stellt demzufolge ein »Fachpublikum« dar. Bei diesem Aspekt muss mit Achtsamkeit vorgegangen werden: Eindeutig exkluierende, dichotome Trennungen zwischen privat und publik erachte ich für analytische Zwecke als nicht haltbar. Aber nichtsdestotrotz gibt es Lebensbereiche, die tendenziell mit einem kleinen Personenkreis geteilt werden und andere, die im weitesten Sinn als weniger »schützenswert« angesehen werden. Diese Trennungen sind sozial wie kulturell verankert und mit normativen Vorstellungen verbunden. Die Angaben in einem Profil ergeben in ihrer Gesamtheit eine Selbstdarstellung, die darauf ausgerichtet ist, als begehrenswerter Single wahrgenommen zu werden:

»Anfangs fand ich es schon komisch, so viel von mir ins Netz zu stellen. Ich habe mein Profil auch erst nach und nach ausgebaut, weil ich am Anfang das Ausmaß meiner Angaben sozusagen noch nicht überblicken konnte. Ich habe mich dann gefragt, was sagt denn zum Beispiel so ein Liedtext, den ich einstelle über mich aus. Oder ist es schon zu viel, mein Lieblingscafé reinzustellen? Das waren ja alles Entscheidungen, die ich treffen musst. Und dann sehe ich ja auch, was andere Leute alles so schreiben, das ist teilweise ja auch sehr intim. Das hat mir dann schon die Scheu genommen. Und weil das Feedback zwar kommen kann, aber nicht so von Angesicht zu Angesicht, bin ich mit der Zeit auch mutiger geworden.« (Mann, 32 Jahre, anonym)

Die relativ publike Präsentation der Persönlichkeit und der Beziehungswünsche kann die bereits beschriebenen Charakterisierung des Online-Dating als promiskere Aktivität mitbegründen: Es werden Angaben einsehbar, die kulturellen Vorstellungen nach nicht einer großen Menge an Menschen gegenüber bekannt gegeben werden sollten. Liebe, Partnerschaft und Sexualität sind in dem von mir untersuchten Umfeld untrennbar miteinander verbunden. Die Sexualität nimmt die schwächste Position in dem Sinne ein, als dass sie, wenn sie von Liebe und Partnerschaft getrennt existiert, gesellschaftlich vielfach diskreditiert wird. Durch die Verbindung mit Liebe und Partnerschaft erhält sie einen legitimen Rahmen. Nicht zuletzt wird häufig gesagt, dass die Emotionalität der Liebe die Sexualität aufwerte. Sexualität, Liebe und Partnerschaft werden parallel dazu freimütig u. a. in Illustrierten, Fernsehshows oder diversen Wissenschaften erörtert. Handelt es sich jedoch um eine direkte, relativ öffentliche Darstellung seiner Selbst im thematischen Kreis Partnersuche, greifen kritische Bewertungen seitens der Gesellschaft ein. Zuvor habe ich gezeigt, wie Zeitungsberichte relativ liberaler Medien das Online-Dating in direkte Verbindung mit Promiskuität rücken. Promiskuität schließt Facetten von emotionalem Missbrauch bis zur Prostitution ein. Die Mechanismen des Online-Dating mögen gewiss, je nach politischer Positionierung, zur Kapitalismuskritik einladen, aber die (unreflektierte) Verbindung zur Promiskuität zeigt, dass Online-Dating nicht zuletzt durch die Veröffentlichung als intim verstandener Wünsche und Angaben per Rückgriff auf das Thema Sexualität abgewertet wird.

Diese Besonderheiten führen zur gesellschaftlichen Wahrnehmung des Online-Dating als Sonderform der Partnersuche. Bedeutet dies jedoch, dass alle Online-Dater »spezielle« Menschen sind? Heißt es beispielsweise, dass die Börsen, wie in den Zeitungsartikeln dargestellt, ein Forum bilden, das zu Selbstausbeutung animiert und promiskeres Verhalten fördert? Sind Online-Dater besonders promiskuitive Menschen? Übernehmen Börsenmitglieder kapitalistische Verhaltensweisen unreflektiert in ihre Partnersuche? Wie verhalten sich die Annahmen zu der Tatsache, dass die Suche nach einem Partner über das Netz bereits ein Massenphänomen geworden ist? Im nächsten Kapitel stelle ich vier Online-Dater, meine Hauptinformanten, vor. Auf diesem Weg möchte ich vermitteln, wie eng das »Besondere« und das »Normale« bei den Menschen, über die ich schreibe, miteinander verbunden sind.

Die vier Hauptinformanten

Elena, Torben, Margitt und Manuel als meine Hauptinformanten gehören zu den Online-Datern, mit denen ich den engsten Kontakt hatte. Die Intensität des Kontaktes beruht auf einer Vielzahl von Faktoren, zu denen gegenseitige Sympathie gehört, die es ermöglicht, einer anderen Person über die Liebe und die Partnersuche zu erzählen. Hinzu kommt, dass diese vier Personen eine stark ausgeprägte Neigung zur Selbstbeobachtung und Reflexion ihres Tuns an den Tag legen. Mindestens ebenso wichtig ist, dass diese vier Menschen sehr wortgewandt sind und eloquent über ihre Emotionen sprechen und schreiben. Auffällig ist auch an den vier Personen, dass sie als hochgradig »medienkompent« zu beschreiben sind: Das Internet als soziales und berufliches Medium ist ein integraler Bestandteil ihrer Lebenswelten.

Elena, Torben, Manuel und Margitt stellen in der Vielfalt der »Community der Online-Dater« keine Extremfälle dar, bei denen es beispielsweise nur von erotischen Abenteuern wimmelte, aber von »Durchschnitts-Online-Datern« zu sprechen, wird den unterschiedlichen Hintergründen, Motivationen und Handhabungen der Online-Partnersuche ebenfalls nicht gerecht. Fest steht, dass Elena, Torben, Margitt und Manuel Akteure und keineswegs »Opfer« einer vermeidlich autonomen Entität namens Internet sind. Während der Prozesse des Eintritts in die Börse, der Kontaktsuche, des Nachdenkens über ihre Suchoptionen oder bei einem Date ergreifen sie die Initiative, agieren, reagieren, wählen, erleben emotionale Spannungen und üben Macht aus. Durch ihre Mitgliedschaft in den Börsen tragen sie zur einer Variante der Datingkultur und zur Genese des Internets bei. Gleichwohl sind ihre Aktionen durch Aspekte wie Gendervorstellungen, kulturelle Faktoren oder gesellschaftliche Rahmenbedingungen beeinflusst, in mancherlei Hinsicht auch limitiert. Die Geschichten meiner Hauptinformanten variieren in individuellen Details, häufig bilden sie einen Kontrast zu öffentlichen Darstellungen wie die beschriebenen Zeitungsartikel oder zu den einflussreichen Ergebnissen aus Illouz Studie (2006).

Elenas, Margitts, Torbens und Manuels Geschichten sind gewissermaßen typisch für viele Online-Dater zwischen 30 und 45 Jahren. Sie haben einen pragmatischen und teilweise zwiespältigen Umgang mit den Börsen, der sie oft zu ironischen Bemerkungen über ihr Tun verleitet. Ihre Kommentare verweisen darauf, dass sie sowohl eine Diskrepanz zwischen dem Online-Dating und anderen Kennenlernprozessen, wie sie sie bereits erlebt haben, bemerken, als auch, dass sie eine Kluft zwischen den Börsen und Liebesidealen wahrnehmen. Trotz dieser Schwierigkeiten sind die vier Online-Dater emotional involviert in das Geschehen, bei dem es um intime Beziehungen geht. Bei aller Kritik, die sie selbst an Datingbörsen äußern, agieren sie als liebessuchende Menschen, die auf eine glücksbringende Begegnung warten.

Margitt (34 Jahre, Datingcafe.de)

Auf meine Rundmail mit der Bitte um Interviewpartner antwortete mir Margitt innerhalb von zwei Tagen. Sie ist 34 Jahre, hat in Süddeutschland Kulturwissenschaften für drei Semester studiert, sich dann für eine medientechnische Ausbildung entschieden. Zum Berufsanfang ist sie vor fünf Jahren nach Norddeutschland gezogen. Als sich Margitt auf meine E-Mail meldete, war sie seit acht Monaten Mitglied in einer für Frauen kostenfreien Singlebörse. Sie schrieb mir direkt, bei welcher Börse sie Mitglied ist und ihren Nicknamen, so dass ich vor unserem ersten Treffen ihr Profil gelesen hatte. Margitt hatte darum gebeten, beim ersten Treffen nicht auf Band aufgenommen zu werden.

Margitt und ich trafen uns zum ersten Mal in einem Café in einer ruhigen Nebenstraße eines belebten Hamburger Stadtteils. Im Umkreis befinden sich viele kleine Agenturen, in einer von ihnen arbeitet auch Margitt. Durch ihr Profilbild habe ich sie beim ersten Treffen sofort erkennen können. Sie ist groß, blond und modisch gekleidet. Sie macht den Eindruck einer selbstbewussten Frau, die ihren Weg geht und es gewohnt ist, mit Fremden zu reden. Margitt begann beim ersten Treffen direkt, über ihr Online-Dating zu reden. Ihre Kontakte bezeichnete sie selbstironisch als »ihre Freunde«. Zwei Wochen danach führte ich unser erstes Interview in ihrer Wohnung. Margitt hat diesmal keinerlei Bedenken, aufgenommen zu werden, bat mich allerdings um eine Kopie des Mitschnitts. Im Verlauf der nächsten Monate trafen wir uns häufig in ihren Mittagspausen und sie berichtete von ihrem Online-Dating. Margitt trat in eine Börse ein, weil ihr immer stärker bewusst wurde, dass sie einen festen Partner suchte. Sie hatte zuvor Beziehungen gehabt, aber seit geraumer Zeit nur noch zahlreiche Affären. Sie sagte ausdrücklich, dass ihr bei diesen Männern klar war, dass es auch beim Affärenstatus bleiben würde. Mit dem Bedürfnis, wieder eine feste Beziehung zu führen, wurde sie »krampfig«, wie sie es formulierte. Margitt schilderte, wie sie begann, nicht mehr locker auf Männer zuzugehen und immer höhere Ansprüche zu stellen, die nicht zu befriedigen waren. Durch eine Freundin kam sie zum Online-

Dating. Zusammen mit dieser Freundin und noch einer gemeinsamen Bekannten nutzt sie nun die gleiche Börse. Zwischen den drei Frauen herrscht ein reger Austausch über die Männer, denen sie im Netz begegnen und mit denen sie sich real treffen. Obwohl Margitt durch die Börse noch keinen Partner gefunden hat, sieht sie Online-Dating nicht als negativ an. Ihr gefällt es, viele Kontakte pflegen zu können und die Fotos anzusehen. Margitt ist der Ansicht, dass sie durch die Art, wie ihr ein Mann schreibt, viel über seine Persönlichkeit und seinen Hintergrund erfährt. Gleichzeitig betont Margitt bereits bei unserem ersten Treffen, dass nicht alle Angaben der Wahrheit entsprechen müssen. Sie ist allerdings der Auffassung »dass das in Realität auch nicht so ist. Wer lügen will, kann's fast immer tun. Aber ich glaube auch, dass es irgendwann herauskommt!«.

Besonders an Margitts Dating ist, dass sie bei all ihren Treffen Sicherheitsvorkehrungen trifft: Sie benachrichtigt Freundinnen bei Dates. Dabei gibt sie den Nicknamen und auch den richtigen Namen sowie teilweise sogar auch die Telefonnummer des Mannes an ihre Freundinnen. Sie meint: »..vielleicht bin ich ja bisschen paranoid... aber egal, lieber so als dann doch mal 'ne schlechte Überraschung zu erleben.« Weiterhin zieht sie es vor, die Männer das erste Mal tagsüber zu treffen. Aus den Kontakten haben sich einige Affären entwickelt: »Die sind echt gut fürs Ego, aber für nichts anderes. Aber auch ohne die Börse habe ich hin und wieder Liebschaften. Ich mag das halt. Aber andererseits: Es ist fast schon deprimierend, wie leicht es übers Internet ist, jemanden fürs Bett zu finden!« In der Zeit, in der wir in Kontakt standen, war Margitt so gut wie jeden Tag in ihrer Börse. In den ersten Monaten hatte sie das Börsenfenster auch beim Arbeiten die ganze Zeit über geöffnet. Vielversprechende Kontakte bezeichnete sie beim ersten Treffen als Ausnahme, obwohl sie in späteren Gesprächen berichtete, dass sie sich bereits über die Börse unglücklich verliebt hatte, ohne dass es zu »realem« Kontakt kam. Sie hatte sich seitdem vorgenommen, sich emotional besser bei den Onlinekontakten zu schützen. Trotz dieser schlechten Erfahrung und der bisherigen Erfolglosigkeit möchte Margitt weiterhin online daten. Sie begründet es damit, dass sie so ihrem »Glück auf die Sprünge hilft und nicht nur zuhause herumjammert«.

Margitt hat eine Flatrate, ihr Computer ist, wenn eingeschaltet, immer online. Dann hat sie auch meistens ein Börsenfenster offen – »wenn ich mich auf nichts Wichtiges konzentrieren muss! Irgendwie ist das schon allgegenwärtig!«. Margitt pflegt ihr Profil, aktualisiert zum Beispiel ihre Lieblingsfilme und Bücher. Sie mokiert sich darüber, dass fast alle Männer in den Börsen die gleichen romantischen Vorstellungen angeben wie z. B. »beim Italiener essen« oder

»ans Meer fahren«. Das hält sie für unkreativ, gibt aber auch zu, dass derartige Aktivitäten ihren Geschmack treffen.

Elena (40 Jahre, Parhip.de)

Elena ist ein 40-jährige, ca. 1,65 m große Frau. Als erstes fallen ihre Eleganz und ihre dunkle, ruhige Stimme auf. Sie trägt meistens ein sorgfältiges Make-Up, auf Accessoires legt sie hohen Wert. Die Mutter einer 16-jährigen Tochter liest sehr gerne: Wann immer ich sie in einem Café traf, war sie bereits vor mir da, trank einen schwarzen Tee und hatte ein Buch vor sich liegen.

Elena lernte ich auf einer privaten Feier kennen. Sie erfuhr dort, dass ich über Online-Dating forsche und sprach mich direkt an. Beruflich arbeitet sie als Sekretärin, hat Germanistik und Pädagogik studiert und länger an Schulen mit Kindern, die Sprach- und Schreibschwierigkeiten hatten, gearbeitet. Sie war der Meinung, dass sie zu viele der Probleme mit nach Hause nahm und wechselte in ihre jetzige Tätigkeit, die ihr gut gefällt und viel Freiraum für ihre Hobbys (Wandern und Yoga) lässt. Elena und ich haben viel per Mail kommuniziert. Sie schreibt sehr gerne und zog es vor, mir zu mailen, anstatt auf Band aufgenommen zu werden. Außer dem schriftlichen Kontakt trafen wir uns regelmäßig in einmonatigen Abständen.

Elena hatte bereits eine zehnmonatige Beziehung über eine Börse. In dieser Zeit war sie nicht Mitglied in einer Dating-Börse, ihr wäre das »wie ein Betrug« vorgekommen. Die Beziehung zu dem 10 Jahre älteren Mann zerbrach ihrer Ansicht nach an der räumlichen Distanz. Sie hatte ausdrücklich einen Partner in der näheren Umgebung gesucht. Als sie aber von Alex angeschrieben wurde, gefiel ihr das erste Foto gleich so gut, dass sie trotz einer Distanz von 300 km antwortete. Sie trafen sich und verliebten sich sehr schnell. Als sie sich nicht auf einen gemeinsamen Wohnort nach einem halben Jahr einigen konnten, begann Elena, die Partnerschaft in Frage zu stellen. Schließlich beendete sie schweren Herzens die Beziehung. Zum Zeitpunkt unseres Kennenlernens war sie seit vier Monaten wieder Mitglied in der kostenpflichtigen Börse Parship.de. Allerdings hatte sie die Börse gewechselt, da sie Alex in der vorherigen nicht wieder begegnen wollte. Elena ist der Ansicht, dass Online-Dating eine der wenigen Formen ist, Partner, die gleich alt oder älter sind als sie, zu treffen. Jüngere Männer, die sie häufig in Cafés oder auf der Straße ansprechen, kommen für sie nicht in Frage. Sie hat diverse Datingformen wie Single-Reisen ausprobiert, aber ihr gefiel der zwanghafte Charakter, wie sie es selbst benennt, nicht. Sie schätzt es, wie in den Börsen zunächst anonym zu sein und den Kontakt, wann immer es ihr gefällt, abbrechen zu können.

Elena legt großen Wert auf ihr Profilfoto. Sie hat das Bild von einem befreundeten Fotografen extra für diesen Zweck anfertigen lassen. Sich selbst beschreibt Elena im Börsenprofil als »eher schüchtern, zumindest anfänglich, und spirituell interessiert.« Sie sagt, dass sie mit der Angabe der Schüchternheit »Beschützerinstinkte der Männer wecken möchte. Ich wünsch' mir jemand, der groß und stark ist, bei dem ich mich an die sprichwörtliche Schulter lehnen kann. Manchmal ist mir das vor mir selbst, so als emanzipierte Frau, sogar ein bisschen peinlich«. Elena ist eine Person, die überlegt handelt. Sie erzählt mir, dass sie manchmal eine Woche an einer E-Mail für mich geschrieben hat, um die richtigen Worte zu finden. Ihr ist es wichtig, dass ihr Partner ihre Interessen teilt, »ideal wäre, wenn er auch Yoga praktizieren würde«. Gleichzeitig erzählt sie, dass bei ihr die Vorstellungen und die tatsächlichen Beziehungen, die sie geführt hat, von Unterschieden geprägt waren. Sie hat dies als durchaus anregend erlebt.

Elena trifft sich höchstens einmal im Monat mit Männern aus der Börse. Sie möchte vorher einen intensiven, längeren Mailkontakt. Ihrer Erfahrung nach wollten dies wiederum die meisten Männer nicht. Kurze E-Mailkontakte oder chatten stuft Elena als oberflächlich ein, Affären lehnt sie ab – »aber ehrlich gesagt, bin ich da nach einem Date auch doch mal mitgegangen« gibt sie auf mein Nachfragen zu. Bei unseren Treffen und in ihren Mails spricht Elena viel von ihren Gefühlen und Liebesvorstellungen. Elena zweifelt manchmal am Online-Dating, aber ihr gefällt das grundsätzliche Vorgehen, bei dem sie das Tempo durch E-Mailkontakte mitbestimmen kann. »Garantiert haben mich auch dabei schon einige Männer angelogen« schreibt sie, aber »Mich halten dann immer wieder doch ein paar sehr aufrichtige E-Mails bei der Stange. Ich spreche gern mit Männern, also schreibe ich mir gerne mit ihnen, das ist unverfänglicher. Und deshalb bin ich auch wohl doch noch dabei!«

Torben (36 Jahre, Finya.de)
Torben arbeitet in der Medienbranche. Kennengelernt habe ich ihn, als er mich direkt auf mein Vorhaben in einer der Singlebörsen anschrieb. Nach einigen kurzen E-Mails, bei denen er sich sehr knapp fasste, schlug er für mich überraschend ein Treffen vor. Beim ersten Treffen sah ich einen kräftigen Mann vor mir, der in Arbeitsschuhen und in einem Blaumann in das Café gestürmt kam – er half seinem Cousin bei der Renovierung seiner Wohnung. Eben weil er beruflich viel am Computer sitzt, nutzt er jede Möglichkeit, sein handwerkliches Talent zu gebrauchen.

Torben wohnt in einem Viertel, das alternativ geprägt ist und in Szene- und Künstlerkreisen als angesagt gilt. Er ist ein Mensch, der erst nach einer anfänglich von starker Zurückhaltung und Andeutungen geprägten Kennenlernphase Vertrauen fasst, dann offen spricht und präzise formuliert. Seit knapp drei Jahren ist er Mitglied in der kostenfreien Börse Finya.de. Torben hatte zuvor eine lange Beziehung geführt, die über 10 Jahre dauerte. Mit dem Beziehungsende traten viele Veränderungen in sein Leben ein. Torben sagt, dass er durch das Online-Dating wieder gelernt hat, Frauen anzusprechen und zu flirten, da seine lange Beziehung auch zugleich seine erste Freundin war.

Torben hat viele Kontakte und Begegnungen in der Börse, über die er intensiv nachdenkt. Es haben sich häufig Treffen und Affären ergeben, wobei er letztere jedoch nicht ausdrücklich mir gegenüber thematisiert. Mehrere der E-Mailkontakte hat er über lange Zeit aufrecht erhalten, auch nachdem klar war, dass sich keine Beziehung entwickeln wird. Zudem führt er ein paar reine Onlinekontakte, bei denen es zu keinen Treffen kommt oder in absehbarer Zeit kommen wird. Torben hat eine reflektierte und kritische Einstellung zum Online-Dating. Seine Haltung lässt sich als gespalten bezeichnen: Einerseits sieht er viele menschliche Abgründe und Verzweiflung darin, andererseits übt die Möglichkeit der Kontaktaufnahme mit Fremden und das Finden einer Freundin eine starke Anziehungskraft auf ihn aus. Er sagt ausdrücklich, dass er nur in der Börse sei, um nicht mehr in ihr zu sein. Oft vergleicht er Online-Dating mit der Auktionsbörse Ebay: Es wird durchgeblättert, zugegriffen, und wenn es nicht funktioniert, wird das nächste Angebot ausprobiert. Viel Platz für Romantik sieht er in den Börsen nicht.

Für Torben sind das soziale Umfeld und die Interessen einer möglichen Freundin sehr wichtig. In den Profilen sucht er vor allem nach Frauen, die in seiner Nähe wohnen:

@ »Fernbeziehungen können so ihren Reiz haben, aber ich bin nun so weit, dass ich Nähe will, von mir aus auch mit dem ganzen Auseinandersetzungen und Streiten. Irgendwie wünsche ich mir, zur Ruhe zu kommen, oder so einen ruhigen Pol in meinem Leben zu haben mit einer Freundin und evtl. einer gemeinsamen Wohnung. Kinder vielleicht auch mal. Aber diese Pol wird nicht eintreten, wenn wir in unterschiedlichen Städten wohnen. Natürlich schreibe ich mir mit Frauen aus Berlin oder so, aber bin ich mir nicht sicher, wie ernsthaft ich da so am Ball bin. Ich werde viel aufmerksamer, wenn mir eine Frau hier aus Hannover schreibt.«

Die Stadt, in der er lebt, gliedert er nach den Charakteren der Viertel auf. Der Wohnort hat für ihn eine spezielle Bedeutung, aus ihm leitet er vieles über die Persönlichkeit und Einstellung der dort lebenden Menschen ab. Dabei ist ihm jedoch immer bewusst, dass auch dies nur seine subjektiven Vorstellungen sind. Er sagt, dass er auf jeden Fall dazu bereit sei, diese ersten Eindrücke zu revidieren. Torben macht sich detailliert Gedanken um die Wirkung seiner

Selbstdarstellung im Profil. Ein Beispiel ist ein Gedicht, dass er für seine Vorstellung schrieb, es dann aber herausnahm, weil es ihm als »zu dumm« erschien. Er geht sehr sorgsam mit seinen Angaben um, er aktualisiert sein Profil häufig, wobei er auf die Nennung von Büchern, Musik und Filmen besonderen Wert legt:

@ »Wenn mich jemand interessiert, dann gehe ich auf öfters aufs Profil, ich gucke dann, obs mal was neues gibt. Und interessant ist dann schon, so ob mal ein neuer Film oder so da steht. mir zeigt das dann, das die Frau so bisschen ernsthafter dabei ist und sich Mühe gibt. Und deshalb mach' ich das auch, außerdem schreib ich einfach gern über mich selbst :)«

Torben gehört zu den Online-Datern, die ein anfänglich starkes Suchtverhalten an den Tag legten. Das heißt, dass er zu Beginn so gut wie zu jeder Zeit in der Börse online war. Als ich ihn kennen lernte, also nach längerer Erfahrung als Online-Dater, beschreibt er sich als abgeklärter. Er ist zwar täglich in der Börse, verspürt aber weniger innerlichen Druck dabei. Er gehört zu den wenigen Personen, mit denen ich gesprochen habe, die Online-Dating als ein tendenziell heikles Thema empfanden. Für Torben ist die Mitgliedschaft in einer Börse nach wie vor mit einer gewissen Scham verbunden, derjenige zu sein, der »sonst niemanden abkriegt«.

Manuel (31 Jahre, Datingcafe.de)
Manuels Mutter kommt aus Italien, sein Vater ist Deutscher. Er selbst sieht seinem Vater ähnlich, von dem er ein Foto im Portemonnaie trägt: Beide Männer sind sehr groß, blond und hellhäutig. Fließend italienisch spricht er dennoch, bei ihm zu Hause stehen italienischsprachige Comics im Regal und mit seiner Mutter spricht er ihre Sprache. Seine Leidenschaft ist Fußball, er spielt in einer Freizeitmannschaft, trifft sich mit Freunden im Park zum Kicken und in seinem Zimmer hängt ein Trikot von Palermo neben einer Flagge vom FC St. Pauli. Manuel lebt in einer Wohngemeinschaft, er arbeitet als freiberuflicher Webdesigner. Ich lernte ihn über Bekannte kennen. Als wir ins Gespräch kamen, berichtete er zunächst zögerlich, aber mit der Zeit immer offener über seine Online-Dating-Erfahrungen. Er ist seit ca. drei Jahren Mitglied bei Datingcafe.de und betrachtet sein Tun mit gemischten Emotionen:

»Manchmal frage ich mich auch, was ich da mache. Einerseits ist es total amüsant, aber dann treffe ich dabei auch sehr viele Verrückte. Nur irgendwie will ich ja auch mal wieder eine feste Beziehung haben, also nehme ich die Möglichkeit natürlich mit. Aber es gibt wirklich Verrückte in der Börse!«

113

Manuel erlebte beim Online-Dating viele Treffen, bei denen er einen großen Widerspruch zwischen in den Börsen gemachten Angaben und den realen Eindrücken berichtet:

»Viele Frauen sehen auf den Fotos echt anders aus… und ich habe auch das Gefühl, dass viele das als einen Zeitvertreib ansehen, bei dem sie gar nicht wirklich einen Partner finden möchten :)«

Viele Treffen führten bei Manuel zu One-Night-Stands, aber »nur selten zu längeren Affären«, wie er selbst sagt. Hinsichtlich erotischer Begegnungen sieht Manuel einen großen Unterschied zwischen real gemachten Bekanntschaften und den Online-Kontakten:

»Ich glaube, dass es schon so ist, dass viele Frauen sich erst durch das Internet trauen, so explizit zu werden, was Sex angeht. Sonst kenne ich das nicht so, zumindest nicht in dem Sinne, als dass sie so direkt auch sprachlich sagen.«

Manuel geht seit den letzten sechs Monaten nur noch mit großen Abständen in die Börse, weil er der Ansicht ist, dass es zu viele falsche Angaben von den Frauen gibt und er »nicht mehr von einer Affäre in die nächste stolpern« möchte. Dabei gibt er aber zu, die Affären zu genießen:

@ »Es baut auf, macht Spaß und ist sicherlich auch gut, die eigenen Eitelkeiten zu befriedigen. Aber vielleicht ist genau das zumindest für mich der falsche Weg, die Frau für mich zu finden. Spaß und so ist ja gut, aber das ist alles bei der Börse so schnell, dass ich das wirklich so konsumiere und auch nen ganz komisches Frauenbild bekomme. Und gleichzeitig denke ich, dass ich etwas verpasse, wenn ich da nicht drin bin. Also bin ich da nur ab und zu, aber das bringt total wenig, wenn alle sehen, dass ich mein Profil das letzte Mal einen Monat zuvor benutzt habe, schreiben mich auch wenig Frauen an. Aber ich wette, dass ich dann nächste Woche mich doch wieder einlogge. Es könnte ja was dabei sein… :)«

Die Vorstellung von meinen vier Hauptinformanten verdeutlicht, wie der Umgang mit dem Online-Dating von Individualität geprägt ist, und dennoch lassen sich Ähnlichkeiten aufzeigen. Das Gleiche gilt für die Gründe von Online-Datern, die sie zu ihrem Börseneintritt bewegt haben.

Wege zum Online-Dating
Die Motivationen für die Partnersuche im Netz sowie die Begründungen, die Börsenmitgliedschaft aufrecht zu erhalten, sind einerseits sehr individuell, andererseits zeigen sich auch Ähnlichkeiten. Emotionen sind ein wichtiges Element der Motivationen zum Online-Dating. Der Wunsch, einen geliebten Menschen an seiner Seite

haben zu wollen, ist der meistgenannte Grund für einen Börseneintritt. Der Schritt in eine Börse kann zusätzlich durch vielerlei weitere Faktoren beeinflusst oder ausgelöst werden:

@ »Ich bin über eine Freundin an die hierein gekommen. Sie hatte auf einmal so viele Dates und Treffen mit Männern, dass ich mich wunderte. Als ich sie danach fragte und sie mir erzählte, dass sie die Männer über im Netz kennenlernt, dachte ich zuerst nee, das geht doch gar nicht. Niveaulos und gefährlich usw. ging mir durch den Kopf. Und dann hat sie mich überredet und nun bin ich jetzt auch >drauf<« (Helena, 34 Jahre)

Andere haben über Werbung oder in ihren Bekanntenkreis von den Börsen gehört, so dass sie es als eine »verpasste Gelegenheit« verstehen, diese Form der Partnersuche nicht auszuprobieren. Manuel schreibt:

@ »Ich fand's zunächst komisch, aber so viele Leute in meiner Agentur haben das gemacht. Und dann habe ich mir klar gemacht, dass ich, wenn ich es nicht tue, wirklich eine Chance verpassen könnte – ich wünsche mir schon sehr endlich mal eine feste Freundin!«

Der Großteil der Online-Dater bis Mitte 40 bezeichnet sich selbst als internetaffin: Sie verbringen viel Zeit im Netz zu unterschiedlichen Zwecken. Dazu zählen berufliche Gründe, aber auch private. Kontakte werden über E-Mail gepflegt, Blogs zu diversen Themen erstellt, Bankgeschäfte online abgewickelt oder Musik ausgetauscht. Personen über dieses Alter hinaus berichten, dass der Anstoß, sich in einer Börse einzuschreiben, häufig von Jüngeren kam. Hierzu zählen die eigenen Kindern, die bereits mit Online-Dating vertraut waren. Louisas (67 Jahre) Weg ins Online-Dating ist typisch für ihre Altersgruppe:

@ »Als mein Sohn Ende 2002 begann in England zu studieren, habe ich das E-Mailen ganz schnell gelernt, aber zu etwas anderem habe ich das Internet eigentlich nicht genutzt. Und dann hat er mir vor einem halben Jahr mal vorgeschlagen, es doch mit Online-Dating zu versuchen, in einer Börse für Senioren. Ich fand das zuerst absurd, aber er ließ nicht locker. Also habe ich mich eingeschrieben, aber nicht in einer Seniorenbörse und seitdem habe ich auch angefangen, das Internet für mehr Zwecke, beispielsweise zum Kauf von Bahntickets, zu nutzen. Online-Dating hat mir somit auch noch viel anderes außer netten Kontakten eingebracht.« (Louisa)

Die 28-jährige Anna, die ihren Freund über eine Singlebörse gefunden hat, berichtet von einem außergewöhnlicheren Einstieg in das Online-Dating. Sie bezeichnet sich selbst als einen »geradezu süchtigen Bücherwurm. Wenn ich ein Buch begonnen habe, dann lese ich nur noch, ich kann es einfach nicht weglegen«. Dieses Hobby kollidierte jedoch mit ihren Prüfungsphasen an der Uni:

»Ich hab' mich einfach mit dem Lesen zu sehr abgelenkt. Anstatt zu lernen, las ich. Dann habe ich mir ein Leseverbot auferlegt. Und weil ich es eh versuchen wollte, fing ich halt mit dem Chatten in einer Dating-Börse an« (Gesprächsprotokoll)

Anna chattete sehr intensiv, teils auch die Nächte durch, weil es sie so faszinierte. Mit selbst auferlegten Zeitbeschränkungen bekam sie ihr anfängliches Suchtverhalten in den Griff, zumal die Prüfungen an der Universität immer näher rückten. Nach bestandenem Examen wollte sie sich aus der Börse abmelden, sie hatte ihren Zweck erfüllt. An dem Tag aber, als sie sich abmelden wollte, lernte sie ihren Freund dort kennen.

Einen großen Einfluss hat das Alter der Online-Dater für den Schritt zu einer Börsenmitgliedschaft. Es liegt bei vielen Informanten zwischen Anfang 30 und Ende 40 Jahren. Diese Altersgruppe bezeichnete sich auf mein Anfragen am ehesten als »ernsthafte« Online-Dater in dem Sinne, dass sie zielgerichtet nach einer Beziehung dort suchen. Diese Altersgruppe verfügt generell über Beziehungs-, wenn nicht sogar über Eheerfahrungen. Die Alterspanne wird von vielen als die Phase der Beziehungs- und Familiengründung verstanden: Berufsausbildungen sind abgeschlossen, die Zeiten des Sich-Ausprobierens in Beziehungen werden als beendet verstanden und die Lebensrhythmen ändern sich bei vielen Menschen. Viele Online-Dater äußerten, dass sie regelmäßige Arbeitszeiten haben und damit spontane Gelegenheiten, Partner kennenzulernen, wegfallen, allem voran das abendliche Ausgehen. Ein wichtiges Thema für Online-Dater dieser Altersgruppe stellen geschlechtsspezifische Berufe dar. Matthias ist ein 38-jähriger Physiker, der für die Stadt Berlin arbeitet. Er schreibt zu dem Thema:

@ »Naja, bei mir nimmt die Arbeit viel Zeit ein, ich mache sie ja auch sehr gerne. Natürlich kann man ja auch jemanden auf der Arbeit kennenlernen, aber bei mir wird das schwer, weil ich beruflich fast ausschließlich mit Männer zu tun habe. Und abends bin ich oft so müde, da will ich auch nicht einfach so mal ausgehen, weil ich morgens ja um 6:00 wieder raus muss.«

Anja, eine 35 Jahre alte Friseurin, berichtet von einer ähnlichen Lage:

@ »Ich habe fast nur Kolleginnen, und die wenigen Männer sind vergeben, oder wie' s das Klischee will, zumindest in meinem Salon, schwul. Wie soll ich denn dann einen Partner finden, wenn ich bis 21 Uhr im Laden stehe?«

Die Lust, auszugehen im Sinne von Kneipen- und Clubbesuchen, beschreiben viele Online-Dater dieser Altersgruppe als abnehmend:

@ »Vielleicht habe ich es ja auch zu viel gemacht, aber ich habe da nur noch selten Lust zu. Es ist immer das gleiche, und jetzt, so fast mit 40 Jahren, da komme ich mir immer so vor, als ob ich im Club den Altersdurchschnitt signifikant anhebe. Ich will ja auch keine 20-jährige zur Freundin, sondern jemand in meinem Alter finden« (Maik, 37 Jahre, Mediengestalter)

Maik schreibt des Weiteren in seiner Mail, dass bei ihm die Möglichkeiten zur Ablenkung von der Arbeit, zur Bekämpfung von Langeweile und die ständige Verfügbarkeit des Internets sowohl beruflich als auch privat für ihn Motivationen zum Online-Dating gewesen seien:

@ »Also, angefangen habe ich, weil es so viele Kollegen machen. Und ich fand es einfach amüsant, sich durch so viele Selbstdarstellungen und Bilder durchklicken zu können. Ich bin halt ein Voyeurist. Und dann war ich nun mal in der Börse. Und bei mir ist immer irgendwo ein Computer an und das Internet steht bereit. Ich wäre irgendwie ja auch blöd, das nicht dann auch dazu nutze, vielleicht endlich dochmal DIE FRAU [sic] zu finden. Es ist aber auch so, dass ich nicht wirklich dran glaube, dort jemanden zu finden - oder doch? Ich weiß es nicht, beim Schreiben hört es sich auf einmal so absolut an! Aber Online-Dating ist für vieles gut: Ich habe es als Fenster beim Arbeiten an und gucke dann in meine Mails, wenn ich z. B. auf einen Anruf warte. Oder weil ich gerade einen langweiligen Job mache. Meine Kollegen und Chef machen das ja auch, da sagt keiner was, wir machen ja alle unsere Arbeit gut. Und ich mache eh alles gerne gleichzeitig, auch Frauen kennenlernen :) Und daheim, da habe ich auch meine Computer. Und der ist meistens an und in einem Fensterchen läuft dann auch eben das Dating. Manchmal, wenn es mir wie ein medialer Overkill vorkommt, mache ich alles aus für einen Tag. Aber das ist wirklich selten, weil ich Angst habe, ich könnte ja etwas verpassen. Die Gründe, warum ich in der Börse bleibe? Es macht Spaß, gibt mir so ein bisschen Hoffnung und irgendwie weil bei mir Computer und Internet immer dabei sind.«

Die Omnipräsenz des Internets gilt für viele Online-Dater. Ausschlaggebend ist dabei nicht nur, dass es fast immer zur Verfügung steht, sondern auch eine ortsunabhängige Partnersuche ermöglicht. Mira ist eine 33-jährige Mutter, die ein halbes Jahr lang in Börsen war, bis sie in einer Bar ihren jetzigen Partner kennenlernte:

»Als ich damals Online-Dating versuchte, war mein Sohn drei Jahre alt. Nach der Arbeit holte ich ihn vom Hort ab und abends war ich mit ihm zuhause. Ich kann mir nicht dauernd Babysitter leisten und will ihn ja auch nicht andauernd herumreichen. Und in der Zeit erschien mir Online-Dating genau das Richtige: Ich war bei meinem Sohn, und wenn er im Bett lag, konnte ich chatten, mailen oder mir Bildchen angucken... Damals war es einfach eine super Ablenkung und es gab mir das Gefühl, nicht nur Mutter zu sein, sondern auch mich wieder um mein Liebesleben zu kümmern!«

Gründe, Online-Dating nach einer anfängliche Euphorie und trotz eines kritischen Blicks auf die Börsenmechanismen fortzuführen, werden mir gegenüber so geäußert, dass es keinen Grund gibt, die Chance nicht wahrzunehmen. Maik in seinem zuvor zitierten E-Mailausschnitt begründet es mit der Angst, »etwas zu verpassen«. Diese Wortwahl kommt in vielen Interviews, Gesprächen und schriftlichen Kontakten mit meinen Informanten vor. Dabei wird häufig der Zufall zitiert:

@ »Wer weiß, ob mir dann nicht zufällig der Richtige mailt? Und ich bin dann nicht online, und die Chance ist ungenutzt« (Online-Daterin, anonym, 43 Jahre)

Eine weitere Begründung ist diejenige von Manuel:

»Es hört sich sicherlich nicht romantisch an, aber OD ist wirklich ein netter Zeitvertreib. Es amüsiert mich. Ich stoße auf nette Leute und verrückte Leute, ich erforsche sozusagen auch ein bisschen die menschliche Seele dabei. Und die Abgründe sind echt spannend. Und wenn sie mir zu tief werden oder zu merkwürdig, breche ich sie einfach ab. Mehr als eine böse Mail zu bekommen, kann mir nicht passieren, und damit kann ich umgehen!«

Zu diesen Angaben kommt ein Sucht- oder in abgeschwächter Form ein Gewohnheitscharakter des Online-Dating dazu:

@ »Online-Dating hat mich v. a. am Anfang, aber auch jetzt noch, mit Sicherheit süchtig gemacht. Auch blöd und profan, ich weiss, aber daten kann süchtig machen. So viele mögliche Kontakte, so viele Frauen, mit denen du reden kannst. Da kann immer was dabei sein. Und jeder Kontakt und jede Mail usw. gibt mir einen kleinen Kick. Das ist phasenweise mal mehr mal weniger vorhanden, aber ich würde mich schon auch als abhängig beschreiben. Das ist sicherlich mit ein Grund, warum ich noch dabei bleibe, ich finde vieles ja echt nicht gut dabei vom Prinzip...« (Torben)

Ein permanent kritischer Blick auf das Online-Dating ist nicht bei allen Börsenmitgliedern zu finden, bei vielen überwiegt die positive Sicht. Elenas Motivation, in einer Börse zu bleiben, besteht eindeutig darin, dass ihr das Prinzip des Sich-Schreibens vor einem ersten Kennenlernen gefällt:

»Ich kann nicht sagen, dass alle Treffen herausragend waren, aber der Großteil war, auch wenn sich keine tiefen Gefühle daraus entwickelten, wirklich interessant. Schließlich habe ich zuvor Interessen und sozusagen das >Niveau< des anderen abgeklärt, zumindest, soweit es mir möglich ist. Mir gefällt das. Vielleicht bin ich einfach ein Mensch, der ein bisschen langsamer ist, und durch das lange Mailen kann ich dann auch das Kennenlernen von einem Mann meinem Rhythmus anpassen – solange er das natürlich auch mitmacht!« (Elena)

Erika, eine 32-jährige Designerin mailt, dass sie zwar immer wieder ihre Börsenmitgliedschaft beenden möchte, aber dabei bleibt dabei, denn:

@ »(...) ich habe wirklich skurrile Erlebnisse. Ich mag das, es ist abenteuerlich und ich bin auch eine Geschichtensammlerin. Und das lässt mich weitermachen. Natürlich kann ja auch mal der Richtige dabei sein, aber in erster Linie mache ich es, wegen der komischen, traurigen oder lustigen Geschichten, die für mich dabei herauskommen.« (Erika, 32 Jahre)

Die Gründe, Online-Dating über einen langen Zeitraum zu betreiben, sind divers. Wird direkt mit dem Thema Partnersuche argumentiert, so liegen die Nennungen, keine Chance verpassen zu wollen und die des Suchtcharakters, mit an erster Stelle. Darüber hinaus sind die Wege zum Eintritt in eine Singlebörse uneinheitlich und variabel. Pragmatische Erwägungen und individuelle Sehnsüchte ergänzen sich in den Berichten der meisten Online-Dater und führen zu einer dem Online-Dating eigenen Melange aus Pragmatik und emotionalen Bedürfnissen. Zu Beginn des Online-Dating steht fast immer der intensive Wunsch nach einer Beziehung. Die Annahme der aktiven Partnersuche verbindet sich mit einer generellen Internetaffinität vieler Börsenmitglieder. Die Ausführungen des vorherigen Kapitels verdeutlichen, dass Online-Dating ein permantes Aushandeln zwischen gängigen, kulturspezifischen Liebesvorstellungen, Praktiken der Partnersuche und einer kulturell eher unüblichen Pragmatik hinsichtlich Liebe und Partnerwahl erfordert. Im folgenden 6. Kapitel werden nun verschiedenen Facetten des Online-Dating vorgestellt und Verbindungen zu individuellen Emotionen sowie zu kulturellen Liebesvorstellungen herausgearbeitet.

6. FACETTEN DES ONLINE-DATINGS

Bei genauer Untersuchung entsteht der Eindruck, dass Online-Dating eine Form von Patchwork darstellt: Eine Vielzahl unterschiedlicher Themen, Motive und Diskurse findet Eingang in die Partnersuche über das Internet und verbindet sich zu einem großen Ganzen. Inhaltliche Widersprüche werden in den Berichten meiner Informanten zum Regelfall. So wird von der Sehnsucht nach einer glücksverheißenden Beziehung und einem Partner berichtet, aber kurz darauf Liebe und Beziehungen als hochgradig problembelastetes Thema dargestellt. Neben Diskussionen, ob Profil-Fotos professionell erstellt oder lieber Schnappschüsse sein sollten, stehen Auseinandersetzungen, ob es unwürdig sei, Menschen zu katalogisieren und auszuwählen. Und nicht zuletzt ergeben sich für manche durch die Suche nach einem Lebenspartner und einer monogamen Beziehung via Singlebörse unzählige Affären. Trotz der Unterschiedlichkeit der Erfahrungen und Berichte meiner Informanten treten wiederkehrende Themen und Motive hervor. Um der Frage nach dem Aushandeln kulturspezifischer Liebesideale und individueller Emotionen beim Online-Dating unter spezieller Beachtung der Vernetzung von kulturellen Bedeutungen und individueller Wahrnehmung nachzugehen, werde ich in diesem Kapitel auf dominante Motive und Themen des »Patchwork-Phänomens« unter Betonung der emotionalen Anteile eingehen.

Zunächst erfolgt die Beschreibung des Paares als zentrales, bedeutungsvolles Motiv beim Online-Dating. Geld, Zeit und Geschmack werden daraufhin in ihrer Eigenschaft als Kapitalformen behandelt. Im nächsten Unterkapitel gehe ich vertieft auf das Suchen von Liebe und Partnerschaft ein. Danach werden Probleme und unerwartete Konsequenzen des Online-Dating beschrieben. Am Ende steht eine Zusammenfassung dieser Facetten des Online-Dating.

Eine bedeutsame Verbindung: Das Paar und die Liebe

Betrachtet man die kulturspezifischen Liebesideale, stellt das Paar 'ein Symbol sowie die Umsetzung der romantischen Liebe dar. Das

Paar und die Liebe werden idealtypischerweise eng miteinander verbunden, eine strikte inhaltliche Trennung zwischen Paar- und Liebesvorstellungen auf analytischer oder interpretatorischer Ebene ist demzufolge nicht sinnvoll. Das Paar wird in den nachstehenden Auseinandersetzungen auf einer symbolischen Ebene und in seiner praktischen Variante als intime, emotionale Verbindung zweier Menschen betrachtet. Unabhängig von der jeweiligen Betrachtungsperspektive spiegeln sich in Vorstellungen über das Paar zahlreiche kulturspezifische Annahmen wieder. Der Umgang mit den kulturellen Annahmen über das Paar ist ebenso wie jede einzelne Paarbeziehung/Ehe darüber hinaus durch individuelle Lebensumstände, Erfahrungen und psychische Befindlichkeiten geprägt.

Wie im theoretischen Teil beschrieben, fokussiert ein großer Teil ethnologischer Studien über Emotionen sprachliche Repräsentationen. Emotionsvokabular kann einen ersten Einstieg in die Empfindungen, Gefühle, Emotionen und die dahinter liegenden Strukturen ermöglichen, aber eine ausschließliche Untersuchung der sprachlichen Repräsentation von Emotionen führt zu einem limitierten Einblick. Eine solches Herangehen ist zudem für das Thema Online-Dating nicht praktikabel. Durch seine Verwurzelung im Internet entsteht beim Online-Dating eine besondere Ausgangssituation. Sowohl in den Börsen als auch bei den ersten Kontakten der Mitglieder spielt die gesprochene Sprache eine untergeordnete Rolle. In den Börsen ersetzen Texte die gesprochene Sprache, zugleich übernehmen Bilder zentrale Aufgaben. Betrachtet man die Seiten der Datingplattformen, sieht man eine Mischung aus Bildern und kurzen Texten. Kleine Fenster mit Fotos von Mitgliedern und Abbildungen von Paaren erscheinen. Dazwischen stehen Textblöcke: »Finden Sie den Partner, der wirklich zu Ihnen passt« (Parship.de 2008) oder »Jetzt kostenlos flirten« (Finya.de 2008). Diese Darstellungen repräsentieren Liebesvorstellungen, Liebesmotive und Liebesideale. Sie verweisen auf spezielle Merkmale der Liebe und verknüpfen die Partnersuche mit den ihr zugehörigen Inhalten (z. B. Flirten). Hierdurch wird das Anliegen Partnersuche den Betrachtern textlich, bildlich und grafisch vermittelt. Die Darstellung der für die Partnersuche relevanten Liebesideale und -vorstellungen geschieht teils explizit, teils subtil. Damit sich Mitglieder finden, müssen die Börsen die Betrachter von ihrem Angebot überzeugen. Manuel und Elena beschreiben ihre ersten Eindrücke folgendermaßen:

@ »Tja, und dann habe ich mich [sic] halt Börsen angeguckt und fand das alles erstmal platt: Hier ein lächelndes Bild, da noch eins und dann hier umsonst flirten und dort ihr Partner fürs Leben. Und dann immer entweder Fotos von sehnsüchtigen Singles oder eben glücklichen Paaren. Angesprochen hat es mich zuerst nicht und tut es optisch auch immer noch nicht, manches finde ich auch eher dumm. Aber was klar war, war das hier halt ein Ort ist, wo ich Leute ken-

nenlernen kann, die auch Singles sind. Trotz dieser für mich nicht sehr ästheti-
schen Ansicht habe ich mich ja eingeschrieben.« (Manuel)

@»Natürlich war es komisch: Da war so ein Bild von einem Paar, jetzt ist da,
glaube ich schon wieder ein anderes. Und dann immer nur kurze Texte. Ich
fand es sehr sachlich, mir gefiel das aber. Und das Bild gefiel mir auch: Es war
ein normales Paar. Nicht aufgetakelt oder so. Es könnte für meine Geschmack
sogar eher ausgefallener sein. Auch wenn es mir vor mir selbst unangenehm
ist, bin auf in diesem Fall auf die Optik angesprungen: Ich wollte auch so einen
Mann an meiner Seite haben.« (Elena)

Beide Online-Dater verstehen direkt die von den Datingplattformen
vermittelte Botschaft. Dieses Verständnis ist auf die Komprimierung
von kulturspezifischen Motiven und Symbolen der Liebe zurückzuführen. Wie wichtig das Paar innerhalb dessen ist, beschreibt fol-
gendes Zitat:

»Wie du weißt, war ich ja noch nicht lange Single, und ich wollte ja auch eigentlich erst mal keinen Freund haben. Und dann ist jetzt Frühling und ich habe
überall auf der Straße nur noch Paare gesehen. Wirklich überall schienen sich
Männlein und Weiblein – oder in welcher Konstellation auch immer – zu küssen,
gemeinsam Kaffee zu trinken, spazieren zu gehen. Sie waren wirklich überall
und das löste bei mir heftige Gefühle von Sehnsucht und auch Neid aus. Ich
war wirklich neidisch auf ihr Glück und ich wollte dieses Gefühl auch verspüren. Genau dieses Verliebtheitsgefühl, das ganz frisch und neu ist. Ich kam mir
bisschen wie ein kleines, dummes Mädchen vor: Ich will, ich will. Es war einfach
furchtbar, und dann dachte ich, ich gucke jetzt auch mal bei Datingcafe rein!«
(Lisa, 33 Jahre)

Präzise formuliert Lisa, wie ein visueller Reiz (der Anblick anderer
Paare) den Wunsch nach bestimmten Emotionen, die sie mit dem
Paar-Sein und der Liebe verbindet, auslöst. Diese Emotionen sind
ihrer Ansicht nach ausdrücklich dem Individuum als Teil des Paares vorbehalten. Giddens (1993: 56) schreibt, dass der Andere in
einer Liebesbeziehung einen Mangel ausfülle, den das Individuum
bis zum Beziehungsbeginn nicht einmal bemerkt haben müsse. Li-
sas Aussagen sprechen dagegen für das bewusste Wahrnehmen des
Mangels. Sie reagiert auf »reale« Paare, Elena und Manuel berichten, dass ihnen speziell Abbildungen von Paaren auf den Home-
pages diverser Börsen auffielen. Bereits der Anblick von Paaren
kann also Motivation zur Partnersuche sein, und es bietet sich an,
die bildlichen Darstellungen von Paaren auf Datingseiten genauer
zu untersuchen.

Bildliche Darstellungen des Paares

Parship.de, die »führende Partneragentur für anspruchsvolle Singles« (2008), ist eine Börse, die in erster Linie mit dem Paar als zentralem Motiv und Symbol der Liebe arbeitet. Wie beschrieben, beruft sie sich auf ein »wissenschaftliches Vorgehen«. Der Zufall als wichtiges Element der Liebe und der Genese eines Paares wird bei Parship.de durch kulturspezifische Vorstellungen über Psychologie und über Wissenschaftlichkeit ersetzt, was die Paardarstellungen beeinflusst.

Abb. 1 (links): Werbepaar (Quelle: Parship.de 2008a)

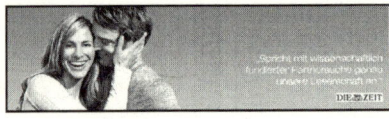

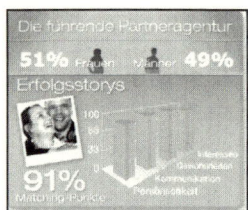

Abb. 2 (rechts): Grafik auf Parship.de
(Quelle: Parship.de 2008a)

Auf der ersten Seite von Parship.de werden Emotionen durch ein Bild dem Betrachter vermittelt[1] (Abb. 1). Eine Frau und ein Mann sind in einer Freude und Intimität andeutenden Pose fotografisch abgebildet. Ansonsten werden die Betrachter mit Matching-Punkten und nüchternen Begriffen wie Persönlichkeit, Kommunikation, Gewohnheiten, Interessen konfrontiert (siehe Abb. 2). Die grafischen Darstellungen korrespondieren mit den Texten der Börse: Parship.de setzt in seiner Werbung auf eine simple, pointierte Präsentationsform, die mit den Assoziationen von Wissenschaftlichkeit im Sinne von Klarheit und Direktheit verbunden ist: »Das wissenschaftliche Verfahren von Parship.de hat gravierende Vorzüge, zum Beispiel gegenüber der althergebrachten Partnersuche per Kontaktanzeige« schreibt die »Partnervermittlungsagentur« (2008c)[2]. Dies

---

1   Wie andere Börsen auch, tauscht Parship.de in regelmäßigen Abständen Abbildungen aus, so dass sich die im Text beschriebenen Seiten noch in der Phase der Datensammlung zu dieser Studie veränderten. Wie in der Einleitung bereits angemerkt, befinden sich im Abbildungsnachweis die Daten meines letzten Zugriffs auf die Online-Abbildung.

2   Wie in der vorherigen Fußnote erwähnt, geschehen Veränderungen im Internet schnell. Nach Abschluss der Datenauswertung entstand bei Parship.de eine neue Variante der Partnervermittlung: Unter dem Namen Parship.Classic.de bietet die Agentur einen Dienst per Post an. Die Ausführungen zu Parship Classic decken sich inhaltlich nicht zwangsläufig mit der Eigenwerbung zu dem übrigen Angebot: »Sehr geehrte Dame, sehr geehrter Herr, wann haben Sie zum letzten Mal einen Liebesbrief mit der Post

spiegelt sich in der Abbildung des Paares wieder (Abb. 1). Schlichte Eleganz dominiert, die Texte über Partnerschaft sind knapp, präzise formuliert und zur Betonung von farbigen Blöcken unterlegt. Auf der Abbildung ist ausschließlich das Paar zu sehen, nur der Farbverlauf im Hintergrund stellt den Eindruck von Räumlichkeit her. Durch die horizontale Gestaltung kann dieser Farbverlauf als Andeutung von Ewigkeit verstanden werden. Die Interpretation steht im Einklang mit der Selbstdarstellung als »größte Onlinebörse für langfristige Beziehungen« (2007a). Auf dem Bild wendet sich der Mann der Frau zu, sie nimmt sein gesamtes Blickfeld ein. Ihr Gesicht, das offen in die Kamera blickt, drückt Glück aus. Die Frau ist nach Außen und den Betrachtern zugewendet, wohingegen der Mann durch seine Haltung auf die Frau fixiert ist. Er orientiert sich nach Innen, in die Gemeinsamkeit des Paares und in die introspektive Welt der intimen Emotionen. Dies kann als üblichen Rollenklischees von männlichem und weiblichen Verhalten widersprechend verstanden werden: Die moderne Frau ist aktiv und nimmt ihre Angelegenheiten, einschließlich ihrer Liebesbeziehung, selbst in die Hand. Der Mann dagegen befindet sich zumindest für den Moment dieser Aufnahme ganz in der Welt des Paares und hat sich von äußeren Einflüssen abgewandt. Parallel dazu ist die Farbwahl in bräunlich-gräulich und altrosa eine konservative: Mann und Frau tragen zwar nicht blau und rosa, aber die »erwachsenen« Varianten dieser geschlechtsspezifischen Farben. Dies kann wiederum als eine Rollenzuweisung in Richtung männlich-weiblich interpretiert werden. In die Augen springende junge Farben und bunte Komplementärfarben wie z. B. auf den Seiten von Finya.de (2008) finden sich bei Parship.de nicht. Eine Mischung aus Modernität hinsichtlich der Rollen von Mann und Frau durch die Positionierung auf dem Bild wird in das darstellerische Konzept von Parship.de ebenso aufgenommen wie klassisch-konservative Vorstellungen durch die Farben. Neben dem Mann und der Frau werden wechselnde Werbebanner abgebildet. Das Bildschirmfoto in Abb. 1 gibt eine Werbung des Wochenblattes »Die Zeit« wieder:»Spricht mit wissenschaftlich fundierter Partnersuche genau unsere Leserschaft an« steht dort. Auf diese Weise wird die Klientel als eine gebildete dargestellt, denn ihr ist der Umgang mit »Wissenschaft« vertraut. So wird deutlich, wie eng Lebensführung und Partnersuche verbunden sind. Beiden,

---

erhalten? Wenn Sie mit uns auf Partnersuche gehen, wird dies wieder häufiger geschehen. Denn PARSHIP Classic funktioniert ganz klassisch – Sie benötigen dazu kein Internet! Ihr Vorteil: Im Gegensatz zu vielen Online-Partneragenturen haben Sie mit uns beim Finden Ihres künftigen Lebenspartners immer einen kompetenten Begleiter an Ihrer Seite. Profitieren Sie von all unserer Erfahrung und Unterstützung und lassen Sie Ihren Wunsch nach einem passenden Partner endlich wahr werden!« (Parship.de 2008e)

sowohl der Frau als auch dem Mann, wird außerdem ein gemeinsamer Status bescheinigt: Das Paar nimmt eine gemeinsam gesellschaftliche Position ein, nicht jeder der beiden beansprucht für sich getrennte soziale Sphären.

Auch bei Finya.de wird eine Paarkonstellation auf der ersten Seite abgebildet. Das entsprechende Bild wird regelmäßig aktualisiert. Zumeist sieht man ein Paar in einer mit Spaß und Romantik verbundenen Situation. Ein im Jahr 2008 verwendetes Foto zeigt ein attraktives Paar, beide ungefähr 30 Jahre alt, das sich mit zwei Sektgläsern zuprostet. Diese Abbildung weist in wesentlich geringerem Ausmaß auf Partnerschaft hin als die von Parship.de: Vertrautheit wird zwar suggeriert, aber auch Assoziationen einer unverbindlich-vergnüglichen Situation werden hervorgerufen. Es ist nicht eindeutig erkennbar, ob sich der Mann und die Frau bereits kennen, eine Beziehung führen, sich einen schönen Abend machen oder ob sich die beiden zufällig in einer party-ähnlichen Situation kennenlernen und flirten. Der Interpretationsspielraum ist bei Finya.de wesentlich größer als bei Parship.de. Während Parship.de den Aspekt der Suche nach einer langfristigen Beziehung hervorhebt und konservative Farbwahlen favorisiert, betont Finya.de in Texten die Faktoren Spaß und Flirten. Diese offene und unverbindlicher anmutende Tendenz spiegelt sich in den Farben des Börsendesigns wieder, die im Jahr 2007/08 verwendet werden. Orange und Blau dominieren, die Komplementärfarben vermitteln einen Eindruck von Jugendlichkeit und Leichtigkeit. Anhand der Farb- und Bildwahl lassen sich also bereits Unterschiede zwischen Parship.de und Finya.de ausmachen. Parship.de präsentiert sich klassisch-seriös, Finya hingegen erscheint offen und betont die Einfachheit seines Prinzips. Hier heißt es »Einfach verlieben« (Finya.de 2007a), wohingegen Parship.de auf psychologische Verfahren setzt, um langfristige Beziehungen zu ermöglichen.

Klickt man sich durch die Seiten von Parship.de, stößt man auf weitere Abbildungen des Paares. Auf der Abb. 3 wird die Silhouette eines Mannes und einer Frau vor einem Sonnenauf- oder -untergang dargestellt. Die untere Abbildung zeigt zwei herzförmige Luftballons als Paarsymbol. Das obere Foto bildet keinerlei individuelle Merkmale ab, sondern fokussiert die geradezu schematische Verbindung von Mann und Frau, die sich in einem Naturszenario befinden. Störende Einflüsse wie beispielsweise andere Personen oder Situationen des Alltags sind nicht vorhanden. Deutet man den Stand der Sonne als einen Sonnenuntergang, so ergibt sich eine klassisch-romantische Vorstellung der Aktivität eines Paares: Die gemeinsame Betrachtung des Sonnenuntergangs, die als paartypische Naturbetrachtung verstanden werden kann und zudem noch die Verheißung einer gemeinsamen Nacht mit sich bringt.

Abb. 3 (links): Paarsilhouette und Luftballons
Abb. 4 (rechts): »Erfolgsstory« auf Parship

(Quelle: Beide Abbildungen von Parship.de 2008b)

Das zweite Foto zeigt eine noch stärkere Reduktion als das eben beschriebene. Herzform und rote Farbe der Luftballons stehen für die Liebe, die Herzen zusammen können als die Umsetzung des Paarmotivs gedeutet werden. Eine hier nahe liegende Assoziation ist der sogenannte »7. Himmel der Liebe« als sprichwörtliche Umschreibung des Zustands des Verliebtseins. Das linke Herz erscheint zudem größer als rechte. Gedeutet werden kann dies als Darstellung von Mann und Frau, wobei der Mann dem Stereotyp nach dem großen Herz zugerechnet werden kann. Ich habe diese beiden Bilder Torben und Margitt vorgelegt und gebeten, mir ihre spontanen Assoziationen zu ihnen zu nennen:

»Hmm, ja ein Paar ist da in einer romantischen Situation, Sonnenuntergang angucken, vielleicht ein Glas Wein trinken oder halt so die beiden alleine in der Natur. Das sind schon so Sachen, die Paare machen. Ich zumindest vermisse sie und will sie mit einer Frau machen. Nicht allzu besonders, das möchten sicher viele, aber das sind halt so meine Sehnsüchte. Das zweite Bild ist eher Kitsch, aber dennoch: Liebe, Herzen, Zusammensein und der Himmel voller Hoffnung oder so!« (Manuel)

Manuel ergänzt die Bildbeschreibung mit weiteren romantischen Vorstellungen. Eine Situation, in der das Paar Wein trinkt, ist auf dem Bild nicht zu sehen. Manuels Geschichte zeigt, wie ein Sinnbild des Paares bzw. der Liebe dazu führt, eine Vielzahl weiterer liebesverbundener Vorstellungen abzurufen.

Bei Parship.de finden sich nicht nur professionell erstellte Abbildungen von Paaren, wie die eben besprochenen. Wie viele andere Börsen unterhält Parship.de Seiten, auf denen Erfolgsstorys von

Paaren eingestellt sind: Hier beschreiben ehemalige Mitglieder, wie sie zueinander fanden und stellen manchmal Fotos von sich ein. Typisch für die Illustrationen der Zusammengehörigkeit ist in erster Linie die körperliche Nähe: Die Paare gucken auf den Fotos die Betrachter an, sind aber durch Umarmungen oder andere körperliche Berührungen miteinander verbunden (Abb. 4). Weiterhin finden sich Hochzeitsfotos oder Fotos von Kindern der Paare. Speziell diese Fotos sollen auf die Langlebigkeit und Ernsthaftigkeit von über das Internet entstandenen Beziehungen verweisen. Auffallend an den Fotos ist, dass »Durchschnittspaare« abgebildet sind: Beide Partner sind in einer Altersgruppe anzusiedeln, sie sind nicht allzu attraktiv, aber optisch auch nicht unansprechend. Es handelt sich um die sprichwörtlichen »Menschen von Nebenan«. Auch Margitt zeigte ich sowohl die beiden symbolischen Paardarstellungen als auch die von den Lesern eingeschickten Paarfotos. Sie kommentiert trocken, nutzt aber wie Manuel gängige Beschreibungen für die Liebesabbildungen:

»Tja, together forever oder so. So richtig attraktiv schaun die ja nicht aus, aber jedem Pott sein Deckel. Also mal im Ernst: Ja, die Menschen sind zusammen, sie sind Paare. Sie berühren sich und gucken mich als Betrachterin an. Als ob sie mir ihr Glück zeigen wollen, finde ich. Hallo wir haben es geschafft und sind in der Liebe erfolgreich und glücklich. Ich bin halt beruflich erfolgreich...So ähnlich, oder? Und natürlich frage ich mich auch, warum die jetzt jemanden haben und ich nicht? Vielleicht, weil ich nicht bei Parship bin?« (Margitt)

Margitt greift in ihrer Beschreibung auf die elementare Annahme der Liebe als persönliches Glück zurück. Paar und Single werden in Margitts Perspektive zu modellhaften Gegensätzen. Im Rahmen meiner Studie wird Liebe von vielen Online-Datern als eine Mischung aus Nähe, Intimität, Wohlbefinden beschrieben und demzufolge mit Glück assoziiert. Zugleich ist es aber schwer für sie, in Worte zu fassen, wie die Verbindungen zwischen Liebe und Glück en detail gestaltet sind:

»Für mich bedeutet Liebe natürlich Glück. In erster Linie weil es sich bei der Liebe um viele positive Gefühle handelt. Und dann gibt es ja so Folgen wie viele schöne Dinge gemeinsam zu machen. Man ist nicht mehr alleine. Vielleicht ist das das Glück! Doch, bei mir ist es, glaube ich, genau das.« (Elena)

Bis hier wurde bereits mehrfach auf die körperliche Haltung der Paare auf den Abbildungen abgehoben. In den Positionierungen finden sich viele Verweise auf den kulturspezifischen und sozialen Umgang mit dem Paar. Hierzu gehören Hinweise auf Moralvorstellungen. Die Paarabbildungen in den von mir untersuchten Börsen zeigen physischen Kontakt. Körperlicher Kontakt eines Paares vor

Augen Fremder entspricht der Norm in der Gesellschaft meiner Informanten. Die Geste des Sich-Berührens ist für das Umfeld einerseits banal, da sie tagtäglich in verschiedenen Varianten zu sehen ist. Andererseits gibt sie den Betrachtern wichtige Hinweise für den Umgang mit den beiden Personen:

@ »Wenn ich weiß, dass eine Frau in einer Beziehung ist, finde ich es irgendwie unmoralisch, sie anzubaggern... Meistens zumindest. Oder ich tue es nicht, weil sich der Einsatz nicht lohnt :) Oder wenn ich es doch mache, dann habe ich das immer im Hinterkopf, dass sie ja eigentlich vergeben ist. Was gar nicht geht, ist, z. B. sich an die Freundin von einem Freund ranzumachen. So Sachen sind halt wichtig, mit Leuten, die in einer Beziehung sind, geht man – oder zumindest ich – schon anders um.« (Torben)

Giddens (1995: 56) schreibt, dass die romantische Liebe untrennbar mit Intimität verbunden ist, die sich in körperlichen Berührungen äußert. Dies bestätigen meine Beobachtungen. Meine Informanten erwarten von einem Paar, intime Nähe durch physischen Kontakt in der Öffentlichkeit zu zeigen: Händehalten, der Austausch von Küssen und Zärtlichkeiten sind ebenso wie direkter, intensiver Blickkontakt oder Umarmungen erlaubt. Solche Verhaltensweisen signalisieren der Umwelt den Paarstatus. Auf meine Frage, wie man ein Paar erkennen kann, antwortete Torben mit einer kurzen Geschichte, welche die Wichtigkeit des physischen Kontakts bestätigt:

@ »Ich war da mal vor Jahren auf einer Party. Da waren ein Mann und eine Frau. Zum Schluss gab es nur noch wenige Leute, alle waren auch gut betrunken und die meisten entschlossen sich, in der WG der Gastgeberin zu schlafen, wie ich auch. Ja und dann gehen auf einmal die beiden zusammen in ein kleines Zimmer mit einem Bett nur. Da war ich total baff: Habe ich da was nicht mitbekommen, wann haben die das klar gemacht? So überlegte ich. Am nächsten Morgen stellte sich heraus, dass die beiden seit Jahren zusammen waren. Nur den ganzen Abend sassen sie nicht miteinander herum, ich habe kaum Blicke mitbekommen und keine Berührungen gesehen. Und genau das erwarte ich von einem Paar, ich erkenne es an Haltung, Körperkontakt und dass sie sich vielleicht auch mal küssen. Zumindest, wenn sie so in meinem Alter sind.« (Torben).

Die Abbildungen in den Börsen spiegeln den komplexen Umgang mit dem Thema Sexualität bei der Partnersuche wider. Die Repräsentationen von Intimität auf den Paarabbildungen zeigen, dass Darstellungen der Intimität und Körperlichkeit beim Online-Dating Beschränkungen unterliegt. Um diesen Sachverhalt zu illustrieren, müssen die Fotografien in den weiteren Kontext Partnersuche gestellt werden. Auf Finya.de finden sich erotisch aufgeladene Fotografien in den Profilen, in denen viel freie Haut zu sehen ist. Die Börse hat aber Regeln wegen der Profilfotos erstellt. Unter anderem fordert Finya.de:

>>Keine Nacktheit (liegt manchmal im Ermessen des Service-Teams, z. B. bei durchsichtiger Kleidung, Unterwäsche, Bademode usw.).<< (2008e)

Beim Online-Dating wird zwischen Abstufungen von legitimierten Intimitätsrepräsentationen und als unpassend-amoralisch bewerteten Ausdrucksformen unterschieden. Diese Gratwanderung thematisieren diverse Berichte von Online-Datern. Karina (47 Jahre) beschreibt deutlich die subtilen Abstufungen zwischen romantischer Intimität und dem, was sie als sexualisierten Affront betrachtet:

>>Und viele Anschriften fand ich auch viel zu direkt. Wenn zum Beispiel in einem der ersten Mailkontakte direkt erwähnt wird, auf welche Dessous einer steht. Oder so Fotos von mir in Dessous haben will!! Das gehört nicht in eine Partner/ Kennenlernbörse. Das kann man woanders machen, bei poppen.de zum Beispiel. Und das habe ich denen auch geschrieben.<< (Karina)

Karina möchte nicht Sexualität aus dem Themenkreis Beziehung verbannen oder tabuisieren, sondern weist ihr eine Rolle zu, die von anfänglicher Zurückhaltung gekennzeichnet ist. Dieser Umgang muss nicht in Übereinstimmung mit dem Ausleben von Sexualität in einem späteren Beziehungsstadium stehen:

@ >>Also, wenn jemand schon nur so anfängt, wie ich aussehe und worauf er steht, denke ich bereits, dass der doch nur Sex will. Und davon gibt es hier viele in Finya. Die sind oft auch zu dumm, um das zu verstecken!! Also, die schreiben dann, was ich gerne anziehe, machen komische, sinnentleerte Komplimente, ohne mich zu kennen. Von wegen schöne Augen, man sieht die Farbe gar nicht auf meinem s/w-Foto!! Manche sind direkt & plump, andere ein bisschen subtiler...aber man oder eher frau lernt das schnell, sowas herauszulesen. Und dann ist mir sofort klar, dass der keine Beziehung will. Für die Beziehung ist Sex auch ganz wichtig, aber ich finde, dass es nicht der allerste Aufhänger sein sollte. Zwischen jemanden attraktiv finden und jemanden nur anzubaggern, um sie in die Kiste zu kriegen, bestehen große Unterschiede. Wie direkt man ist, wenn man sich kennt, ist ja was ganz anderes!<< (Karina)

Auch Giddens bescheinigt der romantischen Liebe eine spezifische Art von Sexualität:

>>Sie [die romantische Liebe] ist unvereinbar mit Geilheit und grober Sexualität, und das nicht nur deshalb, weil der oder die Geliebte idealisiert wird – obwohl dies auch dazugehört –, sondern weil sie eine psychische Kommunikation voraussetzt, ein beide Seiten erst vervollständigendes Zusammentreffen der Seelen.<< (1995: 56)

In Giddens Zitat wird der kulturspezifische Hintergrund von Karinas Äußerung deutlich: Körper und Geist gelten als gegensätzliche oder zumindest getrennte Entitäten. Sexualität wird als physische Notwendigkeit behandelt, die gleich einem niederen (und damit negativ angesehenem) Instinkt ausgelebt wird. Liebe dagegen gilt als eine geistige, kulturell hochwertige Fähigkeit, die ein anspruchsvolles Seelenleben zur Existenz benötigt. Die Liebe ist in der Lage, die Sexualität auf ein höheres Niveau zu heben: In Zusammenhang mit der Emotion bekommt Sex eine andere Dimension, da er auf der Basis einer psychischen Kommunikation stattfindet (vgl. Giddens 1995: 56). Dieser Umstand erklärt, warum in den Single- und Partnerbörsen von vielen Mitgliedern zunächst ein »geistiges« Kennenlernen erwünscht ist und zu frühe sexuelle Anspielungen als unpassend für die ernsthafte Partnersuche bewertet werden.

Alter und Paar

Anhand des Paarsymbols lässt sich zeigen, wie ein bestimmter Themenkreis im Rahmen des Online-Dating gesteigerte Aufmerksamkeit erhalten kann. Hierbei handelt es sich um das Alter und Altersdifferenz eines Paares. Zur Verdeutlichung vier Zitate:

@ »Also, es ist schon so, dass ich finde, dass man entweder gleichalt sein soll oder der Mann älter. Frauen sind schon früher reif, und dann macht es einfach Sinn, sich einen Mann und keinen Jungen auszuwählen. Aber natürlich ist das auch leicht dahingesagt, man weiß nie, in wen man sich letztlich verliebt. Aber in der Börse, da suche ich auf jeden Fall nach einem Mann, der so alt ist wie ich oder älter als Suchkriterien.« (Frau, 31 Jahre, anonym)

@ »Ich denke, dass ich als Mann schon gerne eine gleichalte Frau will und gebe das auch in meinem Profil an. Ich möchte mich mit ihr auseinandersetzen und nicht so ein Mädchen bevatern. Auch wenn viele Männer ja auf junge Frauen stehen, halte ich das vor allem für Gewohnheit, dass eben die Frau jünger ist oder sie brauchen sie, um zu zeigen, dass sie, also die Männer, noch im Rennen sind« (Mann, 43 Jahre, anonym)

@ »Im Grunde möchte ich daran glaube, dass Liebe über allem steht, aber dann kommen halt so Schemas hervor. Beim Suchen in den Börsen suche ich nach jüngeren bzw höchstens gleichaltrigen Frauen. Vielleicht will ich ja ein bisschen Leben in der Bude haben oder möchte bisschen der Partner sein, der mehr Lebenserfahrung vorweisen kann. In meiner Vorstellung denke ich dann, dass ich sonst so eine ganz alte, abgehalfterte da sitzen habe. Aber meine erste Frau, die war 5 Jahre älter als ich und das hat uns kein bisschen beeinflusst!« (Mann, 36 Jahre, anonym)

@ »Es passt ja nicht so ins Bild: Alte Frau - junger Kerl. Aber ich bin 43 Jahre, und fit und nicht hässlich. Ich halte mich ehrlich gesagt für zu aktiv, als dass ich einen gleichalten Mann möchte. Oder womöglich noch einen älteren, den ich in 10 Jahren dann pflegen muss. Und deshalb schummel ich in der Börse mit meinen Alter: Ich habe mich 7 Jahre jünger gemacht, optisch und bei Treffen hat es keiner gemerkt. Ich halte nichts vom Lügen, aber hierbei sehe ich es einfach als notwendig an... denn ich glaube, es gibt einfach verflixt wenig Männer Mitte 30, die eine ältere Frau suchen!« (Frau, 43 Jahre, anonym)

Die Online-Dater verweisen in ihren E-Mails auf normative Altersunterschiede, die besagen, dass der Mann älter als die Frau sein sollte. Selbstverständlich teilt nicht jedes Börsenmitglied diese Annahme. Wird die Vorstellung abgelehnt, ist sie dennoch in dem Ausmaß präsent, dass Online-Dater sich dazu verpflichtet fühlen, den Bruch dieser Norm zu erläutern. Manche, wie die 43-jährige Frau aus dem letztgenannten Zitat, empfinden die Norm als Einschränkung persönlicher Möglichkeiten.

Börsen behandeln Mitglieder je nach Alter unterschiedlich. Dass die Verbindung Alter und Geld eine Rolle spielt, bestätigt die Zahlungspolitik der Börse Datingcafe.de (2008a): Für Männer ist die Börse kostenpflichtig, es sei denn, sie suchen eine Frau, die älter als 45 Jahre ist. Dann wird das Angebot für die Männer kostenfrei. Frauen, die älter als 45 Jahre sind, müssen bei Datingcafe.de zahlen, jüngere nicht. Ihre Preispolitik begründet die Börse folgendermaßen:

»Es ist ein bekanntes Phänomen, dass viele Männer sich eine jüngere Partnerin wünschen, Frauen hingegen meistens ältere Männer bevorzugen. Dies schränkt für jüngere Männer und ältere Frauen die Anzahl der möglichen Partner ein. Da Männer sich bei der Partnerwahl in Bezug auf Bildungsniveau und Einkommenshöhe zudem lieber nach unten orientieren, haben es junge, ungebildete, finanzschwache Singlemänner am schwersten, eine Partnerin zu finden. Bei den Frauen hingegen sinken die Chancen mit steigendem Alter, wachsender Bildung und höherem Einkommen einen adäquaten Partner zu finden. Vor allem wenn sie sich einen älteren Mann wünschen, der sie in Bildungsgrad und Einkommen toppt.« (Datingcafe.de 2008a)

Ein weiteres Beispiel für den Umgang mit Partnersuche und Alter findet sich auf Parship.de: Die Börse publiziert spezielle Erfolgsstorys »55+« (2008f). Die Kategorisierung verdeutlicht kulturspezifische Annahmen, in denen davon ausgegangen wird, dass mit zunehmenden Alter die romantische Liebe an Bedeutung verliert. Parship.de wendet sich explizit gegen diese Vorstellungen und erschließt sich damit weitere Börsenmitglieder. »So richtig verliebt mit über 55 und dann auch noch übers Internet – das ist bei Parship.de keine Seltenheit. Hier fünf Beispiele [...] « wirbt der Anbieter (2008f). Die Erfolgsstorys »55+« fokussieren inhaltlich Alter und Liebe. Kennzeichnend für diese Berichte sind eine initiale Vorsicht dem Thema Liebe gegenüber und das überschwängliche Glück, »trotz«

des Alters einen Partner gefunden zu haben. Ingrid, eine 67-jährige Rentnerin, beschreibt, wie für sie das Alter die Partnersuche beeinflusst:

@»Für mich war es wichtig, dass in der Börse auch Männer in meinem Alter sind. Daher fand ich es gut, die Geschichten der >Oldies< zu lesen. Ich möchte einen Partner, der wie vielleicht ich, auch seinen Ehepartner verloren hat, aber dennoch weiterleben möchte. Ich denke, dass man mit zunehmenden Alter und mehr Erfahrung auch anders in Liebesdingen agiert, zumindest ist es bei mir so. Ich bin vorsichtiger geworden und Sex ist auch nicht mehr so wichtig. Aber dennoch bin ich nicht vertrocknet, sondern habe Gefühle und einen Körper und Sehnsüchte! Manch einer denkt vielleicht, dass man ab 50 oder so tot ist, aber ich bin es nicht. Und ich genieße es, hier Männer kennenzulernen. Mehr als gemeinsames Kaffeetrinken ist nicht passiert, aber ich bin wirklich zuversichtlich!«

Ingrid erlebt es als persönlichen Vorteil, in Börsen nach Altersgruppen sortieren zu können. Dennoch bringt diese Option nicht für alle Börsenmitglieder Vorzüge mit sich, im Gegenteil, sie kann limitierend auf die Partnersuche wirken:

@ »Es ist so, dass ich nach einem älteren Mann suche. Und ich weiß genau, dass es etwas in meinem Kopf ist und nichts, was wirklich Liebe beeinflusst. Klar, ich kann mir momentan nicht vorstellen, einen 20 Jahre jüngeren zu haben, aber was machen vielleicht den bitte schon 8 Jahre aus? Mir fallen da viele Möglichkeiten weg... und ich gehe trotzdem nicht mit dem Alter herunter in den Suchoptionen, das hat schonwas zwanghaftes. Vielleicht ist es die Angst, als alt und hässlich neben einem knackigen Kerl zu stehen und lächerlich zu wirken?« (Frau, 41 Jahre, anonym)

Auf meine Frage, was genau sie sich von einem Altersvorsprung des Mannes verspricht, mailt die gleiche Frau:

@ »Das ist sicher auch nicht sehr rational, aber ich halte ältere Männer für ruhiger, verlässlicher, treuer, ja irgendwie erfahrener. Mich stört es auch nicht, wenn er schon eine Ehe hinter sich hat. Vielleicht hat er ja daraus gelernt und ich profitiere dann noch davon.« (ebd.)

An dieser Stelle treten in das Online-Suchschema gesellschaftlich und kulturell gestützte Vorstellungen über Alter und Geschlecht/ Gender ein. Ältere Männer gelten als attraktiv, weil ihnen Reife und Verlässlichkeit zugeschrieben werden. Überschreiten Altersunterschiede jedoch ein gewisses Maß, treten neue Stereotype an den Tag. Altersunterschiede, die über einer Spanne von 10 Jahren liegen, erachten viele Informanten als außergewöhnlich. Dies äußert sich in den Bewertungen: Ist der Mann deutlich älter, wird der Frau ein »Vaterkomplex« zugeschrieben und dem Mann unterstellt, sich durch eine jüngere Frau profilieren zu wollen. Unabhängig vom Geschlecht werden signifikant jüngeren Partnern erbschleicherische Motive unterstellt. Solche Bewertungen beruhen auf dem Ideal der altruistischen Liebe: Man liebt den Anderen um seiner selbst willen. Der Partner soll nicht als Ersatz eines kindlichen Bedürfnisses fungieren, man soll sich nicht soziale Anerkennung oder materiellen Reichtum über den Anderen verschaffen.

Nichtsdestotrotz gibt es Menschen, die nach einer Beziehung mit einem Altersunterschied suchen. Auch für diesen Wunsche finden sich Datingbörsen wie Altersvorsprung.de (2008) und Reif-trifft-jung.de (2008). Sie sind auf die Vermittlung derartiger Beziehungskonstellationen spezialisiert. Die Börsennamen beinhalten bereits Verbindungen zwischen Alter und Geschlecht. »Alt« wird im Fall der Männer positiv gewertet und mit dem Wort »reif« umschrieben. Reif-trift-jung.de legt fest, ab welchem Alter ein Mann »reif« ist und eine Frau noch als »jung« gilt: Anmelden können sich Männer über 40 Jahre und Frauen unter 30 Jahren.

Abb. 5: Logo von Reif-trifft-jung.de

(Quelle: Reift-trifft-jung.de 2008)

Weiterhin begründet die Börse die Wünsche ihrer Kundschaft folgendermaßen:

»Für junge Frauen strahlen reife Männer, die bereits mit beiden Beinen im Leben stehen, Sicherheit und Geborgenheit aus. Reife Männer hingegen fühlen sich von der Jugendlichkeit, Dynamik und Schönheit der jungen Frauen angezogen, deutet Dipl.- Psych. Dr. A. Meinhauser. Ältere Männer sind für junge Frauen daher meist der bessere Lebenspartner (…)« (2008)

Auch diese Börse nutzt in ihrer Gestaltung wie Parship.de das Bild eines Paares. In der Abb. 5 werden in ironisierter Form Klischees zitiert. Ähnlich dem bekannten Paar Marylin Monroe und Arthur Miller sind eine attraktive Blondine und ein älterer Herr, dessen möglicher Status als Intellektueller durch eine Hornbrille angedeutet wird, abgebildet. Prominente *rolemodells* werden verwendet, um Verständnis für besondere Wünsche zu suggerieren und um einen allzu problembelastenden Diskurs zu vermeiden.

Zusammenfassend ist über Alter und Beziehung zu sagen, dass diese thematische Verbindung auch außerhalb des Online-Dating eine wichtige Größe bei der Partnersuche darstellt. Indem gesellschaftliche und kulturelle Vorstellungen und Vorgaben über das Altersgefälle einer Beziehung/Ehe existieren, müssen sich auch Online-Dater mit dem Thema auseinandersetzen. Am Beispiel des Themenkreises Alter/Altersdifferenz wird deutlich, wie spezifische Wünsche in Datingbörsen einen größeren Entfaltungsspielraum haben können als bei einer Offline-Partnersuche.

Das Paar als Sinnbild romantischer Liebe

Paar- und Liebesvorstellungen sind untrennbar miteinander verbunden und üben Einfluss auf die Partnersuche aus. Dennoch existieren Datingforen, die das Thema Liebe nur implizit behandeln. Die textliche Ebene zur Liebe als Teil des Paares ist zumeist weniger elaboriert gestaltet als seine bildlichen Repräsentationen. Ein Beispiel für einen derartigen Umgang mit der romantischen Liebe findet sich bei Parship.de. Das Wort Liebe wird auf den Seiten kaum erwähnt. Die Börse schreibt:

»Sie haben hohe Ansprüche – besonders an Ihre Partnerschaft. Finden Sie mit dem wissenschaftlich fundierten PARSHIP-Prinzip den Partner, mit dem Sie eine stimmige Balance aus Gemeinsamkeiten und Gegensätzen verbindet. Nutzen Sie die Erfahrung aus über 30 Jahren Paarforschung.« (Parship.de 2008)

Hier wird mit einem Kunstgriff gearbeitet: Die Partnervermittlungsagentur zeigt einen besonderen Weg auf, einen Partner zu finden, wenn bereits Liebe und Leidenschaft als vergängliche Beziehungsbasis erlebt wurden. Zugleich werden die beiden Elemente sprachlich nicht explizit ausgegrenzt, d. h. auch dieser Weg, einen Partner zu finden, kann über die Börse möglich sein.

Die sporadischen Erwähnungen von Liebe oder das komplette Ausklammern des Begriffs Liebe ausschließlich darauf zurückzuführen, dass die Börsen aus rechtlichen Gründen weder Ehe- noch Liebesversprechungen machen möchten, greift meines Erachtens zu kurz. Eine solche Strategie ist zu einem nicht unerheblichen Anteil darauf zurückzuführen, dass Emotionen zwar ein elementarer, gesellschaftlich und kulturell anerkannter Bestandteil des Menschseins sind, aber auch als instabil gelten: In einer Beziehung/Ehe können Gefühle für den Anderen erlöschen, es besteht die Gefahr, sich in eine andere Person zu verlieben und dass die Verbindung zerbricht. Die Liebe stellt also eine recht wackelige Grundlage für eine lebenslange Beziehung dar. Als Konsequenz daraus eine Beziehung auf eine andere Grundlage als auf die Liebe aufzubauen, bezeichnen meine Informanten allerdings als unvorstellbar. Ich habe

15 Online-Dater gebeten, mir Begriffe, die wiederholt in Interviews in Zusammenhang mit dem Paar genannt worden sind, ihrer Wichtigkeit nach zu sortieren (Vertrauen, Gemeinsamkeit, Gegensätze, Treue und Liebe). Eindeutig belegte die Liebe den ersten Rang in den Sortierungen: Sie ist das wichtigste, kulturspezifische Charakteristikum des Paares und die entscheidende Emotion, mit der das Paar verbunden wird.[3] Indem Parship.de die Liebe nicht wortwörtlich benennt, das Motiv des Paares aber als ein zentrales verwendet, schlägt Parship.de eine Strategie des Verweisens ein: Das Paar verkörpert aus kulturspezifischer Sicht die Liebe, das Gefühl wird nonverbal als das verbindende Glied zwischen den beiden Menschen verstanden. Wird das Paar in den Fokus gerückt, ist somit das Erwähnen der Liebe nicht notwendig. Bei der Betrachtung der Seiten von Parship.de kann die Schlussfolgerung entstehen, dass das Paar-Sein eine Frage der Kompatibilität hinsichtlich Interessen und Vorlieben ist. Auf meine Frage: »Hältst du es für möglich, jemanden als passenden Partner anzusehen, weil ihr viele Interessen, Vorlieben oder Werte teilt, ohne euch zu lieben?« bekam ich Antworten, die sich inhaltlich mit den beiden folgenden decken:

@ »Nein, das ist dann keine Beziehung im Sinne einer Liebesbeziehung, sondern das wäre für mich eine enge Freundschaft. Für eine Partnerschaft, wie ich sie suche, gehören Gefühle dazu, also die Liebe. Erst die Liebe führt dazu, ein Paar sein zu wollen, oder? Ich muss jemanden begehren, auch körperlich, nicht nur als geistigen Menschen, um mit ihm ein Paar sein zu wollen!« (Elena)

@ »Ich muss zugeben, dass ich darüber auch schon nachgedacht habe: Ich habe eine Nachbarin, mit der ich viel unternehme, sehr gut reden kann und wir haben ähnliche Auffassungen. Aber das reicht leider nicht. Ich finde, sie ist eine attraktive Frau, aber ich fühle mich trotz allem nicht zu ihr hingezogen, es klickt nicht, das sind keine Schmetterlinge im Bauch. Also, sowas ist für mich eine gute Freundschaft oder wie mit einer Cousine, aber halt nichts für eine Beziehung. Eigentlich schade, das würde sicherlich lange gutgehen :)« (Manuel)

Elena ist Mitglied der Börse Parship.de und ein Beispiel dafür, dass sie sich einerseits den Gedanken zur »psychologischen Kompatibilität« der Börse anschließt, aber zugleich Liebe als die Grundlage für eine Partnerschaft versteht:

JD:
»Warum hast du dir Parship ausgesucht?«

---

3 Diese Aussage ist zumindest für die Personen gültig, die auf der Suche nach einer Beziehung sind. Ob sie sich auf Menschen, die sich in langjährigen Beziehungen befinden, übertragen lässt, bleibt offen.

Elena:
»Mir gefällt ihr Vorgehen, weißt du. Ich finde es sehr wichtig, gemeinsame Interessen zu haben und zueinander zu passen. Matching-Points hört sich einerseits so profan oder auf modern gemacht an, aber ich denke schon, dass zwei Menschen psychologisch miteinander vereinbar sein müssen, dass es als Paar auch funktioniert.«

JD:
»Ist dir eigentlich aufgefallen, dass Parship sehr wenig über die Liebe schreibt auf seinen Seiten und das Wort so gut wie gar nicht erwähnt?«

Elena *(überlegt):*
»Hmm, nein. Komisch... darüber habe ich noch nie nachgedacht. Ich fand es halt gut, dass es darum geht, zusammen zu passen. Aber es ist klar, dass zwischen den zwei Menschen der Funke überspringen muss, sonst nützen einem auch die Matching-Points nichts. Die haben in der Börse ja auch immer dieses Foto von der Frau und dem Mann. Das steht für mich für Liebe... (überlegt) Ich habe das wohl überlesen, es fiel mir nie auf...Wird da wirklich Liebe nicht genannt? Aber da ist so ein Bild von einem Pärchen, ein ganz großes.«

Der Interviewausschnitt ist in Zusammenhang mit dem zuvor beschriebenen Mail-Zitat von Elena zu verstehen: Elena betont, das entscheidende Element in der Beziehung eines Paares sei das Erleben romantischer Liebe füreinander. Andere enge emotionale Bindungen bezeichnet sie als Freundschaft. Parallel dazu ist sie aber Mitglied von Parship.de, der Partnervermittlungsagentur, die sehr zurückhaltend ist, wenn es um sprachlich-textliche Repräsentation des Gefühls geht. Elena ist diese Diskrepanz interessanterweise nicht bewusst aufgefallen. Die romantische Liebe und das Paar haben als zwei Komponenten eine derart enge Verbindung, dass ihr Zusammenschluss im Fall meiner Informanten als ein kulturelles Schema bezeichnet werden kann. Elena hat diese Verbindung derart verinnerlicht, dass das Konzept Paar die Assoziation Liebe zur Folge hat. Die Wortwahl der Börse wird nebensächlich, da die Wahrnehmung selektiv stattfindet. Das Verfahren der Börse stellt für Elena keinen Widerspruch zum emotionalen Anteil einer Beziehung dar. Sie erachtet eine »psychologische Vereinbarkeit«, wie sie es selbst formuliert, als wichtige Grundlage, um als Paar bestehen zu können.

Peter, ein 43-jähriger Soziologe, ist ebenfalls bei Parship.de angemeldet. Während Elena die sprachliche Abwesenheit der Liebe auf den Seiten der Börse übersieht, ist dieser Umstand für Peter Grund, Mitglied zu werden. Er schreibt:

@ »Natürlich denke ich, dass sich ein Paar lieben muss. Aber in meiner Lebenserfahrung habe ich leider lernen müssen, dass Liebe und v.a. Leidenschaft nicht immer ausreichen, um zusammen zu bleiben. Ich war zweimal verheiratet, beide Male aus Liebe natürlich. Und beide Male waren die Frauen und ich so unterschiedlich, dass meiner Meinung nach die Ehen daran zerbrachen. Es gab so viel Streit um Lebensvorstellungen, Heirat usw., dass schließlich auch die Liebe weg war. Ich finde das Angebot von Parship.de gut, weil es eben auf Gemeinsamkeiten und Gegensätze abzielt. Ich dachte mir, dass ich wohl ein bisschen Hilfe bei der Auswahl meiner nächsten und hoffentlich letzten Frau gebrauchen kann. Und bei Parship, da war eben nicht nur Spaß, und Herzchen und überall die Liebe und Gefühlsduselei. Bei sowas wird mir mittlerweile echt auch übel. Und ich glaube auch, dass durch die Gemeinsamkeiten die Liebe wachsen wird.«

Bei Finya.de ist das Paar ebenfalls von Ideen der Kompatibilität gekennzeichnet, auch wenn die Börse im Gegensatz zu Parship.de keinerlei Parameter durch Matchingpunkte vorgibt und sich nicht auf psychologische Verfahren beruft. Die Definition der Kompatibilität liegt im Ermessen der Börsenmitglieder von Finya.de. Die vielen auszufüllenden Felder verweisen auf die Annahme, dass ein Wissen über bestimmte Charakteristika des möglichen Partners von hoher Bedeutung ist. Die Auswahl der Charakteristika zeigt, welche Merkmale als wichtig für die Partnersuche angesehen werden. Finya.de möchte herausfinden, wie die Mitglieder das Thema Treue bewerten, welcher Punkt als »Trennungsgrund ohne Diskussion« empfunden wird und ob jemand an die Liebe auf den ersten beziehungsweise auf den zweiten Blick glaubt. Man kann weiterhin angeben, ob man bereits Glück in der Liebe hatte oder die Geschichte seiner »schlimmsten Abfuhr« (2008a) in das Profil einstellen. Auch der Umgang mit einer Trennung wird abgefragt. Für die Antworten stehen Felder mit einem Platz bis zu 500 Zeichen zur Verfügung. Die Gesamtheit der Fragen verweist nicht nur auf Vorstellungen, wie man einen Menschen als potentiellen Partner erkennt, sondern auch auf die sozialen und kulturellen Kontexte des Paares. Deutlich wird, dass das Online-Dating in einem Umfeld stattfindet, in dem wechselnde Partnerschaften existieren. Im Sinne der »seriellen Monogamie« gilt in der Vielzahl der Fälle die Exklusivität des Anderen als geliebter Mensch und Geschlechtspartner, wie die Frage nach der Treue verdeutlicht. Bestimmte Verhaltensweisen können als Trennungsgründe per se verstanden werden. Die Auswahl dieser Gründe liegt jedoch bei den einzelnen Online-Datern. Derartige Fragen verdeutlichen, dass beide Partner, unabhängig z.B vom Geschlecht, die Macht haben, eine Beziehung zu beenden und die Begründungen festlegen können. Fixe gesellschaftliche Vorgaben oder bestimmte Legitimierungen, wann und durch wen die Paarbeziehung aufgelöst werden kann, existieren nicht. Dennoch finden sich in den Antworten auf die Frage nach dem Trennungsgrund wiederkehrende Motive. Vorrangig nennen Börsenmitglieder Verhaltensweisen, die sie als Vertrauensmissbrauch bewerten (Lügen, Fremdgehen). Als bedeutungsvolle Information sehen viele Online-Dater die Frage nach dem Glück in der Liebe an. Sie zielt nach Manuels

Interpretation auf die Beziehungsfähigkeit einer Person und damit auch direkt auf das Paarmotiv ab:

@ »Also, wenn jemand immer nur schlechte Beziehungen hatte, und dann halt schreibt: Nee, ich habe mir immer die falschen Typen ausgesucht, dann ist da ja wohl etwas faul dran, oder? Es geht ja auch um die Fähigkeit, Lieben zu können und eine Beziehung zu führen. Das kann ja nicht jeder Mensch, finde ich. Wobei, so mit Mitte Dreißig, da finde ich, sollte man mal eine gute Beziehung gehabt haben. Ob oder woran sie dann zerbrochen ist, das ist ja was anderes. Das eine Beziehung auseinandergeht, ist ja legitim und nichts verwerfliches an sich. Persönlich gesehen kann es natürlich dramatisch sein, wie bei mir :). Es ist sowas wie eine elementare, menschliche Fähigkeit, eine Beziehung zu führen finde ich. Wenn das nicht geht, kann ein Mensch auch psychisch krank sein oder werden. All das ist natürlich relativ, aber im Extremfall kann das doch sehr problematisch sein oder als sehr schlimm empfunden werden.« (Manuel)

Manuel erwähnt die Existenz von Voraussetzungen, die für eine Beziehung notwendig sind. Diese sind laut Elena von folgendem gekennzeichnet:

Elena:
»Tja, und dann noch das Thema Beziehungsfähigkeit. In erster Linie bedeutet das für mich, mit einem anderen Menschen sein zu können. Das heißt natürlich nicht, dass jeder theoretisch mit jedem kann, aber so wenn sich zwei lieben, dann reicht das vielleicht nicht immer. Um als beziehungsfähig in meinen Augen zu gelten, dann muss man seine Wünsche äußern können, aber auch mal zurückstecken, man muss die Fehler des anderen zu einem gewissen Teil akzeptieren und darf nicht immer nur meckern. Beziehungsfähigkeit bedeutet auch Gelassenheit. Und Beziehungsfähigkeit heißt auch Wille, ich finde es ist auch eine Entscheidung für den anderen dabei.«
JD:
»Was meinst du genau mit den Worten Entscheidung und Willen?«
Elena:
»Schon so bisschen nach dem Motto: In guten wie in schlechten Tagen. Das gilt schon noch. Es heißt zum anderen stehen und weitermachen, auch wenn die Situation drumherum und alles mal schwierig und anstrengend wird. Dann eben nicht alles hinschmeißen, nur weil es mal stressig ist. Aber gleichzeitig sind nun auch nicht mehr die 1950er Jahre, wo die heile Familie auf Biegen und Brechen zusammen bleiben musste, auch wenn es nicht mehr ging oder man selbst dabei seelisch kaputt ging. Das will ich damit sagen.«

Laut Elena ist Liebe für eine Beziehung nicht immer ausreichend. Meine Informantin verbindet das Paar-Sein mit der Akzeptanz des Anderen, einschließlich schwieriger Seiten des Partners. Allerdings kann es ihrer Ansicht nach zu Situationen kommen, die eine Weiterführung der Beziehung unmöglich machen. Die Aussagen verdeutlichen zeitgenössische Annahmen über das Paar: Es ist von

Liebe und Exklusivität gekennzeichnet, sozial und kulturell ist es weitestgehend akzeptiert, dass Partnerschaften zerbrechen. Soziale Ächtung ist selten die Folge, zerbrochene Partnerschaften werden an Stelle dessen in Zusammenhang mit der individueller Beziehungsunfähigkeit verbunden. Im Extremfall kann diese Unfähigkeit als pathologisch wahrgenommen werden: Ein Mensch, der keine Beziehung führen kann, wird als krank bezeichnet. Andersherum kann man erkranken, wenn man nicht in der Lage ist, eine Beziehung zu führen oder durch einer Beziehung.

Über Anforderungen an den Partner und Verhaltensweisen eines Paares

Anforderungen an den Partner in spe stellen ebenso wie Beziehungserwartungen ein vielbeachtetes Thema in den Börsen dar. Auf der ersten Seite der Profile bei Finya.de ist Raum für das »persönliche Statement«. Hier können Börsenmitglieder Texte mit bis zu 5000 Zeichen eingeben. Der Großteil der Finya-Mitglieder stellt bereits in diesem Feld explizite Bemerkungen zur Beziehungsgestaltung ein. Thematisiert werden u. a. Rollenverteilungen oder Machtstrukturen in einer Beziehungen, es werden gute oder schlechte Charakteristika einer Partnerschaft genannt. John, ein 34-jähriger Bankangestellter, begründet ein solches Vorgehen folgendermaßen:

@ »Ich wollte von vornherein klarstellen, was ich mir wünsche. Ich will eine Frau und nicht so ein asexuelles, frustriertes Wesen. Und ich will, dass sie treu ist und all die Dinge. Selbstverständlich ist das nicht, also dachte ich, ich stell es ganz vorne rein. Wen es stört, der muss ja nicht weiterlesen! So sparen sich die Leute auch noch Zeit bei der Partnersuche!«

Die Form und die Inhalte von Beschreibungen, wie die Paarbeziehung gestaltet sein soll, decken eine weite Bandbreite ab. Hier ein Beispiel:

»Meine Herren, liebe Jungs!
Das ultimative Mittel, um deine Frau/Freundin/Geliebte glücklich zu machen. Ja, dieses Geheimnis gebe ich preis.
- laß die Sache mit >ich hole dir den Mond vom Himmel< - das erzeugt zumindest bei mir ein Gähnen, weil man es leicht sagen kann
- sei aufmerksam
- überrasch sie mit einem gemeinsamen Abend oder Wochenende
- Blumen sind besonders effektvoll, wenn du sie per Boten schickst!
- schenk großzügig Komplimente. Sie kosten nichts, erfreuen aber ihr Herz und sie wird schmelzen!
- sag ihr, daß sie fehlt, eure Konzentration raubt, daß du an sie dachtest.
- erklär sie zur schönsten Frau in deinem Leben, nerv nicht mit Vergleichen mit anderen Frauen

Prioritäten zeigen, was oder wer Dir wichtig ist«
(Frau, 36 Jahre, anonym, Text aus Online-Profil, Formatierung wie im Original)

Die bereits in diesem Kapitel beschriebene Gleichsetzung Paar= Glück wird als leitende Vorstellung verwendet. Hierbei ist die romantische Beziehung des Paares vorrangig davon gekennzeichnet, dass der Mann der Frau Aufmerksamkeit schenkt. Bemerkenswert an dem Statement ist, dass einer Frau immer die gleiche Aufmerksamkeiten zuteil werden soll, egal ob sie Ehefrau oder Geliebte ist. Elena kommentiert diese Aussage als

»sehr nett, aber ganz schön realitätsfern. Ich glaube, das schreckt Männer eher ab, wenn eine Frau immer nur als die Prinzessin behandelt werden will. Und selbst wenn es so ist, dann sollte die Frau das geschickter anstellen. Und der Anfang da mit Geliebten etc., den finde ich bei einer Partnersuche eher fehl am Platze.«

Es finden sich in der gleichen Börse Eintragungen, die allerdings eine wesentlich unromantischere Sicht auf die Partnersuche vorlegen:

»VORWEG: ICH HABE DIE SCHNAUZE VOLL VON MÄNNERN/MENSCHEN, DIE MEINEN, SIE KÖNNEN MICH BEHANDELN WIE DRECK UND MIR DAS BLAUE VOM HIMMEL LÜGEN!!!!« (Frau, 27 Jahre, anonym, Profiltext, auch im Original in Großbuchstaben)

Neben der Frage nach der Qualität der Beziehung sind Aktivitäten, die als »paartypisch« gelten, beim Online-Dating von hoher Bedeutung. Derartige Verhaltensmuster weisen bestimmte Merkmale auf. Beim Kennenlernen gibt es Aktivitäten, die als Rendezvous zugehörig verstanden werden. Hierzu zählen z. B. Esseneinladungen. Solche Aktivitäten können das Interesse an einer Personen signalisieren. Weiterhin symbolisieren Verhaltensweisen dem Umfeld, dass es sich bei den beiden Personen um ein Paar handelt. Repräsentiert werden Paaraktivitäten in den Börsen bildlich, durch das Abfragen bestimmter Verhaltensweisen oder durch weitere Angebote der Datingplattformen (wie Single-Reisen). Viele dieser Aktivitäten stehen in Verbindung zu dem Lebensbereich der Freizeit. Diese Verbindung entscheidet, welche Abbildungen des Paares als repräsentativ gehandhabt werden und hat signifikanten Einfluss auf die materiellen Beweise einer Paarbeziehung: Fotos eines Paares auf einer Couch, vielleicht noch mit einer Schüssel Chips, finden sich im Gegensatz zu Urlaubsbildern selten zur Dekorationszwecken an Wänden.

Darüber hinaus werden bestimmte Aktivitäten werden mit dem Kennenlernen eines Partners verbunden, sie finden sich häufig als zentrale Motive in den Geschichten des Kennenlernens wieder. Die

Berichte sind als flexible Geschichten von hoher Symbolhaftigkeit zu verstehen. In sie fließen eine Vielzahl von liebestypischen Themen ein. Da das Erzählen der Genese zur Stärkung des Paares sowohl nach innen als auch nach außen dienen kann, ist diese Geschichte in vielen Fällen als ein Prozess und nicht als Tatsachenbericht zu behandeln. Bei jeder Neuerzählung fließen situativ bedeutsame Interpretationen mit in die Erinnerung und in die Beschreibung ein. Grundsätzlich gehen Paare unterschiedlich damit um, wenn sie sich über eine Singlebörse kennengelernt haben. Die einen berichten offen darüber, andere erfinden komplizierte Geschichten aus Angst davor, als Übergebliebene zu gelten, die auf anderem Wege keinen Partner gefunden haben. Zahlreiche »klassische« Liebesdarstellungen finden sich in den Erzählungen: Zufälle werden betont oder eine »Liebe auf den ersten Klick« beschrieben. Dies dient dazu, die Ernsthaftigkeit und die Wahrhaftigkeit einer über das Internet entstandener Beziehung zu bestätigen. Wenn das Internet, wie in Kapitel 4 erwähnt, aufgrund gesellschaftlicher Vorstellungen als Massenmedium abgewertet wird, überträgt sich dies auf die zwischenmenschlichen Beziehungen, die mit Hilfe des Mediums entstanden sind. Als Konsequenz werden solchen Verbindungen »wahre Liebe« und entsprechende Emotionen abgesprochen. Findet sich jedoch in den Geschichten der Paarentstehung eine hohe Dichte an gängigen Liebesmotiven und -idealen wieder, wirkt diese dem »Stigma« der angeblich oberflächlichen und schnelllebigen Internetbeziehungen entgegen.

Zum Großteil überschneiden sich die Merkmale, die in den Erzählungen der Online-Dater-Paare vorherrschen mit denjenigen, die Paarzuschreibungen dominieren. In den »Erfolgsstories« der Börsen wird deutlich, wie Liebesideale, idealtypische Verhaltensweisen des Paares und zugehörige Motive eine signifikante Verdichtung erfahren. Beispiele solcher Titel sind: »Daniela und Jens: Kuss im Schneegestöber« (Parship 2008b) oder »Kerstin und Jochen: Magische Momente am Kamin« (ebd.). Im »Kuss im Schneegestöber« kommen Naturromantik und körperliche Intimität zusammen. Die »Magischen Momente am Kamin« stehen für Erfahrungen des Außeralltäglichen, wie Honneth (2003a: ix) formuliert. Strikt genommen, muss ein Moment vor dem Kamin keine Besonderheit darstellen, aber wenn die Zeit bewusst gemeinsam dort verbracht wird, bekommen derartige Augenblicke romantische, »außeralltägliche« Qualitäten zugeschrieben, weil sie emotional als etwas Besonderes erlebt werden. Die Verdichtung solcher Motive wirkt nicht auf jeden Online-Dater überzeugend:

@ »Sorry, aber mir kommt das vor, wie so ein Julia-Roman oder Bergdoktor. Das ist ja alles nett, aber irgendwann auch zu viel des Guten. Voll der Kitsch, ich kann das echt nicht mehr ernst nehmen!« (Margitt)

Margitts Bemerkung verdeutlicht die unterschiedlichen Meinungen, die Online-Dater mir gegenüber äußern. Auch wenn das Paar für alle meine Informanten als herausragendes Symbol ihrer Wünsche und ihrer Partnersuche gilt, sind die Ansichten, Bewertungen und Vorstellungen über dieses Motiv facettenreich.

Zusammenfassung: Das Paar

Das Motiv des Paares nimmt als ideelle Liebesvorstellung und als zwischenmenschliche Beziehungskonstellation eine zentrale Bedeutung beim Online-Dating ein. Folglich lassen sich an diesem Motiv kulturspezifische Annahmen über die Partnersuche herausarbeiten. Erstens ist das Paar Teil der Zielsetzung des Online-Dating, bei dem Singles den Statuswechsel zu einem Paar vollziehen möchten. Zweitens symbolisiert das Paar in dem von mir untersuchten kulturellen Kontext die romantische Liebe, es ist die Umsetzung und Verkörperung der Gefühle und der Emotionen. Resultat dessen ist die untrennbare Verbindung von Liebes- und Paarvorstellungen. Drittens sind die dem Paar zugeschriebenen Eigenschaften, Verhaltensweisen und Symbole in Verbindung mit dem gesamten kulturellen und sozialen Kontext zu sehen. Das Paar ist ein kulturell geprägtes Beziehungsmodell, in seinen Darstellungsformen verdeutlichen sich Machtverhältnisse, Moralvorstellungen, Ideen von Familie und Verwandtschaft sowie Vorstellungen über soziale Positionen und Lebensführung. Von einigen Börsen wird eine auf populär-psychologischer Basis fußende Kompatibilität anstelle romantischer Liebe als Grundlage der Partnerschaft dargestellt. Diese Annahme übt für manche Online-Dater eine hohe Anziehungskraft aus. Allerdings wird in den Aussagen meiner Informanten deutlich, dass die Liebe zwischen einem Paar als derart elementar gilt, dass sie nach wie vor als zentraler Grund der Paargenese verstanden wird. Dem Paar werden weiterhin verschiedene Motive und Verhaltensweisen zugeschrieben. Die gängigen Moralverstellungen erlauben und erfordern, dass ein Paar zwecks Demonstration seines Status physischen Kontakt eingeht. Zahlreiche als paartypisch geltende Vorstellungen enthalten Bewertungen des Besonderen und/oder fallen in den Themenkreis Freizeit.

Im Nachfolgenden gehe ich auf einen Aspekt des Online-Dating ein, der von vielen Börsenmitgliedern als kontrovers verstanden und diskutiert wird: Es handelt sich um das Thema Kapital und Partnersuche.

Online-Dating und Kapital

>»Du sollst Stil haben, wissen, wie man Walzer
tanzt und Lambrusco von einem Bordeaux unterscheiden können. Ich freue mich, mit dir Konzerte in der Musikhalle zu besuchen oder ins Schau-
spielhaus zu gehen und über die Inszenierung
zu diskutieren...«
>
> (Mann, 45 Jahre, anonym, Online-Profil)

>»Tussis, Sonnenbankbräute und Wasserstoff-
blondierte, die lieber auf den Dom gehen anstatt
auf nen amtliches Rockkonzert, die brauchen
hierauf nicht zu antworten. Wer sich nen reichen
Kerl schnappen will, ist hier an der falschen
Adresse. Von mir bekommst du Liebe und Zunei-
gung, aber ich werde dich nicht kaufen... «
>
> (Mann, 32 Jahre, anonym, Online-Profil)

>»Liebe hat nichts mir Geld zu tun, Liebe ist weit
weg von Konkurrenz und Nutzen. Liebe überwindet alles und versetzt Berge. Aschenputtel trifft
auf seinen König und der Frosch wird zum Prin-
zen. Liebe ist ein Himmel voller Sterne. Nach all
diesen will ich gemeinsam mit dir greifen.«
>
> (Mann, 37 Jahre, anonym, Online-Profil)

Die drei Zitate stammen aus Profilen als Teile »persönlicher State-
ments« in Finya.de. Die Beispiele sind nicht nur Zeugnis individueller Ansprüche, sondern thematisieren in unterschiedlichen Zusammenhängen die Beziehung zwischen der Liebe, der Partnersuche
und dem weitläufigen Bereich Kapital im Sinne einer Ressource. Im
ersten Zitat wird ein Kapital an Stil und Geschmack von dem zukünftigen Partner gefordert. Geschmack und Stil basieren in diesem
Fall auf einem gehobenen Lebensstandard, womit eine direkte Verbindung zum Geld als Teil des ökonomischen Kapital entsteht. Im
zweiten Zitat wird die Vorliebe für einen alternativen Lebensstil beschrieben und zugleich vehement das Einbringen finanzieller Erwägungen in die Liebe abgelehnt. Liebe und ökonomisches Kapitel gelten hier als unvereinbar. Im dritten Zitat wird die Vorstellung
aufgegriffen, dass Liebe soziale Unterschiede überwindet. Versteht
man Kapital im alltagssprachlichen Sinne von Geld/Finanzen, stößt
man rasch auf das mehrmals erwähnte kulturelle Ideal, dass finanzielle Erwägungen aus der Liebe fernzuhalten sind. Auch der Gedanke, dass Liebe soziale Grenzziehungen überwindet, ist eine oft
geäußerte Vorstellung. Zugleich findet man im Internet so unterschiedliche Börsen wie Gleichklang.de (2008) und Elitepartner.de

(2007): Gleichklang.de bietet einen Sozialtarif an und zielt auf ein alternativ lebendes Publikum ab, dem Asexualität ein Begriff ist und vegane Lebensweisen vertraut sind. Elitepartner.de wirbt dagegen explizit mit der gehobenen »Klasse« seiner Teilnehmer, was sich z. B. in der Vermittlung von Golfreisen widerspiegelt. Sollte in der Tat die Partnersuche frei von Erwägungen des sozialen und finanziellen Hintergrundes sein, so bestünde keinerlei Sinn darin, auf der ersten Seite einer Partnervermittlungsagentur mit der Anzahl der Akademiker zu werben. Wie kommt es dann aber, dass eine Vielzahl von Börsen eben mithilfe gesellschaftlicher und (sub-) kultureller Differenzierungen arbeitet und sich Online-Dater aufgrund eines entsprechenden Profils für eine bestimmte Börse entscheiden? Erklärungen dafür finden sich, wenn man die Wichtigkeit des Kapitals für das Online-Dating näher betrachtet.

Ich unterteile Kapital im Rahmen dieser Untersuchung in ökonomisches und nicht-ökonomisches Kapital. Letzteres bezeichne ich in Anlehnung an Bourdieu (1992) als kulturelles und symbolisches Kapital. Diese zunächst theoretisch anmutenden »Kapitale« stellen fest integrierte Bestandteile des Alltags der Online-Dater dar: Sie arbeiten, um Geld zu verdienen, sie investieren ihr Geld (z. B. in einen Computer) oder legen ein Teil für Hauskauf und Familiengründung zurück (auch wenn sich noch kein Partner eingefunden hat). Die unterschiedlichen Online-Dater verfügen durch das komplexe Gewebe aus Bildungshintergrund, Familiensituation und anderen Einflüssen über kulturelles Kapital – welches sich unter anderem in ihren persönlichen Vorlieben (Geschmack, Stil, »Lifestyle«) widerspiegelt. Vor der Darstellung der empirischen Annäherung an das Verhältnis von Online-Dating und Kapital ist zunächst eine kurze Einführung in die Zusammenhänge von Kapital und Partnersuche notwendig.

Ökonomisches Kapital und Liebe/Partnersuche

> »Say you don't need no diamond ring and I'll be
> satisfied. Tell me that you want the kind of thing
> that money just can't buy I don't caretoo much
> for money, money can't buy me love«
> (Beatles, »Can't buy me love«)

Ökonomisches Kapital steht im Rahmen meiner empirischen Betrachtungen für »Geld« im umgangssprachlichen Sinn. Ein Beispiel dafür ist das Einkommen, das einer Person monatlich zur Verfügung steht. Weiterhin zählen auch Kapitalanlagen im Sinne von Aktien, Bausparverträgen, Versicherungen dazu. In der Gesellschaft meiner Informanten werden Geld und Liebe der Norm nach als separate Lebensbereiche aufgefasst. Dahinter liegt die Vorstellung, der Partner solle um seiner selbst willen geliebt werden, er darf nicht als eine finanzielle Absicherung verstanden werden. In der Praxis besteht aber keine strikte Trennung zwischen den beiden Bereichen; das ökonomische Kapital bestimmt nicht zuletzt die Form der Partnersuche. Die Gestaltung der Partnersuche ist immer auch eine Frage des finanziellen Vermögens. Auf das Online-Dating übertragen kann das finanzielle Kapital entscheidend für den Entschluss sein, in eine kostenpflichtige oder kostenfreie Börse einzutreten. Weitere Kosten des Online-Dating sind beispielsweise der Zeitaufwand, den die Suche in den Börsen mit sich bringt, oder die Bereitschaft, eine Vielzahl von Reisewegen in Kauf zu nehmen, um Leute, die man über die Börse kennenlernt, zu treffen. Geht man auf die Zielsetzung, einen Partner zu finden ein, findet sich ebenfalls eine Verbindung zwischen Liebe/Partnerschaft und ökonomischem Kapital. Das Paar agiert in vielen Zusammenhängen als kleinste ökonomische Einheit der Gesellschaft – sofern man davon ausgeht, dass die Einkommen zu einem gemeinsamen zusammengefügt und wieder auf die einzelnen Haushaltsmitglieder verteilt werden (dies kann sowohl in Form von Geld als auch in Form von Gütern geschehen). Mit der Eheschließung wird nicht nur eine dyadische Liebesbeziehung vor dem Gesetz bestätigt, sondern der finanzielle Status eines Paares gesetzlich reglementiert. Kapital (sowohl im Sinne Marx' als auch im Sinne Bourdieus) ist weiterhin eine Ressource, die Machtverhältnisse in persönlichen, intimen Beziehungen beeinflusst. Finanzielle Hintergründe können im Sinne von »eigenes Geld« gleich »eigenes Leben« als Motor von Individualisierungsprozessen verstanden werden (Wimbauer et al. 2002: 1).

Die idealtypische Separation von Liebe, Partnerwahl und finanziellen Einflüssen stellt nach Constable (2003: 116) eine weitestgehend westliche Annahme dar. Constable beschreibt, dass US-amerikanischen Männer es als geschmacklos bewerten, finanzielle Erwägungen mit den Bereichen Liebe und Partnerwahl zu vermischen. Asiatische Frauen hingegen empfinden es keineswegs als abwertend, derartige Überlegungen in die Partnerwahl einfliessen zu lassen (ebd.). Zur Erklärung des Verhaltens der US-Amerikaner arbeitet Constable mit dem Konzept der Trennung eines privaten und eines öffentlichen Bereiches, ein Konzept, das zur Separation von Geld und Liebe beiträgt.[4] Als eine typisch amerikanische Perspektive auf die Familie zitiert Constable die Autorinnen Collier/Rosaldo/Yanagisako:

---

4   Eine Erläuterung zu der Einstellung zum Thema Finanzen und Liebe seitens der asiatischen Frauen liefert Constable leider nicht.

»[the family is] the antithesis of the market relations of capitalism; it is also sacralized... as the last stronghold against the state, as the symbolic refuge from the intrusion of the public domain that consistently threatens our sense of privacy and self determination.« (Collier/Rosaldo/Yanagisako nach Constable 2003: 116)

Honneth vertritt eine ähnliche Ansicht. Er schreibt: Die Liebe »verspricht (...) die Befreiung aus einer sozialen Welt, die zunehmend von marktförmigen, >kalten< Beziehungen gekennzeichnet ist« (2003: ix). In dieser Ansicht stimmt er mit Illouz (2003, 2006) überein.[5] Übersehen wird, dass die »Antithese der Marktbeziehungen« spätestens in ihrer Variante als staatlich besiegelte Ehe die erwähnte ökonomische Komponente enthält. Constable, Honneth und Illouz verwenden zwei Argumentationsstränge: Zum einen wird mit der Struktur »privater vs. öffentlicher Lebensbereich« gearbeitet, zum anderen werden kapitalismuskritische Diskurse eingebracht. Beide Argumentationsstränge stützen sich gegenseitig. Ebenso beachtenswert ist, dass in diesen wissenschaftlichen Auseinandersetzungen von Honneth und Illouz Liebe als höchstes Gut verstanden wird, welches vor negativen Einflüssen zu schützen ist. Vermischt sich der Themenkreis Liebe/Beziehung/Partnerwahl mit kapitalistischen und monetären Elementen, befürchten die Autoren, dass die Liebe an Reinheit und Authentizität verliert. Eine derartige Separation von privaten und öffentlichen Bereichen auf analytischer oder interpretatorischer Ebene halte ich für fragwürdig. Allerdings kann von einer Unterscheidung in dem Sinne gesprochen werden, als dass sie in den Vorstellungen der von mir befragten Informanten existiert. Auch sie stellen, vereinfacht ausgedrückt, die Gleichung »Liebe = Privatleben« auf und tendieren dazu, diesen Lebensbereich als separat von anderen zu erleben und darzustellen. Dabei handelt es sich aber um kulturelle Vorstellungen, die auch als solche behandelt werden müssen.

Zur Verbindung von Kapitalismuskritik und der Imagination einer »wahren« Liebe ist zu sagen, dass diese keineswegs neu ist, sondern eine lange Tradition aufweist. Engels (1946) sieht die monogame, bürgerliche Liebesehe als Trugschluss an, die Grundlagen einer solchen Ehe kommen für ihn durch Klassenzugehörigkeit und nicht durch Liebe zustande. Die Ehe ist letzten Endes für ihn Konvention und nicht Ausdruck der Liebe. Personen der Arbeiterklasse hingegen haben seinem Verständnis nach keinen materiellen

---

5 Illouz zielt darauf ab, kritisierend zu zeigen, dass die Gesetzmäßigkeiten des Marktes sich in den Praktiken der Liebe widerspiegeln. Die Liebessymbole unterliegen einer ständig zunehmenden Kommodifizierung und die kapitalistische Gesetzmäßigkeiten finden ihren Eingang in die Verhaltensweisen der ehemals altruistischen Liebe.

Verlust zu befürchten, folglich findet sich »wahre« (ergo altruistische Liebe um des Anderen willen) nur in dieser Klasse. Im »Kommunistischen Manifest« folgern Marx/Engels (1999), dass Liebe und Familie nur in einer kommunistischen Gesellschaft existieren können, befreit von Privateigentum und Herrschaftsansprüchen. Ihre Ausführungen knüpfen an ein zutiefst verinnerlichtes Liebesverständnis an, dessen Hauptbestreben es ist, die Liebe als eine möglichst »pure« oder »reine« Emotion zu handhaben. Diese Haltung setzt sich in Diskursen zu Liebe und Partnerschaft fort, die man beim Online-Dating findet.

Nichtökonomisches Kapital, Liebe und Partnersuche

Bourdieu unterteilt verschiedene Formen des Kapitals. Demzufolge existiert das kulturellen Kapital (Bourdieu 1992). Es handelt sich dabei um eine Ressource von objektiven und subjektiven Strukturen. Das kulturelle Kapital stellt ein Ordnungsprinzip und ein Mittel zur Darstellung und Charakterisierung individueller Macht dar. Aufgrund seines Weitergabemodus wird es auch als symbolisches Kapital bezeichnet. Das kulturelle Kapital nach Bourdieu (1992: 53) kann in drei Formen existieren:

- In verinnerlichtem, inkorporiertem Zustand (1992: 55): Hierzu zählt die Bildung durch familiäre und andere Erziehung. Die Aneignung des kulturellen Kapitals in diesem Zustand kann sich unbewusst und ohne pädagogisch-erzieherischen Einfluss vollziehen. Als Konsequenz daraus ist es Bestandteil der kompletten Person als biologisches und geistiges Lebewesen und bedingt (ebenso wie die Gefühle und Emotionen) die Einzigartigkeit eines Menschen.
- In objektiviertem Zustand: Hierunter fallen Güter wie Bilder, Bücher oder Lexika (Bourdieu 1992: 59).
- In institutionalisiertem Zustand: Im institutionalisierten Zustand wird das kulturelle Kapitel beispielsweise durch akademische Titel repräsentiert (Bourdieu 1992: 61).

Die Weitergabe des kulturellen Kapitals gleich welcher Form versteht Bourdieu als verborgen (1992: 57). Aus diesem Grund wird es häufig nicht als eine Form von Kapital erkannt und kann als symbolisches Kapital verstanden werden. Als sogenanntes symbolisches Kapital setzt es sich mithilfe der symbolischen Gewalt durch (1973: 11ff). Bourdieu schreibt, symbolische Gewalt ist »jede Macht, der es gelingt, Bedeutungen durchzusetzen und sie als legitim durchzusetzen, indem sie die Kräfteverhältnisse verschleiert, die ihrer Kraft zugrunde liegen« (Bourdieu 1973: 12). Symbolisches Kapital verleiht einer Person Prestige. Das kulturelle Kapital kommt in seiner symbolischen Form zum Tragen, wenn es um die Partnerwahl geht, denn es wird als

»legitime Fähigkeit oder Autorität anerkannt, die auf allen den Märkten (z. B. dem Heiratsmarkt) zum Tragen kommt, wo das ökonomische Kapital keine volle Anerkennung findet.« (Bourdieu 1992: 57)

Dass das ökonomische Kapital auf dem »Heiratsmarkt« »keine volle Anerkennung findet«, bedeutet bezogen auf die Liebesideale, dass Liebe frei von finanziellen Interessen sein soll. Der Gebrauch des kulturellen bzw. des symbolischen Kapitals als eine wichtige Autorität lässt sich bei der Online-Partnersuche beobachten, wenn es um Fragen des Geschmacks geht: Fast jede Börse fragt die individuellen Vorlieben ab (z. B. Wochenendgestaltung, Freizeit). Geschmack im Sinne von Vorlieben bezüglich Wohnungseinrichtung, Kunst, Reisen, Musik oder Essen ist nach Bourdieu jedoch eine Folge des sozialen Status und des verinnerlichten Habitus. Diese Vorlieben, die oft als individuell angesehen werden, dienen nach Bourdieu letztlich der Distinktion von anderen sozialen Klassen.

Nach dieser kurzen Einführung in die Varianten von Kapital werden nun die Beziehungen zwischen ökonomischem Kapital, kulturellem Kapital und Online-Dating aufgezeigt.

Geld für die Liebe

>»Ich halte Online-Dating für ein sehr pragmatisches Vorgehen: Man zahlt (sofern man nicht in einer Umsonstbörse ist), man sucht, man wählt, man gibt sich einen Tritt in den Hintern und mailt einer Person, man trifft sich und checkt sich ab. Das ist aber auch total desillusionierend und unromantisch. Mein größtes Problem am Anfang war: Zahle ich wirklich für die Partnersuche oder bin ich dafür zu stolz?« (Manuel)

Geld für die Suche nach der Liebe auszugeben ist für viele Online-Dater ein emotional belegtes Thema. Geld und die Partnersuche im Netz sind unbestreitbar eng miteinander verwoben: Es existieren professionelle Anbieter (die Börsen), die sich entweder über Werbung auf den Börsenseiten oder über die Beiträge der Mitglieder finanzieren. Die Preispolitik der Börsen variiert. Es ist für die User nicht leicht, sich Zugang zu den Zahlungsangaben zu verschaffen, wie Elena beschreibt:

»Mir hat Parship.de persönlich sofort wegen seiner Aufmachung zugesagt, aber ich habe dann, bevor ich eingetreten bin, trotzdem viele Börsen verglichen.. ein bisschen verrückt bin ich dabei schon geworden: Monatspaket hier. Ermäßigung da und dann dieses Herumgeklicke, um zu den Zahlungsinfos zu kommen. Ich muss zugeben, dass es mir ab einem Punkt egal war, nachdem ich mich fürs Zahlen entschieden habe. Parship.de gefiel mir, und da nehme ich dann auch den Preis in Kauf!« (Elena)

Es ist nicht einfach, sich im Dschungel der unterschiedlichen Gebühren der einzelnen Börsen zu orientieren. Es gilt nicht nur die Unterschiede zwischen den Börsen ausfindig zu machen. Auch in den einzelnen Börsen muss man über die Anteile kostenpflichtiger und kostenfreier Dienstleistungen einen Überblick gewinnen. Oft beginnt der anfängliche, meist stark beworbene Service kostenlos, aber die entscheidenden weiteren Schritte sind gebührenpflichtig: Elitepartner.de und Parship.de bieten kostenfreie Persönlichkeitstests an, die Auswertung ist bei Elitepartner.de jedoch kostenpflichtig. Beide Börsen erheben zudem Gebühren für das Vermitteln der Kontakte: Man bekommt von Parship.de zwar als nicht zahlendes Mitglied Partnervorschläge zugeschickt. Möchte man jedoch Kontakt zu einer dieser Personen aufnehmen, muss man in den kostenpflichtigen Modus wechseln. Einige Börsen ermöglichen Preisermäßigungen. Elitepartner.de bietet für drei Gruppen eine Ermäßigung an: Twens (Personen unter 30 Jahren), Alleinerziehende und Existenzgründer (2008f). Vor allem durch die Begünstigung von Existenzgründern wird deutlich, dass diese Börse eine Klientel anstrebt, die über ein grundlegendes ökonomisches Kapital oder über das Wissen um die Rekrutierung finanzieller Ressourcen verfügen muss.[6] Gleichklang.de (2007a) arbeitet mit einem anderen finanziellen Konzept: Die Börse bietet reduzierte Tarife für Geringverdienende an, bis hin zu einer symbolischen Summe von einem Euro pro Monat. In der Presseerklärung wird statuiert, dass Menschen mit wenig Geld wie Hartz-IV-Empfänger, Langzeitarbeitslose oder psychisch/physisch Erkrankte nicht vom Online-Dating ausgeschlossen werden sollen. Nach Angaben von Gleichklang.de nutzten 10% ihrer Teilnehmer den sogenannten Sozialtarif.

Die Preise, gleich wie gestaffelt, sind jedem Online-Dater einer gebührenpflichtigen Börse bekannt und bewusst. Diese Kosten können nicht unbeträchtlich werden. Viele Börsen bieten Abonnements oder Monatspackete an. Je länger der bezahlte Zeitraum ist, desto günstiger wirkt sich das auf den Preis aus. Elena und Manuel, beide in kostenpflichtigen Börsen seit mindestens zwei Jahren, haben jedoch immer höchstens sechs Monate abonniert:

---

6   Dies bedeutet nicht, das jeder Existenzgründer per se ökonomisch reich sein muss. Wichtig ist die Fähigkeit, mit ökonomischem Kapital umgehen und sich beispielsweise finanzielle Ressourcen via Kredite beschaffen zu können. Solche Fähigkeiten erfordern wiederum kulturelles Kapital.

@ »… denn man weiß ja nie was kommt! Vielleicht treffe ich ja wen und dann sitze ich da mit dem Abo (und es führt mich eventuell in die Versuchung, weiterzusuchen…)« (Manuel)

Die Preise der Börsen für drei Monate variieren stark: Elitepartner.de kostet beispielsweise ab 49,90 € im Monat bei einem Drei-Monatspacket (2008f) ohne die erwähnten Ermäßigungen. Bei Parship.de kostet unbegrenztes Kommunizieren für drei Monate 150 € (singleboersen-vergleich.de 2008a). Datingcafe.de (2008b) fordert dagegen nur 39,90 € für den gleichen Zeitraum. Manuel hat somit für seine zwei Jahre im Datingcafe ca. 160 € ausgeben. Elena zahlte für die gleiche Zeitspanne in Parship.de wesentlich mehr. Allerdings sagen beide, dass sie de facto länger als 24 Monate in den Börsen sind, weil sie Testmonate und Vergünstigungen durch verlängerte Mitgliedschaften in Anspruch nehmen konnten. Im Vergleich dazu zahlt man für einmalige Kontaktanzeigen in einem Hamburger Stadtmagazin (Szene) mindestens 15 €[7]. Für diesen Preis kann man einige Zeilen á 20 Zeichen schreiben und wird über eine Kontaktanfrage per Brief oder durch E-Box benachrichtigt. Diese Benachrichtigungen kosten mindestens 4 €, allerdings besteht die Option, die Antworten selbst kostenfrei im Verlag abzuholen. Rechnet man bei einem durchschnittlichen Preis von 15 € monatlich für zwei Jahre eine Kontaktanzeige, so ergibt sich ein Betrag von 360 €. Wie viele andere Online-Dater haben Manuel und Elena allerdings nie in Betracht gezogen, Anzeigen zu schalten, da sie die Optionen der Internetbörsen vorziehen:

»Nein, das wollte ich nie. Ich stelle mir das zu langweilig und irgendwie auch zu langsam vor. Ich mag es, mir Bilder anzusehen und auch mal rasch hin und her zu mailen. Da muss ich nicht Ewigkeiten warten, das ist vielleicht auch ein ökonomischer Gedanke im Sinne der Zeitersparnis. Und online habe ich mehr Anhaltspunkte! Da zahle ich dann auch lieber mehr für…« (Manuel)

»Die Vorstellung, eine Anzeige zu schalten und jemand völlig Unbekanntes erwartet dich, am besten mit einer Rose in der Hand, hat etwas Romantisches. Aber mir war es einfach zu ungewiss: Ich mag es, vorher mit den Männern zu mailen und eben nicht einfach loszugehen und sich zu treffen. Zahle tue ich schließlich auch, für die Partnervorschläge, die aufgrund meines Persönlichkeitstest gemacht werden (…) Außerdem haben Kontaktanzeigen für mich etwas Altbackenes. Deshalb habe ich es niemals gemacht. Da kommt irgendwie die Assoziation Heiratsschwindler auf, auch wenn das sicher irrational ist. Im Internet fühle ich mich sicherer, ich glaube, dass ich da Strukuren einschätzen

---

7   Bei Privatanzeigen kosten die ersten 100 Zeichen 5 € (Leerzeichen werden mitgezählt), jeweils 20 weitere Zeichen zusätzlich 1 € (Szene Hamburg 2008).

kann und mir zumindest ansatzweise ein Bild durch Mails und Fotos von einem Menschen machen kann!« (Elena)

Unabhängig davon jedoch, welche Börse und damit auch welchen Mitgliedsbeitrag ein Online-Dater wählt und durch welche Aspekte die Zahlung als gerechtfertigt empfunden wird: Zu Beginn des Online-Dating steht die Entscheidung an, ob man Geld für die Suche nach der Liebe investieren möchte. An dieser Stelle trifft das Verfahren Online-Partnersuche auf das Liebesideal der Separation von Geld und Liebe. Daraus können Konflikte für einzelne Online-Dater entstehen:

»Am Anfang fand ich es schon komisch, Geld für die Partnersuche zu investieren. Irgendwie widerspricht das meinen Idealvorstellungen, Geld und Liebe sollte man doch trennen. Auf der anderen Seite aber stand mein Wunsch: Ja, ich will eine feste Freundin und ich muss mir auch eingestehen, dass meine Bemühungen bis dato erfolglos waren. Auf eine bestimmte Weise halte ich meinen Entschluss für sehr pragmatisch. Ich war dann aber auch schnell überzeugt mit datingcafe.de: Ich hatte das Gefühl, für mein Geld etwas Gutes geboten zu bekommen. So teuer ist es da auch nicht, mehr als 20 € pro Monat kann und will ich für sowas auch nicht aufgeben. Außerdem glaube ich, dass die Vermittlungen, für die Männer zahlen, wesentlich seriöser sind, weil dann weniger >abgeschleppt< wird, wenn ich das mal so sagen darf.« (Manuel)

Ausgaben für die Partnersuche gehören in Deutschland zur Normalität. Im Schnitt soll ein Single ca. 448 € im Jahr dafür ausgeben (Parship.de 2007f). Davon werden 63% in Ausgahabende investiert, 33% in erste Dates und 3,5% in professionelle Dating-Services. Im Vergleich dazu sind feste Beziehungen teurer: Deutsche Paare investieren mit rund 2 300 € jährlich mehr als fünfmal so viel in ihre Partnerschaft (ebd.). Parship.de schreibt in der gleichen Studie, dass Deutsche im internationalen Vergleich relativ zögerlich in die Partnersuche investieren, z. B. sich bei Rendezvous zunächst finanziell zurückhaltend zeigen. Manuel begründet eine derartige Haltung, die viele Online-Dater teilen: Am Anfang gibt es Bedenken, für die Vermittlung der Liebe zu zahlen, weil es dem Liebesideal widerspricht. Dem gegenüber steht aber der sehr eindringliche Wunsch, einen geliebten Menschen an seiner Seite zu haben. Das Zahlen für die Vermittlung wird somit von Manuel als pragmatischer Entschluss gewertet, um letztlich sich selbst zu helfen. Ausschlaggebend für Manuel bei der Börsenauswahl ist zudem der Gedanke, dass Geld für Seriosität der Börse sorgt: Das Zahlen führt dazu, es sich genau zu überlegen, ob man eintreten möchte, ob man ernsthaft einen Partner sucht oder eventuell nur ein wenig Abenteuer in seinen Alltag bringen möchte. Interessanterweise versteht Manuel diese Haltung als geschlechtsspezifisch-männliche. Damit unter-

stellt er seinen Geschlechtsgenossen bei der Partnersuche tendenziell unlautere Motive beziehungsweise Frauen eine höhere Affinität
zur Ehrlichkeit. Datingcafe.de, Manuels Börse, begründet sein Zah-
lungssystem, bei dem Männer unter 45 Jahren eine Gebühr entrichten müssen, allerdings nicht mit derartigen Gedankengängen:
Wie an anderer Stelle erwähnt, geht die Börse davon aus, dass in
jüngeren Altersgruppen mehr männliche Singles suchen. Indem
Männer nun für die Dienstleistungen des Datingcafes zahlen müssen, sieht die Börse eine paritätische Verteilung gewährleistet. Manuels Gedanke, dass Zahlungen »unseriöse« Online-Dater abhalten
können, erweist sich jedoch nicht als grundlos. Finya.de ist kostenfrei. Im Profil ist es möglich, seinen Beziehungsstand einzugeben.
Es gibt durchaus Mitglieder, die sich als verheiratet oder in einer
Beziehung lebend bezeichnen, aber auf der Suche nach »Abenteuern« sind. Ich schrieb einem 37-jährigem Mann, der sich dort als
verheiratet eingetragen hat und laut eigenen Angaben auf der Suche nach einem Abenteuer ist, und fragte, warum er in Finya.de ist.
Hier seine Antwort:

@»Ja, da bin ich ehrlich. Ich will den Nervenkitzel. Klar, jemanden fürs Bett mal
zwischendurch zu finden ist super, aber bereits all diese E-mails kicken mich
schon... Ich glaube, ich mag die Kontakte, ich finde das toll, was dann im Kopf
bei mir abgeht.Ich weiß, dass ich damit meine Beziehung gefährde, aber mir ist
das für diesen Kick ehrlich gesagt egal. Aber für solche Spielereien zahlen,
möchte ich dann doch nicht. Das lohnt sich nicht!«
@ JD:
»Aber warum Finya? Und nicht dann Poppen.de oder so?«
@ Online-Dater:
»War ich schon kurz drin, aber ich muss zugeben, das war mir echt zu direkt.
Bisschen was Mitmenschliches soll auch dabei sein! Ich habe ja schließlich auch
Ansprüche. Und solange ich hier keinem was vormache... allen Frauen, die ich
getroffen habe, wussten, woran sie sind. Und ich bin mir sicher, dass es sie
nicht weiter gestört hat!« (Mann, 37 Jahre, anonym)[8]

Die Überlegung, das Geld von Abenteuersuchenden oder »Fun-
Flirtern«, wie Manuel sie bezeichnet, abhält, ist weit verbreitet. Elena bezieht dieses Verhalten jedoch nicht nur auf Männer, sie sieht
in dem Zahlen des Mitgliedsbeitrags ebenso wie Manuel einen
Schutz vor derartigem Missbrauch:

»Ich denke, das Parship.de einfach auch zu teuer ist, um mal jemanden >mal
schnell in die Kiste zu kriegen<. Das kann man doch woanders billiger und

---

8 Der Kontakt nahm übrigens einen interessanten Verlauf: Ich fragte nach,
ob er sich denn sicher sei, dass seine Frau nicht auch in der Börse wäre.
Daraufhin äußerte er die Verdächtigung, dass ich eine Freundin seiner Frau
sein könne, die ihm nachspioniere. Als ich darauf antworten und u. a. explizit auf meinen Blog zur Doktorarbeit verweisen wollte, war dies nicht
mehr möglich, weil er sein Börsenprofil gelöscht hatte.

schneller haben, vor allem als Frau. Mir ist dass recht so mit dem Zahlen, weil, auch wenn es etwas merkwürdig klingen mag, in meinen Augen die Seriosität in einer Börse hebt. Und damit meine ich nicht nur mal eben 10 € im Monat zu zahlen, sondern schon mehr. Vielleicht muss es manchmal so sein, um auszusortieren wie bei Aschenputtel: Die Guten ins Töpfchen, die schlechten ins Kröpfchen. Das heißt nicht, dass ich keinen Mann will, der sich nicht mal 50 € im Monat für Partnersuche leisten kann – ich will nur jemanden, der wirklich sucht. Ich habe schon bisschen Angst vor dem Vorwurf de Elitären oder Arroganten, dem will ich auf jeden Fall entgegenwirken.« (Elena)

Torben dagegen kann sich im Gegensatz zu Elena und Manuel nicht durchringen, Geld für eine Börse zu investieren, auch wenn ihm die Erwägungen der Seriosität nicht unbekannt sind:

@ Torben:
»Mir war klar, dass ich mich da in ein extrem kommerzialisiertes Feld begebe. Das macht keine Börse nur ihrer Menschenliebe willen. Aber so oder so, ich konnte mich nicht überwinden, in Parship.de oder so einzutreten. Ich glaube, dann hätte ich mir meine ganze Verzweiflung und vielleicht auch meine Erfolglosigkeit so richtig eingestehen müssen, weil ich dann eben ZAHLE. Bei dem Worten zahlen muss ich unweigerlich an KAUFEN denken. Und soll ich mir bitte eine Freundin kaufen?? Die Liebe kaufen?? Das kann es ja wohl nicht sein. Finya war somit eine tragbare Entscheidung: So ganz ernst ist es nicht, da tummeln sich unglaublich viele Wahnsinnige – aber ich treffe Frauen, ich tue was, und irgendwie habe ich auch mehr Hoffnung. Aber dafür zahlen - nee danke!«
@ JD:
»Wie kommst du nun genau auf die Verbindung zwischen dem Eingeständnis von Erfolglosigkeit und dem Zahlen für eine Börse?«
@ Torben:
»Ich glaube, weil Liebe und Geld nicht geht. Ich muss dann im übertragenen Sinn vielleicht schon an >käufliche Liebe< denken - was ja nichts mit der tiefen Verbundenheit und Intimität eines Liebespaares zu tun hat. Und genau das, so die Verbundenheit, die kann man nie kaufen. Aber wenn ich für eine Partnervermittlung zahle, tue ich das ja. Vielleicht nicht im ersten Schritt, aber wenn man's genau nimmt schon, so im zweiten, wenn man die Konsequenzen betrachtet! Und jemanden zu kaufen, klappt vielleicht, aber dann fehlt so das >Wahre<, das >Echte< – es ist und bleibt manipuliert. Zahlen ist irgendwie zu banal für sowas wie die Liebe!!«
@ JD:
»Hast du dir mal Gedanken über die Unterschiede zwischen kostenpflichtigen und umsonst-Börsen gemacht?«
@Torben:
»Klar - wo man zahlt, ist es sicher seriöser, die Hemmschwelle, da nur herumzukaspern ist so 30 € pro Monat höher!! Das ist ein Argument, aber irgendwie bringe ich es nicht übers Herz, dafür zu zahlen. Und sowieso: Es gibt auch in freier Wildbahn, also im RL, genug Leute, die nur ihren Spaß wollen. Das muss man einfach wissen.«

Torbens Darstellung bringt eine weitere Perspektive in die Beziehung von Kapital und Online-Partnersuche: Torben verbindet die Zahlung für die Partnersuche mit dem schmerzhaften Eingeständnis seiner bisherigen Erfolglosigkeit. Das Zahlen nimmt hierbei eine psychologische Komponente ein, welche die Pole Erfolg und Misserfolg hinsichtlich intimer, persönlicher Beziehungen separiert. Hintergrund dessen ist nicht nur die Vorstellung, dass Geld und Liebe getrennt zu behandeln sind, sondern auch, dass die Liebe ein transzendierendes, quasi »außerweltliches« Element beinhaltet. Sobald in den Bereich Partnerschaft/Liebe Geld involviert wird, verdeutlicht das weltliche Zahlungsmittel den emotionalen Misserfolg, weil ein zutiefst verinnerlichter Wert verletzt wird. Geld gilt als Manipulationsinstrument: Es mag, laut Torben, der Partnersuche dienlich sein, für eine Börse zu zahlen, aber es geschieht auf Kosten der Authentizität. Torbens Ausführungen ähneln den Ideen von Marx/Engels (1999). Liebe ist demnach nur »wahr«, wenn weder monetäre Einflüsse noch der Wunsch nach Macht in einer Beziehung vorhanden sind. Auch Torben verbindet Machtbeziehungen mit monetären Verquickungen, wie das Mailinterview zeigt:

@ JD:
»Was verstehst du denn unter >Liebe erkaufen<?«
@ Torben:
»Das mit dem Liebe kaufen ist so eine Sache. Ich denke, dass es Leute wie mich oder uns weniger betrifft. Wir nagen nicht am Hungertuch, aber großartig dickes Leben ist auch nicht drin. Aber wenn mehr Geld da ist, ist es wahrscheinlich auch schneller gemacht – zumindest wenn der Charakter so ist – dass man doch mal schnell jemanden, den mal vielleicht sogar liebt kaufen will. Das kann auch subtil sein und keiner würde es so beschreiben, aber vielleicht so in der Art: Essen gehen, schicke Reise, halt einen bestimmten Lifestyle bieten. Aber dann gerät die Beziehung auch weit weg von jeder Gleichberechtigung: Einer sagt über solche Mechanismen wo's langgeht. Das funktioniert aber nur, wenn sich der andere sozusagen von diesen Geschenken kaufen lässt. Und für mich ist das dann keine wahre Liebe mehr!!«

Wie eingangs erwähnt, ist eine Partnerschaft/Beziehung als »Einheit« eng mit ökonomischem Erwirtschaften verbunden und auch in dieser »Einheit Paar« kann ein deutliches ökonomisches Ungleichgewicht herrschen. Torben differenziert dabei zwischen verschiedenen Situationen und deren Konsequenzen:

@ JD:
»Wie siehst du das denn, wenn in einer Beziehung oder Ehe nur ein Partner arbeitet?«
@Torben:
»Das ist total schwer zu sagen. Zum einen gibt es das Klischee des reichen

Mannes, der sein junges Weibchen zuhause hat, er hat viel Geld, sie viel Luxus und ist dabei Teil seines Luxus. So. Das hat den Beigeschmack der gekauften >Liebe<. Wenn jetzt meine Freundin schwanger wär oder gerade ein Kind da ist, ist es natürlich an mir, erstmal zu arbeiten. Das sollte aber keinen Einfluss auf die Grundlagen der Beziehung haben. Aber jetzt, wo ich eine Freundin suche, da erwarte ich doch von ihr ökonomische Eigenständigkeit. Das wäre doch total absurd anders. Irgendwie verbinde ich damit auch Selbstbewusstsein, Eigenständigkeit, gesunde Emanzipation und halt so die Fähigkeit, zu leben. Ich will eine Beziehung und keine Abhängigkeitsverhältnisse...aber das schreibe ich nicht ins Profil, weil das einfach die totale Selbstverständlichkeit ist! Aber im Profil oder bei den ersten Kontakten, da eruiere ich das sehr, wie sie so drauf ist, was das angeht! Ich such ja auch nicht ne Frau, bei der ich nur aufm Sofa liege, Stinkesocken trage, Bier trinke und Sportschau seh :)«

Ökonomische Unabhängigkeit der Partnerin ist für Torben so wichtig, dass er in den Profilen der Frauen und bei den ersten Treffen nach entsprechenden Anhaltspunkten dafür sucht.

@ JD:
»Woran erkennst du denn z. B. in einem Profil, ob die Frau arbeitet und selbstständig ist?«
@ Torben:
»:) Da habe ich vielleicht den Mund zu voll genommen. Also, mit Arbeit ist es schwer in den Profilen, weil viele so Aussagen wie >Kreatives< oder >Pädagogisches< oder so rein schreiben. Aber ich bilde mir, es am Grundtenor zu hören, wenn man dann Kontakt hat. Dass sie z. B. nicht immer Zeit hat, weil sie arbeitet, oder eine Mail von der Arbeit aus schickt. Und klar, fragt man ja so, was machst du denn. Aber ich muss sagen, dass ich immer so Frauen, die was machen hatte. Manche suchten vielleicht nach was Neuem, aber irgendwie, ja... Man sieht dann ja auch – oder spricht darüber – wie jemand wohnt. Also ich hatte ein, die wohnte bei Muddern, die hat das aber schon am Anfang per Mail gesagt. Keine Ahnung, ob das Geldgründe oder was waren, aber da habe ich dann mich verabschiedet. 34 Jahre alt und daheim wohnen find ich hochgradig unselbstständig!!«
@ JD:
»Gibt es Sachen am Verhalten, die dir Eigenständigkeit zeigen? Wenn du eine Frau aus einer Börse z. B. zum ersten Mal triffst?«
@ Torben:
»ja, klar, da ist das dann auch einfacher... Kleidung etc ob teuer oder nicht ist irrelevant, aber so das Auftreten, oder ob sie auch mal für uns beide später zahlen will. ich will mich damit nicht aushalten lassen, es geht mir einfach um ne gleichberechtigung. und sonst: ich frage! ob sie arbeitet und ob sie karrierepläne hat im weitesten sinn. ich finde sowas gut :) eine frau mit ambitionen halt. ich will ja auch nicht mein leben lang in der gleichen agentur sitzen... aber doch, irgendwie ist geldhaben auch bisschen wichtig: schön ist, wenn man dann auch mal zusammen wegfahren kann und so. das muss alles nichts großes sein, auch campen an der ostsee geht, aber doch, so ne grundlage, die sollte da sein, wenn ich ehrlich bin. aber ich kenn' auch nur so leute muss ich

zugeben. vieleicht geht es da ja auch um so ne lebenshaltung: man muss schon wissen, wie man durchkommt...«

@ JD:

»Erstmal danke für die schnellen E-Mails! Mal ganz direkt gefragt: Hast du Angst, dass du beim Online-Daten auf Frauen triffst, die dich finanziell ausnutzen?«

@ Torben:

»nö, wie sich das anhört. Nee, habe ich nicht, weil ich echt nichts habe. Nen kleines Sparkonto, für wenn mal die Waschmaschine kaputt ist oder für ein neues Surfbrett. Mehr ist da nicht! Also kann ich davor keine Angst habe. Ich will einfach nicht eine unselbstständige Klette suchen. Ich glaube, die ziehe ich nämlich an, weil ich viel mache und somit Aktivität vermittelt, die wohl in deren Augen für 2 reicht :)

Ebenso wie Torben sucht Elena nach Anhaltspunkten für den ökonomischen Hintergrund in den Profilen und bei den Treffen möglicher Partner. Ihre Argumentation ähnelt Torbens:

Elena:

»Für mich ist es wichtig, einen eigenständigen Partner zu haben. Das heißt nicht, dass ich nicht bereit bin, zu teilen, mir geht es um eine Lebenshaltung. Ich bin einer erwachsene Frau, die einen erwachsenen Mann sucht. Mir ist nicht wichtig, wie viel jemand verdient, aber dass er arbeitet. Wenn mir jemand erzählt, er sei so und so lange arbeitslos, dann werde ich schon misstrauisch. Ich kann mir nie vorstellen, gar nichts zu finden. Dann macht man mal dumme Aushilfsjobs, aber hängt nicht nur rum. Mir geht es darum, dass jemand eine Struktur in seinem Leben hat.«

JD:

»Meinst du, dass es Auswirkungen auf deine Partner hat, dass du dich in Parship.de eingeschrieben hast? Da zahlt man ja schon ein bisschen mehr, wie du selbst sagst.«

Elena:

»Klar, das hat es. Ich habe da noch keinen getroffen, der mir von Arbeitslosigkeit oder so erzählte. Natürlich macht es einen Unterschied, ob man nochmal 30 € übrig hat oder nicht, ich glaub' nicht, dass das jemand hat, der von Hartz IV lebt. Ich halte es nicht für ein Ausschlusskriterium, aber ich brauche wie gesagt einen finanziell unabhängigen Mann. Vielleicht ist das aber auch Resultat meiner Beziehung zum Vater meiner Tochter: Der hat irgendwann nichts mehr gemacht und das war erstens finanziell total schwer für mich. Diese finanzielle Belastung schlug sich dann auch in meinen Gefühlen zu ihm wieder: Ich fand seine Faulheit unfair und war gereizt. Im Nachhinein denke ich, dass er krank war, aber damals konnte oder wollte ich das auch nicht sehen. Auf jeden Fall wurden Geld und Gefühle immer weniger. Vielleicht ist es ja unbewusst, dass ich damit, dass ich einer teuren Börse bin, mir auch einen Mann suchen will, der mir eben nicht auf der Tasche liegt. Dennoch ist das keine Garantie dafür, und ich muss sagen, dass ich die Männer genau auf sowas überprüfe. Meinen finanziellen Hintergrund, der momentan gut ist meiner Meinung nach, lege ich z. B. nicht schnell offen, um mich zu schützen. Ich habe schon Angst davor, dass sich jemand in mein Herz schleicht, aber sich letzten Endes nur ein angenehmes Leben mit Frau und bisschen Geld zu machen. Wenn ich so betrogen werde tut's zuerst meinen Gefühlen weh und dann meinem Geld. Gefühle sind dann erstmal schlimmer, aber beim anderen würde ich mir auch entsetzlich ausgenutzt und vielleicht sogar dumm und naiv vorkommen.«

Elenas Aussage zeigt, dass durch die Zahlungspolitiken soziale Grenzen in Börsen gezogen werden können: Sie beschreibt, dass sie innerhalb von zwei Jahren in Parship.de auf kein Börsenmitglied stieß, das sich selbst als arbeitslos bezeichnete oder ihr Anlass gab, Arbeitslosigkeit aus dem Kontext herauszulesen. Gleichklang.de dagegen versucht, durch seinen bereits erwähnten Sozialtarif, explizit finanziell schlechter Gestellte einzubeziehen. Wie die nachfolgende Äußerungen von Marek (33 Jahre) zeigen, müssen Geld und der Besitz ökonomischen Kapitals nicht immer nur für sich stehen, sondern unterschiedliche finanzielle Situationen werden mit unterschiedlichen Assoziationen verknüpft. Marek, der seit einem halben Jahr Mitglied in Gleichklang.de ist, lebt selbst »zwar über der Armutsgrenze, aber doch ohne festen Arbeitsplatz. Ich weiß halt, wo ich was finden kann und bin flexibel!«. Er beschreibt, dass er in seinen Kontakten in Gleichklang.de mehrmals auf Personen stieß, die sich selbst als arbeitssuchend oder arbeitslos bezeichneten:

»Die haben das aber ganz offen gesagt. Ich finde, das ist auch keine Schande – und die auch nicht. Sie suchten halt, aber das ist ja wohl manchmal so im Leben. Und wenn sowas ein Ausschlusskriterium bei der Partnersuche sein soll, dann tut es mir nur leid für so eine oberflächliche Person. Aber vielleicht werden solche Themen auch eher in einer Börse, die sich Gleichklang nennt angesprochen als was weiß ich, bei sowas wie Elitepartner, die ich aber nur von der Werbung her kenne. Aber ich finde so ne Börsenbezeichnung auch total abschreckend elitär. Das hört sich so snobbisch und viel auch nach Fake an: Mehr schein als sein! Ich zahle auch für Gleichklang, aber das finde ich auf fair – ich habe mich dafür entschieden und krieg ja auch was dafür!« (Marek)

Marek argumentiert, dass Börsen vorrangig aufgrund ihrer Selbstpräsentation, wie z. B. durch die Namensgebung, unterschiedliche Mitglieder anziehen. Daraus folgert er, dass sich einerseits die Mitgliederstruktur in ihrer Zahlungskraft unterscheidet, andererseits aber auch Themen wie Arbeitslosigkeit bei Gleichklang.de weniger einem Tabu als bei Elitepartner.de unterliegen. Elenas Darstellung bestätigt dies: Auffällig ist, dass sie im Interviewausschnitt den Preis der Börse nochmals um 20 € pro Monat herabsetzt. Sie nennt 30 €, wohingegen sie pro Monat zum Zeitpunkt des Interviews 50 € zahlte. Dies kann natürlich eine sprachliche Ungenauigkeit sein, zeugt aber auch davon, dass eine Differenz von 20 € für sie nicht entscheidend ist. Marek bezeichnet es als oberflächlich, jemanden aufgrund von Arbeitslosigkeit oder ökonomischer Schwäche per se als potentiellen Partner auszuschließen. Für Elena bedeutet hingegen das Verrichten einer Arbeit die Fähigkeit, das Leben selbst in die Hand zu nehmen – eine Eigenschaft, die sie sich von ihrem Partner wünscht. Die Zahlungsfähigkeit wird v. a. von Elena als ein Verweis auf bestimmte Eigenschaften aufgefasst. Zuvor habe ich beschrieben, dass beim Online-Dating häufig mit der Technik des Verweisens gearbeitet wird: So kann ein bestimmter Nickname auf bevorzugte Literatur, Musik oder Filme anspielen und damit Rückschlüsse auf den Profilinhaber erlauben. Ebenso werden unterschiedliche Berufsgruppen zum einem mit einem bestimmten Einkommen verbunden, zum anderen werden mit dem Einkommen spezifische, persönliche Eigenschaften verknüpft. Derartige Verweise sind vielen Online-Datern bewusst, dementsprechend haben sie Folgen für ihr Handeln in den Börsen. Ein Beispiel: Eine Ärztin, die nur über einige Monate Mitglied einer Börse war, traf ich zufällig auf einer Feier. Sie erzählte, dass sie gezielt eine ungenaue Berufsangabe in ihr Profil eingestellte hatte. Sie befürchtete, dass bei wahrheitsgemäßer Angabe Männer angezogen werden, die sich über eine Beziehung zu ihr finanzielle Sicherheit erhoffen. Sie äußerte mit ironischem Unterton die Vorstellung, wie Männer versuchen, ihre Gehaltsklasse und ihren Arbeitsplatz (über Foto und Ortsangabe) ausfindig zu machen. Die Ärztin schilderte bildhaft, dass mit der Vorstellung der gutverdienenden Ärztin sexuell aufgeladenen Stereotype aufkommen können, denen sie weder physisch entspricht noch entsprechen möchte. Sie beschrieb das Bild, sie als »Karrierefrau« zu imaginieren, die hochhackig auf Pumps, mit offenem weißen Kittel und tiefem Dekolleté über Krankenhausgänge hastet, dabei mit diversen Instrumenten und rotlackierten Nägeln Männer untersucht. Indem sie ihre Berufsbezeichnung im Profil verfälscht, möchte sie sich selbst vor emotional-finanziellem Betrug schützen und Klischees vermeiden.

In den bis hier beschriebenen Zusammenhängen zeigt sich die Verbindung von finanziellem Kapital und Online-Dating als transparent, weil es sich vorrangig um Mitgliedsbeiträge handelt und damit die Zahlungen nicht zu übersehen sind. Online-Dating beinhaltet jedoch mehr Kosten als die Börsengebühren. Nicht alle Kosten erscheinen derart offensichtlich, folglich werden sie von vielen Informanten nicht direkt mit dem Prinzip Online-Dating in Zusammenhang gestellt. Bereits die Grundvoraussetzungen zum Online-Dating erfordern finanzielle Ressourcen. Notwendig sind der Besitz eines Computers[9] und ein Internetanschluss. Die Kosten da-

---

9   Zugang zu einem Computer mit Internetanschluss ist natürlich ausreichend
    für das Online-Dating. Selbst wenn jedoch meine Informanten an ihren

für werden selten als Teil des Online-Dating erkannt. Dies liegt allem daran, dass zumeist der Besitz eines Computers mit Zugang zum Netz dem Online-Dating vorausgeht. Der Schritt zum Online-Dating wird als logische Konsequenz des omnipräsenten Internets und des unbegrenzten Computerzugangs[10] verstanden:

@ »Klar war es komisch am Anfang, so eine gezielte Partnersuche zu machen. Aber andererseits: Ich kaufe ein im Netz, ich kommuniziere über das Internet und halte so meine Kontakte, ich finde Informationen im Netz, ich arbeite mit Hilfe des Internets ---- also warum nicht dort auch nach der Liebe suchen?« (Elena)

Neben den Kosten für einen Computer und den Internetanschluss gibt es drei Gruppen von Ausgaben, die so gut wie alle meiner Informanten in unterschiedlicher Höhe im Rahmen des Online-Dating nannten: Kosten, die bei Dates entstehen, Reiseausgaben zu Verabredungen und der Faktor Zeit. Ein Paar, das sich vor zwei Jahren in einer Singlebörse kennen und lieben lernte, mailt:[11]

@ »Wir haben uns 4x gemailt, dann im Kaffee getroffen. Das war Rendezvous Nr. 1. Da saßen wir 3 Stunden, abends gingen wir ins Kino. Das war fast schon Date Nr.2, weils ja der zweite Ort war. Dann jeder zu sich nach Hause zurück... Am nächsten Morgen trafen wir uns zum Frühstück in einem Café mit Elbblick – und dann war, mit dem dritten Date, auch schon alles klar.« (Jeanette, 29 Jahre und Jonas, 32 Jahre)

Die Orte, an denen sie sich trafen, können als klassische Rendezvous-Lokalitäten bezeichnet werden. Illouz (2003: 51) schreibt zum Rendezvous, dass seine Entstehung gegen Ende des 19. Jahrhundert zumeist als Folge einer veränderten Sexualmoral erklärt wird. Sie versteht das Phänomen als Möglichkeit, mit der am Ende des letzten Jahrhunderts versucht wird, die »komplexe Interaktion zwischen den neuen Definitionen von Privatheit und sexueller Intimität und der Kultur und Ökonomie der Freizeit zu bewältigen« (ebd.).

Arbeitsplätzen in die Börse gehen oder manchmal ein Internetcafé aufsuchen, beschreiben sie die Phasen des intensivsten Online-Dating in einer privaten, unbeobachteten Atmosphäre, die sie zu Hause am ehesten vorfinden. Alle meine Informanten verfügten zudem über einen oder mehrere Computer.

10 Auf Fälle, bei denen ein Computer ausschließlich für die Zwecke des Online-Dating zugelegt wurde, bin ich im Rahmen meiner Untersuchung nicht gestoßen. Grundsätzlich ist es jedoch keine Seltenheit, dass die Anschaffung eines Computers vorrangig zu Kommunikationszwecken gemacht wird.

11 Die komplette Email befindet sich im Anhang.

Illouz verbindet das Knüpfen intimer Beziehungen direkt mit ökonomischen Aktivitäten, die der »Kultur der Freizeit« zugeordnet werden: Die Interaktionen im Rahmen der Rendezvous finden zu Zeitpunkten statt, die außerhalb von Arbeit oder ähnlichen Pflichten liegen. Zugleich erfordern diese Orte ein Mindestmaß an Konsum, folglich den Einsatz von Geld als Teil des ökonomischen Kapitals. Es gibt Örtlichkeiten, die entsprechend der »Kultur der Freizeit« als geeignet zum Kennenlernen gelten. Die Orte (Café und Kino), die von Jeanette und Jonas genannt werden, fallen darunter. Weitere Orte, die für erste Zusammentreffen von Online-Datern bevorzugt werden, sind Restaurants, Museen, Galerien oder Gebiete, die zum Spazierengehen einladen (z. B. Parks oder Promenaden). Hervorzuheben ist, dass – mit Ausnahme eines Spaziergangs – alle Orte Konsum und damit den Einsatz von Geld erfordern. [12]

Auch Manuel nennt bei seinen Rendezvousgewohnheiten Treffpunkte, die Konsum bedeuten. Den Sachverhalt, Geld bei derartigen Treffen auszugeben, thematisiert er jedoch erst auf meine Nachfrage. Bis dahin stehen für ihn vielmehr die Qualitäten der Orte im Vordergrund:

JD:
»Du hast ja gerade erzählt, warum du die Orte bevorzugst. Aber wird das auf Dauer nicht teuer, immer sowas zu unternehmen?«
Manuel:
»Hmm, so habe ich das noch nie gesehen. Ich hab's einfach immer als normal angesehen, sie halt beim Kaffeetrinken oder so näher kennen zu lernen. Da summiert sich sicher was, zumal ich auch mich als Mann eher in der Rolle sehe, zumindest beim ersten Treffen die Frau einzuladen. Hmm... [denkt nach]. Also, klar. Da kommt einiges zusammen durchs Online-Daten. Einfach deshalb, weil ich seitdem mehr Frauen treffe. Beim Ausgehen ist ja nicht so, dass ich dauernd Frauen anschnacke und die auf'n Drink einlade, dafür bin ich zu schüchtern. Nur so, seit dem Datingcafe, da treff ich mich viel mehr, also öfter – und dann gebe ich ja folglich mehr Geld aus! Krass, letzten Monat habe ich 3x jemanden getroffen und ähhh, 2x gezahlt für beide, einmal für mich, das sind dann mal 30 Euro, also fast drei Monate Mitgliedschaft. Oh je – aber was soll's. Es hat ja auch Spaß gemacht, selbst wenn mal wieder nichts dabei rumgekommen ist!«

---

12 Parship.de hat die Ausgabenverteilung von Singles auf Partnersuche in einer Studie aufgeführt (2007f). Es geben 23% der deutschen Singles in den letzten zwölf Monaten gar nichts aus für Abendgestaltungen in der Hoffnung, jemanden kennen zu lernen. 6% investieren hingegen 1000 € und mehr innerhalb von 12 Monaten. Im Schnitt lassen sich die deutschen Singles die Partnersuche in Kneipen, Diskos etc. etwa 283 € im Jahr kosten. Auf eine Woche gerechnet handelt es sich um einen Betrag von 5,44 € (ebd.).

Die Ortswahl für das erste Treffen ist für Online-Dater eine besondere Herausforderung, denn ein materieller Ort bzw. Raum wurde
bis dahin nicht gemeinsam genutzt. Das erste Treffen führt zum
ersten face-to-face-Kontakt. Dass bei den ersten Treffen generell Orte, die als öffentlich gelten und Konsum erfordern, gewählt werden,
resultiert häufig aus solchen Überlegungen:

JD:
»Unternehmt ihr etwas bei den ersten Treffen oder trefft ihr euch bei einem
von euch zuhause?«
Manuel:
»Eigentlich war ich mit allen Frauen immer erstmal Kaffee trinken und dann so
bisschen in der Gegend herum gelaufen. Wenn man sich nett findet natürlich
nur. Und oft genug geht es dann noch Abendessen, eventuell am gleichen
Abend oder ein nächstes Mal. Oder ins Kino. Ich war auch schon mal bei Dates
im Museum verabredet, auf einer Vernissage oder so. Ich war auch mal auf nen
Mittagstisch verabredet, weil sie dann um die Ecke bei mir arbeitete. Halt so
Sachen, die man so macht – aber alles hat gemeinsam, dass ich mich zum ersten Mal immer in der Öffentlichkeit treffe. Als Mann will ich da irgendwie Missverständnisse vermeiden, das ist mir ganz wichtig. Aber es ist ja auch irgendwie normal, sich an den Orten zu treffen. Man soll da reden können, aber ne
Fluchtmöglichkeit haben (*lacht*) und ja, es ist irgendwie lockerer, da zu sein,
wo auch andere Menschen sind!«

Manuel versteht seine Entscheidung als Selbstschutz. Auch Frauen
sehen in der Wahl von öffentlichen Orten vor allem ihre Sicherheit
gewährleistet, da sie sich Schutz vor sexuellen Übergriffen erhoffen.
Die Ortswahlen führen jedoch zum notwendigen Einsatz von Geld.
Da die Gründe jedoch nicht dem Themenkreis Geld entspringen, betrachten viele Informanten die daraus entstandenen Kosten nicht
als Teil des Online-Dating. [13] Wie eine Person mit Geld umgeht, ist
für viele Informanten eine wichtige Informationsquelle. Der Einsatz
von Geld bei einem Date erfordert somit diffizile Abstimmung. Die
Grenzlinien zwischen zu viel und zu wenig sind fein, aber ihre Verletzung kann folgenreich sein.

---

13 Margitt mailt über das Thema Sicherheit und Ortswahl:»Nee, als erstes zu
jemandem nach Hause, das mache ich nicht. Ich bin zwar kein paranoider
oder ängstlicher Mensch, aber das ist mir echt zu riskant. Diese Einschätzung hat aber auch mit gesundem Menschenverstand zu tun, der aber bei
manchen Leuten wohl auszusetzen scheint. Ich ziehe zum Kennenlernen
öffentliche Sachen, wie eben Cafés vor. Wenn ich jemand total dubios finde, haue ich auch frühzeitig ab. Und ich sage meistens ja auch einer
Freundin Bescheid, wo ich mich oder wann ich mich mit jemanden treff.
Wir verabreden dann meist auch, dass sie mal durchklingelt, wir haben da
so eine Code für alles ok und so entwickelt.«

@ »Natürlich überlege ich mir, warum hat der nun das Restaurant ausgewählt. Ich gucke dann schon mal, was das so kostet, wie das Ambiente ist. Das hat zum einen mit dem Geschmack und Style des anderen zu tun, aber auch damit, ob es ihm so etwas >wert< ist, mich zu treffen. Es ist komisch: Zum einen finde ich es, so auf ideologischer Ebene sozusagen, nicht gut, nach dem Geld des anderen zu schauen. Aber wenn man ehrlich ist: Es macht einen Unterschied. Das heißt nicht, dass ich ausgehalten werden will, ich verdiene mein Geld sehr gerne selbst, von wegen Unabhängigkeit und so. Aber angenommen, ich verdiene so mein Geld, fahre gern mal weg übers Wochenende und er hat nichts... Da sollte Gleichberechtigung herrschen. Ich hätte schon irgendwann Angst, dass er auf meine Kosten leben will und nicht mehr mich sieht. Von daher ist mir eine ungefähre finanzielle Ausgeglichenheit schon wichtig.« (Margitt)

@ »Es gibt sozusagen zwei Argumente, die gegen zu schicke Treffpunkte sprechen: Zum ersten ist es vollkommen angeberisch, weil ich glaube kaum, dass dies repräsentativ dann für das Alltagsleben ist. Das ist dann einfach unangemessen und nicht sehr stilvoll. Es ist also mehr Schein als Sein. Und zum zweiten: Wenn es so ist, dass die Knete da ist, warum zeigt man sie? Weil man denkt, dass man durch seine Persönlichkeit nicht punkten kann? Liebe, wenn sie denn mal vorkommen sollte bei sowas, die geht um die Person und nicht ums dicke Portemonnaie. Und da fällt mir nochwas ein: Irgendwie setzt man ja auch den anderen unter Zugzwang, wenn man sich nochmal trifft. Das ist dann einfach auch nur unsensibel. Ich habe mir ein Limit gesetzt, was ich bei so Treffen ausgebe. Total pragmatisch, aber wenn ich phasenweise so viele Männer treffe, finde ich das besser. Und ich stehe auf Schlichtes: Lieber nen Kaffee trinken und ein gutes Gespräch, als dick Essen gehen und jeder hält sich an seinem teuren Vino fest.« (Margitt)

Kosten des Online-Dating sind oftmals geschlechtsspezifisch verteilt. Dies gilt nicht nur für die Börsengebühren, die manchmal für Männer teurer sind. Männer sehen sich nicht selten in der Position, bei dem ersten Treffen die Kosten für das Café, Kino oder Restaurant übernehmen zu müssen. Parship.de (2007f) widmet sich in einer Untersuchung der Kostenverteilung bei Dates nach Geschlechtern. Demnach sei für nur 1% der Befragten denkbar, dass die Frau beim ersten Date zahlt. 61% der Männer und 46% der Frauen betrachten diese Aufgabe als Männersache. Single-Männer zahlen laut Parship.de (ebd.) im Durchschnitt 43 € pro Date, Frauen hingegen nur 23 €. Die Deutschen, die die Gleichberechtigung befürworten und die Rechnung teilen würden, stellen mit 44% eine Minderheit im europäischen Vergleich dar. In der Praxis kann die nach wie vor bestehenden Rollenverteilung weitreichende Folgen haben. Wenn Männer dem Gebot des Zahlens nicht nachkommen, kann es sogar zum Ende eines Kontaktes beitragen. Torbens nachfolgende Erzählung berichtet von einem gezielten Normbruch. Die Erfahrung verdeutlicht weiterhin, dass über den normkonformen

Einsatz von Geld die Interessenlage an dem Anderen bekundet werden kann:

@ »Ich versteh' mich sicherlich als emanzipierten Mann, aber irgendwie ist das so doch tief drin bei mir: Beim ersten Mal zahle ich. Anders herum fände ich es einfach total unhöflich. Allerdings ist es auch ein gutes Mittel, einer Frau klarzumachen, dass man kein weiteres Treffen will, wenn man auf getrennte Rechnungen besteht. Das habe ich einmal durchgezogen, nachdem sie mir ihre ganzen alten Beziehungsgeschichten geschildert hat, inklusive Therapieverlauf und den noch anhaltenden psychosomatischen Beschwerden. Ich meinte dann nur, dass ich zum Sport los muss, rief die Kellnerin – das war in einem Café – und sagte, dass ich zahlen will. Als sie fragte: Zusammen? Da sagte ich nur nee, zahlte und ging! Nicht die feine Art, aber dafür deutlich!! V.a. weils echt ein lächerlicher Milchkaffee pro Nase war. Sie hat sich nie wieder gemeldet, Gott sei Dank. Und ich bin mir sicher, dass ich sie anders nicht so schnell losgeworden wäre.« (Torben)

Mit den Reisekosten, die das Online-Dating mit sich ziehen kann, fallen geschlechtsunabhängige Kosten an. Die Mitglieder, auf die ein Börsenmitglied theoretisch Zugriff hat, verteilen sich über ganz Deutschland, in manchen Fällen auch über die Landesgrenzen hinaus. Es besteht natürlich die Option, Personen, die nicht im gleichen Gebiet, Bundesland oder in der gleichen Stadt leben, von der Partnersuche auszuschliessen, um Fernbeziehungen zu vermeiden. Elena hat beispielsweise eine Fernbeziehung geführt, obgleich sie anfänglich eine derartige Verbindung nicht wollte. Zustande kam die Beziehung, nachdem der Mann sie angeschrieben hatte und der Kontakt ihr trotz einer langen Distanz zusagte. Derartige Situationen sind beim Online-Dating nicht selten. Geht man von der Masse und der räumlichen Verteilung der Mitglieder aus, so fördert Online-Dating die Mobilität der Börsenmitglieder:

»Also, so viel herumgereist wie seit den letzten Monaten bin ich lange nicht in Deutschland. Mal hierhin, mal dahin für ein Date. Alles so im Umfeld von 200 km, dabei ist Berlin ja echt groß und man kann auch hier genug Leute aus Finya treffen. Ich bin sicherlich auch reiselustig, aber trotzdem. Ich habe das ehrlich gesagt, nun ein bisschen eingeschränkt: Einerseits will ich keine Fernbeziehung führen, zumindest, solange ich es mir aussuchen kann, und zweitens: Es ist echt mal teuer, so viel herumzufahren. Wobei: Irgendwie lohnt es sich. Ich hatte nette Treffen, mal ne Affäre oder es kam zumindest irgend eine skurrile Geschichte zustande. Aber da ist echt noch ein Problem: Dieses ganze Dating nimmt verdammt viel Zeit in Anspruch. Einmal hängt man viel am Computer ab: In der Zeit arbeite ich nicht, ich mach's ganz gern. Es ist was anderes, auf den nächsten Kiez zu radeln und jemand zu treffen...« (Torben)

Zur Erinnerung: Torben ist Mitglied in Finya.de, weil er sich nicht entschließen kann, für die Partnersuche Gebühren zu entrichten.

Dem gegenüber steht seine Bereitschaft, Reisekosten für Dates in Kauf zunehmen. Torben im Interview:

JD:
»Aber die Reisekosten nimmst du also hin, soweit es für dich finanziell möglich ist...«
Torben:
»Ja, klar. Ich mein, was soll's! Man weiß ja nie, und ich finde es auch spannend, so irgendwo hinzufahren, um jemanden zu treffen! Klar kostet mich das teilweise viel Zeit. Aber allein dieses Gefühl, unterwegs zu einer Person zu fahren.. Das ist aufregendes Kopfkino. Vielleicht, so habe ich mir mal in einem nüchternen Moment gedacht, ist mir das ja fast manchmal wichtiger als das tatsächliche Trefffen... oder vielleicht so die Reise ins komplett Unbekannte, zu einem anderen Menschen, der bzw. vielmehr die dann ja >diejenige, welche< sein könnte. Aber andererseits: Ich suche jemanden der hier wohnt, weil ich keine Fernbeziehung will. Oder aus der nächsten Großstadt X. Wenn ich weiß, wo jemand wohnt, dann sagt mir das auch sehr viel über die Person«
JD:
»Und was ist dann genau der Unterschied zwischen Geld, das du fürs Reisen ausgibst und Börsengebühren? Beide Kosten entstehen doch erst durchs Online-Dating?«
Torben:
»Das ist ganz klar: Mit Börsengebühren zahle ich sozusagen, jemanden zu finden. Bin ich aber im Spiel, also in einer Umsonstbörse, dann kann ich mich entscheiden, ob ich zahlen will. Wenn ja, kann ich jemanden treffen, wenn nicht, dann nicht, und ich muss meine Suche einschränken. Es entstehen somit Kosten aus dem Online-Dating für mich, aber das tut's auch, wenn ich mit jemanden hier in Berlin was trinken geh'. Da ist emotional für mich ein riesiger Unterschied dabei!! Und wie gesagt, ich mag das Gefühl und das ganze Kopfkino, das abgeht, wenn ich unterwegs bin.«

Zur Unterscheidung zwischen den Kosten für eine Börse und den Reiskosten, die Torben in Kauf nimmt, führt mein Informant Emotionen an: Die Anreise zu einem Treffen nimmt er als einen wichtigen Teil der Partnersuche wahr, bei dem er starke Gefühle empfindet und seiner Phantasie freien Lauf lässt. Wenn auch Torben nicht das Geld für die Reisen als Kosten empfindet, sagt er, dass die Reisen »Zeit kosten«, was generell für die Partnersuche im Internet gilt. Viele Informanten verwenden Formulierungen wie »Zeit ist Geld. In der Zeit, die ich hier drin hänge, könnte ich auch arbeiten (bin selbständig)« (Frau, anonym, 34 Jahre, E-Mail) oder »das daten kostet einfach zeit...« (Torben, E-Mail). Der Einsatz von Zeit wird häufig mit dem Verb kosten verbunden, wenn nicht sogar direkt mit dem Zahlungsmittel Geld in Zusammenhang gebracht. Aus diesen Verbindungen lässt sich schließen, dass Zeit eine wichtige Ressource ist. Sie repräsentiert zwar nicht direkt ökonomisches Kapital, wird aber vielfach ähnlich behandelt. Aus diesem Grund beschreibe ich das Thema Zeiteinsatz beim Online-Dating in diesem Kapitel.

Zeit stellt eine Größe dar, die von der sozio-ökonomischen Situation eines Online-Daters abhängig ist. Das Verfügen über Zeit, in der man seine Aktivitäten selbst bestimmen kann, wird von meinen Informanten als besonders wertvoll angesehen. Zeit zu haben, kann einerseits bedeuten, ausreichend Geld erarbeitet zu haben, aber andererseits kann es auch zeigen, dass man über keine Arbeit verfügt, wie die nächste E-Mail zeigt. Ein 38-jähriger Mann, seit zwei Monaten in Finya.de, mailt:

@»Wäre ich arbeitslos, dann würde ich viel mehr hier herumhängen. Aber so... ich will weder arbeitslos sein noch immer in der Börse hängen! Und in meiner freien Zeit, da mach ich das schon viel. Ich habe auch mal Fußball deshalb ausfallen lassen oder überlege mir schon, wann ich mich mal nen Abend in Ruhe dran setze. Aber ich zieh' es zum Glück noch vor Freunde zu treffen und mit denen z. B. was Trinken zu gehen. Ich denke manchmal, je weniger real-life-freunde man hat, umso mehr Zeit verbringt man hier drin. aber vielleicht ist das auch ein vorurteil. aber wenn man so zum beispiel arbeitslos ist - dann kann man ewig im netz surfen und damit auch in den börsen sein. das ist ja nicht wirklich eine erstrebenswerte situation. eigentlich will ich nicht, dass meine freundin das ist... Ich achte schon darauf, wie oft eine frau da drin ist. zu lange zeiten wirken ausserdem auf mich ein wenig verzweifelt, so nach dem motto: suche auf krampf.« (Mann, anonym, 38 Jahre)

Zeit dient also ebenso wie Geld als Verweismittel auf die sozio-ökonomische Situation einer Person. Über die Darstellung, ob ein User eingeloggt ist bzw. wann sein letzter Log-In stattgefunden hat, informieren sich andere Börsenmitglieder über die Spanne seiner Anwesenheit in der Börse. Viele Online-Dater berichten von hierarchischen Ordnungen, nach denen der Gebrauch der freien Zeit zu bewerten ist. Online-Dating »darf« nur in anderweitig ungenutzter Zeit betrieben werden: Es ist zwar ein Element der Freizeitgestaltung, aber es wird vielfach als anderen Dingen untergeordnet beschrieben. Die Prioritäten zwischen Online-Dating und übrigen Freizeitbeschäftigungen auszumachen, gestaltete sich methodisch als schwierig. Generell sagen Informanten, dass sie Online-Dating anderen Beschäftigungen unterordnen. Dies ist schwer nachprüfbar, allerdings ist bei derartigen Aussagen zu beachten, dass Menschen, die viel Zeit im Netz verbringen, häufig Kontaktarmut und -unfähigkeit unterstellt wird. Genau diese Vorstellung versucht der eben zitierte Online-Dater in der E-Mail zu umgehen, indem er ausdrücklich schreibt, dass er sich häufig mit Freunden trifft. Um dem Vorurteil der Kontaktarmut zu entgehen, könnten auch mir gegenüber durchaus Angaben gemacht werden, die nicht den Tatsachen entsprechen. Margitt findet diesbezüglich klare Worte:

@ »Eigentlich kannst du davon ausgehen, dass alle viel mehr Zeit in den Börsen verbringen, als sie zugeben. Einschließlich ich, wenn ich ganz ehrlich bin. Man gilt schon als irgendwie kontaktgestört, wenn man soziale Beziehungen übers Netz sozusagen aufbauen muss. Angeblich kann man dann nicht anders. Und so will sich sicher keiner vor dir präsentieren – oder auch nicht vor sich selbst. Selbstbetrug und Lüge sind da sicher schwer auseinander zu halten. Aber 2x die Woche eine halbe Nacht in einer Dating-Börse zu hängen heißt nicht, keine Freunde zu haben!! Oder arbeitslos zu sein oder sonst wie stigmatisiert zu sein. Aber genau vor sowas haben die Leute Angst«

Der hohe Zeitverbrauch der Online-Partnersuche beruht auf dem Immersionspotential der Börsenoptionen. Ich bin im Rahmen einer meiner anfänglichen teilnehmenden Beobachtungen auf den Aspekt Zeiteinsatz beim Online-Dating eher zufällig gestoßen. Ich besuchte Margitt zu Hause.[14] Sie erklärt mir Funktionsweisen der Börse, erläutert, welche ihr gefallen und zeigt mir ihr Profil. Dann beginnt sie, eingegangene E-Mails zu checken und guckt sich die Profile der Absender an. In den ersten 10 Minuten beachtet sie meine Anwesenheit: Sie kommentiert Fotos und Profile, erklärt, wem sie zurückzuschreiben gedenkt. Nach dieser kurzen Phase jedoch geht sie dazu über, immer weniger zu sprechen, und beschäftigt sich schließlich nur mit den Vorgängen auf ihrem Computerbildschirm. Ich höre auf zu fragen, nachdem sie mich ganz offensichtlich ein- oder zweimal gar nicht gehört hat. Blitzschnell klickt sie von Profil zu Profil, trinkt ab und zu einen Schluck Wasser, zündet sich mehrmals Zigaretten an und reagiert unwirsch auf das Klingeln ihres Mobiltelefons. So vergehen zwei Stunden: Gucken, Klicken, kurzes Auflachen oder Aufstöhnen, ein knapper Kommentar, der eher an sie selbst gerichtet ist als an mich, rasches Tippen, noch eine Zigarette und das Checken des E-Mailaccounts wechseln in schneller Abfolge. Margitt wirkt dabei absolut konzentriert, sie ist tief in ihre Beschäftigung versunken. Ich verhalte mich bewusst ruhig und lasse nur den Rekorder weiterlaufen. Als nach zwei Stunden nochmals ihr Telefon klingelt, wird sie meiner Anwesenheit wieder bewusst und zeigt sich erschrocken:

»Oh Mann, ich habe dich echt vergessen. Aber so geht das immer: Ich fange an, will kurz nur mal gucken und dann sind auf einem ein oder drei Stunden vorbei... Irgendwie frisst das schon meine Zeit auf! Ich gucke ja mal manchmal auch in der Agentur, wenn gerade nichts ansteht, ich mich vor einem Text drücken will oder was auch immer – und da muss ich verdammt aufpassen, dass mir genau das hier nicht passiert.« (Margitt)

---

14 Im Anhang befinden sich Auszüge aus einem Beobachtungsprotokoll. Das Verhalten Manuels weist deutliche Ähnlichkeiten zu Margitts auf.

Nach dieser Situation begann ich, gezielt nach dem Zeiteinsatz zu fragen. Die Antworten darauf waren ungenau: Sie reichten von mehreren Stunden bis zu Kommentaren wie »variabel«. Daraufhin habe ich Elena, Torben und Margitt gebeten, zwei Wochen lang zu notieren, wie viel Zeit sie mit dem Online-Dating (Dates mit An- und Abreise eingeschlossen) verbringen. Margitts Reaktion auf die Bitte spiegelt die der beiden anderen wider. Einerseits waren alle gespannt, ihren Zeiteinsatz zu erfahren, andererseits scheuten sie sich auch davor:

»Tja, das wollte ich eigentlich auch schon lange wissen, wie viel Zeit ich damit verbringe. Aber ich habe mich nie so getraut, wirklich auf die Uhr zu gucken. Irgendwie gilt es ja für viele Leute für vergeudete Zeit, wenn man so lange im Netz hängt. Ehrlich gesagt, außer einer guten Freundin, die auch in der Börse ist, erzähle ich es keinem, dass ich mal wieder ne halbe Nacht online war. Klar, oft kommt, wie heute, nicht viel bei herum, aber es hat erstens Spaß gemacht und zweitens habe ich was für mich und auch bisschen für mein Glück getan! Ich bin da echt bisschen gespalten, ob ich das gut finde, zu wissen, wie viel Zeit ich damit verbringe oder ob ich das Ergebnis katastrophal finden werde.«

Wir vereinbarten, dass ich ein Dokument mit einer Tabelle erstelle, in das sie nur Datum und Zeit eintragen mussten. Dieses Dokument können sie auf verschiedene Computer übertragen, weil sie teils zu Hause, teils am Arbeitsplatz in die Partnerbörsen gehen. Die Angaben variierten: Manchmal verbrachte jemand nachts bis zu fünf Stunden vor dem Computer, andere Male wurde während der Arbeit kurz in den Briefkasten des jeweiligen Dienstes geschaut. Ohne das Vorhandensein neuer Nachrichten konnte dies nur zwei Minuten dauern, aber häufig führt das »mal kurz die Mailbox checken zu einer 15-Minuten-Sitzung« wie Margitt ihre Aufstellung in einer E-Mail kommentiert. Die Resultate der drei Zeitlisten fallen sehr unterschiedlich aus: Elena war geschäftlich unterwegs, dadurch hatte sie vier Tage keinen Zugang zur Börse. Dieser Umstand senkte ihrer Meinung nach die Stundenzahl ungewöhnlich. In der anderen Woche verbrachte sie im Schnitt zwei Stunden täglich mit dem Online-Dating. Darunter fiel eine längere Sitzung von vier Stunden, aber es gab auch drei Tage, an denen sie immer wieder nur kurz ihren E-Mailaccount checkte. Die meiste Zeit hatte Torben mit dem Online-Dating verbracht: An einem Wochenende traf er zwei Frauen, die beiden Treffen zusammen bezifferte er mit acht Stunden. Dem voraus ging ein reger E-Mailkontakt, der zu durchschnittlich ebenfalls zwei Stunden des aktiven Online-Dating führte. Torben hat es aber als Ausnahme bezeichnet, zwei Frauen an einem Wochenende zu treffen: »Das war Zufall. Die eine ist aus Köln, und war dann kurzfristig hier im Norden. Und dann haben wir uns auch noch spontan verabredet. Ich mach' auch andere Sa-

chen, es gibt noch ein Leben außerhalb der Börse :) « schreibt er
dazu in die Tabelle. Nach der ersten Woche allerdings bricht Torben
seine Aufzeichnungen ab. Seine Aussage verdeutlicht die hohe Frequenz seiner Börsenbesuche:

@ »Also, ich habe das ehrlich gesagt nicht durchgehalten. Ich gehe da so oft
rein und raus, war mal einen Tag eingeloggt, und habe immer wieder geguckt,
weil ich krank zuhause war. Da wusste ich schon gar nicht mehr, wie ich das
aufschreiben soll. 24 Stunden am Tag sind's nicht, aber verdammt viel schon...
Vielleicht finde ich es auch einfach zu krass, so viel Zeit damit zu verbringen :)
Aber keine Sorge, mich wird's schon nicht davon abhalten, ich stehe dir weiterhin zur Verfügung :)«

Margitt führte gewissenhaft zwei Wochen lang die Liste und versah
sie mit einer Vielzahl von Kommentaren. Hier ein Ausschnitt davon:

Abb. 6: Margitts Zeitverbrauch beim Online-Dating

Datum	Zeit	Tätigkeit	Kommentar
27.11.07	15 min	morgens Mails checken	schon vor frühstück, warte ge-rade auf ein date
s.o.	30 min	Mails checken, beantworten	da waren 4 emails, auf eine habe ich gewartet und auch nur der geantwortet, weil ich ihn treffen will!! das war in mittagspause. die viel dann flach bzw. habe nur nen kaffee vorm rechner ge-getrunken. sehr gesund :)
s.o.	15 min	mit dem von mit-tags telefoniert	wollte noch in die börse, aber habe geschäftstermin, RL vs online oder so
	20 min	herumgeklickt	☺
29.11.07	3 Std.	Treffen!!	war supernett, aber ist nichts, will nun 3 Tage mal pause ma-chen, muss ja auch mal arbeiten oder ne freundin treffen

(Quelle: Eigene Abbildung)

Margitts Kommentare verdeutlichen Schwankungen und Abhängigkeiten des Zeiteinsatzes. Sie zeigen auch, dass sich Online-Dater
oftmals für ihren Zeiteinsatz entschuldigen. Es ist folglich denkbar,
dass Elena, Margitt und Torben mehr Zeit mit dem Dating verbracht haben, als ihre Auflistungen besagen. Außerdem kam es
nach Abgabe der Listen zu Nachträgen, weil schlichtweg bestimmte
Zeiten vergessen wurden. Elena war beispielsweise beim Sitten der
Tochter einer Freundin dort für zwei Stunden in der Börse. Ein solches Verhalten zeigt die Integration in den Alltag: Online-Dating ist

Bestandteil täglicher Routine, oft »geschieht« es ganz nebenbei. Es muss zwischen dem aktiven Dating und der Zeitspanne, in der ein Online-Dater in eine Börse eingeloggt ist, getrennt werden. Margitt ist beispielsweise zwei Tage durchgängig während der Arbeit eingeloggt, verbrachte aber nur ca. 30 Minuten an diesen beiden Tagen mit dem Lesen und Beantworten von E-Mails. Sie hatte vergessen, sich abzumelden. Allerdings kann das Eingeloggt-Sein auch zu einem vermehrten aktiven Dating führen, wie sie berichtet:

»Ich gehe da öfter rein, wenn ich das in einem Fenster anhabe. Dann sehe ich ja, wenn was Neues reinkommt. Das kostet wieder mehr Zeit. Und die Folge ist, dass ich mich phasenweise selbst beschränke: Ich darf nur abends dauereingeloggt sein oder so. Oder 3x am Tag meine Mails checken. Aber an anderen Tagen oder wenn ich frei habe, dann lass ich das zuhause mal so im Hintergrund laufen.«

Das zeitkonsumierende Element des Online-Dating ist den Börsenmitgliedern, mit denen ich Kontakt hatte, bewusst. Fast alle meiner Informanten versuchen, sich einzuschränken:

Elena:
»Eigentlich verbringe ich viel zu viel Zeit damit, ich denke mir, ich kann ja vielleicht doch mal mehr in die Sauna gehen oder so. Verabredungen mit Freundinnen habe ich deshalb aber noch nie abgesagt, aber bei Treffen zu Hause schon mal in den Computer geschaut.«
JD:
»Hast du dir Einschränkungen auferlegt dabei?«
Elena:
»Also, eigentlich darf ich es nicht in der Arbeitszeit machen. Aber ich bin ja allein im Raum – das Nicht-Dürfen kommt von mir, nicht von meinem Chef. Der weiß das eh nicht, denke ich. Also nicht beim Arbeiten und ich darf deshalb nichts vernachlässigen an Freundschaften. Es ist unglaublich, wie viel Zeit ich damit verbringen kann, vor allem, ohne es zu merken.«
JD:
»War das von Anfang an so?«
Elena:
»Nee, am Anfang war es viel mehr. Ich saß da einen Tag vor und war vollkommen fasziniert. So viele Leute, so viele Kontakte und irgendwie dadurch auch so viel Bestätigung. Dies ist eine Illusion, weil mich keiner kennt, aber es war einfach schmeichelhaft, so viele Zuschriften zu bekommen. Mittlerweile bin ich da abgeklärter, aber es hatte anfangs definitiv ein Suchtelement.«

Am Ende des Interviewausschnitts spricht Elena von dem bereits erwähnten, speziell anfänglichen Suchteffekt des Online-Dating. Konsequenz dessen ist, dass der Zeitverbrauch enorm hoch ist, wie Manuel mailt:

@»Tja, und anfangs, da hatte ich das immer an, immer, und guckte immer wieder rein. zuhause, beim arbeiten, egal wann. irgendwann kam der punkt, wo es anfing normal zu werden und ich wieder so weit auf dem boden der tatsachen angekommen war, dass ich dachte, nun musst du das mal begrenzen. nicht immer herumklicken. ich war anfangs nächtelang da drin, und nun kommt das auch manchmal vor, je nach stimmungslage und wetter uns so. aber grundsätzlich kann ich auch ohne ins schwitzen zu geraten nun mal 2 tage da nicht reingucken. aber irgendwie ist die angst, was zu verpassen, doch hoch. aber auf ne gewisse art ist zeit zwar nicht immer geld, aber schon so ein tauschmittel, in dem sinne ob es sich rechnet, so lange vor dem computer zu sitzen... und das tut's zumindest bei mir nicht immer« (Manuel)

Mit der Darstellung des Zeiteinsatzes enden die empirischen Annäherungen an ökonomische Kapitals beim Online-Dating. Es lassen sich folgende Punkte zusammenfassen

• Rendezvous/Dates: Die ersten Dates finden meist an publiken Orten statt, die Konsum erfordern. Auffällig ist, dass beim ersten Treffen meist die Kosten von den Männern übernommen werden.

• Reisekosten: Online-Dating ermöglicht den Zugang zu vielen Menschen, die allerdings räumlich stark verteilt leben. Trotz des häufig geäußerten Wunsches, keine Fernbeziehung führen zu wollen, kommt es oft zu längeren Anreisen zu Treffen. Die Kosten dieser Reisen werden selten in Betracht gezogen, da der Weg zu dem Treffen als ein emotional wichtiger Vorgang empfunden wird.

• Zeiteinsatz: Die Partnersuche über das Netz nimmt viel Zeit ein. Vielfach fühlen sich Online-Dater genötigt, ihren Zeitverbrauch zu limitieren. Im Gegensatz zur Zeit, die online verbracht wird, verstehen Online-Dater die Zeitspannen der Dates und Reisen als weniger bis gar nicht störend. Die Unterscheidung kann mit den abwertenden Diskursen über online verbrachte Zeit in Verbindung gestellt werden. Zeit, in der direkte soziale Interaktion (wie bei einem Rendezvous) stattfindet, wird als wertvoll eingestuft, im Netz verbrachte Zeit wird generell als weniger akzeptabel angesehen.

Neben den Einflüssen von Geld und Zeit dient ein nächster Aspekt von Kapital als Selektionsmittel bei der Partner- und Börsenwahl sowie der Gestaltung des Online-Dating: das kulturelle Kapital. Es wird, obgleich es in vielerlei Abhängigkeiten zum ökonomischen Kapital steht, im Gegensatz dazu weitaus offensiver als Auswahlkriterium verwendet, wie ich im Folgenden zeige.

Vorlieben und Geschmack

Sowohl soziale als auch individuelle Unterschiedlichkeiten führen dazu, dass ein Online-Dater eine bestimmte Börsen auswählt und bestimmte Varianten der Selbstpräsentation für sich in Anspruch nimmt. Vorlieben im Sinne des Geschmacks sowie deren selektive und gezielte Darstellung übernehmen eine zentrale Rolle beim Online-Dating.[15] Ich gehe davon aus, dass Geschmack auch, aber nicht ausschließlich, auf individuellen Vorlieben und psychischen Komponenten fußt. Er ist ebenfalls Mittel gesellschaftlicher und kultureller Distinktion. Folglich wird der Umgang mit den Profilangaben für Börsenmitglieder ein komplexes Unterfangen von hoher Bedeutung:

@ »Mein erster Gedanke war, wie zum Teufel soll ich denn unter all den Leute jemand finden, der die gleichen Sachen, vielleicht die gleiche Musik oder das gleiche Essen mag wie ich?! Mich haben all diese Profile mit ihrer Unterschiedlichkeit total erschlagen. Alle erschienen gleichzeitig total gleich und ganz und gar anders zu sein. Aber da konnte ich die ganzen Angaben auch noch nicht richtig lesen, nicht richtig verstehen« (Margitt)

Ich fasse nun im Folgenden mit den synonym verwendeten Begriffen Geschmack und Vorliebe Präferenzen von Online-Datern hinsichtlich Liebe, Partnerwahl und Lebensführung zusammen. Thematisch können diese Präferenzen so gut wie alle Lebensbereiche betreffen. Finya.de hat seinen Fragenkatalog in 14 Bereiche geordnet. Man erkennt anhand dieser Auswahl, wie breit gefächert die Vorlieben sein können, die als wichtige Informationen bei der Partnerwahl angesehen werden. Bei vielen Börsen steht es den Mitgliedern offen, welche Fragen sie beantworten. Damit wird verdeutlicht, dass in dem Bereiche Liebe/Partnerschaft Individualität als Norm angenommen wird: Für verschiedene Online-Dater sind unterschiedliche Angaben über sich bzw. über andere relevant. Auch die Selektion der Fragen, die beantwortet werden, zeigt an, welchen Vorlieben und Lebensbereichen aus individueller Sicht Bedeutung zukommt. Dass Vorlieben, gleich ob sie eine individuelle Ausprägung oder ein Mittel sozio-kultureller Distinktion darstellen, bei der Partnerwahl eine wichtige Rolle spielen, ist mitnichten exklusives Merkmal des Online-Dating. Es gilt für viele, wenn nicht sogar alle Varianten der Partnerwahl. Online-Dating weist jedoch bestimmte Spezifika auf, denen zufolge die Darstellungen des Geschmacks eine Sonderrolle übernehmen. In den Börsen im Netz stehen den Mitgliedern nur Profile mitsamt ihren Foto und persönlichen Angaben als einzige In-

---

15 Wie gezeigt werden wird, müssen sich Darstellungen von Vorlieben und das tatsächliche Vorhandensein dieser nicht zwangsläufig decken.

formationen über die bis dato unbekannten Anderen zur Verfügung. Daraus folgt:

- Vorauswahlen werden aufgrund der Darstellungen von Vorlieben getroffen. Durch die Selbstdarstellung in einem Profil entscheidet sich, ob diese Person als potentieller Partner angesehen und ein persönlicher Kontakt eingeleitet wird.
- Mithilfe der Darstellungen von Geschmack/Vorlieben vollzieht sich die Selbstdarstellung in den Profilen.
- Die zuvor genannten Sachverhalte sind den Online-Datern bewusst. Die Profilangaben unterliegen häufig großer Sorgfalt. Sie sind zielgerichtet aufgebaut, um einen bestimmten, erwünschten Personenkreis innerhalb einer Börse anzusprechen. Die Selbstdarstellung unterliegt beim Online-Dating folglich starker (Selbst-)Kontrolle.
- Die Selbstpräsentation ist darauf ausgerichtet, attraktiv zu erscheinen. Dahinter stehen Versuche, gezielt Begehren zu erwecken. Folglich wird ein besonderes Wissen eingesetzt: Das Wissen, wie man Begehren erweckt. Dieses Wissen besteht teils vor dem Online-Dating, wird aber von vielen Börsenmitgliedern mit zunehmender Online-Dating-Erfahrung verbessert.
- Zu beachten ist, dass zwar jedes Mitglied selbst auswählt, was es von sich Preis gibt. Trotzdem liegt die Macht der Interpretation in den Händen des Betrachters: Nicht alle Deutungen, die andere Börsenmitglieder aus einem Profil herauslesen, sind beabsichtigt.

Übereinstimmend berichten Elena, Margitt und Torben, dass sie über die Resonanz, die sie auf ihre Angaben und Kontaktanfragen bekommen, lernten, sich als begehrenswerte Singles darzustellen. Vorheriges Wissen darüber existiert natürlich auch durch eine Vielzahl kulturspezifischer Einflüsse. Das »Patentrezept«, um Begehren zu erwecken, existiert nicht beim Online-Dating, aber im Rahmen meiner empirischen Untersuchungen wurde mir immer wieder von Online-Datern gezeigt und gesagt, wie gezielt sie vorgehen, um Aufmerksamkeit zu erlangen. Laut Elena ist die Voraussetzung für den Erfolg, zu

»wissen, was für eine Beziehung man führen will, was für eine Art von Pärchen man sein möchte. Wenn man nicht weiß, wen man sozusagen damit anspricht, dann wird's schwer. Alles bleibt schwammig und ergibt mit Gewissheit kein gutes Profil.«

Auch Torben und Margitt sind der Ansicht, dass man sich über die »Zielpersonen« seines Profils klar sein sollte.[16] Als Begründung für ihre Versuche, gezielt bei bestimmten Personenkreisen Interesse zu erwecken, geben Torben, Margitt und Elena ihre bisherigen Beziehungserfahrungen an. Sie sagen übereinstimmend, dass die Liebe entscheidend ist, eine Beziehung einzugehen. Das reicht aber nicht zwangsläufig aus, um als Paar bestehen zu können: Die Liebenden müssen »beziehungskompatibel« sein, wie Margitt es ausdrückt. Sie ist der Ansicht, dass zwei Menschen sich zwar lieben können, aber dennoch ihre Beziehung als nicht tragfähig erleben aufgrund unterschiedlicher Lebenseinstellungen und Präferenzen. Vor diesem Hintergrund bemühen sich Torben, Elena und Margitt durch die Darstellung ihrer Vorlieben, gezielt solche Singles anzusprechen, mit denen sie als potentielles Paar leben können und nicht als »zwei ineinander verliebte Singles, die parallel nebeneinander existieren« (Torben). Margitt als erfahrene Online-Daterin weiß, mit welchen Angaben sie sich als interessante Partnerin darstellt:

@ »Also, erstmal kommt es darauf an, zu wissen, was oder wen man so will. Zielgruppe erfassen lautet der Arbeitsauftrag. Und überlege ich mir, was diesen Personen gefallen kann. Das sollte sich natürlich schon mit meinen Interessen decken, das ist klar, denn ansonsten funktioniert es ganz sicher beim Zusammentreffen nicht mehr. Es ist so der Teufel im Detail, wie man bzw. Frau sich interessant macht, ohne sich anzubiedern oder billig zu wirken: Ich vertraue da auf eine Mischung an eher >exklusivem< wie schicke Essen gehen oder Theater/Oper etc. und bodenständigem, so auf den Kiez zu gehen und Bier zu trinken. Ganz wichtig ist sicherlich auch dabei das Foto: Mache ich es künstlerischer, schminke ich mich, stelle ich mich als gut gelaunte Kumpelfrau oder als eher >elegantes Vollweib< dar. Es ist ein Wechselspiel aus Selbstdarstellung, wie ich wirklich mich sehe und zielgerichtetem >Anmachen< von Unbekannten, wenn ich's mal bisschen platter formuliere. Ich halte es schon für eine kleine Kunstform :)«

Obgleich die Angaben in den Profilen zumeist gezielt ausgewählt sind, ist die Annahme einer ausschließlich rational kalkulierten Selbstpräsentation nicht zutreffend. Dies mag in einigen Extremfällen vorkommen, zu denen aber Torben, Elena und Margitt nicht zählen. Die Darstellung von Vorlieben wird situativ zwischen dem

---

16 Diese Haltung teilen keineswegs alle Online-Dater. Ein 45-jähriger Mann mailte mir seine Sichtweise, die der meiner Hauptinformanten nicht entspricht:»Ich schreibe meine Ansichten deutlich rein. Aber ich versuche dabei, nicht an eine bestimmte Person oder einen »Frauentypus« zu denken. Genau das finde ich den Reiz beim Online-Dating: Ich weiß nicht, wer mir antwortet. Ich treffe auf Frauen, die ich sonst wahrscheinlich nie kennengelernt hätte. Ich finde, man muss vor allem offen sein.«

Polen des Kalküls und des emotionalen Erlebens ausgehandelt. Margitt beschreibt dies folgendermaßen:

@ »Klar überlege ich mir, was ich da reinschreibe, ich ändere das ja oft auch, wenn ich denke, so, das zieht jetzt aber nicht. Und überlege mir imaginäre Partner, die das gut finden könnten. Aber andererseits ist das ja nicht nur Berechnung, ich glaube, das würde eh auffallen, wenn's unnatürlich ist. Es ist beides, ich kalkuliere schon, wer das jetzt gut finden kann, aber es muss auch mit meinem Bauch übereinstimmen. Und dann muss man das Ganze auch ja noch formulieren. Ich finde, dass, wenn ich etwas in den Computer tippe, wird's immer irgendwie rationalisiert, auch meine Gefühle!«

Ein wichtiger Unterschied zwischen dem Online-Dating und der Partnersuche offline besteht in der theoretisch unbegrenzten Zeit, die Online-Datern bei ihrer Selbstdarstellung in den Profilen zur Verfügung steht. Dazu trägt der Umstand bei, dass gesprochene Sprache durch Text ersetzt wird. Texterstellung erfordert eine Produktionszeit. Folglich werden Profile in den Singlebörsen mit sehr viel Bedacht geschrieben. Natürlich existiert offline im Rahmen der Partnersuche gezielte, durchdachte und geplante Selbstdarstellung, in die durchaus viel Zeit investiert werden kann (wie z. B. bei der Kleidungsauswahl vor einem Date). Dennoch erfordert ein »konventionelles« Kennenlernen grundsätzlich mehr spontane Reaktionen als das Online-Dating. Dies gilt nicht nur für die initiale Präsentation, sondern auch für die Anfänge der Kommunikation mit anderen Börsenmitgliedern: Der E-Mailkontakt erlaubt mehr Zeit, sich Formulierungen und Inhalte zu überlegen als ein spontaner Smalltalk. Informanten berichten von der Wahrnehmung einer verstärkten Kontrolle über ihre Selbstdarstellung und sehen dies positiv:

@» Irgendwie bin ich hier ja sicherer, weil ich einfach mehr Kontrolle darüber habe, wie ich mich präsentiere: Ich überlege mir, was gebe ich von mir Preis, wie stelle ich mich dar, dass ich auch – zumindest für gewisse Frauen – attraktiv bin. Es ist schon sehr gezielt...So, und wenn's keinen Erfolg bringt, dann kann ich's ja mal mit einem anderen Foto versuchen, als Beispiel. Klar überlege ich mir sonst im Real Life sowas auch, so wie man halt beim anderen Geschlecht ankommt und welche Strategien usw >Mann< am besten anwendet. Aber zumindest ich habe in der Börse viel viel mehr meine Selbstpräsentation in der Hand als woanders, ganz einfach auch weil ich da mehr Zeit habe (...) Was nun das wahre ich, der authentische Torben ist, das ist dann natürlich die Frage! Aber ich habe auch manchmal das Gefühl, dass ich mir im echten Leben selber im Weg stehe und so, mit diesen Schritten Profil erstellen und langsamerer Emailkontakt, mal endlich die Gelegenheit habe, mich so zu zeigen wie ich bin (oder zumindest sein möchte!!).« (Torben)

Die Darstellung des Geschmacks erfährt in diesem Bericht durch die Kommunikationsstrukturen der Singlebörsen und des Internets eine beachtenswerte Erweiterung: Die Strukturen verhelfen Torben dazu, sich in einer Form zu präsentieren, wie er sich »wirklich« empfindet oder sein möchte. Außerhalb des Internets ist ihm das bei der Partnersuche und Selbstdarstellung nicht immer möglich, weil dann nicht ausreichend Zeit vorhanden ist, die einzelnen Schritte mit Bedacht durchzuführen.

In die Börsenprofile können Bilder und Texte eingegeben werden, um Vorlieben zu präsentieren. Es gibt Profile ohne Fotos: Manche Online-Dater ziehen es vor, ihre Fotos erst auf Anfrage freischalten zu lassen. Haben Online-Dater Erfahrungen mit Profilen mit und ohne Foto gemacht, beschreiben sie das Vorgehen ohne Bild als wesentlich ineffektiver und umständlicher. Es senkt die Anzahl der Besucher und damit auch die der Kontakte. Als Torben gerade in eine Börse eingetreten war, hatte er sich gescheut, ein Foto einzustellen, weil er nicht von Bekannten wiedererkannt werden wollte. Als er kaum Anfragen bekam, setzte er schließlich ein Porträt ein, das ihn nur schemenhaft wiedergab. Das erhöhte die Kontakte und Anfragen enorm. Torbens Begründung ist, dass

@ »es wahrscheinlich ausreicht, was ungenaues reinzutun. dann denken die anderen, dass man sich nicht verstecken muss. so kommt das wahrscheinlich ohne bild rüber. und besser wohl schlechte anhaltspunkte als gar keine«

Viele Online-Dater beschreiben die Fotos als Eyecatcher, denen sie auf den sprichwörtlichen ersten Blick mehr Beachtung schenken als den Texten. Wann immer ich Online-Dater bei ihrem Vorgehen am Computer beobachtete, kam es zu längeren Phasen, in denen die Börse nur nach Bildern durchsucht wurde. Wenn das Bild gefällt, wird daraufhin das Profil quergelesen. Die Auswahlkriterien bei den Bildern hängen von persönlichen Vorlieben ab, die situativ variieren können. Margitt sagt, dass es auf ihr Befinden zurückzuführen ist, welche Bilder sie als interessant erachtet. Genuines Interesse an der Person hinter dem Foto muss keineswegs immer vorhanden sein, wenn sie aufgrund des Bildes ein Profil anklickt:

»Grundsätzlich suche ich nach jemanden, den ich attraktiv finde, so von den Gesichtszügen. Aber wenn ich so rumklicke, kommt es echt stark auf meine Laune an. Wenn ich gerade denke, dass ich ne lange Beziehung brauche, finde ich sicher seriösere Fotos besser. Aber so, meistens, ich klicke an, was spannend ist: Das können dann schöne, verrückte oder irgendwie besondere Bilder sein. Und manchmal gehe ich natürlich auch auf ein Profil, weil ich ein Foto total panne finde. Dann will ich einfach meine Neugierde befriedigen, und wissen, was so ein Typ noch von sich preisgibt. Es hat also auch was sehr voyeuristisches, finde ich, wenn man so die Börse nach Bildern durchforstet.« (Margitt)

Zahlreiche Online-Dater bestätigen die herausragende Position von Bildern. Der Großteil betont, dass die physische Attraktivität zwar wichtig, aber letztlich nicht ausschlaggebend sei: Wahre Liebe hänge nicht von »Äußerlichkeiten« ab, lautet die Begründung. Demgegenüber stehen jedoch viele Berichte, dass Kontakte nur aufgrund eines Fotos initiiert wurden oder sich jemand aufgrund des Äußeren in eine Person verliebt hat. »Liebe macht halt nicht immer blind« sagte Margitt einmal scherzhaft. Es finden sich in derartigen Berichten immer wieder ähnliche Passagen:

@ »Das Foto fand ich klasse, aber als ich sie dann gesehen habe, war ich hin und weg. Mir ist klar, dass das echt ein Kurzschluss war, so ohne Hirn und Verstand, und eigentlich soll bei Liebe ja auch mehr als eine schönes Gesicht im Spiel sein, ABER...« (Torben)

@ »Bin ich ein schlechter Mensch, weil nicht nur die inneren Werte für mich zählen?« (Mann, anonym, 46 Jahre)

Die Aussagen geben einen Einblick in die Widersprüchlichkeiten, mit denen sich Online-Dater auseinandersetzen müssen: Liebesideale und das eigene Verhalten, die eigenen Gefühle und Emotionen müssen nicht immer übereinstimmen. Auch sind die Anhaltspunkte, welche Online-Dater wie Elena aus den Bildern herauslesen, nicht eindeutig »übersetzbar«, sondern unterliegen Interpretationen. Dabei besitzt die Person in der Rolle des Deutenden einen Auslegungsspielraum. Dieser Spielraum basiert wiederum auf einer Vielzahl von Einflüssen, wie den jeweiligen Erfahrungen aus vorherigen Beziehungen und individuellen Vorlieben.

@ »Natürlich sind die Fotos extrem wichtig. Es ist nun mal so, dass der erste Eindruck zählt, das ist die Optik. Für mich ist dabei entscheidend, wie das Bild gemacht ist: Bei s/w-Aufnahmen werde ich misstrauisch, weil da einfach jeder besser aussieht. Oder dann gibt es so >Bewerbungsfotos<, ich finde, die sollen sich damit bei einer Computerfirma bewerben, aber doch nicht bei mir. Partyfotos, so mit dem Bier in der Hand, finde ich völlig abturnend. Die wollen sich wahrscheinlich als unkompliziert und sozial integriert darstellen, aber ich muss dann einfach an latenten Alkoholismus und an mit den Kumpeln saufen gehen denken. Igitt! Mein Exmann war Alkohliker! All diese Bilder stellen ja eine Art von Vorlieben dar, entweder wie die Person ist, sich gerne darstellt oder halt am liebsten rüberkommen möchte. Und mir muss das gefallen. Wenn jemand da völlig andere Ideen hat als ich, klafft sicherlich viel zu viel auseinander, an Geschmack und was man halt so mag. Die Art der Aufnahme sagt mir schon sehr viel, wie du siehst, und dann kommt als nächstes, ob mir persönlich der Mann auf dem Bild gefällt, also ob ich ihn attraktiv finde. Aber genau das hängt

ja vor allem von seiner Selbstdarstellung auf dem Foto ab und nicht zwangsläufig von seiner Nase oder Frisur!« (Elena)

Durch ihre hohe Bedeutung werden Profilfotos von vielen Online-
Dater mit großer Sorgfalt behandelt. Die Leitfrage dabei lautet
»Wie möchte ich mich darstellen und wer findet mich so gut?« (Margitt, Gesprächsprotokoll). In den Börsen trifft man auf erotische
schwarz-weiß-Fotografien, Schnappschüsse von Partyszenarios oder
Aufnahmen, die nur Silhouetten erkennen lassen. Häufig experi-
mentieren Online-Dater mit unterschiedlichen Fotos. Ein Beispiel
dafür ist Anna, die erwähnt wurde. Sie hat zeitweise zwei unterschiedliche Bilder verwendet. Auf dem ersten Foto sitzt sie allein, in
einen langen Rock gekleidet, auf einer Sommerwiese. Das zweite
Foto zeigt sie in einer Partysituation: Im Hintergrund befinden sich
andere Menschen, sie guckt den Betrachter lachend an und hält ein
Bier in der Hand. Auf dieses Foto hin bekam sie eine Vielzahl von
Zuschriften, dagegen meldeten sich kaum Männer auf die erste Abbildung. Die ehemalige Online-Daterin bekräftigte mir gegenüber,
dass ihr selbst »beide Bilder gut gefallen. Aber sie stellen mich sehr
unterschiedlich dar, unterschiedliche Aspekte meines Selbst.« Anna
ist der Ansicht, dass ihr das erste Bild persönlich näher kommt,
wörtlich sagt sie »so sehe ich mich öfter. Aber das ist wohl vielen
Männern zu mädchenhaft, zu verträumt«. Ihre Begründung, warum
das zweite Bild wesentlich mehr Aufmerksamkeit erlangte, ähnelt
Elenas Interpretation von »Partybildern«. Anna ist der Ansicht, dass
sie auf dem zweiten Bild kommunikativer und der »Welt zugewandt«
wirkt. Sie vermutet, dass ihr Männer auch in der Hoffnung auf eine
Affäre schrieben. Eine feiernde Frau, mit einem alkoholischen Getränk in der Hand, transportiert das Bild »von einer, die leicht zu
kriegen ist. Das muss man realistisch sehen!« sagt Anna. Sie beschreibt, dass ihr diese Gedanken beim Einstellen des Fotos nicht
eingefallen sind. Als die Flut von Anfragen und Einladungen allerdings eintraf, gelangte sie rasch zu dieser Überzeugung. Anna ist
der Ansicht, dass sie beim Online-Dating einen großen Lernprozess
durchgemacht hat, was »die eigene Wirkung und Selbstdarstellung«
angeht. Sie hat unter anderem gelernt, bereits im Voraus darauf zu
achten, wie ihr Verhalten und ihre Erscheinung von Männern bewertet werden kann. Torben dagegen beschreibt einen umgekehrten
Lernprozess: Anfangs war er sich relativ sicher, dass er aus den
Fotografien Rückschlüsse auf die Person machen konnte. Im Laufe
seiner Mitgliedschaft in Finya.de allerdings lernte er

»dass Schein und Sein zwei Paar Schuhe sind. Ich glaube, das beste Beispiel dafür ist eine Frau, mit der ich den Kontakt rasch abbrach. Sie hatte ein echt
scharfes Bild eingestellt, schwarz-weiß, sie saß dort mit angewinkelten Beinen,

lange Haare, lächelndes, aber immer noch geheimnisvoll, leicht verschlossenes Gesicht. Fand ich spannend, mir gefiel das und las ihr Profil. Da stand nur, dass Männer grundsätzlich Schweine sind. Und ich fragte dann an, warum sie so ein sexy Foto reinstellt, wenn sie so eine schlechte Meinung von Männern hat. Da fing sie an, mich zu beschimpfen, dass ich sie ja nur ins Bett zerren wollte. Naja, aber dann so ein erotisches Foto reinstellen. Das war echt schizophren: So ein Style darstellen und dann so gefrustet. Das Gute daran ist, dass ich danach mir nicht mehr so schnell einbildetet, von der Aufnahme auf die Person schließen zu können.« (Torben)

Ebenso wie die Fotografien nehmen die schriftlichen Informationen eine weite Bandbreite ein, was Form und Inhalte angeht. Unter sie fallen nicht nur direkte Angaben wie »Ich tanze für mein Leben gern« (Frau, 32 Jahre, anonym), sondern auch Auszüge aus Liedern, Gedichten oder Prosa sowie Aufzählungen diverser Sprichwörter oder Weisheiten. Dass die Form des Textes sehr wichtig sein kann, beschreibt Gregor, 33 Jahre und Hobbymusiker, in einer Mail:

@ Gregor:
»Naja, das ist halt so ein Ding, ich fahre halt auf songtexte ab: Ich habe dann einen tollen text von einer frau im profil gefunden, auf englisch, in strophen und ich habe dann den kompletten text gegoogelt. es stellte sich heraus, dass er von einer schwedischen band stammt, von der hatte ich noch nie gehört. und die machen echt schräge musik. zusammen mit dem foto und den anderen angaben, die mir recht bodenständig und nicht zu ausschweifend vorkamen, fand ich das alles super. und nun habe ich ihr gestern abend gemailt. ich glaube, sie wohnt in berlin, also nicht zu weit weg. drück mir mal die daumen, dass ich sie treffe!«
@ JD:
»was hat dir genau an dem profil gefallen?«
@ Gregor:
»ein liedertext oder sowas reinstellen machen viele, aber das ist trotzdem interessant: musik sagt einfach viel über den geschmack eines menschen aus. ob nun jemand howard carpendale reinstellt oder halt eben irgendeinen avangardistischen text, das macht nun mal einen unterschied, das kann man ja nun nicht bestreiten. ich fand die kombination spannend von bild und liedertext, das habe ich ihr auch geschrieben. keine ahnung was wäre, wenn ich sie total hässlich gefunden hätte. aber ich frage mich dann ja schon: was macht sie sonst so, wie kommt es, dass sie diese musik kennt, gibt es vielleicht noch ein paar sachen, die sie mag und die ich auch toll finde... das ist auch so das spannende beim online-dating: man kann sich zumindest vormachen, bereits vor dem ersten treffen aufgrund solcher angaben viel von der frau zu wissen!!«

Die Suche nach Informationen kann gezielt herausgefordert werden. Margitt hat dies einige Male getan, wenn es um Vorlieben bei Filmen, Musik und Urlaubszielen ging:

179

»Ich habe mir kleine Rätsel überlegt. Ich wollte damit erreichen, dass sich die Personen auch ein bisschen anstrengen müssen, wenn sie etwas über mich wissen wollten. Ich hatte da die Nase voll von Typen, die sich das Bild angucken, drei Sätze lesen und versuchen, dir eine persönliche Mail zu schicken, die dann aber voll daneben ist und sich wie eine Kettenmail anhört. Die Sachen, die ich reinstelle, sollen schon ein bisschen komplexer sein, nicht so einfach gestrickt – aber gleichzeitig sollen sie auch spontanes Interesse wecken, dafür darf's wiederum dann eben nicht zu schwierig werden. Und das hinzukriegen, finde ich gar nicht so leicht.«

Des Öfteren hat Margitt dabei ihre Angaben »erschwert«, wie sie selbst sagt, wenn sie zu viele Anschriften bekommt. Dabei entsprechen zumeist die Männer keineswegs ihren Vorstellungen:

»Da habe ich dann wohl auf jeden Fall zu tief gestapelt, also das Niveau zu tief angesetzt. Hinz und Kunz haben sich da gemeldet. Genau was ich nicht wollte, ich kam auch gar nicht so mehr richtig hinterher. Und nun finde ich weniger Ansprachen besser und sehe zu, dass ich direkt Männer erreiche, die ich auch dann mal life treffen will. Danach bin ich dann sozusagen extravaganter geworden.«

Margitt hebt in dem Interviewausschnitt nicht inhaltliche Veränderungen der Angaben hervor, sondern bezieht sich auf unterschiedliche Formulierungen und Ausdrucksweisen:

JD:
»Was hast du dann den z. B. geändert?«
Margitt:
»Ich habe halt reingeschrieben, dass ich gern ins Kino gehe. Das war so die einfache Variante. Als ich dann Zuschriften bekam und Männer mir was von irgendwelchen dummen amerikanischen Komödien was erzählten, wurde mir klar, dass ich das ändern musste. Ich habe nach nicht mehr:>Ich gehe gerne ins Kino< geschrieben sondern >leidenschaftliche Cineastin<. Das ist ein einfaches Beispiel. Es hört sich vielleicht ein bisschen hochnäsig für manche an, aber ich sage dir, sowas funktioniert... vielleicht liegt es daran, dass die Typen dann das Wort noch nicht mal kennen.«

Margitts Erfahrungen nach liegt es also zum größten Teil daran, wie sie ihre Vorlieben formuliert, um bestimmte Männer in der Börse anzusprechen. Das »wie«, der Stil der Formulierungen, wird also zum bewusst genutzten Distinktionsmittel. Form und Inhalt eines Profiltextes bedingen sich. Prosa vermittelt andere Assoziationen und Erwartungen als Poesie. In den Börsen stößt man auf selbst verfasste Texte, auf Angaben in Stichworten oder Liedtexte, Gedichte und bekannte Zitate berühmter Persönlichkeiten oder Filmdialoge. Ein romantisches Gedicht oder ein Text von Khalid Gibran überliefert eine andere Botschaft als ein selbst zusammengesetzer

Spruch wie »ohne männer geht's nicht, mit bisher auch nicht. vielleicht klappt's ja mal hier« (Frau, anonym, 32 Jahre).

Die Beispiele zeugen von einem offensiven, direkten Umgangs mit dem Geschmack als Selektionsmittel bei der Partnerwahl. Der Umgang mit dem kulturellen Kapital steht in deutlichem Gegensatz zur Behandlung des ebenfalls einflussreichen finanziellen Kapitals: Während Berufsangaben als Hinweis auf die Einkommenshöhe vermieden werden, wird kulturelles Kapital legitimes und nicht selten entscheidendes Mittel der Partnersuche eingesetzt. Zwar soll die Liebe soziale Differenzen überwinden, aber durch den Wunsch nach einem ähnlich gesinnten Partner, treten die Vorlieben in den Vordergrund:

@ »Klar bin ich auf Leute gestoßen, die total anders waren als ich, anders lebten, dachten und vielleicht auch anders fühlten. Aber die fielen schnell raus, spätestens nach dem ersten Treffen. Das hätte dann vielleicht mal eine Affäre gegeben, aber keine langfristige Beziehung. Und irgendwann habe ich dann nun gelernt, die Profile so zu lesen, dass ich mir immer Leute herauspicke, mit denen ich zumindest einen annähernd ähnlichen Lebenswandel führe und ähnliche Interessen habe.« (Mann, 33 Jahre, anonym)

Betrachtet man die Beispiele für den Einfluss von Kapital auf die Partnersuche wird deutlich, dass die verschiedenen Varianten des Kapitals oftmals an ausgewählten Gegenständen und Orten festgemacht werden. Zu diesen Dingen zähle ich nicht nur einzelne Gegenstände, sondern auch Objektverbünde wie beispielsweise ein Restaurant oder ein Kino. Diese sind bedeutungsvolle, kommunikative Teile eines materiellen Umfeldes der Online-Dater. Auf die Verbindung von Geld, Geschmack und Objekten bei der Partnersuche gehe ich nun abschließend zum Thema Kapital ein.

Gegenstände und Partnersuche

Anhand eines Werbesports der Börse Elitepartner.de zeige ich, wie explizit Ökonomie und soziale Distinktion beim Online-Dating eingebracht werden können. In seiner Eigenschaft als Werbefilm ist der ca. einmütige Spot als Extrembeispiel aufzufassen. Als erwähnenswert verstehe ich den Film, weil er Online-Dating-typisch mit Verweisen arbeitet. In seinem Fokus stehen Gegenstände und Örtlichkeiten sowie damit verbundene Verhaltensweisen. Dingen, Räumen und Handlungen werden Bedeutungen zugeschrieben, die Liebe und Partnerschaft verheissen.

Wie mehrfach angedeutet, präsentiert sich als Elitpartner.de als Börse für eine gehobene Schicht. Soziale Distinktion findet offensiv statt, Vorstellungen von sozialer und ökonomischer Position werden als positiv belegte Merkmale gehandhabt. Elitepartner.de legt großen Wert auf die im buchstäblichen Sinne handverlesene Mitgliederauswahl:

»Elitepartner.de nimmt ausschließlich niveauvolle, bindungswillige Singles auf. Hier wird jeder Neueintrag nicht nur vom Computer geprüft, sondern persönlich von Experten ausgewertet. So kann die Partnervermittlung gewährleisten, dass sich hier kultivierte Singles treffen. Der Service wird an höchsten Ansprüchen gemessen, wie der hohe Akademikeranteil belegt. Fast 70 Prozent der Mitglieder verfügen über einen akademischen Hintergrund. Entscheidend für eine Teilnahme ist jedoch nicht der Studienabschluss. Wichtig sind Seriosität, Persönlichkeit und Wertvorstellungen der Partnersuchenden.« (2008l)

Um welche Werte es sich handelt, verschweigt Elitepartner. Eindeutig ist, dass eine soziale Selektion – durchgeführt von »Experten« – den Schlüssel zur Auswahl der Mitglieder bildet. Indem die Börse sich als »Die Adresse für Singles mit Niveau« darstellt, entsteht implizit die Vorgabe, die Partnersuche innerhalb der gleichen sozialen Sphäre durchzuführen. Explizit werden dabei Liebes- und andere Ansprüche in Zusammenhang gebracht: »Singles, die hohe Ansprüche an das Leben und die Liebe haben, sind bei Elitepartner genau richtig« (2008h). Das Liebesideal, wonach Liebe soziale Barrieren überwindet, wird durch eine andere Vorstellung ersetzt. »Gleich und gleich gesellt sich gern« wird von Elitepartner.de folgendermaßen formuliert:

»Unser Elite-Prinzip basiert auf der wissenschaftlichen Glücksformel: Beziehungen sind immer dann besonders glücklich, wenn beide Partner gemeinsame Wertvorstellungen, Interessen und Ziele haben - das zeigen psychologische Studien.« (2008i)

Optisch präsentiert sich Elitepartner.de (2008) in einer schlichten Mischung klassischer und moderner Elemente. Blau-grau und Rot sind die dominierenden Farben. Auf diese Weise wird ein zeitloser Look vermittelt, der ausreichend Freiraum zur Entfaltung eigener Phantasien lässt und mit visuellen Andeutungen von Ewigkeit arbeitet. Betrachtet man die Seiten von Elitepartner.de genauer, stellt sich heraus, dass die Börse nicht überall mit einem einheitlichen Konzept arbeitet: In den typographischen Anteilen variiert eine Vielzahl von Schriftgrößen, was v.a. auf der ersten Seite der Börse deutlich wird und für eine gewisse Unruhe sorgt. Hier befindet sich auch die Abb. 9. In ihr werden die Blautöne des Logos aufgegriffen. Die Aufnahme ist nicht, wie auf den ersten Blick zu vermuten, schwarz-weiß, sondern beinhaltet als mehrtönige Duplex-Aufnahme[17] blaue Abstufungen. Die als klassisch und elegant geltende Schwarz-Weiß-Optik wird dadurch in ihrer Härte abgeschwächt und für den Betrachter eingängiger sowie gefälliger. Viele Fotos auf den Seiten von Elitepartner.de greifen dieses farbliche Thema auf. Allerdings wird es auch häufig durchbrochen, so dass es weder kongruent wirkt, noch dass die Brüche als Teil des Konzeptes erscheinen.[18] Betrachtet man das Bild (Abb. 7) online, bewegen sich die Gesichter der gezeigten Personen. Der Betrachter erhält den Eindruck, dass ihm Blicke nachgeschickt werden. Auf diesem Weg imitiert Elitepartner.de zwischenmenschliche Interaktion, die mit der Partnersuche in Verbindung gebracht werden kann. Jedes einzelne der vier Portraits hat eine Bildunterschrift: Designerin, Architekt, Träumerin und Kardiologe stehen dort. Die drei Berufsbezeichnungen nennen Felder, die mit Vorstellungen von Erfolg verknüpft sind.

Abb. 7: Startbild des Werbefilms von Elitepartner

(Quelle: Elitepartner.de 2008c)

Designerin und Architekt beinhalten ein kreatives Element. Kardiologe lässt auf Verantwortungsbewusstsein, auf Karriereorientierung und auf ein hohes Einkommens schließen. Die Berufe sind geschlechtsspezifisch zugeordnet: Arzt und Architekt sind die Männer, die Frau ist Designerin bzw. ohne Berufsbezeichnung. Nicht dass Männer keine Designer sein könnten, aber die Beschäftigung mit optischer Schönheit gilt als femininer Zug. Da Architektur technische Elemente beinhaltet, gilt sie als männliche Domäne. Eine obere Position in einer Ärztehierarchie erfordert beruflichen Einsatz

---

17 Duplex- oder Triplex-Tönungen erfreuen sich durch ihre optische Gefälligkeit sowie durch das Verleihen von Weiche großer Beliebtheit. In den meisten digitalen Fotaapparaten, Fotohandys, Digital- oder computerintegrierten Kameras findet sich so beispielsweise der bräunliche Sepia-Effekt.

18 Eine Ausnahme stellt hier ein weiterer Werbefilm von Elitepartner.de dar. In ihm berichtet ein Paar von seiner Kennenlerngeschichte über die Börse. Die Frau und der Mann tragen farbige Alltagskleidung, wobei v.a. die pinkfuchsiafarbene Weste der Frau die Blicke auf sich zieht.

und damit viel Zeit. So ist die Abbildung des Kardiologen[19] eine männliche, weil Frauen nach Klischees durch familiäre Verpflichtungen nicht derart viel Zeit für ihre Karriere aufbringen können. Die Träumerin (links unten) ist die einzige Bezeichnung, die keinen Beruf nennt. Träumerin spricht von Romantik und birgt ein geheimnisvolles Element in sich, da genauere Angaben im Vergleich zu den anderen drei Personen fehlen. Das Enthalten der Berufsbezeichnung kann weiterhin gedeutet werden, dass Frauen nicht zwangsläufig einen erfolgreichen Beruf ausüben müssen, um begehrenswert zu sein. Geheimnisvoll und romantisch dürften ausserdem als typisch weibliche Attribute verstanden werden.[20]

Klickt man nun auf den Pfeil in der Mitte der Abb. 7, beginnt der Werbesport abzulaufen. Unterlegt ist der Film von melodischer, fröhlicher Musik, die an vergnügtes Pfeifen erinnert. Begleitet wird der Spot von einer Frauenstimme, die den Film von ihr Gesprochene als Text unter den Bildern ab, so dass die Erläuterungen auch bei ausgestelltem Ton zugänglich sind. Als erstes Bild wird Abb. 8 eingeblendet, die Stimme sagt, dass »jeder sechste Internetnutzer seinen Partner online gefunden« habe.

Abb. 8: Erste Szene des Werbefilms

(Quelle: Elitepartner.de 2008c)

Bereits diese erste Sequenz zeigt ein spezifisches Setting, das sowohl mit Verweisen auf kulturelles als auch auf ökonomisches Kapital arbeitet. Eingeblendet wird eine modern eingerichtete Küche mit den für sie typischen Objekten: Im Hintergrund kann man Kü-

---

19 Hinzu kommt, dass es sich um einen Kardiologen, also einen Herzspezialisten handelt und das Herz das menschliche Organ ist, das symbolisch mit der Liebe verbunden wird.

20 Hinsichtlich der Verbindung von Romantik und Weiblichkeit schreibt Giddens (1993: 54f), dass speziell die romantische Liebe in ihrer historischen Entwicklung als feminines Thema gilt.

chenschränke, einen Herd sowie ein Mikrowellengerät erkennen. Die Küche ist auffällig modern gestaltet, in der Mitte gibt es z. B. einen Küchenblock, der erst in den letzten Jahren Einzug in neueres deutsches Küchendesign gefunden hat. Hinzu kommt, dass ein solcher Küchenblock platzaufwendig ist – es muss also ausreichend Wohnraum zur Verfügung stehen. Die Küche ist aufgeräumt, die Arbeitsfläche glänzt und zeugt nicht von unmittelbarem Gebrauch. Die Objekte, etwa die Obstschale, die zu erkennen sind, haben ebenfalls weniger Gebrauchswert als dekorativen Charakter. In der Küche steht, auffällig zentriert, ein weiterer Gegenstand, der normalerweise nicht mit Küchenmobiliar in Verbindung gebracht wird. Dabei handelt es sich um einen Laptop der Firma Apple. Dieser Computer stellt in materieller Form die Verbindung zum Thema Online-Dating dar. An dem Computer, im Zentrum des Bildes, steht ein attraktiver Mann in T-Shirt mit einem sportlich umgehängtem, weißen Handtuch. Zu seiner Rechten befindet sich ein Glas mit weißem Inhalt, wahrscheinlich Milch. Die bläulich-gräuliche Duplex-Tönung verstärkt die Wirkung der relativ puristischen Umgebung und betont die Schlichtheit der legeren Kleidung des Mannes. Die Umgebung »Moderne Küche« wird in Verbindung mit dem Mann und dem Computer zum Sinnbild der Partnersuche über die Agentur Elitepartner.de. Der Mann lässt sich durch den gesprochenen und geschriebenen Text als Online-Dater identifizieren, unterstützt durch das Objekt Computer. Dass es sich hierbei um ein bestimmtes Markenprodukt handelt, gibt in Zusammenhang mit dem Kücheneindruck Aussagen über den Single-Mann wieder. Mit der Kücheneinrichtung und der Wahl des Computers wird Geschmack als Distinktionsmittel verwendet. Gleichzeitig ist die Kombination Mann-Küche eine nicht unbedingt gängige. Die Frage, die sich hier ergibt, lautet in Margitts Worten: »Wozu braucht der denn so 'ne Küche, wenn er doch alleine ist? Für seine zukünftige, die kocht dann da...«. Dem Single-Mann kann also durch die Küchendarstellung eine Beziehungsbereitschaft oder die häusliche Vorbereitung darauf zugesprochen werden.

Online-Dating wird von Dating- und Partnerbörsen oft als eine moderne Variante der Partnersuche bezeichnet: Die Modernität spiegelt sich hier in der Küche und in der verwendeten Technologie wieder. Beachtenswert ist, dass der Mann dem Anschein nach online ist. Er ist in seiner technischen Ausstattung auf dem neuesten Stand, Kabel als Verbindung zwischen Computer und Netz werden nicht mehr benötigt. Hinzu kommt, dass Mobilität in diesem Fall auch als Flexibilität gedeutet werden kann: Wo auch immer man sich befindet, ist Online-Dating machbar. Die gesamte Raumeinrichtung zielt darauf ab, den Single-Mann als begehrenswert wahrzunehmen. Er erscheint in dem Arrangement als erfolgreich, gut betucht und stilsicher. Einzelne Gegenstände weisen auf zwei weitere Eigenschaften von ihm hin. Erstens: Er ist sportlich und lebt, Klischees entsprechend, gesund. Seine Kleidung kann so gedeutet werden, dass er vom Sport kommt (deshalb das T-Shirt und das umgehängte Handtuch), nun nimmt er ein als gesund geltendes Getränk zu sich (die Milch). Zweitens wird vermittelt, dass der begehrenswerte Single-Mann intensiv nach einer Partnerschaft sucht. Er hat die Partnersuche per Börse derart verinnerlicht, dass er in einer kurzen Pause in seiner Küche seinen Account überprüft.

In diesem Arrangement kommt dem Element Computer eine entscheidende romantische Bedeutung zu: Er wird zum potentiellen Vermittler romantischer Botschaften und zugleich zum Sinnbild einer greifbaren Partnerschaft, denn der begehrenswerte Mann im Zentrum des Bildes wird mit Hilfe des (stilvollen) Computers erreichbar. Der Laptop versinnbildlicht in diesem Kontext, dass Bedeutungen von Objekten in der Situation des Gebrauchs entstehen sowie durch die Intentionen des Verwenders (Miller 1987: 11). In einer anderen Situation abgebildet könnte der Laptop beispielsweise für den thematischen Komplex »Arbeit« stehen; es ist die Gesamtheit der filmischen Szene, die den Laptop hier zu einem Objekt von romantischer Bedeutung macht. Die Objekte in der Sequenz stehen in einer bestimmten Relation gleich einem Netz zueinander (Hahn 2005: 63). Die *objectification* (Miller 1987: 12, 81) des Laptops als Prozess seiner Bedeutungszuweisung geschieht somit durch den gesamten Kontext. Die Kombination aus moderner Küche, der Stimme der Off-Kommentatorin und dem Single-Mann führt zur Bedeutungszuweisung. Auf diesem Weg vermitteln die gezeigten Statussymbole Signale, die Begehren auslösen: Zum einen wird ein Partner begehrt, zum anderen ein bestimmter Lebensstil. Die Verbindung beider Elemente lässt sowohl für die Person als auch für die Gegenstände einen umso stärkeren Wert entstehen. Mit Illouz (2003) formuliert, werden hier die Waren und Personen romantisiert, also durch eine Liebessemantik aufgewertet, und Gegenstände als Bedeutungsträger in die Partnersuche eingebunden.[21]

---

21 Demzufolge wird auch wichtig, um was für einen Computer es sich handelt: Ein alter Desktop mit Röhrenbildschirm vermittelt andere Informationen über seinen Besitzer als ein neuartiger Laptop einer teuren Marke. Mithilfe dieser Gegenstände wird somit auch eine Qualität des Partnersuchenden vermittelt: Ist er modern, »stylish« und mobil wie ein Laptop – eventuell ein geschäftstüchtiger, aktiver Weltenbummler? Geschmack und Stil gehen hier Hand in Hand und symbolisieren die Vorlieben bzw. die Sehnsüchte und Beziehungsvorstellungen der Klientel von Elitepartner.de.

Abb. 9: Die Träumerin

(Quelle: Elitepartner 2008c)

Der Film läuft weiter, das Motiv des Laptops bleibt auch in der nächsten Einblendung erhalten. Eine blonde Frau sitzt auf einem großen (Ehe-)Bett im Schneidersitz und guckt lächelnd auf den Bildschirm. Ebenso wie die Küche verweist hier das große Bett auf die Bereitschaft, sein Leben zu zweit verbringen zu wollen. Anschließend wird die »Träumerin« eingeblendet (Abb. 9). Bei der Träumerin ist kein Computer im Bild. Sie sitzt in einem Sessel und liest eine großformatige Zeitung. Das einzige Wort, dass auf der Zeitung zu erkennen ist, lautet »Frieden«. Im Hintergrund sieht man ein Kaminfeuer auflodern. Als ihr Gesicht eingeblendet wird, lächelt die Frau selbstvergessen, sie vermittelt den Betrachtern den Eindruck von Zufriedenheit und Zuversicht. Die Situation ist von Gelassenheit gekennzeichnet, wie die Zeitungsschlagzeile mit dem Wort »Frieden« unterstreicht. Dass ausgerechnet die Wahl des abgebildeten Singles in einer derartigen Situation auf die »Träumerin« gefallen ist, stellt keinen Zufall dar: Nicht selten wird Online-Dating durch seine Zielgerichtetheit und seinen ökonomischen Charakter Romantik abgesprochen. Anhand der »Träumerin« statuiert Elitepartner.de, dass sehr wohl Raum für Romantik existiert. Zugleich zeigt Elitepartner.de durch die Abwesenheit des Objekts Computer, dass Online-Dater auch außerhalb des stereotyp unromantischen Technikobjektes Computer »existieren«. Das gesamte Arrangement von Frau, Zeitung und Kamin hebt auf einen gehobenen, konservativ anmutenden Lebensstil ab. Der Kamin ist in diesem Fall ein Luxusobjekt und ein Teil der häuslichen Einrichtung ohne zwangsläufigen Gebrauchswert. Bei den Erfolgsstories von Elitepartner.de findet sich die bereits erwähnte Geschichte »Kerstin und Jochen: Magische Momente am Kamin« (2008b). In diesem Sinn verweist der Kamin ebenso wie die Küche und das Ehebett auf eine zukünftige Beziehung und auf als besonders und intim wahrgenommene Momente.

Nach diesen Sequenzen verlässt der Werbefilm die Sphäre der Single-Haushalte. Nun wird als sportliche Freizeitaktivität Golf abgebildet. Golfschläger werden groß eingeblendet, man sieht eine Frau Mitte 30, den Flug eines Balles auf einem Übungsplatz verfolgen Dem Klischee nach sind Golfer reiche Menschen, die sich in oberen Gesellschaftsschichten bewegen. Parallel zum Bild der Golfschläger sagt die Kommentatorin des Films: »Unsere überdurchschnittliche hohe Akademikerquote und unsere Seriositätsprüfung genügen höchsten Ansprüchen.« Die Assoziationsfelder Golf, hoher Anspruch und Akademiker gehen, visuell verstärkt durch die Sportgeräte, eine bedeutungstragende Verbindung ein. Ein Lebensumfeld (berufliche Tätigkeiten, urbanes Umfeld und Genuss) wird in die Partnersuche gleich einer Matrix der Sehnsüchte eingeführt. Dabei geht es um weitaus mehr als um eine lebensnotwendige ökonomische Grundlage, es geht um Image und, wie von meinen Informanten Elena und Margitt gesagt, um »Lifestyle«. Mit der Mitgliedschaft von Elitepartner.de kann so auch suggeriert werden, zu einer vorgeblichen »Elite« zu gehören oder gewissermaßen über eine Beziehung in sie einzutreten. Verfolgt man diesen Gedankengang weiter, entsteht der Eindruck, dass es möglich ist, in eine soziale Schicht einzuheiraten bzw. über eine Partnerschaft einzutreten. Bourdieu (1992: 50) ist jedoch der Ansicht, dass inkorporiertes kulturelles Kapital nicht durch einen einzigen Schritt, wie beispielsweise eine Eheschließung, sondern nur langfristig erworben werden kann.

Abb. 10: Der Geschäftsmann (Elitepartner 2008c)

(Quelle: Elitepartner 2008c)

Der Film läuft weiter, man sieht einen Mann im Anzug (Abb. 10). Er sitzt auf einer Mauer, lacht ungezwungen, während er auf seinem Handy telefoniert und einen Coffee-to-Go in der Hand hält. Im Hintergrund befinden sich Urbanität symbolisierende Großgebäude. Der Mann kann als Geschäftsmann gedeutet werden, der eine Pause damit verbringt, mit einer Frau zu telefonieren, die er über Elitepartner.de kennengelernt hat. Der Kaffee-zum-Mitnehmen und das Handy fügen sich als Bestandteil urbanen Lebensstils ein, der von Mobilität und allzeitiger Erreichbarkeit gekennzeichnet ist. Verbunden mit Geschäftstätigkeiten, signalisiert durch den Anzug, zählt die Mobilität bei diesem Bild zu begehrenswerten männlichen Eigenschaften, weil sie auf Erfolg verweisen. Die Werbebotschaft hier ist, dass sich derart erfolgreiche Männer in der Börse befinden. Der Mann ist der einzige abgebildete Mensch in diesem Szenario, die andere Person, mit der er spricht, ist nicht anwesend. Er steht jedoch mittels Technologie (Handy) in Kontakt mit ihr, die Kommunikation scheint emotionsreich zu sein, wie Körperhaltung und Mimik zeigen. Die Aussage des Szenarios deckt sich mit dem Prinzip Online-Dating: Vielversprechender Kontakt ist möglich, auch wenn man sich noch nicht gesehen hat. Beachtenswert ist auch die Perspektive des Screenshots der Abb. 10: Der Blick wird durch die Linien auf einen Fluchtpunkt in der Ferne gerichtet. Somit öffnet sich dem Betrachter ein zukunftsweisender und linearer Weg, der direkt auf ihn zuführt. Online-Dating kann so als direktester Weg zur Partnerschaft gedeutet werden. Weil Gebäude und Straßenführung auf den Betrachter zulaufen, wirkt die Sequenz in all ihrer Perfektion jedoch nicht einschüchternd oder abschreckend, sondern beinhaltet ein einladendes Moment: In »greifbarer Nähe« befindet sich ein erfolgreiche Single-Mann, lautet die Botschaft. Auffällig an all den Singles, die der Film einzeln abbildet ist, dass sie allesamt zufrieden und zuversichtlich erscheinen. Keiner von ihnen leidet unter seinem Alleinsein, im Gegenteil, sie scheinen sich nur auf eine Partnerschaft vorzubereiten. Die Klientel besteht nicht aus frustrierten Singles, die eine »Opferrolle« einnehmen, sondern aus selbstbewussten, attraktiven Menschen, die ein selbstbestimmtes, genuss- und stilvolles Leben zu führen wissen. Als ich mit Elena den Film ansah, kommentiert sie dies folgendermaßen:

»Es wird ein Ideal vorgestellt, Sehnsüchte angesprochen: Klar, so fast jeder will schön sein, stilvoll leben – und vor allem so zufrieden sein. Die Frau liest glücklich vorm Karmin ihre Zeitung, der Mann geht glücklich allein mit seinem Hund spazieren. Das stellt so eine Art von Lifestyle dar. Sie scheinen emotional Gewissheit zu haben, einen Partner zu finden. Ich glaub, bei vielen Singles, also bei mir, da ist das auch anders: Ich unternehme Sachen, ich gehe allein spazieren und so, aber eigentlich will ich das nicht alleine machen. Und wahrscheinlich wirke ich dann nicht so glücklich. Und ich weiß, dass es auch anderen so geht.«

Abb. 11: Das Ende des Werbefilms

(Quelle: Elitepartner 2008c)

Zum Ende des Werbespots blendet Elitepartner.de ein Paar ein, das sich gefunden hat. Es erscheint frisch verliebt, lächelt, guckt sich versunken an und berührt sich zärtlich (Abb. 11). Auch hier sprechen die das Paar umgebende Gegenstände von auffällig-unauffällig gehaltenem Luxus: Das Tischgedeck wirkt edel, man sieht wieder Obst und einen Saft, beides bewusst ausgewählte, gesunde Nahrungsmittel. Das Paar ist leger gekleidet. Der Mann trägt ein weißes Hemd, darüber in klassisch-sportlicher, aber auch leicht altmodischer Manier einen Pullover gelegt. Die blonde Frau trägt ebenfalls ein klassisches Outfit. Ihr Haar ist kurz geschnitten, somit wird ihr ein Anflug von Modernität und Emanzipation verliehen. Die Kommentatorin beendet den Spot mit den Worten: »Liebe ist kein Zufall. Finden sie jetzt ihren Elitepartner!« (Elitepartner.de 2008n). An dieser Stelle wird ausdrücklich gesagt, dass sich in dieser Börse besondere Menschen, die einer »Elite« zugehörig sind, finden können. Gesellschaftliche Distinktion und die entsprechenden Objekte werden neben ihrer romantischen Bedeutung nun auch axiomatisch verwendet: Es wird angenommen, dass es soziale Schichtungen gibt. Objekte werden verwendet, um gesellschaftliche Schichtung zu symbolisieren und zu erhalten. Die romantische Liebe, wie im Werbespot dargestellt, ist an eine Oberschicht gebunden, die sich durch endogame Beziehungen erhält und bestärkt.

Bezieht man den Werbefilm mit den hier beschriebenen Inhalten auf die Forschungsfrage »Wie werden kulturspezifische Liebesideale und individuelle Emotionen beim Online-Dating unter spezieller Beachtung der Vernetzung von kulturellen Bedeutungen und individueller Wahrnehmung ausgehandelt?« zeigt sich, dass sich die Vermittlung von romantischen Emotionen und die Darstellung von Partnersuche anhand von bestimmten Objekten und Örtlichkeiten vollziehen kann. Diese Objekte und Orte werden im Kontext Online-Dating mit romantischer Bedeutung versehen. Die Bedeutungen erschließen sich situativ: Alle Handlungen und Gegenstände werden in das Online-Dating eingebunden, indem sich der Film auf der Seite einer Online-Partneragentur befindet, zum anderen erinnern den Betrachter der unten stehende Text und die Off-Stimme über die gesamte Länge des Filmes daran, dass es hier um das Thema Partnersuche geht. Diese Informationen ist keineswegs überflüssig: Würde man den Film ohne den Text, ohne die Kommentierung und ohne das Wissen, dass er im Rahmen von Partnersuche anklickbar ist, sehen, würde er von medienerfahrenen Betrachtern durch die Dichte der Statussymbole und seine optische Stilisierung mit hoher Wahrscheinlichkeit als Werbefilm identifiziert werden. Das beworbene Thema ist allerdings keineswegs eindeutig: Indem Assoziationen von Reichtum, gehobenem Lebensstil und Glück miteinander verbunden werden, könnte es beispielsweise finanzielle Dienste (Bank, Anlagenberatung etc.) fokussieren. Auch wenn die Bedeutungen von Objekten in verschiedenen Situationen unterschiedlich ausgehandelt werden, ist es dennoch nicht irrelevant, um welche Gegenstände es sich handelt. Die Auswahl der Objekte erfolgt in dem Werbefilm von Elitepartner.de unter mehreren Aspekten: Sie können gängige Motive romantischer Narrativen wie z. B. der Kamin sein, sie können vielseitig deutbare Objekte wie einen Laptop darstellen, denn Online-Dating ist einerseits ein romantisches Unterfangen, andererseits aber auch eine bestimmte Technologie, für die in diesem Fall der Computer steht. Werden die Elemente nun zusammengefügt, ergibt sich ein spezifisches Netz von Bedeutungen, das auf Online-Dating verweist.

Zusammenfassung: Online-Dating und Kapital

Unter der Überschrift »Online-Dating und Kapital« habe ich Aspekte des Online-Dating erläutert, die sich unter den Oberbegriffen finanzielles und kulturelles/symbolisches Kapitel zusammenfassen lassen. Finanzielle Aspekte spielen beim Online-Dating keine unerhebliche Rolle: Börsenzugänge müssen bezahlt werden, Reisen zu Rendezvous erfordern ebenso wie die Treffen selbst monetären Einsatz. Reise- und Rendezvouskosten werden selten als finanzielle Belastung bewertet, da sie emotional anders belegt sind als das Zahlen für eine Datingbörse. Kulturelles und symbolisches Kapital stellen wichtige Ressourcen bei den Profilen dar. Anhand der Informationen über Geschmack und Lebensstil, die von den Profilen vermittelt werden, treffen Online-Dater Auswahlen, mit wem sie in Kontakt treten möchten. Der Werbefilm von Elitepartner.de stellt ein signifikantes Beispiel dar, wie anhand von Gegenständen und Verhaltensweisen romantische Verheißungen angedeutet werden. Dass Kapital, gleich welcher Art, einen Einfluss auf die Partnersuche haben kann, gilt selbstverständlich auch für die Suche nach einem geliebten Menschen ohne das Internet. Beim Online-Dating allerdings treten durch den exklusiven Fokus »Partnersuche« als zielgerichtete Tätigkeit Einflüsse von Kapital besonders deutlich in den Vordergrund.

Die Suche nach dem Anderen

»Wozu das Drängen, Toben, die Angst und die
Noth? Es handelt sich ja bloß darum, dass jeder
Hans seine Grethe finde.«
(Schopenhauer 1998: 2124)

In diesem Kapitel steht das Suchen im Mittelpunkt: Ich beschreibe Ausprägungen und Bedeutungen der Suchprozesse. Das Suchen meint in diesem Fall, dass noch keine Entscheidung für einen Partner gefallen ist. Es werden jedoch aktiv Strategien verfolgt, um einen möglichen Partner kennenzulernen. Viele Online-Dater scheuen weder Kosten noch Mühe, um den »Richtigen« zu finden. Die Suche nimmt dabei die Charakteristika einer intensiven, emotionalen Erfahrung an: Schopenhauers Drängen, Toben, Angst und Not findet sich in den Berichten der Online-Dater als Zweifel und Euphorie über einen neuen Kontakt, als Enttäuschungen nach abgebrochenen Beziehungen und als leidenschaftlicher One-Night-Stand, der einen faden Nachgeschmack am nächsten Morgen hinterlässt. Beim Suchen meiner Informanten zeigen sich sehr unterschiedliche Varianten mit wiederkehrenden Inhalten und Motiven. Für Martin, 33 Jahre alt, gehören zum Online-Dating mehrere Rendezvous im Monat und eine nicht unbeträchtliche Zahl von Affären. Er gibt zu, viele der Namen der Frauen zu vergessen, ihm gefällt vor allem »das Kribbeln, wenn ich die Frau erkenne, dann ist noch alles offen und zugleich schon so viel entschieden durch den ersten blick« (Martin, E-Mail). Elena hingegen bevorzugt intensive E-Mailkontakte, lehnt Affären strikt ab und speichert all ihre Kontakte auf der Festplatte, um die E-Mails möglichst intensiv zu studieren: »beim Lesen achte ich darauf, ob ich eine art von verbundenheit, von seelenverwandtschaft, spüre« (Elena, E-Mail). Die 41-jährige Sarah berichtet, dass sie in einem halben Jahr nur drei Treffen hatte. Sie schreibt »ich war jedes mal so aufgeregt, dass ich kein wort herausbekam« (E-Mail). Für manch glücklichen Online-Dater wie David, 37 Jahre, stellt sich nach bereits einem Monat Börsenmitgliedschaft und zwei Treffen die große Liebe vor. Wie diese Beispiele zeigen, variieren die Suchen von Person zu Person. Allerdings gibt es drei Aspekte, die in so gut wie allen Berichten dominieren: das Wissen um die eigenen Bedürfnisse, das Selektieren, mit wem man in der Börse in Kontakt tritt und die Kommunikation mit den anderen Börsenmitgliedern. Eine rigide Grenze zwischen diesen drei

Aspekten ist nicht gegeben. Tendenziell kann gesagt werden, dass zu Beginn der Suche eine Auseinandersetzung mit der eigenen Identität in Bezug zum Thema Partnerwahl steht, wie beim Ausfüllen von Persönlichkeitstests. Allerdings zieht sich die Betrachtung des eigenen Ichs über die gesamte Suche und kann signifikante Wandlungen erfahren. Anschließend an die ersten Introspektionen beginnen die Prozesse des Wählens: Potentielle Partner werden aus der Masse der Börsenmitglieder ausgesucht. Das kann einerseits durch ausschließliche Betrachtung der Profile geschehen, andererseits aber auch durch E-Mailkontakte – also durch Kommunikation. Gibt es nun Personen, die in die engere Auswahl kommen, setzt eine Phase der intensiven Kommunikation bzw. des face-to-face-Kontaktes ein. In den folgenden Darstellungen halte ich mich an diesen Aufbau: Meine Ausführungen beginnen mit dem Bericht über Marie, die durch das Online-Dating lernte, ihre Bedürfnisse auszuformulieren. Dann gehe ich auf das Wählen ein und zum Schluss beschreibe ich kommunikative Prozesse während der Suche.

Von Selbsterkenntnis und »Mr. Right«

>»Und, wer passt nun? Ich suche hier herum
>und verliere mich total dabei. Dabei soll es
>doch in erster Linie hier um mich gehen,
>um das, was ich will und brauche, oder?«
>(Marie, 31 Jahre, Verkäuferin)

Eine der Hauptfragen unter Online-Datern ist, wer von den Hunderten von Mitgliedern in die engere Auswahl der möglichen Partner kommen oder sogar der »Richtige« sein kann. Marie beschreibt in dem oben stehenden Zitat einen Zustand, den viele meiner Informanten als typisch für die Partnersuche über das Internet ausmachen: Bei all den Kontaktmöglichkeiten entsteht das Gefühl, sich selbst und seine Ziele aus den Augen zu verlieren. Wenn man annimmt, dass Partnersuche bedeutet, einen anderen Menschen zu finden, stimmt dies natürlich. Häufig stellt das Online-Dating aber nicht nur die Suche nach einem anderen Menschen dar, sondern auch eine Form der Suche nach sich selbst. »Wer bin ich und was macht mich als Person aus?« ist eine vielgestellte Frage, wenn Informanten über ihre Partnersuche sprechen oder ihre Profile gestalten. Individualität in dem Sinn von Einzigartigkeit, Originalität und Authentizität nimmt einen hohen Stellenwert in der Gesellschaft meiner Informanten ein. Folglich ist es für sie wichtig, ihre Individualität in den Börsenprofilen wiederzugeben.

Ein Beispiel für eine erfolgreiche Partnersuche über das Netz stellt Marie dar, die in diesem Kapitel im Mittelpunkt steht. Margitt hat mir den Kontakt zu Marie im Herbst 2007 vermittelt. Nach einigen Telefonaten habe ich Marie drei Mal interviewt. Zwei der Interviews fanden in Hamburg statt: Beim ersten Mal trafen wir uns in einem Café und Marie erklärte sich direkt bereit, das Gespräch aufzeichnen zu lassen. Das zweite Treffen fand drei Monate später in Bremen bei Marie zuhause statt, das dritte Interview führte ich in der Hamburger Wohnung ihrer Freundin Margitt (Margitt war allerdings nicht anwesend dabei). Bei allen Interviews saßen wir gemeinsam an Maries Laptop, betrachteten ihr Profil, ihre gespeicherte E-Mail-Korrespondenz und sahen uns den Aufbau anderer Börsen an. Marie ist eine 31-jährige, alleinerziehende Mutter. Sie lebt in Bremen, ca. 16 Monate war sie in Parship.de. Sie arbeitet in einem Einzelhandel als Feinkostverkäuferin. Marie hat ein Germanistikstudium abgebrochen, einen neunjährigen Sohn und überlegt, sich mit einem kleinen Fachgeschäft selbstständig zu machen. Sie ist eine zierliche, lebhafte Frau, die über sich selbst sagt:

»Meine Extrovertiertheit täuscht. Ich mag zwar viel und auch ausführlich über mich sprechen, aber ich ziehe mich oft auch zurück. Ich denke vielleicht auch zu viel über mich nach, habe so einen Hang zur Selbstbeobachtung, und auch zur Selbstanalyse. Und irgendwie passt mir so dass Online-Dating gut, da kann ich viel über mich – und auch andere nachdenken.« (Marie)

Maries Entscheidung, Online-Dating zu machen, ist maßgeblich von Margitt beeinflusst: »Ich habe gesehen, wie viele Dates Margitt hat – und bin dann neidisch geworden. Das wollte ich auch und irgendwie ist es nun mal wieder Zeit für eine Beziehung.« Marie hatte sich schnell für die Börse Parship.de entschieden, das Prinzip des Matchings fand sie überzeugend. Während ich meine Datenauswertung vornahm, ungefähr vier Monate nach unserem letzten Treffen, kam eine E-Mail von ihr: Sie hat einen Mann über die Börse kennengelernt, die beiden haben sich sofort verliebt. Er kommt ebenfalls aus Bremen und wohnt nur 15 Minuten von ihr entfernt: »Wir haben uns beim zweiten Treffen geküsst und abends haben wir dann, unabhängig voneinander, unsere Profile gelöscht!« (Marie, E-Mail). Daraufhin begann ein kurzer, intensiver E-Mailkontakt zwischen uns, in dem sie ihre Kennenlerngeschichte und rückwirkend ihre Sicht auf das Online-Dating schildert. Marie ist unter all meinen Informanten diejenige, die am deutlichsten auf Prozesse der Selbstfindung und der Selbsterkenntnis im Rahmen der Partnersuche zu sprechen kommt. Sie ist fest davon überzeugt, dass ohne ein Wissen um sich selbst das Finden von »Mr. Right«, wie sie es selbst sagt, nicht möglich ist. Bei unserem ersten Interview in einem Café sitzt Marie vor mir, modern angezogen und sorgfältig geschminkt, hat gerade mit ihrem Sohn telefoniert und ihm Anweisungen gegeben, wie er sich sein Mittagessen aufwärmen soll. Sie eröffnet das Interview, indem sie direkt auf das Thema Selbsterkenntnis zu sprechen kommt:

»Klar, das hört sich so bisschen nach Esoterik-Ratgeber an: ›Finde dich selbst‹ usw. Aber ohne sich selbst zu kennen, ist es auch verdammt schwierig, zu wissen was man braucht. Man erkennt dann Mr. Right nicht. Und so, ohne meine Bedürfnisse zu kennen, wie soll ich wissen, wer so der Richtige für mich ist? Bei mir war das aber auch keine plötzliche Erkenntnis, die über mich kam, sondern so ein Lernprozess, der eigentlich durch meine ganzen gescheiterten Beziehungen zustande kam.«

Marie erzählt zudem von dem Problem, wenn der eine Nähe und der andere eher Distanz benötigt, sie spricht davon, dass es für sie enorm wichtig ist, gemeinsame Abende zu verbringen, wohingegen ihr Exfreund viermal die Woche abends arbeitete. Die Unwissenheit über ihre Bedürfnisse führte bei Marie zu einem diffusen Gefühl von Unzufriedenheit:

»Es hat ganz schön lange gedauert, bis ich das so für mich selbst formulieren konnte. Zuvor, da war das nur so ein Gefühl von Unzufriedenheit, aber total undefiniert. Und ja, da kam irgendwie Online-Dating genau richtig. Hier muss ich sagen, was ich mag, was ich gut finde und was nicht. Sonst habe ich ja kein Profil!! Auch wenn es sich platt anhört, da war so ein kleiner, therapeutischer Effekt dabei.«

Online-Dating eröffnete Marie Möglichkeiten, von Beginn an sich zum einen über die eigenen Bedürfnisse klar zu werden und zum anderen, diese auszuformulieren. Dies sieht sie als derart wichtig an, dass sie die Formulierung »therapeutisch« verwendet. Damit verweist sie auf den Umstand, sich nun so verhalten zu können, wie es für sie angebracht und erfolgversprechend ist. Die Anforderungen des Online-Dating führten bei Marie zu verstärktem Nachdenken, »welche Art von Mann überhaupt gut« für sie sei, wie sie selbst sagt. Sie berichtet, dass derartige Gedanken nicht neu sind, sie hat sich mit Freundinnen bereits häufig darüber ausgetauscht, ob sie mit ihren ehemaligen Partnern ein »funktionierendes Paar überhaupt sein konnte« (eigene Aussage von Marie). Neu für sie war beim Online-Dating, explizit vor einer Beziehung über den möglichen Partner mitsamt seinen Eigenschaften zu reflektieren, anstatt dies während oder erst nach Beziehungsende zu tun:

»Es hat seine Tücken, so einen Wunschkatalog über jemanden zu erstellen, aber für mich war es echt hilfreich. Und wenn ich schreibe, dass er z. B. meine Hobbies wie Sport und Reisen teilen soll, heißt es ja noch lange nicht, dass wir genau die gleiche Sportart machen. Natürlich soll es auch Abweichungen geben, alles andere wäre ja komplett unrealistisch. Für mich war es aber trotzdem so befreiend, auf einmal Anforderungen an den Mann stellen zu dürfen oder sogar zu müssen. Das hat mir einen neuen Zugang zum Thema Beziehung geöffnet.«

(...)

»Davor [vor dem Börseneintritt, eigene Anmerkung] war es natürlich so, dass ich es hätte tun können, natürlich haben mir meine Ex das nie verboten [das Ausformulieren der Bedürfnisse, eigene Anmerkung]. Aber ich habe es nicht getan, mir das nicht selbst eingefordert, so. Und jetzt waren da einfach Zeilen vorgegeben, wo ich sowas reinschreiben sollte. Und so konnte ich eigentlich zum erstem Mal als erwachsene Frau ganz direkt und konkret hinschreiben, was ich so will!«

Marie verbindet Persönlichkeit und Bedürfnisse miteinander: »Mit Bedürfnissen, da meine auch irgendwie ich meine Eigenschaften, meine Bedürfnisse resultieren ja aus meiner Persönlichkeit.« sagt sie. Laut Marie gibt es insbesondere für die Partnersuche relevante Bedürfnisse und Charakterzüge. Darunter fallen Wünsche nach Nähe oder Unabhängigkeit oder damit einhergehende Charakterzüge wie Intro- oder Extravertiertheit. Sie bezeichnet derartige »Grundbedürfnisse« als schwer zu präzisieren, die sich nur anhand einzelner Personen oder Situationen konkretisieren lassen. Das macht sie an dem Beispiel von Profilen fest:

@ »Es ist ja so, dass Leute schreiben, sie suchen Nähe und Geborgenheit. Das sagen ja viele, und dem stimme ich auch zu. Aber dann fängt es ja auch an: Was ist für den einen Nähe und was für die andere schon klammern? Ich denke, dass es vielleicht manchmal dann besser ist sich selbst zu beschreiben, anstatt direkt auf sowas auszuweichen.«

Nach dieser Aussage zieht sie ihren Laptop hervor. In dem Café, in dem wir sitzen, kann man zwar nicht ins Internet gehen, aber sie hat Texte ihres Profils, Profile von Männern und E-Mailkorrespondenz sorgfältig in unterschiedlichen Ordnern abgespeichert. Schnell klickt sie durch verschiedene Dokumente und zeigt mir, wie sie Aussagen über sich selbst formuliert hat. Als ersten Text lese ich:

»Ich bin unkompliziert und sportlich, freue mich auf ein Treffen mit dir und hoffe, dass du auch Lust auf viele gemeinsame Unternehmungen hast.« (eigener Text von Marie).

Dies war Maries erster Profiltext, sie hat ihn ca. zwei Monate beibehalten. Sie erzählt, dass sie diesen Text in erster Linie geschrieben hat, um Zuspruch zu bekommen. »Mir war klar, dass sich das aktiv und positiv anhört« sagt sie. Marie beschreibt, dass sie ein großes

Bedürfnis verspürte, einen Freund zu finden und die Suche durch derartige Verhaltensweisen voranzutreiben:

@ »Ich bin dabei aber durcheinander gekommen, was waren Wunschbilder von mir, wie soll ich sein – und was entspricht mir? Wie fühle ich mich, was brauche ich und was schreibe ich da also rein? Das habe ich dabei total vergessen, weil ich so fixiert war...« (Marie)

Giddens (1993: 58) vergleicht die Suche nach einem Partner mit einer Odyssee. Das Ziel ist zwar klar vor Augen, aber unterwegs verliert man den Weg und muss mit allerhand Unbilden zurecht kommen. Ermöglicht durch das Online-Dating, fand nun Maries Odyssee statt: Marie bezeichnet sich selbst nicht als schüchtern, sie spricht auch in Bars oder auf Parties Männer an, die sie interessieren. Allerdings betont sie, dass sie erst durch das Online-Dating »so richtig viele Männer« (Marie, E-Mail) getroffen hat. Auf den vorgestellten Profiltext bekommt sie 36 Zuschriften, im gleichen Monat trifft sie sich mit fünf Männern. Diese Treffen waren für ihre Partnersuche folgenreich:

»Ich bin zwar kein Kind von Traurigkeit, aber ich hatte vorher nicht jede Woche ein Date. Die fünf Jungs waren echt spannend, so ein Triathlet und einer, der für eine Zeitung viel reist. Aber ich stand vor meinem alten Problem: Der Sportler trainiert jeden Abend wer-weiß-wie-lange und der andere ist ja immer weg. Genau das wollte ich ja eben nicht, und das hat mich echt verwirrt, so Typen an Land zu ziehen!«

Marie macht deutlich, dass sie die Männer als spannende Persönlichkeiten empfand, aber nicht als die richtigen für eine Beziehung. Zu diesem Zeitpunkt war Marie bereits klar geworden, dass sie eine Beziehung wünscht, die von Nähe gekennzeichnet ist, sie möchte soviel Zeit wie möglich mit ihrem Partner verbringen.

»Also begann ich nachzudenken, warum sich so viele Falsche meldeten. Klar, das konnte natürlich Pech oder Zufall sein, das hätte ich so bei zwei Männern vielleicht gedacht. Aber weil's eben fünf in einem Monat waren, da landete ich dann schließlich bei mir und meinem Profil als Ursache.«

Marie berichtet, dass die Treffen sie verwirrten: »Danach dachte ich natürlich immer, ich wäre irgendwie falsch, oder uncool oder so. Oder ich dachte, die Männer spinnen eben alle. Aber das beides kann es ja auch nicht nur sein, das wäre ja zu einfach.« (Marie, E-Mail). Sie kam zu dem Schluss, dass ihre Bedürfnisse im Profil nicht ausreichend formuliert waren. Marie hebt hervor, dass sie ohne diese Treffen nicht zu dieser Erkenntnis gekommen wäre, entscheidend war, dass sie mehrere Männer vom »Unabhängigkeitstypus« (Maries Formulierung) getroffen hat. Nach einigen Varianten stellte sie einen Text in ihr Profil, dessen Aussage einen deutlichen Gegensatz zu ihrem ersten darstellt:

>Ich wünsche mir Nähe und Vertrauen, ich möchte viel Zeit mit dir verbringen. Diese Nähe ist wichtig für mich, um dich zu fühlen. Aber du sollst sie auch nicht als erdrückend empfinden... Fanatische Unabhängigkeitsanhänger sind aber nichts für mich!« (eigener Text von Marie)

Marie erzählt, dass sich auf diesen Text nun weniger Männer meldeten, sie hatte höchstens zwei Treffen im Monat. Die Kontakte sagten ihr aber wesentlich besser zu:

@ »Ich habe mich bei den Treffen wohl und entspannt gefühlt, wenn die erste Aufregung nachgelassen hatte. Manche Männer fand ich vielleicht unattraktiv für mich oder habe mich einfach nicht verliebt, aber mein Bauch sagte mir nach den Treffen: Du bist auf dem richtigen Weg, mach weiter.«

Obwohl sie »den Richtigen« nicht sofort trifft, entschließt sie sich, diese Strategie weiterzuverfolgen. Ausschlaggebend dabei ist »ihr Bauch« – damit meint sie, dass sie sich von ihren Emotionen leiten lässt. Marie gebraucht sie als entscheidende Instanz, die ihr den Weg bei der Partnersuche weist, wie der Interviewausschnitt zeigt:

@ JD:
»Das mit dem Profiländern hast du ja als rationale Entscheidung dargestellt. Du hast überlegt, was du falsch gemacht hast und dann dementsprechend den Text geändert. Habe ich das richtig verstanden?«
@ Marie:
»Ja, klar, das war so, also so analytisch halt. Nachgedacht habe ich da sicher (...)«
@ JD:
»Aber nachdem du den Text geändert hast, da verlässt du dich ja auf dein Gefühl. Warum eigentlich?«
@ Marie:
»Kann ich selbst gar nicht so sagen, warum, aber es ist auf jeden Fall so. Wahrscheinlich, ja auf jeden Fall eher, weil das so richtig ist. Es ist gut, nachzudenken, wenn man seine Profile erstellt, aber bei dem richtigen Kontakt, dann kommt es darauf an, wie man sich fühlt!! Schließlich geht es ja um die Liebe, und dann zählen die Gefühle. Und wenn mir mein Bauch sagt, das ist gut so, dann mache ich auf jeden Fall weiter!«

Marie beließ es bei dem zweiten Text, den sie als ehrlich und authentisch bezeichnet. Parallel dazu aktualisierte sie andere Angaben, um ihr Profil auf dem neuesten Stand zu halten. Schließlich war dies auch der Text, über den sie ihren Freund kennenlernte. Über ihr Kennenlernen berichtet sie, dass »sehr schnell alles klar war« (Marie, E-Mail), weil ähnliche Beziehungsvorstellungen und Bedürfnisse aufeinander trafen:

@ »Wir haben beide in Beziehungen gelebt, also so richtig zusammengewohnt, wo unsere Bedürfnisse nicht erfüllt wurden oder sie noch nicht mal, wie ich, aussprechen konnten. Beim Online-Dating wird man ja im Grunde dazu gezwungen. Nicht nur in den Profilen, sondern auch bei Dates kommen Gespräche ja sehr schnell drauf, was man von dem anderen erwartet [...] Wie willst du leben? Willst du zusammenwohnen? Kinder? Gemeinsam dies machen oder deine Freiräume haben? All das wird ja schon schneller abgecheckt als bei normalem Kennenlernen. Da findet man das sozusagen über die Zeit heraus, aber wenn's über ̦ne Börse oder das Internet läuft, da ist man halt offener. Zum Glück!!«

Maries Geschichte verweist auf einen wichtigen Aspekt des Online-Dating, der vertieft in der Datenauswertung als Dynamik der Objetifizierung (Miller/Slater 2000: 13f, siehe Kapitel 11) aufgegriffen wird. Demnach wird man durch das Netz, was man »wirklich« ist. Meine Informantin Marie wird hier zur Frau, die ihre Bedürfnisse nach Nähe zum Ausdruck bringt.

Wählen als Teil der Suche

»Das Geniale hier ist ja, dass ich mit so vielen Leuten in Kontakt kommen kann. Es sind einfach Massen, und mir ganz allein steht es frei, wem ich schreibe oder antworte oder treffe... Genau deshalb mach ick hier in dem Zirkus mit!«
(Online-Daterin, 33 Jahre, anonym)

Online-Dating ist, ganz im Sinne der normativen Vorstellung von »freier Partnerwahl« und -suche, in hohem Maß durch die Möglichkeiten des Wählens gekennzeichnet. Wählen bedeutet hier, unter der Masse von Börsenmitgliedern zu entscheiden, mit wem man in Kontakt treten möchte. Storz (2003: 3) nennt ein Mindestmaß an Kontakt als wesentliche Voraussetzung für die Partnerwahl. Demzufolge gilt, je mehr und unreglementierter Kontaktmöglichkeiten für eine Person bestehen, desto »freier« ist die Partnerwahl. Doch selbst wenn in der Gesellschaft der Online-Dater die Norm einer solchen freien Partnerwahl gilt, bedeutet es nicht Abwesenheit von Einschränkungen. Hierunter fallen beispielsweise die affektive Konditionierung nach Kohl (2001: 137), die er als mögliche verborgene Determinanten in westlichen Gesellschaften annimmt: Dabei lernt man von klein auf, auf wen man Emotionen ausrichten darf. Diese Lernprozesse finden zumeist unbewusst statt und können Erwartungshaltungen der Familie oder einer sozialen Schicht reflektieren.

In einigen Fällen kann die Partnerwahl gezielt gesteuert werden. Dies kann so weit gehen, dass Partnerwahlen durch gesetzliche Verbote reglementiert werden: Bekanntestes Beispiel hierfür ist der Paragraph 173 des Strafgesetzbuches, das Inzestverbot. [22] Des Weiteren schränken vielmals soziodemografische Faktoren die Möglichkeit des Wählens ein (Klein 1991: 35). Dass Partner eine Ähnlichkeit in Charakteristika wie Wohnort, Ethnizität, Nationalität oder Religion aufweisen, ist nach Ansicht Jäckels (nach Storz 2003: 4) keine Folge, sondern eine Randbedingung der Partnerwahl. Eindeutig überschreitet Online-Dating soziodemografische Grenzen: Die Börsenmitglieder leben über Deutschland (oder auch dessen Grenzen) verteilt und auch die Frage nach der Nationalität tritt in den Hintergrund, sofern das Mitglied deutschsprachig ist. Offline stehen sicherlich den wenigsten Singles eine derartige Möglichkeit des Kontakts zu so vielen anderen Alleinstehenden offen, somit bekommt der Begriff Partnerwahl eine neue Dimension. Folge ist, dass der Umgang mit einer solchen Masse potentieller Partner zu einem wichtigen Bestandteil der Suche und das Wählen ein unter Online-Datern häufig diskutierter Vorgang wird. Illouz (2006: 120) geht soweit, Online-Dater als »wählende Identitäten« zu bezeichnen: Für die romantischen Begegnungen, auf welche die Börsenmitglieder abzielen, bedeutet dies, dass sie das Ergebnis einer möglichst sorgfältig gestalteten Wahl repräsentieren. Meine Informanten berichten über unterschiedliche Vorgangsweisen beim Auswählen von Börsenmitgliedern, mit denen sie in Kontakt treten möchten: Sie springen von dem sorgfältigen Auswählen, das Gesichtspunkte wie Wohnort oder Kinderwunsch beachtet, zu spontanen Treffen mit geringem Online-Kontakt, weil sie die Person attraktiv finden oder feststellen, dass sie im gleichen Restaurant die Mittagspause machen.

Torben unterscheidet zwischen verschiedenen Varianten des Wählens von möglichen Kontakten: Die erste Form versteht er als vom Zufall geleitet, er verhält sich dabei weitestgehend spontan. Bei der zweiten Form sucht er gezielt nach für ihn wichtigen Angaben. Darunter fallen insbesondere Angaben zum Wohnort und das, was er mit »Style« bezeichnet (Angaben über Musikgeschmack, Ausgehorte, das Profilfoto oder Berufsangaben). In der ersten Variante ver-

---

22 (1) Wer mit einem leiblichen Abkömmling den Beischlaf vollzieht, wird mit Freiheitsstrafe bis zu drei Jahren oder mit Geldstrafe bestraft. (2) Wer mit einem leiblichen Verwandten aufsteigender Linie den Beischlaf vollzieht, wird mit Freiheitsstrafe bis zu zwei Jahren oder mit Geldstrafe bestraft; dies gilt auch dann, wenn das Verwandtschaftsverhältnis erloschen ist. Ebenso werden leibliche Geschwister bestraft, die miteinander den Beischlaf vollziehen. (3) Abkömmlinge und Geschwister werden nicht nach dieser Vorschrift bestraft, wenn sie zur Zeit der Tat noch nicht 18 Jahre alt waren. (Abendblatt 2008b)

bringt er viel Zeit in den Börsen damit, sich durch Profile zu klicken, Bilder anzugucken oder einen kurzen Kommentar in einem Gästebuch zu hinterlassen. E-Mails als gezielte Kontaktanfrage schickt er dabei nur selten ab. Dieses Verfahren bewertet Torben als Zeitvertreib: »Ich mache das, wenn ich mal Leerlauf habe, aber mich nicht wirklich konzentrieren will und zu faul bin, ein Buch zu lesen, und Fernseher hab' ich nicht.« Emotional kann dieses Durchkämmen der Börse mit unterschiedlichem Erleben verbunden sein. Torben fühlt sich manchmal positiv unterhalten und amüsiert sich. »Das ist so mein persönliches Entertainment« meint er und sagt weiterhin: »Ich wundere mich über die Leute, bewerte sie innerlich, finde die ganze Menschheit komisch oder halt toll. In so einem Zustand, da macht es mir vor allem auch Spaß, ohne stressig zu sein.« Allerdings kann die Gefühlslage in negative Emotionen umschlagen:

»Ich bleibe dann auch auf Profilen hängen, aber meine Stimmung is' dann schon so depri, dass ich das nicht merk und anfang', alles abzuwerten. Irgendwie fühl' ich mich dann so ferngesteuert, ich mach und mach und mach halt eben weiter, wie so ein Zwang ist das vielleicht. Aber das ist ja auch so bisschen typisch Internet und nicht nur so beim Online-Dating bei mir.«

Dieses Verhalten unterstützt

»dass ein Gefühl auftritt, dass ich doch endlich verdammt nochmal jemanden finden muss. Ich suche und suche und finde keinen, oder die Richtige muss mich doch mal anschreiben. Bei so vielen Leuten, da muss doch so statistisch gesehen jemand dabei sein, oder? Es kommt dann so eine Mischung aus Frust, Wut, Enttäuschung hoch. Und dann führt es aber jedesmal auch zu so einer Art von Fatalismus: Das ist ja ein Affenzirkus hier, bei dem alle sozial gestört sind. Einschließlich ich.«

Unabhängig von seinem Empfinden jedoch beschreibt Torben dieses Verfahren als Form der Partnersuche:

»All dies hat ja schon irgendwie mit Auswählen zu tun, weil ich ja auch nur da weiterklicke, was ich interessant finde. Das ist dann alles aber noch relativ unspezifisch, also so, das ist Interesse auf den ersten Blick!«

Torben vergleicht sein Vorgehen mit der Partnersuche, wie er sie in Bars oder auf Partys vornimmt:

»Da bin ich ja auch irgendwie dabei und scanne so meine Umwelt. Ja, die is' hübsch, oh je, die nicht, die hat sicher nen Freund... und so weiter. Das geht ja schon in meinem Kopf ab. Aber ich checke das dann meistens nicht bis ins Detail aus, weil da gibt's ja auch noch so ein bestimmtes Sozialverhalten, ich kann ja nicht einfach hingehen und losfragen und abchecken. Das wäre ganz schön peinlich, oder?«

Emotional ist die unspezifische Suche in den Börsen für Torben schwierig, weil er häufig den Drang verspürt, sich vor sich selbst rechtfertigen zu müssen:

»Irgendwie vergeude ich da ja auch meine Zeit, ich bin nicht so wirklich dabei, aber tu's trotzdem. Ich denke danach – nee, sogar dabei! – immer, dass ich doch nun mal mich davor losreissen sollte und was anderes machen sollte.«

Eine intensive, zielgerichtete Suche in der Börse gestaltet sich bei Torben anders. Er nimmt sich dann explizit vor, einen Abend alleine zu Hause am Computer zu verbringen. Während er am Computer sitzt, macht sich Musik an und stellt sich ein Getränk parat. Sein Erleben dabei beschreibt er folgendermaßen:

»da ist dann auch mein Gefühl ganz anders dabei, weil ich mir dann so bisschen Zeit für mich nehme. Ich darf das dann sozusagen. Und dann macht es auch Spass so bisschen ganz un-pc zu gucken: Ja die passt mir, die nicht. Da ist natürlich Arroganz dabei, sich so als das Non-Plus-Ultra zu sehen, aber das ist ja auch mit das Geile daran, am Online-Dating. Ich kann so Frauen auswählen, wie es mir gefällt! Woanders, also so im echten Leben, geht das ja natürlich gar nicht und ich will das ja auch nicht so haben... aber da, da ist es schon so bisschen was Erhebendes.«

Der von ihm beschriebene Zustand stellt für ihn eine Ausnahme dar, denn außerhalb des Online-Dating befindet er sich nicht in einer solchen Machtposition. Er selbst bewertet diesen Zustand als moralisch zwiespältig. Torben weiter zum Thema Selbstdarstellung, Individualität und Emotionen:

»Das raubt mir ja auch was von meiner Individualität, ich finde, da darf man gar nicht so tief drüber nachdenken, denn dann wird es bitter. Ich will doch einzigartig sein, will doch jeder, oder? Aber so ist das nun mal auch in so 'ner Börse, hier gehen einige Dinge, die sonst, so im richtigen Leben, halt nicht funktionieren würden.«

Je mehr Mitglieder in einer Börse nach Einzigartigkeit streben, umso schwieriger wird es, diese zu erlangen. Grund dafür ist, dass sich die kulturspezifischen Vorstellungen von Individualität in variablen, aber nicht unbeträchtlichen Anteilen decken. Margitt formuliert dies so:

»Ich glaube, ehrlich gesagt, ich will auch das Gleiche machen. Ist bisschen deprimierend, oder? Ich will zu zweit sein, und so romantisch mal ein Wochenende vielleicht so an die See, ich will essen gehen und von mir aus auch sonntags zu zweit Krimis gucken. Vielleicht ist das Leben halt so banal, oder Liebe auch und trotzdem rennt man ihr hinterher. Und sucht den, mit dem es geht, obwohl so viele hier das gleiche schreiben.«

Torben ist der Ansicht, dass bei der Online-Partnersuche andere Verhaltensweisen möglich sind als bei der Suche ohne das Netz, er initiiert grundsätzlich eine Vielzahl von Kontakten in seiner Börse:

»da kann man ja nur wirklich mehr wissen, wenn man sich paar Mal schreibt. Wenn ich hier nicht viele Kontakte mache, dann ist ja das Prinzip Online-Dating auch nichts. Im Grunde geht es ja darum, Kontakte zu machen und dann zu sehen, was daraus wird!«

Torben sieht viele Kontakte als Erhöhung der Chance, eine Freundin zu finden. Doch selbst wenn Torben bei Finya.de theoretisch über 1000 Frauen als Kontaktpartner anschreiben kann, verwendet er ein geradezu klassisches soziodemografisches Selektionsmerkmal als wichtigstes Suchkriterium: Den Wohnort. Erwähnenswert ist, dass er nicht nur innerhalb seiner Stadt Hannover sucht, sondern sich auch die anderen Großstädte Hamburg und Berlin herausgesucht hat. Die Distanzen zu diesen Städten versteht als überbrückbar in einer Partnerschaft, zumal er einen Wohnortswechsel, sofern er ihn beruflich vereinbaren kann, in Betracht zieht. Wichtig für ihn ist, dass die Frau ebenso wie er einen urbanen Lebenstil, wie er es selbst nennt, bevorzugt. Für Torben besteht ein Vorteil in der Online-Partnersuche darin, dass er die häufig gegebenen räumlichen Grenzen der Partnersuche aufweichen kann:

»Mir ist ja klar, dass ich eine Freundin haben möchte, die eben nicht aufs Land ziehen, Kinder und nen Hund haben will, sondern die Stadt und Clubs usw. will. Und hier, so in der Börse, dann kann ich halt nach so Frauen suchen - und das in mehreren Städten. Ohne die Börse, da ginge das ja nur, wenn ich mal z. B. in Berlin bin.«

Von sich selbst sagt Torben, dass er viele Kontakte initiiert. Zu Beginn seiner Börsenmitgliedschaft hat er auf Zuschriften gewartet, die allerdings relativ spärlich ausfielen. Schreibt er Frauen an, so bekommt er fast immer eine Antwort und in der Hälfte der Fälle stellt sich ein längerer E-Mail-Kontakt ein. Er begründet es damit, dass seiner Ansicht nach Frauen angeschrieben werden wollen: »das ist wie auf Partys oder so, meiner Erfahrung nach finden viele Frauen es gut, wenn der Mann den ersten Schritt macht.« (Torben). Allerdings wünscht er sich, dass Frauen in den Börsen häufiger die Initiative ergreifen würden. Eine Frau, die sich konsequent kontaktieren lässt, und kaum Kontaktanfragen sendet, ist Hariye, eine 40-

jährige Krankenschwester aus Lübeck und Mitglied in Parship.de. Ich lernte sie über andere Online-Dater derselben Börse kennen, die ihr meine E-Mail gaben. Sie meldete sich umgehend zurück und erklärte sich zu Treffen bereit.[23] Für Hariye ist ebenso wie für Torben die Vielzahl der möglichen Kontakte ausschlaggebend gewesen, um in Parship.de einzutreten. Hariye berichtet von bis zu 200 Zuschriften pro Monat. Daraufhin sieht sie sich die Profile an. Sagen sie ihr zu, antwortet sie:

@ »Das hat so was wählerisches, das mag ich: den ja, den nicht, und ich kann mir sozusagen die Rosinen herauspicken. Das mag sich irgendwie wie ein kleines, verzogenes Gör anhören und mir ist klar, dass das Leben sonst so nicht funktioniert. Aber hier in der Börse, da darf ich es machen, ich muss es sogar tun, um all die Zuschriften zu bewältigen. Ich kann ja kaum allen antworten.«

Hariye empfindet Freude, unter den »Bewerbern« auswählen zu können. Sie genießt es »wie die Prinzessin auf der Erbse« (Hariye) agieren zu können. Dabei fühlt sie sich in ihrem Frau-Sein, wie sie es formuliert, bestätigt. Außerhalb des Online-Dating findet sie dies ihrer Ansicht nach selten vor. Eine wichtige Erfahrung, von der Hariye berichtet, sind die Liebesbriefe aus der Grundschule. Sie vergleicht das Online-Dating damit:

@ »Da stand dann drin: Willst du mit mir gehen? Ja oder Nein? Und ich musste das dann ankreuzen. Vielleicht ist das ein bisschen hängen geblieben und ich will die sein, die umworben wird und wählen darf. Natürlich kommt es jetzt, als Erwachsene beim Online-Dating nicht mehr dazu, dass sie dann alle wirklich >mit mir gehen< wollen, aber viele Männer lassen sich doch auf ein Treffen ein, und erst dann kann man weitersehen finde ich.«

Hariye pflegt ein sorgfältiges Profil, in dem sie u. a. extra zu diesem Zweck von einem Fotografen gemachte Bilder einstellt. Sie hat ihr Profil so ausgerichtet, dass es möglichst viele Männer ansprechen soll, sagt sie. Einzige relevante Einschränkung ist das Alter: Es sollen sich keine Männer unter 40 Jahren und über 55 Jahre melden.[24] Nach der sorgfältigen Profilgestaltung wartet sie zunächst passiv ab, wer sich meldet. Haben sich einige Kontaktanfragen eingefunden, wird Hariye aktiv, wählt aus und kontaktiert. Sie be-

---

23 Hariye wollte keine Aufnahmen unserer Gespräche machen lassen, willigte aber ein, unseren Emailkontakt abzudrucken.

24 Hariye sagt in einem Gespräch, dass sie auf Kontakte älterer bzw. jüngerer Männer nicht reagiert. Beim unserem nachfolgenden Treffen berichtet sie jedoch von einem Rendezvouz mit einem einige Jahre älteren Mann. In diesem Fall hat ihr das Foto so gut gefallen, dass sie sich auf das Treffen einließ.

schreibt wie Torben, dass sie beim Wählen im Rahmen des Online-Dating ein Verhalten anwendet, welches sie offline nicht realisieren kann. Im »realen« Leben kommt es selten vor, dass sie zwischen mehreren Bewerbern wählen kann. Auch zu ihren Auswahlkriterien gehört der Wohnort, die Männer sollten nicht mehr als 100 km von ihr weg wohnen. Hariye betont aber, dass sie häufig mit Männern in Kontakt tritt, die weiter weg wohnen:»Sie kontaktieren mich, ich finde sie interessant und eventuell treffen wir uns. Dann aber muss auch der Mann nach Lübeck kommen, wenn's so weit weg ist!« (Hariye). Ihre Auswahlkriterien wandeln sich im Gegensatz zu Torbens:

@ »Bei mir ist das eher so aus dem Bauch raus. Ich finde ein Fotos gut, oder der hat einfach nur einen interessanten Satz darin, da will ich mich nicht festlegen. Ich finde, die Liebe, die hat auch mit Spontansein zu tun [...] Ich denke, wenn schon Online-Dating machen, dann auch richtig alle Chancen nutzen. Und das heißt, auch mal jemanden treffen, der weiter weg wohnt. Sonst kann ich mich hier ja auch in eine Bar im Minirock setzen und habe die Kleinstadtmachos am Hals!«

Hariye verbindet die Liebe mit Spontaneität und demzufolge auch mit (situativer) Emotionalität. Diese Verbindung überträgt sie auf die (Partner-)Wahlen beim Online-Dating. Betrachtet man Hariyes auf situativen Emotionen beruhendes Wählen, so gilt Illouz Aussage, dass die romantische Begegnung beim Online-Dating das Ergebnis einer möglichst sorgfältig gestalteten Wahl darstellen (2006: 120), nur bedingt. Die Begegnungen beruhen zwar auf mit Bedacht erstellten Profilen, somit bestehen sie auf sorgfältig gestalteten Selbstpräsentationen. Letztlich treten bei meinen Informanten pragmatische oder rationale Aspekte in den Hintergrund, wenn es zu Kontakten oder Treffen kommt. Die situativ auftretenden Emotionen, die »Gefühle aus dem Bauch heraus«, werden als Entscheidungsinstanz eingesetzt. Selbst wenn jemand wie Torben den Wohnort als wichtiges Kriterium gebraucht, ist dieses so weit gefasst, dass es spontane Begegnungen nicht ausschließt. Viele Online-Dater berichten zudem, dass sie zu Beginn ihrer Börsenmitgliedschaft die Suche durch Wahloptionen signifikant einschränkten. Die Folge waren wenig Kontakte und enttäuschte Erwartungen. Durch diese Erfahrungen ändern sie ihre Suchkriterien, was durchaus zu Erfolg führen kann:

@ »Ich habe doch geschrieben, über 1,80 m groß. Und dann ist er vielleicht >nur< 1,76 m groß und verdammt nett? Ich hatte mittlerweile aufgegeben, so einen Wunschkatalog immer vor Augen zu haben... das hat bei mir nix gebracht außer Frust. Und siehe da, auf einmal lerne ich dann diesen supernetten Typen kennen. Was ich so an Bedingungen am Anfang reingeschrieben habe, damit wäre das nie was geworden...« (Frau, 37 Jahre, anonym, hat ihren Partner über Datingcafe.de gefunden)

Die Aussagen von Online-Datern verdeutlichen die wichtige Rolle des Wählens. Der Umgang mit den Wahlen fällt bei meine Informanten unterschiedlich aus. Teils genießen Börsenmitglieder wie Hariye diese Option. Teils empfinden Online-Dater wie die zuletzt genannte Frau die Wahlmöglichkeiten als eine signifikante Erschwerung ihrer Partnersuche, denn es besteht die Gefahr, sich in unrealistischem Wunschdenken verlieren. Neben den Wahlen stellt die zwischenmenschliche Interaktion einen zentralen Bestandteil der Suche nach dem »Richtigen« dar, wie ich im Folgenden erläutere.

Die Kommunikation per E-Mail

> »In diesem Sinne ist das Medium Liebe kein Gefühl, sondern ein Kommunikationscode, nach dessen Regeln man Gefühle ausdrücken, bilden, simulieren, anderen unterstellen, leugnen und sich mit all dem auf die Konsequenzen einstellen kann, die es hat, wenn entsprechende Kommunikation realisiert wird.« (Luhmann 1994: 23)

Wie zuvor dargestellt, ist die Möglichkeit zum persönlichen Kontakt wichtige Grundvoraussetzung der Partnerwahl. Kontakt beinhaltet Kommunikation; und Kommunikation ist ein situativsbedingter, vielfältiger Prozess. Die Kommunikation der Online-Dater innerhalb der Börsen schließt in facettenreicher Form Diskurse über die Partnersuche durch Kommentare über Beziehungsvorstellungen, durch Anforderungen an den Partner und durch Äußerungen von Liebesannahmen ein. In diesem Kapitel werde ich auf die Kommunikation per Mail eingehen. Ein hoher Teil der Kommunikation beim Online-Dating läuft über E-Mail: Wird ein Profil für interessant befunden, sendet man eine E-Mail an die betreffende Person, um Interesse zu bekunden und einen Kontakt einzuleiten.[25] Ich lege an dieser Stelle den Schwerpunkt auf E-Mails, die innerhalb von Börsen vor face-to-face-Kontakten stattfinden. Für die Wahl des Schwerpunktes sind

---

25 Eine Email muss nicht immer als erstes Mittel zur Kontaktaufnahme genutzt werden. Diverse Börsen bieten Optionen wie Chats oder Videochats an. In manchen Börsen, wie beispielsweise Finya.de, besteht weiterhin die Möglichkeit, Kommentare in ein Gästebuch einzutragen. Diese sind für alle Mitglieder einsehbar. Gästebücher werden auch als Kontaktbeginn genutzt. Weiterhin ist für Börsenteilnehmer zumeist ersichtlich, wer ihr Profil betrachtet hat. Häufig werden dann die Profile der Betrachter besucht, und daraufhin Kontakte initiiert.

zwei Gründe anzuführen: Erstens nennt der Großteil meiner Informanten das Versenden von Mails als bevorzugte Variante der Kontaktaufnahme. Zweitens können diese E-Mails aufgrund ihrer Inhalte sowie durch die Informationen, auf denen die textlichen Kommunikationsprozesse beruhen, als typisch für das Online-Dating verstanden werden. Für die 40-jährige Elena ist der Mailaustausch sehr wichtig. Sie lehnt es ab, Männer nach ein- oder zweimaligem Mailen zu treffen:

@ »Für mich ist Emailen sehr, sehr wichtig. Am Anfang fand ich es gewöhnungsbedürftig: Ich schreibe da ja jemanden, den ich nie getroffen habe, aber weil ich sein Profil gelesen habe und er auch in der Börse ist, weiß ich ja schon einiges über ihn. Lerne ich einen Mann anders kennen, muss ich ja erstmal herausfinden, ob er vielleicht vergeben ist, oder gar keine Frau sucht. Hier weiß ich zumindest, dass er Single ist und eine Beziehung will.«

Elena beschreibt Spezifika der Online-Partnersuche, welche die Kommunikation entscheidend prägen: die Informationen, aufgrund derer zwei Menschen in einer Börse Kontakt aufnehmen und die Reihenfolge des Kennenlernens. Beide Aspekte sind eng miteinander verwoben und bedingen einander. Vor der ersten Kommunikation – also vor der ersten E-Mail – besitzen Börsenmitglieder bereits Informationen über den Anderen. Die vielleicht wichtigste Information ist die, dass der Andere ebenfalls nach einem Partner[26] sucht. Eine Vielzahl weiterer, individueller Informationen finden sich in den Profilangaben. So wissen Börsenmitglieder häufig vor dem ersten Treffen, welche Speisen der andere bevorzugt, welche Musik er mag oder wie er am liebsten seinen Urlaub gestaltet. Diese Angaben nutzen viele Online-Dater als Kommunikationsansatz:

@ »Dann aber habe ich gelernt, wie ich so eine Email beginne: Ich gehe auf ein Kommentar oder eine Angabe von der Person ein. Es gibt einfach ganz gute Hilfe, wie man so einen Austausch anfängt. Und wenn einem nichts einfällt, habe ich ja genug Zeit, nachzudenken beim Mailen. Ich muss da ja nicht so schlagfertig wie in einem Gespräch sein.«

Elena macht deutlich, dass sie die Angaben in den Profilen als Kommunikationsgrundlage verwendet: Sie knüpft in einer E-Mail an einen Film an, den auch sie gesehen hat oder kommentiert das Foto. Allerdings weisen Informationen, die durch die Profile vermittelt werden, die Besonderheit auf, dass die Person, die sie betreffen, sie selbst erstellt hat. Folglich prägt die Informationen ein »Filter«,

---

26 Natürlich muss davon ausgegangen werden, dass in vielen Börsen auch Personen eingeschrieben sind, die nicht nach einer Beziehung, sondern nach erotischen/sexuellen Abenteuern suchen. Mehr dazu in Kapitel 6.

da sie mit dem bereits bekannten Ziel erstellt werden, das Interesse anderer Börsenmitglieder zu wecken. Dieser Umstand kann die Suche und Kommunikation bedeutend erschweren:

»Das ist ja schon so eine Sache: Ich lese das Profil und denke, ich weiß was über die Person. Man könnte besser sagen: Ich weiß dann, wie sich die Person darstellt! Das wäre wesentlich korrekter. Es gibt da natürlich auch Lügen, aber vieles ist eine Grauzone: Vielleicht nimmt sich jemand ja anders wahr, als ich ihn sehe. Es gibt Frauen, die bezeichnen sich wortwörtlich als tolerant im Profil. Aber in meinen Augen sind sie es nicht, das habe ich dann bei Treffen herausfinden müssen. Und dann stellt sich ja die Frage: Haben die dann nun gelogen oder sehe ich das anders? Oder hat sie es etwa nur geschrieben, damit sie interessant wirkt? Aber bis ich sie nicht getroffen habe, weiß ich das alles ja nicht. Dann maile ich mir ja mit einer toleranten Person, weil es so da steht im Profil. Das ist nicht so einfach, am besten schnell treffen und sich selbst ein Bild machen, sage ich!« (Manuel)

Manuel beschreibt in dem Interviewausschnitt die Problematik solcher Angaben. Er ist im Gegensatz zu Elena der Ansicht, dass schnelle Treffen ein guter Weg beim Online-Dating sind, denn nur so kann seiner Ansicht nach ein Bild über die entsprechende Person machen:

@ »Es ist anders, dass man schon so viel über den anderen weiß, wenn man sich dann trifft. Ansonsten lernt man sich ja kennen, was viiieeel langsamer geht. Da findet man dann vielleicht durch Versuch oder Irrtum raus, ob der jemand Rotwein oder Weißwein mag. Und hier, da weiß man so viel, und macht sich ein Bild – und dann trifft man erst den Kerl! Und mag vielleicht seinen Geruch oder seine Hände nicht, oder er ist total haarig. Da merkt man, dass eben nicht alles per Mail geht. Es gibt da ja auch grenzen: Soll ich etwa frage, ob er behaarte Hände hat? Das geht auch nicht, oder? Manche Sachen lassen sich ja auch nicht durch Worte erfassen: Wie riechst du? Was soll da jemand schreiben??« (Manuel)

Das Beobachten des Anderen spielt in einer romantischen Begegnung eine zentrale Rolle. Beobachtung ist jedoch nicht nur im vis-à-vis-Kontakt möglich. Auch beim Online-Dating sind entsprechende Optionen gegeben, sie sind nur anders gestaltet als bei der face-to-face-Kommunikation. Viele Informanten berichten bereits in den Erstkontakten per E-Mail, Beobachtungen und Überprüfungen vollziehen zu können:

@ »Ich bin eine Verfechterin des langen Mailens. Das ist eher auch bisschen aus dem Gefühl heraus, begründen kann ich das leider nicht. Aber natürlich sagen 2 kurze Mails noch wenig über einen Menschen. Meistens zumindest! Aber es ist interessant, was sich so tut, wenn man sich mal 12x oder öfter mailt. Menschen öffnen sich dann auf eine ganz spezielle Art. Und dann weiß ich viel über die Person. Ich kenne seine Grammatik, seine Rechtschreibfehler, welche Worte er mag. Und nach einer Vielzahl von Mails fallen mir auch Widersprüche zu seinem Profil auf. Die Kunst dabei ist, sich trotz des engen Mailkontakts kein fixes Bild von dem anderen zu machen. Das ist schwer, aber es geht. Ich versuche, trotzdem beim Treffen offen zu sein.« (Elena)

Vermehrter Kontakt führt zu emotionalem Austausch und bereitet möglicherweise den Weg in eine Partnerschaft. Solche Prozesse können sich in einem E-Mailkontakt abspielen:

@ »es entsteht ein Gefühl von Nähe und Verbundenheit. Ich warte dann auf die nächste Email, habe schlechte Laune, wenn der Postkasten leer ist und merke, wie mein Puls hochgeht, wenn ich die Mail öffne. Und habe die Person (noch) nie getroffen! Aber all das würde ich auch vor einem Date empfinden. Ich date sozusagen per Mail und verliebe mich online dabei. Es birgt ein Risiko, denn ich kann durch den Eindruck beim ersten Treffen tief fallen, aber es wäre eine vertane Chance, sich nicht zu treffen. Theoretisch kann dabei alles wie das weltberühmte Kartenhaus zusammenfallen. Am Montag abend, da ist es dann wohl so weit!« (Frau, 37 Jahre, anonym)

Den Wunsch nach einer »real« gelebten Beziehung verwende ich in dieser Studie als definitorisches Merkmal des Online-Dating, alle meine Informanten streben eine Partnerschaft an. Allerdings kann in seltenen Fälle eine intensive Kommunikation per Mail zur Ablehnung einer »realen« Begegnung führen, wie im Fall der 27-jährigen Charlotte. Auch sie ist mit dem Ziel der Partnersuche in eine kostenfreie Singlebörse eingetreten. Dort bekam sie den Kontakt zu einem ungefähr 10 Jahr älterem Mann. Ein intensiver E-Mailaustausch begann, der sich über sechs Monate zog. Charlotte sagte, dass sie noch nie mit jemanden über derart intime Emotionen gesprochen habe, geschweige denn, sich einem Mann in dieser Intensität, Ehrlichkeit und Offenheit mitgeteilt habe. Der Mann bat wiederholt um Treffen, die sie jedoch ablehnte: Charlotte hatte Angst vor dem Treffen, weil sie nicht enttäuscht werden wollte – und zugleich den Mann nicht enttäuschen mochte. Sie befürchtete, seinen Ansprüchen nicht zu genügen.

Das Thema Liebe nimmt in der E-Mailkorrespondenz eine wichtige Rolle ein, obwohl es oft nur indirekt behandelt wird:

JD:
»Was macht denn für dich einen >intimen Austausch< und die Nähe davon, wie du ihn nennst, aus?«
Elena:
»Ein guter, naher, intimer E-Mailaustausch hat viele Themen, es geht natürlich um sich selbst, seine Vorlieben und Abneigungen. Aber man kann auch einfach schreiben, wie man den Tag verbracht hat, wie man sich gefühlt hat dabei und

dass man sich auf die nächste E-Mail von ihm freut, es kaum erwarten kann. Irgendwie besteht die Nähe dabei so im Sich-Mitteilen.«

JD:
»Schreibt ihr euch denn auch über die Liebe? Kommt es vor, dass das Wort ausgesprochen wird? Ich meine das jetzt nicht im Sinn einer Liebeserklärung, sondern als ein Thema beim Mailen.«

Elena:
»Hmm, ja, kommt natürlich drauf an. Ich schreibe, dann wenn es passt, was ich von einer Beziehung oder einem Mann mir wünsche. Und will auch wissen, was der Mann so von mir erwartet. Aber das hat auch gedauert, das ist ja auch wie über die Liebe zu reden, auch wenn man das Wort vermeidet.«

JD:
»Warum vermeidet man denn das Wort?«

Elena (lacht):
»Vielleicht, weil es so groß und wichtig ist. Irgendwie liebt man ja, aber ich finde, dass man Liebe ja auch zerreden kann, oder Gefühle totanalysieren kann. Das Gleiche gilt für die Mails: Ich denke, beim Online-Dating ist so klar, dass es um Liebe und Gefühle geht, dass man es nicht direkt ausspricht. Oder in E-Mails ausschreibt. Das gilt jetzt für Liebe, nicht für so Gefühle im Allgemeinen. Wie eine unausgesprochene Regel ist das. Aber ganz klar, mit anderen Worten spricht man oder schreibt man drüber. Ich glaube auch, dass Männer oder vielleicht einfach viele Menschen Angst kriegen, wenn man sagt: Ich suche die große, allumfassende, immerwährende Liebe. Kannst du sie mir geben? So funktioniert das ja nun auch nicht! Also besser nicht zu direkt werden, und so bisschen wie die Katze um den heißen Brei schleichen, aber jeder weiß, dass es um die Liebe geht. Danach suchen doch irgendwie alle in den Börsen...«

Margitt beschreibt einen ähnlichen Umstand:

@ »Ich glaube, was viele Leute am Online-Dating abschreckt, ist dass es so gezielt um Liebe und Beziehung geht. Das ist für viele suspekt, weil eigentlich wird's zumindest so öffentlich selten gemacht oder inszeniert. Beim Online-Dating schreien manche Leute geradezu: Nimm mich, liebe mich, allein dadurch, dass sie sich in eine Börse eingeschrieben haben! Das mag irgendwie ehrlich sein, weil jeder Mensch das bedürfnis hat, geliebt zu werden. Aber eigentlich macht man das nicht. Liebe ist dezenter.«

Margitt bezeichnet die Liebe als »dezent« und bringt damit zum Ausdruck, dass sie zwischen den Zeilen, mithilfe von Verweisen kommuniziert wird. Diesen Aspekt der »Kommunikation über die Liebe ohne Nennung der Liebe« sieht Luhmann als typisch für die Liebe an, denn die Liebe kann:

»um es paradox zu formulieren, Kommunikation unter weitgehendem Verzicht auf Kommunikation intensivieren. Sie bedient sich weitgehend indirekter Kommunikation, verlässt sich auf Vorwegnahme und Schonverstandenhaben. Sie kann durch explizite Kommunikation, durch Frage und Antwort, geradezu unangenehm berührt werden, weil damit zum Ausdruck kommt, daß etwas sich nicht von selbst versteht.« (1984: 29)

Luhmann bezieht sich auf die Kommunikation der Liebe, wenn sie bereits von zwei Menschen erlebt wird. Seine Ausführungen lassen sich jedoch auch auf die Partnersuche übertragen. Beim Online-Dating kommunizieren die Börsenmitglieder unter dem Thema Liebe. Zugleich existiert die kulturspezifische Vorgabe, Liebe sprachlich indirekt auszuhandeln anstatt sie explizit zu verbalisieren. Ein 41-jähriger Online-Dater schreibt:

@ »egal, worüber man sich so schreibt, letztlich checken sich die Leute hier ab, ob sie vielleicht miteinander kompatibel sind, ob ein Treffen Sinn macht. Total egal worüber man sich schreibt, woran man denkt ist: Passt die oder der zu mir? Die Angelegenheit, um die sich der Kontakt dreht, ein Film oder weiß der Teufel was, ist dann egal, die wird doch nur vorgeschoben.«

Beim Online-Dating lässt sich beobachten, wie sich der Umgang mit der Liebe zwischen zwei Polen bewegt: Einerseits findet sich ein sehr offener Umgang, andererseits verläuft ein nicht unerheblicher Teil der Kommunikation kulturellen Normen entsprechend implizit. Der explizite Umgang findet sich vorrangig online in Börsen. Wird in Profilen direkt nach Liebesvorstellungen gefragt, antworten Online-Dater konkret. Im direkten Austausch unter Börsenmitgliedern wandelt sich die Kommunikation in implizite Techniken des Verweisens:

@ Mann, 41 Jahre, anonym:
»Online-Dating machen, das hat ja schon was sehr direktes, weil jeder weiß, was hier Sache ist. Damit verliert sich ja auch die Romantik. Was richtig ehrlich wäre, wäre nach so paar Mails zu schreiben: Kannst du dir vorstellen mich zu lieben? Aber das geht ja gar nicht, das hätte fast schon was peinliches. Aber es wäre so im Grund hier doch angemessen.«
@ JD:
»Was hält einen davon ab, das zu machen, wenn ich fragen darf?«
@ Mann, 41 Jahre, anonym:
»das ist vielleicht konvention? gesellschaft? es hat auch was zu gieriges, forderndes. Es ist einfach unpassend und so gefühlsmäßig geht das gar nicht. aber tut mir leid, ich kann es echt nicht in worte fassen, das hat eben mit gefühlen zu tun. man schreibt halt über andere dinge, aber meint vielleicht: kannst du dir eine beziehung mit mir vorstellen.«

Es zeigt sich, dass insbesondere die Interaktion über E-Mail eine Form der Kommunikation ist, die große Ausdrucksfähigkeiten und gute Intuition benötigt, um zum gewünschten Effekt zu führen. Online-Dater erzählen, dass die eigene Intention vom Kommunikationspartner oftmals nicht verstanden wird. Viele meiner Informanten berichten, mit der Zeit gelernt zu haben, Aussagen und Anliegen so in Worte zu fassen, um Missverständnisse so weit es möglich ist, auszuschließen. Auch äußern Informanten, dass es wichtig ist, in den E-Mails »zwischen den Zeilen« zu lesen, denn Emotionen werden nicht selten implizit vermittelt.

Zusammenfassung: Die Suche nach dem Anderen

Die Suche in den Börsen besteht zu einem erheblich Teil aus Vorauswahlen. Online-Dater möchten herausfinden, welche Kontakte sich als vielversprechend erweisen. Zahlreiche Informanten beschäftigen sich folglich verstärkt mit Fragen nach ihren Bedürfnissen in Beziehungen. Sie stehen vor dem Problem, nach welchen Kriterien sie ihre Wahlen treffen sollen. Dabei verfolgen sie unterschiedliche Strategien. Während der Suche nimmt das E-Mailen eine wichtige Rolle ein. Der schriftliche Austausch geschieht in vielfältiger Form. Die Informationen über den jeweiligen Kommunikationspartner weisen die Besonderheit auf, dass sie nicht durch Beobachtung und face-to-face-Kontakt gesammelt werden, sondern von der jeweiligen Person selbst erstellt worden sind. In den Ausführungen zur Kommunikation klingt bereits an, dass diese als schwierig erlebt werden kann. In den folgenden Ausführungen werden nun die Problematiken Partnersuche im Netz vertieft behandeln.

Schwarze Schafe, Spione, Multidating und imaginäre Partner

> »Bist du ehrlich? Warum bist du hier drin? Bitte
> nur antworten, wenn du wirklich nach jemanden
> suchst, mit dem du dein Leben teilen möchtest!
> Anbaggern und Abschleppen kann ich auch wo-
> anders haben, no chance das hier zu versuch-
> en!« (Frau, anonym, Profiltext)

Sowohl in öffentlichen Auseinandersetzungen wie auch in wissenschaftlichen Betrachtungen wird Online-Dating überwiegend als problematisch behandelt: Online-Dating depersonalisiere, werte sowohl das Individuum als auch die Liebe herab und führe sowohl zu gesellschaftlichem Werteverfall als auch zu individuellem Unglück, lauten bereits beschriebene Klischees. Berichte von Online-Datern in dieser Studie stellen allerdings ein weitaus differenzierteres Bild dar als das von Illouz (2006) beschriebene. Meine Daten zeigen eine Vielzahl von Haltungen und Emotionen: Es wird das eigene Tun mit Selbstironie betrachtet und von Informanten kritisch auf eine Katalogisierung von Menschen durch Datingbörsen verwiesen. Parallel dazu wird ernsthaft und eindringlich von Hoffnungen, Befürchtungen und dem »großen Thema« Liebe gesprochen. Bei meinen Informanten sind diese wechselnden Bezüge zu ihrer Mitgliedschaft in einer Singlebörse situativ bedingt, ausschließlich positive oder negative Beschreibungen liegen mir nicht vor. Tendenziell kann zu Beginn des Online-Dating eine verstärkte Euphorie herrschen, weil sich viele Neulinge in den Börsen durch die vermehrten Kontaktchancen einen raschen Erfolg versprechen. Dies ist auch die Zeit, in der Online-Dater häufig von einem Suchtcharakter sprechen. Bei ausbleibendem Erfolg, fehlinterpretierten Kommunikationen oder Treffen, die nicht den Vorstellungen entsprechen, relativiert sich die anfängliche Begeisterung. Manch einer beendet dadurch seine Mitgliedschaft, aber diejenigen, die bleiben, berichten von den wechselnden Bewertungen. In diesem Kapitel greife ich Auseinandersetzungen über die problematischen Aspekte des Online-Dating auf. Sie repräsentieren einen Teil des Umgangs mit dem Online-Dating und nicht eine Beurteilung des Online-Dating per se. Viele Aussagen lassen erkennen, dass die Partnersuche gleich ob online oder offline als schwierige Angelegenheit gilt. Die Tücken des Online-Dating beinhalten folglich generelle Dilemmata der Partnersuche, aber durch den Einsatz des Mediums Internets finden sich darüber hinausgehende Probleme in spezifizierter Form bei der Online-Partnersuche wieder.

Fragen nach Ehrlichkeit und Authentizität nehmen bei der Partnersuche im Netz eine zentrale Rolle ein: Was stimmt? Was ist gelogen? Sind die Angaben über die Größe oder das Alter wahrheitsgemäß? Sind die angegeben Charaktereigenschaften richtig? Ist er wirklich ledig, lebt sie vielleicht doch getrennt? Oder ist der Andere nur auf der Suche nach einer Affäre beim Treffen, während zuhause ein Ehepartner wartet? Viele Online-Dater sprechen über diese und weitere Fragen. Immer wieder wird über Unsicherheiten hinsichtlich der Profilangaben berichtet. So gut wie jeder kennt eine Anekdote, die von »schwarzen Schafen« handelt, auf die jemand (wenn auch selten der Erzähler selbst) reingefallen ist. Sowohl in Diskursen über das Online-Dating aus ethischer Perspektive als auch von Börsenmitgliedern aus emischer Sicht werden diese Fragen angesprochen. Um Sicherheit beim Online-Dating zu gewähren geben fast alle Börsen ihren Mitglieder Ratschläge. Hier wird auf Verhaltensweisen aufmerksam gemacht, die unbeabsichtigt die eigene Anonymität gefährden. Des Weiteren gibt es börsenübergreifende Tests wie durch das bekannte Institut »Stiftung Warentest«. Hinzu kommen Initiativen wie Saferdating.de (2008), die Börsen testen, bewerten und ebenfalls Tipps und Tricks verraten. Saferdating.de (2008b) veröffentlicht auf seinen Seiten Beispielsgeschichten über Dating-Gaunereien, um das Bewusstsein in Bezug auf etwaige schwarze Schafe zu wecken. Diese Geschichten erzählen von finanziellen Betrügen in großem Rahmen, von nahezu unvorstellbaren Differenzen zwischen den Profilangaben einer Person und der Realität sowie von den Tücken der Anonymität. In den Geschichten nehmen attraktive Frauen, vorzugsweise Witwen, Männer aus, die gutwillig fünfstellige Beträge überweisen. Menschen verschönern sich in den Geschichten dermaßen in ihren Profilen, dass sie bei Treffen nicht mehr erkannt werden. In einem Fall sollen sogar Mutter und Sohn in für beide Seiten verheißungsvollen Online-Kontakt getreten sein, erkannten sich allerdings erst bei ihrem Rendezvous. Auffällig ist an diesen Extrembeispielen, dass sie sich, soweit erkennbar, allesamt im US-amerikanischen Raum zugetragen haben müssen. Darüber werden die Leser nur implizit informiert. Allein die Kombination aus anonymisierten Personen-, Ortsnamen und Betragsnennungen in Dollar verweisen darauf. Neben den Inhalten dieser »Storys« ist dies ein typisches Muster der »Schwarzen-Schaf-Mythologie« beim Online-Dating: Betrugsszenarien und skurrile Geschichten werden verbreitet, die sich allerdings möglichst weit entfernt vom Berichterstatter vollzogen haben. Im Fall von Saferdating.de[27] sind dies nun die USA – übrigens ein Land, über dessen Dimensionen (auch hinsichtlich kultureller Phänomene wie eben Online-Dating) Europäer eine Vielzahl von Spekulationen und Stereotype kennen. Im Fall meiner Informanten äußert sich dieses Prinzip darin, dass fast jeder eine Betrugsanekdote erzählen kann, aber so gut wie alle dieser Geschichten haben den Erzähler nicht selbst betroffen, sondern der Bericht wurde dem Erzähler über diverse Mittelspersonen zugetragen. Gründe, Profilangaben nicht zu vertrauen, sind ebenso mit Vorstellungen über das Internet wie auch mit dem Thema Partnersuche verknüpft. Vielen Online-Datern selbst erscheinen das Internet und damit auch die Singlebörsen als prädestiniert dafür, falsche, erfundene oder zumindest stark auf die Wirkung ausgerichtete Angaben über seine eigene Person zu machen:

@ »Ich finde das ist egal, ob es nun sowas wie facebook oder was auch immer ist, das Internet verführt dazu, falsche oder zumindest beschönigte Angaben über sich zu erstellen. Warum? Weil es hier endlich mal geht, jeder will doch ein bisschen toller sein als er oder sie ist! Schöner, besser verdienen, klüger, das kann man sich aussuchen. Und das findet sich dann auch in den ganzen Börsen

---

27 Saferdating.de gebraucht einen englischsprachigen Namen in Anspielung auf den verbreiteten Begriff »safer sex«. Die Seiten der Initiative sind ausschließlich deutschsprachig, es werden nur deutsche Börsen rezensiert und auf enge Verbindung mit der Verbraucherinitiative Stiftung Warentest verwiesen. Das Impressum verweist ebenfalls auf eine in Deutschland ansässige Adresse.

wieder. Wobei es dabei echt ziemlich dumm ist, weil, wenn man jemanden dann doch trifft, dann sieht man sozusagen meist doch sehr flott der Realität ins Auge!« (Torben)

@ »Im Internet ist man ja so anonym, da kann man schreiben, was man will, seine Bilder beschönigen und endlich mal der tolle Hecht sein, wenn man sonst auch nur ein armes Würstchen im Büro ist. Tja, und genau das macht's hier in der Börse auch nicht einfacher. Ich glaube aber, dass der ganze Lügenkram schneller rauskommt als man denkt. Irgendwie ist das Lügen ganz schön naiv – triff dich, einmal, zweimal und das wars dann. Und manche Männer widersprechen ihren eigenen Profil-Angaben schon selbst in der ersten Email. Das ist dann nun wirklich dumm gelaufen!« (Elke, 41 Jahre, E-Mail)

Der Eindruck, dass Aussagen nicht ganz der Wahrheit entsprechen, entsteht bei den Online-Datern teils durch die Menge der positiven Angaben, die sich in den Börsen finden, teils durch stark auf Individualität abzielende Profile:

@ »Wenn man so herumguckt, sind die Leute ja alle super: Haben gute Eigenschaften, voll individuell und interessant. Im besten Fall, dann schreiben sie ihre negativen Eigenschaften auch hin. Toll, sie sind selbstkritisch usw denkt der Leser. Aber wenn alles so toll sind, warum finden sich dann nicht mehr tolle Paare? Oder warum brauchen die Welt dann überhaupt sowas wie Singlebörsen? Da drängt sich doch die Idee auf, dass irgendwas nicht so ganz stimmt. So in der Gesamtbetrachtung.« (Margitt)

@ »Es gibt einfach Profile, da sagt mir mein Gefühl, da stimmt was nicht. Es kann das Bild sein, es kann das Quentchen zuviel intersanter Charakteristika oder intellektueller Fähigkeiten sein, es können zu viele Hobbies bei Vollzeitarbeit sein. Das kann ich nur an einem Profil zeigen, wenn ich drauf stoße. Oder ich werden auch schnell misstrauisch, wenn Frauen so Fotografen-Fotos reinstellen, wo man genau sieht, wieviel Arbeit und dezentes Makeup dahinter stecken. Dann denke ich nur: Wie sieht die wohl wirklich aus?« (Margitt)

Dennoch kommt es trotz einer grundsätzlichen Vorsicht immer wieder zu Fällen, bei denen Online-Dater auf Lücken zwischen den Angaben und der »Realität« stoßen. Typisch ist der Bericht von Nino:

@ »Ich habe mir dann mit einer Frau gemailt, die ich sehr nett fand. Mir gefiel auch ihr Bild total gut, sie hat im Profil ihre Figur als >weiblich mit Rundungen< beschrieben. Finde ich viel attraktiver als so Bohnenstangen mit Jungsfigur. Dann treffen wir uns. Ich ins Café, suche, suche, gucke herum, überlege, wen ich ansprechen kann, ohne mich zu blamieren. Und dann spricht mich eine kleine Frau an, die echt einfach dick ist! Fett wäre das unhöfliche, aber richtige Wort. Es war wirklich hart für mich, dass mir nicht die Gesichtszüge entgleisten. Dahinter steckte doch pure Berechnung. Wenn die das reingeschrieben hätte, wie >weiblich< sie ist, dann hätte ihr auch keiner geschrieben, geschweige denn, sich getroffen.«

Eine Folge dieser Begegnung war, dass Nino, wenn er unsicher war, Frauen bat, vor dem Treffen ein weiteres Foto zu schicken, damit er sein Urteil besser stützen konnte. Deutlich wird an der Geschichte, dass es bestimmte Anteile beim Online-Dating gibt, bei denen Selbstdarstellungen sich leicht modifizieren lassen – wie eben die Fotos, die dazu einladen, sich möglichst attraktiv zu repräsentieren. Technische Möglichkeiten, wie das Bearbeiten von Fotos, sind vielen Online-Datern zugänglich, demzufolge wird die Hemmschwelle, derartige Mittel einzusetzen, als relativ gering beschrieben.

@ »ich muss ja nicht das Bild von jemand anderem reinstellen oder mir ne neue Nase machen. Das kann ich übrigens auch gar nicht. Aber ich kann das Foto heller oder dunkler machen oder vielleicht auch schwarzweiß, das dauert 3 Minuten... Das sieht dann oft schon einfach schöner, stylischer oder markanter aus! Aber der Nachteil ist ja, dass ich das auch weiß, wenn ich s/w-Fotos von Männern sehe. Man kennt halt so die Tricks.« (Frau, 33 Jahre, anonym)

Die Frage, wie Informanten selbst mit dem Wahrheitsgehalt ihrer Angaben umgehen, wird unterschiedlich beantwortet. Meist lautet die erste Antwort, dass all die Informationen über sich selbst korrekt seien – »weil es eben irgendwann eh herauskommt« (Torben). Auf Fragen nach bestimmten Details werden kleine Schummeleien dann häufig doch zugegeben:

@ »Die Sachen sind halt bisschen getunt. Ich will ja auch gut dastehen und sehe zu, dass ich nicht übertreibe. Aber klar, ich nehme ein Foto, das mich gut rüberkommen lässt. Ich schreibe Sachen rein, die interessant klingen, aber ich auch nicht immer andauernd mache... aber ich gehe auch davon aus, dass das bei anderen genauso ist, und dementsprechend guck ich mir auch eben die Sachen an, die von den Frauen geschrieben sind. Abzüge sind bei mir also schon miteinkalkuliert!« (Nino)

Interessant an der Aussage von Nino ist, dass er das Beschönigen von Angaben als Bestandteil der Partnersuche versteht. Dabei trennt er zwischen einem Bereich, den er als erlaubt versteht, weil er in seinen Augen eine Darstellung seiner Attraktivität repräsentiert, und Lügen:

@ »Bei Hobbies, da schreibe ich Lesen rein, bei Filmen schon >bessere< Filme und keine Blockbuster, beim Essen >exklusiv< und so. Das stimmt alles, aber im Alltag natürlich meist auch nicht! Ich geh nicht jeden Tag essen, das könnte ich mir gar nicht leisten. Abends guck ich auch RTL und Pro 7 und nicht nur Arte oder lese auch nicht Heidegger als Bettlektüre. Das ist so ne Grauzone mit den Angaben. Es ist weder wirklich wahr noch komplett gelogen. Gelogen wäre, wenn ich mich als reichen Bankdirektor reinstelle, falsche Größenangaben mache... Aber den Bogen zwischen Getunten und Gelogenem sollte man nicht überspannen.«

Beim Online-Dating erstellen die Börsenmitglieder ihre Profilangaben in der Regel allein oder mit Hilfe einer Person ihres Vertrauens, was durchaus Konsequenzen für die Selbstdarstellung hat:

@ »Ich mach das ja alles allein. Oder mit einer Freundin zusammen. Aber mich guckt dabei kein Mann an, ich habe keine Bezugsperson, der gegenüber ich da so mein Leben darstelle. Ich tippe das ja in diese Art Formulare rein und male dabei auch so ein bisschen ein Wunschbild von mir, oder ein Bild, das mich eben als eine attraktive Frau darstellt. Und ich denke, dass viele sich dann da echt ein bisschen reinsteigern.« (Frau, 29 Jahre, anonym)

Die Single- und Partnerbörsen im Internet bieten folglich eine prädestinierte Plattform für gezielte »Manipulationen«. Aus diesem Grund rücken viele Online-Dater den Umgang mit Profilangaben in den Bereich des *common sense*, wie zum Beispiel Gero (37 Jahre):

@ »Grundsätzlich ist es ja wurscht, ob ich hier im Netz suche oder real unterwegs bin. Belogen werden kann ich immer: Ob jemand Interesse an eine Beziehung mit mir hat oder mal nur eine Affäre will muss ich selber herausfinden. Klar kann es sein, dass Online-Dating irgendwie auch zu belügen und betrügen animiert, aber damit muss man umgehen können. Und wenn man es in der Realität nicht hinbekommt, Absichten von Menschen zu durchschauen, dann hier auch nicht. Umgekehrt gilt das gleiche. Hier im datingcafe nach jemanden zu suchen bedeutet ja nicht, sein Gehirn auszuschalten!«

Gero spricht zwei Aspekte an: Erstens verweist er auf den Einsatz des erwähnten *common sense*, zweitens auf die Tatsache, dass sich in Börsen Personen einschreiben, die sexuelle Abenteuer und keine Beziehung suchen. Zunächst zum *common sense*: Ich habe Gero um seine Meinung über die eingangs beschriebenen Betrugsgeschichten auf Saferdating.de (2008b) gebeten. Geros Antwort fällt belustigt aus. Ihm erscheint der Gedanke, einer reinen online-Bekanntschaft Geld zu schicken, derart absurd, dass er sogar den Wahrheitsgehalt der Geschichte anzweifelt:

@ »naja, wieviel Geld war das? mehr als tausend euro. wieso soll ich jemand fremden so viel geld schicken? anders gefragt: wie doof kann man sein... soviel leih' ich mit mühe jemanden, den ich wirklich kenne und das schriftlich mache. ich glaube, das sind auch leute, die mit dem medium internet nichts zu tun haben und außerdem am Axxxx der Welt auf einer rinderfarm leben (das waren doch alles amis, oder?). immerhin habe ich beim lesen gut gelacht. ich würde aber gerne wissen, ob die geschichten wahr sind oder pure fantasie. sie kommen mir so blöd vor, dass das gar nicht passiert sein kann.«

Viele Online-Dater sind von der Existenz »schwarzer Schafe« unter Börsenmitgliedern überzeugt. Vor allem für Informanten, die kostenfreie Börsen (wie z. B. Finya.de) oder Dating-Angebote mit geringen Kosten (wie z. B. Datingcafe.de) nutzen, ist dieses Thema von besonderer Bedeutung. Über Anzeichen unseriöser Anfragen herrscht zumeist Einigkeit: Wird in den ersten Kontaktanfragen eine sexuell aufgeladene Sprache verwendet oder nach Treffen gefragt, die nicht an einem öffentlichen Ort stattfinden, gilt dies als unseriös. Doch solche offensichtlichen Anhaltspunkte müssen nicht immer gegeben sein:

@ »Aber manche Anfragen sind auch ganz harmlos. Und dann merkt man es erst beim Treffen... aber das ist halt so finde ich, dass ist sozusagen ein Nebeneffekt, wenn man so viele Leute trifft. Aber dafür muss man halt ein Gefühl entwickeln, ich meine, das hat man einfach, wenn man nicht total naiv ist. Außerdem gibt es genug solcher Abenteurer auch ohne Single-Börsen.« (Frau, 33 Jahre, anonym)

Letzten Endes tritt auch bei der Trennung zwischen Singles mit Beziehungsabsicht und den »schwarzen Schafen« der *common sense* als Bewertungsmaßstab in Kraft. Das allerdings macht es problematisch, Berichten von finanziellem und emotionalem Betrug nachzugehen. Mir gegenüber wurde keiner genannt, obgleich über Täuschungen hinsichtlich des Aussehens oder anderer Details ausführlich berichtet wurde. Bei diesen Anekdoten werden allerdings die »Betrüger« als die Person dargestellt, die den Kürzeren zog: Die Wahrheiten kamen zumeist schnell ans Licht und führten zu einer Blamage des Betrügers. Die Erzähler dagegen können mit einem spannenden Bericht aufwarten und haben aus der Erfahrung gelernt. Angenommen, Online-Dater lassen sich darauf ein, ein unbekanntes Börsenmitglied mit Geld zu unterstützen und stellen einen Betrug fest, so ist davon auszugehen, dass die Schamschwelle, darüber zu sprechen, sehr hoch ist. Grund ist, dass in diesem Fall der Getäuschte das blossgestellte Opfer ist und nicht der Betrüger. Zudem hat der Getäuschte seinen *common sense* und sein natürliches Misstrauen nicht verwendet, sondern ist (scheinbar naiv) in eine Falle gelaufen. Viele Online-Dater sind überzeugt, dass das Prinzip Online-Dating Verhaltensweisen erleichtert, die moralisch zwar nicht direkt verwerflich sind, sich aber dennoch in »Grauzonen« zwischen legitimem Verhalten und Betrug bewegen. Wie beschrieben ist Online-Dating von einer Masse an Kontaktmöglichkeiten geprägt. Viele Informanten berichten, mit ihrem Eintritt in eine Singlebörse mehr Rendezvous denn je zuvor zu haben. Damit kommt es aber auch zu einem verstärkten »Multidating«: Es werden verschiedene Personen zur gleichen Zeit gedatet, teils kommt es zu mehreren, parallel laufenden Affären. Zunächst hört sich dies sehr simpel und logisch an – es gibt viele Kontaktmöglichkeiten, man trifft sich folglich mit möglichst vielen Personen, um die Trefferchancen zu erhöhen. Dass dies jedoch für die Beteiligten nicht immer einfach ist, schildert Anne, eine 35-jährige Berlinerin (Mitglied in Datingcafe.de):

@ »Das ist echt schwierig. Grundsätzlich ist klar, dass wer in der Börse ist, sich auch mit – wahrscheinlich mehreren – Leuten trifft. Das ist der Sinn der Sache. Aber wenn ich jetzt den Mann X mehr als nur nett finde, wir uns paar Mal treffen, und er mir gegenüber Andeutungen macht, dass er Gefühle für mich empfindet – und er trotzdem noch mehr Frauen trifft, dann komme ich mir ganz ehrlich verarscht vor. Ich finde, da fängt dann schon so eine Form von Betrügen an! Und das ist nicht nur mir passiert.«

Margitt ist ebenfalls der Ansicht, dass Online-Dating Verhaltensweisen fördert, die sie als moralisch fragwürdig einstuft:

@ »weil es eben so saueinfach ist, viele Leute zu treffen. Und dann redet man sich selbst ein, dass es ja okay sei, nur weils so einfach ist, immer weiter zu daten. Es ist aber super schwer, Grenzen zu ziehen, was o.k. ist und was Betrug ist. Aber ich finde, es gehört sich einfach nicht, wenn man jemanden mehrmals trifft, sich dann noch mit anderen Leuten zu daten. Ich finde, dass die eine charakterloses Suchen nach etwas >Besserem< ist. Dann soll man sich eben nur einmal treffen und tschüß sagen!«

Gero hat eine andere Auffassung: Solange nicht explizit ausgesprochen ist, dass sich nur noch die zwei Personen daten und einen Beziehungsbeginn eingehen, fühlt er sich niemandem verpflichtet: »dann kann ich treffen wen und wie viele ich will. dafür mache ich das ja, um jemand zu finden, wo es passt. und ich weiß ja nie wer da noch kommt!« mailt er. Wie die Aussagen zeigen, vertreten Online-Dater in Hinsicht auf das Multidating unterschiedliche Positionen. Unabhängig von den Bewertungen wird es als problematisch beschrieben: Entweder fühlen Online-Dater sich (wie Anne) zurückgesetzt, wenn sie eine von mehreren gedateten Personen sind, oder sie sehen im Gegensatz dazu ihre Freiheit beschränkt – wie Gero, der sich vorzugsweise mehrere Optionen offen hält. Als Vorstufe des Multidating können bereits die E-Mailkontakte innerhalb der Börse verstanden werden: Im Normalfall steht der Großteil der Online-Dater mit mehreren Mitgliedern parallel in Mailkontakt. Es werden mit unterschiedlichen Personen verschiedene Mailkorrespondenzen geführt, bei denen Inhalte und Tonfall durchaus variieren können. Viele Mailkontakte gleichen einem »Ping-Pong-Spiel«: Ein kurzer

Kommentar wird gesendet, die Antwort bezieht sich darauf. Es kommt zu Chat-ähnlichen Austauschen. Werden mehrere dieser Kontakte parallel mit verschiedenen Börsenmitgliedern geführt, besteht die Schwierigkeit darin, Inhalte und Kommentare nicht zu verwechseln:

@ »Man schreibt sich dann schon mit paar Frauen, und abends sitze ich da und >unterhalte< mich dann vielleicht mit drei Frauen. Innerhalb von einer halben Stunde können dann mal locker 12 E-Mails rausgehen, und dann darf ich die ja nicht verwechseln. Ich tippe dann ja auch so schnell, manchmal geht da auch mal was durcheinander! Extrem peinlich dann, so würd ich mal sagen« (Torben)

Margitt erzählt in einem Interview ebenfalls ausführlich von den Tücken diese Kommunikation:

»Ich habe schon mal mich bei einem fürs Treffen bedankt, bei dem es noch anstand. Der hat das dann zum Glück mit ausreichend Humor genommen, er hätte ja auch beleidigt sein können. Oder es blöd finden, dass ich überhaupt mehr als einen treffe. So richtig verwechselt worden bin ich – glaube ich – noch nicht, aber manchmal kamen mir paar Kommentare in schnellen E-Mailwechseln so zusammenhangslos vor, dass ich mich doch wunderte [...] Ich merke natürlich, wenn da was nicht stimmt oder sich jemand auf was bezieht, was nun echt mal keinen Sinn macht.«

Elena hat ebenfalls einmal erlebt, wie es ist, verwechselt zu werden. Dies geschah, nachdem sie in längerem und intensiven E-Mailkontakt mit einem Münchener stand. Sie tauschten lange Mails aus, die Elena sehr berührten. In einer E-Mail sprach er sie dann in gewohnt vertrautem Tonfall auf ihre zwei Söhne an, allerdings hat sie nur eine Tochter. Daraufhin schickte sie einen bitteren Kommentar und bat um den Kontaktabbruch. Elena sagte mir, dass sie sich sehr gekränkt und enttäuscht fühlte, weil ihres Empfindens nach die E-Mails viele persönliche Themen enthalten haben. Durch die E-Mail mit den vertauschten Inhalten wurde ihr klar, dass der Mann wahrscheinlich mit mehreren Frauen über diese Themen kommuniziert:

@ »Das Bittere war, dass ich dabei wohl auf eine Masche reingefallen war und richtig drauf angesprungen bin. Ich war wirklich verletzt, aber andererseits ist das ja auch bisschen klar beim Online-Dating, dass jemand doch mit mehr Frauen als nur mit mir mailt. Durch einen guten Emailaustausch gehört das Mitglied nun mal nicht exklusiv mir. Trotzdem, ich fand's verletzend, weil ich dachte, dass allein durch die Mails zwischen ihm und mir etwas Spezielles existiert hätte.«

Verwechslungen in den schriftlichen Kontakten können zu emotionalen Verletzungen führen und den Abbruch eines Kontakts bedeuten. Viele Singlebörsen versuchen, dem vorzubeugen und die Kontaktverläufe für ihre Mitglieder möglichst übersichtlich zu gestalten. In manchen Börsen besteht die Option, einen Überblick über die Korrespondenz mit einem bestimmten Mitglied abzurufen, ohne im allgemeinen Posteingang suchen und selektieren zu müssen.

Online-Dating lässt weitere Verhaltensweisen zu, die zum einen in Zusammenhang mit dem Multidating stehen, zum anderen auf den technischen Optionen der Börsen bzw. des Internets fußen. Nicht selten berichten meine Informanten, dass sie andere Börsenmitglieder ausspionieren und gezielt Fallen stellen. Nachdem Anne schlechte Erfahrungen durch einen Multidater gemacht hatte, begann sie, Börsenbekanntschaften zu »überprüfen«, wie sie es selber ausdrückt:

@ »Vera, eine Freundin von mir ist auch in der Börse. Und als ich dann Kristof kennenlernte, habe ich ihn mehrmals getroffen und fand ihn auch echt gut. Dann habe ich mit Marla ausgemacht, dass sie auf sein Profil gehen soll, damit auch er bei ihr drauf geht. Hat er auch getan. Dann hat er sich bei ihr gemeldet, also eine Email geschickt. Und hat gefragt, ob sie sich treffen und eine Datum vorgeschlagen. Am Tag davon wollte er mich treffen, zum 5. Mal bereits. Wir hatten auch schon mal miteinander geschlafen. Dann war die Sache für mich durch. Vera hat sich aber auch nicht mit ihm getroffen.«

Annes Erzählung berichtet nicht nur von den Möglichkeiten des »Fallenstellens«, sondern zeugt auch von einem umfassenden Wissen über das Verhalten in den Bösen: Sie hat nicht ihre Freundin gebeten, den Mann direkt anzuschreiben. Anne und Vera haben sich wesentlich subtiler verhalten, indem Vera nur auf das Profil des Mannes ging. Danach warteten die beiden Frauen ab, bis der Mann die Initiative ergriff. Andere Online-Dater (sowohl Männer als auch Frauen) erzählen von ähnlichen Unternehmungen. Leah, 40 Jahre, berichtet davon, wie sie mit einem Mann über eine Börse eine Beziehung begonnen hatte. Im Verlauf des dritten gemeinsamen Monats als Paar kamen ihr Zweifel über die wahren Hintergründe seiner abendlichen Arbeitstermine. Nachdem sie Peter einen Monat lang kannte, hatte sie sich von der Börse abgemeldet. Dann berichtete ihr eine Freundin, die Mitglied in Leahs ehemaliger Börse war, dass Peter nach wie vor online sei. Darauf hin erstellte Leah ein falsches Profil, indem sie vorgab, eine 30-jährige, sehr attraktive Studentin zu sein. Dabei verwendete sie ein Foto aus einem Online-Modemagazin. Peter ging sofort auf den ersten getäuschten Annäherungsversuch von der fiktiven »Elisa« ein. Daraufhin brach Leah ohne jeden Kommentar den Kontakt zu Peter ab:

@ »Manchmal frage ich mich, ob er da je einen Zusammenhang sah. Elisa, die es gar nicht gibt, kam nicht zum Treffpunkt und ich habe mich seit dem Abend nie mehr bei ihm gemeldet. Egal, wie oft er gemailt hat oder angerufen hat. In den Emails, die er schickte, war nie von seinen Betrügereien die Rede. Das war für mich das Deprimierende: Ich glaube, er war einfach so dumm, dass er nie auf die Idee gekommen ist, dass ich ihn durchschaut haben könnte! Nach einem Monat hat er sich nicht mehr gemeldet, und das alles liegt nun sicher 8 Monate oder so zurück. Und ich habe meine Börsenmitgliedschaft gekündigt.« (Leah)

Auch ohne derartige Erfahrungen gemacht zu haben, sind sich Online-Dater grundsätzlich über die Gefahr des Betrugs bewusst. Paare, die sich über die Börse gefunden haben, berichten häufig, dass sie sich gemeinsam aus der Börse abmeldeten:

@ »Das hat sicher zwei Gründe. Erstens fanden wir beide das wohl romantisch. Wir saßen vor meinem Computer, tranken ein Glas Rotwein, den Lisa aus Italien mitgebracht hatte, und meldeten uns ab. Es war vielleicht so bisschen wie ein Ritual, ein Versprechen, dass wir nun nicht mehr Singles auf der Suche sind. Aber das Zweitens ist auch nicht unwichtig. Auch wenn wir, glaube ich, uns nicht getraut haben, das auszusprechen: Wir wollten sicher gehen, dass der andere in der Börse nicht weitermacht. Mal jemanden treffen aus eine Laune raus, oder weil wir uns gestritten haben oder sowas blödes. Weil wir beide nur zu gut wissen, wie das in den Börsen läuft...« (Roman, 43 Jahre, hat seine Freundin vor 4 Jahren über eine Börse gefunden)

Roman spielt in der E-Mail auf das Thema Promiskuität an, das vielmals mit Online-Dating verbunden wird. Promiskuität bzw. ein verstärktes Forcieren von Affären oder One-Night-Stands als problematisches Phänomen wird beim Online-Dating meist nur dann erwähnt, wenn es um das Thema Betrug geht oder sich Frauen beschweren, dass sie zu viele Anschriften bekommen, die sie als Aufforderung zu einer Affäre interpretieren:

@ »Ich habe schon den Eindruck, dass es viele Männer hier gibt, nur das eine wollen. Ich will einen Freund, einen festen Freund und nicht durch unzählige Betten hüpfen. Das scheinen einige hier zu verwechseln. Ich habe ja kein Nacktfoto hier reingetan, die sollen sich woanders abreagieren aber doch nicht hier drin! Aber vielleicht werden die durch das Mailen nur direkter und das ist normal bei Männern. Keine Ahnung!« (Frau, 30 Jahre, anonym)

Ob Online-Dating mit der Vielzahl der Kontaktmöglichkeiten zwangsläufig zu einer erhöhten Anzahl von Affären führt, ist im Rahmen dieser Studie schwer zu beantworten und auch nicht Ziel dieser Untersuchung. Ebenso wie bei der Frage, ob und wann Multidating unmoralisch wird, unterscheiden sich die Haltungen deutlich. Margitt bezeichnet sich nicht als »Kind von Traurigkeit« (Gesprächsprotokoll) und meint nicht, dass sich durch ihr Online-Dating signifikante Veränderungen ergeben hätten:

»Ich finde, es gibt da mehr theoretische Möglichkeiten zum Sex. Bei mir war es nur so, dass ich gar nicht alle Männer attraktiv finde, die ich dadurch date. Und dann schlafe ich auch nicht mit ihnen. Paar mal bin ich dann doch mit einem im Bett gelandet, aber ich meine, das kann auch nach einer Party oder so passieren. Zum Sexmonster bin ich dadurch also nicht mutiert. Ich glaube, wer eh viel herumvögelt, der kommt hier sicher zum Zuge, und wer nicht will, kommt auch weiterhin ohne aus. Aber es ist durchaus ein Weg, an Sexpartner ranzukommen, das muss auch ganz klar gesagt werden.«

Manuel ist anderer Ansicht; er sagt, dass er seitdem mit wesentlich mehr Frauen geschlafen hätte und begründet es damit, dass

@ »Frauen das sicher sonst auch wollen, aber warum auch immer ohne die Börsen nicht so offen sind. Irgendwie werden die wohl durch das hier freizügiger oder trauen sich mehr. Ich find das natürlich gut und sage dann, wenn mir die Frau gefällt, auch nicht >nee, danke, ich will keinen Kaffee mehr bei dir trinken<. Ich find' das aber auch nicht schlimm, sondern irgendwie befreiend. Vielleicht bin ich doch ein alter Hippie!«

Zahlreiche Online-Dater berichten des Weiteren, dass die Möglichkeiten der Börsen bei ihnen Verhaltensweisen sowie Liebes- und Partnervorstellungen fördern, die sie selbst als Erschwernis der Partnersuche ansehen: Hierzu zählt die Tendenz, immer weiter nach einem »Idealpartner« zu suchen, obgleich man bereits eine (oder mehrere) vielversprechende Bekanntschaften gemacht hat. Margitt führt dieses Phänomen darauf zurück, dass die Singlebörsen »zuviel des Guten«, wie sie es ausdrückt, offerieren:

»Ich muss mich total kontrollieren, diesem Wunschwahn Einhalt zu gebieten, weil es sonst einfach nie zu einem realistischen Ergebnis führen wird. Sonst suche ich ja Superman, und den gibt es noch nicht mal hier.«

Von diesen »imaginären Superpartnern« berichteten mir einige Informanten: Konfrontiert mit den Angaben, die sie über ihre Beziehungs- und Partnervorstellungen in den Börsen machen können, verlieren sie sich in Wunschvorstellungen, wie Marc (39 Jahre) erzählt:

@ »Bei mir war das so: Ich konnte nun endlich mal sagen, was ich wollte von einer Frau, gleich ob optisch oder was Lebensführung anging. Und parallel dazu konnte ich ja noch nach meinen Vorstellungen suchen. Ich habe mir dann daraus selber einen Strick gedreht und nur nach so Angaben wie Alter, Größe und so gesucht. Andere, die nicht in mein Schema passten, habe ich ignoriert. Wenn sie sich bei mir meldeten, habe ich Absagen erteilt.« (Marc)

Eine Folge von Marcs Verhalten war, dass er innerhalb von vier Monaten nur drei Frauen traf. Diese entsprachen zwar optisch seinen Vorstellungen, führten ein Leben, das seiner Meinung nach mit seinen Gewohnheiten kompatibel war – aber er empfand nichts für die Frauen und fand es sogar schwierig, mit ihnen gemeinsame Gesprächsthemen zu finden. Trotz dieser Erfahrungen schaffte Marc es nicht, sich von seinen Suchmodalitäten zu trennen, aber er meldete sich schließlich nach neun Monaten Börsenmitgliedschaft ab. Rückblickend schreibt er mir, dass Online-Dating bei ihm »keine guten Charakterzüge« (Marcs Formulierung) hervorgebracht habe:

@ »Ich glaube, ich habe mich wie ein verwöhntes Kind verhalten: Ich habe die Rosinen herauspicken wollen, und nicht mehr nach rechts und links geguckt. Ich habe nur an mich gedacht, und gar nicht mehr daran, dass es darum geht zusammen mit einem anderen Menschen zu sein. Das hat ja dann auch nicht geklappt, zum Glück. Aber selbst, als ich anfing, das zu verstehen, konnte ich zuerst nicht aufhören, weil die Vorstellung, eine Traumfrau zu finden, so verführerisch war. Für mich war es ganz heilsam, nur so dumme Gänschen gedatet zu haben.« (Marc)

Sind Online-Dater nicht in der Lage, sich von der Idee eines imaginären Idealpartners zu lösen, kann dies zu weitreichenden Komplikationen führen. Annabella, eine 42-jährige Münchnerin, macht seit eineinhalb Jahren Online-Dating. Nachdem ich sie wegen eines von ihr selbstverfassten Gedichts, das sie in ihr Profil gestellt hat, angemailt hat, gibt sie mir bereitwillig per Mail Auskunft. Nach einigen Mails erzählt sie, dass sie vor ungefähr drei Monaten einen Mann, Mario, über die Börse kennengelernt hat. Sie ist der Ansicht, dass er großes Interesse an ihr hat, auch sie findet ihn mit den ersten Treffen zunehmend sympathischer. Sie haben bereits einen gemeinsamen Wochenendurlaub verbracht und sich gegenseitig besucht. Zwischen Annabella und mir entwickelte sich folgender Mailaustausch:

@ Annabella
»Man könnte also eigentlich sagen, dass wir zusammen sind. Wir telefonieren mehrmals die Woche, wir sehen uns, wenn nicht unter der Woche, dann doch am Wochenende. Ich habe auch sowas wie Schmetterlinge im Bauch. Und doch: Ich mache weiter in der Börse, ja, ich treffe auch andere Männer, habe einige romantische Abende verbracht, aber mit keinem geschlafen. Wer weiß, wenn Mario nicht wäre, hätte ich das wahrscheinlich getan.«
@ JD:
»Weiß Mario davon? Trifft auch er andere Frauen?«

@ Annabella:
»Nein. Er hat zumindest gesagt, dass er seitdem nicht mehr in der Börse war, weil er keinen Sinn mehr drin sieht. Aber ich habe das nie kontrolliert, ob es sein Profil noch gibt. Weil er dann ja sehen würde, das ich auf seins gehe und er dann vielleicht auf meins geht und dann sieht, wieviele Kontakte ich habe [...]. Ich will aber auch gar nicht wissen, ob er noch andere außer mir trifft, geschweige denn mit ihnen schläft. Mich würde das schon irgendwie verletzen, aber gleichzeitig, so insgeheim, erwarte ich auch Betrug von ihm. Er hat ja die gleichen Möglichkeiten wie ich [...]«

@ JD:
»Und wie fühlst du dich bei dem Ganzen?«

@ Annabella
»Ein bisschen komme ich mir vor, als ob ich Mario betrüge und hintergehe. Aber ich guck dann trotzdem immer wieder in meinen Posteingang und so. Aber ich fühle mich ein wenig hinterhältig dabei.«

@ JD:
»Aber wenn du dich nicht gut fühlst damit, warum datest du dann die anderen Männer?«

@ Annabella
»Das sind paar Gründe. Zum einen ist es das Spiel mit dem Feuer, mich reizt es schon, so ein paar Typen an der Hand zu haben. Vielleicht ist es ja auch die berühmte Bindungsangst. Aber v.a. liegt das daran, dass ich Mario vom Gefühl her sehr gerne mag, aber vom Kopf her ist er nicht das, was ich mir wünsche. Ich will jemanden, der ein bisschen fester im Berufsleben steht und wo so ein paar Sachen im Leben klar sind. Ich suche weiter, weil ich denke, dass ich doch auch hier [in der Börse, eigene Anmerkung] noch so einen finden muss, bei dem eben diese Bedingungen stimmen [...]«

Die Suche nach dem idealen Partner kann so zu einem Zustand werden, der immer weiter fortgesetzt wird: Obgleich Annabella glücklich sein könnte und »eigentlich nun der Zeitpunkt ist, aus der Börse auszutreten«, wie sie selbst schreibt, sucht sie immer weiter. Sie beschreibt es in eigenen Worten als »Dauerschleife: Da ist zwar wer, aber es könnte auch noch ein besserer oder eben ein perfekter Mann kommen. Das flüstert mir so ein Teufelchen ins Ohr. Und zwar immer dann, wenn ich nur den Laptopp anfasse.« Über die beschriebenen Schwierigkeiten hinaus gibt es eine Reihe von unvorhergesehenen Effekten, die Börsenbekanntschaften mit sich bringen. Viele Online-Dater wissen von Überraschungen, Enttäuschungen und Freundschaften zu berichten, die sich aus dem Online-Dating ergeben haben. Alte Bekannte finden sich ebenso wie Expartner in den Börsen wieder, Affären und erotische Begegnungen entstehen, persönliche Treffen bringen völlig andere Aspekte als in den Profilen dargestellte zu Tage und es werden platonische Freundschaften geschlossen. Margitt umschreibt dies so:

@ »vielleicht kann man das ja als Kollateralschäden bezeichnen. All die Affären und echt merkwürdige Begegnungen die man hat, mit Männer, die man sonst sicher nie treffen würde. Irgendwelche nächtlichen Email-Austausche über Themen, über die man auch nur nachts schwadroniert – und das auch mit Fremden. Oder man verliebt sich in jemanden, den man noch nie gesehen hat. Oder man findet echt mal eine gute Freundschaft. Das sind ja auch alles so Sachen, die nebenbei entstehen und die das Ganze auch spannend machen. Aber ich glaube, manchmal gehen da auch irgendwelche einsamen leute rein, die sonst es nicht auf die reihe kriegen, Sozialkontakte zu führen.«

Tina, eine 29-jährige Studentin, erzählt, dass sie über die Börse viele Männer getroffen hat, die sie sehr interessant fand:

@ »allerdings als Freunde. Ich glaube, das liegt daran, dass ich immer Jungs treffe, die so eine ähnlichen Musikgeschmack haben wie ich und auch anderes wie ich mögen. Der gleiche Geschmack halt. Nur verliebt habe ich mich eben noch nie in so einen, ich fand die eher so als Kumpel gut. Und zwei sehr gute Bekanntschaften haben sich daraus entwickelt – das sind schon fast gute Freunde. Das ist doch mal was!«

Annabella, die Münchnerin, gewann ebenfalls über die Börse eine enge Freundschaft, allerdings mit einer Frau. Sie hat eine Singlereise mit ihrer Börse unternommen, keiner der Männer sagte ihr zu und sie teilte das Zimmer mit Brigitta. Die beiden Frauen unternahmen viele Ausflüge gemeinsam und so entstand eine enge Freundschaft zwischen zwei sehr ungleichen Frauen, die sich ohne die Singlebörse wahrscheinlich nicht begegnet wären. Mit diesen Ausführungen über schwarze Schafe, Spione, Multidating, imaginäre Superpartner und überraschende Folgen des Online-Datings enden meine empirischen Annäherungen. Im nächsten Kapitel erfolgen eine Zusammenfassung und die Schlussfolgerungen dieses 2. Teils, bevor im 3. Teil die Ergebnisse dargestellt werden.

7. SCHLUSSFOLGERUNGEN DER
EMPIRISCHEN ANNÄHERUNGEN

In den empirischen Betrachtungen sind drei Aspekte in den Vordergrund getreten. Online-Dating ist ein Phänomen, das erstens Herausforderungen an kulturelle Annahmen von Liebe und Partnersuche stellt. Zweitens ist es von einem hohen Grad an Emotionalität und drittens von intensiver Kommunikation gekennzeichnet. Die Anteile stehen in enger Verbindung miteinander. Online-Dating wird in gesellschaftlichen Diskursen nicht selten mit Misstrauen bedacht, aber unabhängig davon schreiben sich viele Menschen in die Börsen ein. Ein wesentlicher Grund ist der emotional geprägte Wunsch, die Liebe und einen Partner zu finden. Daher ist unter Online-Datern bereits eine hohe Erwartungshaltung und Offenheit für Emotionen vorhanden. Hinzu kommt, dass Online-Dating intensive Kommunikation erfordert. Kommunikationsprozesse sind nicht zuletzt ein Geschehen, bei dem Emotionen involviert sind und aus dem Emotionen hervorgehen. Diese Aspekte werden hier noch einmal zusammenfassend betrachtet und Schlussfolgerungen gezogen. Online-Dating knüpft an kulturspezifische Vorstellungen über die Liebe und die Partnersuche an. Dennoch ermöglicht der Einbezug des Internets bestimmte Tendenzen, die es zu einer Herausforderung bestehender Annahmen werden lässt.

Online-Dating basiert auf der Idee, dass ein Partner und die Liebe durch aktive Suche gefunden werden können. Daneben stehen Vorstellungen über die wichtige Rolle des Zufalls in der Liebe. Der Zufall wird jedoch durch viele Börsen hintenan gestellt. Die Datingplattformen versprechen ihrer Kundschaft eine Partnersuche, die effizienter als die gängige, auf Zufällen beruhende sein soll. Börsenmitglieder müssen die Vorgehensweisen in den Börsen und ihre kulturellen sowie individuellen Liebesvorstellungen durch Aushandlungsprozesse vereinen. Dies geschieht, indem bestimmte Erlebnisse in Zusammenhang mit dem Online-Dating und Anteile des Partnersuche verstärkt romantisch aufgeladen werden. Hinzu kommt die Anonymität: Obgleich Börsenmitglieder sich untereinander über Vorlieben und persönliche Eigenheiten informieren können, sind ihre Identitäten bezüglich Wohnort und Namen unbekannt. Steigernd auf den Eindruck der Anonymität wirkt außerdem, dass die face-to-face-Kontakte beim Kennenlernen nicht an erster Stelle stehen; die Abläufe des Kennenlernens unterliegen somit Inversionen. Online-Dating erlaubt eine derart große Menge von Kontakten, die offline nahezu unmöglich ist. Dies hat zwei Konsequenzen. Erstens stehen Online-Dater vor einer Vielzahl von Wahlen, die sich um die Kernfragen »Wen kontaktiere ich?« und »Wie präsentiere und verhalte ich mich?« bewegt. Hieraus resultiert Illouz Bezeichnung der Börsenmitglieder als wählendende Identitäten (2006: 120). Viele Berichte und Äußerungen meiner Informanten greifen dieses Thema auf, die Wahlen führen sowohl zu Wohlbefinden als auch zu Verdruss und Unsicherheiten. Zweitens vollziehen Börsenmitglieder aufgrund der Profilstrukturen Kategorisierungen ihrer Selbst: Man ordnet seine Vorlieben und Auffassungen bestimmten Bereichen zu mit dem Ziel, dass andere Mitglieder einen Überblick über die Persönlichkeit erhalten. Diese Kategorisierungen ermöglichen die Suche innerhalb der Menge von Singles einer Datingplattform. Wichtige Konsequenz des Verfahrens ist die verstärkte Auseinandersetzung mit seiner eigenen Person. Online-Dater müssen zur Selbstpräsentation und Kommunikation ihre Eigenschaften und Wünsche reflektieren. Damit knüpft Online-Dating an eine dominante Liebesannahme an, die besagt, dass, nur wer sich selbst kennt, auch den passenden Partner erkennen kann, intensiviert allerdings eindeutig die Tendenz der Selbstreflektion.

Online-Dating führt durch seine Besonderheiten und die technischen Optionen zum Multidating oder dem Ausspionieren anderer Mitglieder. Dabei handelt es sich um Verhaltensweisen, die unterschiedlichen moralischen Bewertungen unterliegen. Diese spezifischen Verhaltensweisen tragen nicht selten zu negativen Urteilen und abwertenden Diskursen über die Online-Partnersuche bei. Im Gegensatz zum vorherrschenden ethischen negativen Meinungsbild[1] äußern sich meine Informanten allerdings sehr differenziert über ihre Aktivitäten und die Möglichkeiten der Datingbörsen. Durchgängig negative oder positive Bemerkungen fand ich bei aktiven Online-Datern nicht vor. Das Meinungsbild war weit gefächert, Kosten und Nutzen wurden immer wieder abgewogen und Bewertungen waren situativ einzuordnen.

---

1 Die Bewertungen meiner Informanten stehen ebenfalls in Kontrast zu den Aussagen von Illouz Informanten (2006), bei denen fast ausschließlich negative Darstellungen erfolgen.

Emotionen und Gefühle bei der Partnersuche online

Online-Dating ist ein hochgradig emotionales Geschehen, das in enger Verbindung zu vielen Gefühlen steht. Bereits den Eintritt in eine Börse begründen Informanten mit Emotionen, Gefühlen oder der Suche nach diesen: Ein geliebter Partner und Mensch, mit dem man sein Leben teilt, wird schmerzlich vermisst. Folglich besteht eine hohe Erwartungshaltung und Offenheit bezüglich Emotionen. Meine Informanten sind ohne Ausnahme überzeugt, dass Emotionen die Basis einer Beziehung darstellen. Ebenso gehen sie von dem Anrecht eines jeden Menschen auf Liebe und Partnerschaft aus – es muss eben nur der Richtige gefunden werden. Weiterhin vertreten meine Informanten die Vorstellung der freien Partnerwahl, arrangierte Ehen weisen sie als unvorstellbar zurück. Emotionen übernehmen in den Aktivitäten des Online-Dating eine zentrale Entscheidungsinstanz. Während Illouz (2006: 120) davon ausgeht, dass die romantische Begegnung bei der Online-Partnersuche ein Ergebnis sorgfältiger und rationaler Wahlen ist, zeigt sich in meinen Daten ein anderes Bild: Unbestreitbar gestalten Online-Dater ihre Aktivitäten bis zu einem gewissen Punkt nach rationalen Überlegungen. Darunter fällt beispielsweise die Auswahl des eigenen Profilfotos aufgrund seiner Effizienz, Aufmerksamkeit zu erlangen. Dann aber, im Kontakt mit anderen Börsenmitgliedern, übernehmen Emotionen zentrale Funktionen. Entscheidungen, ein Mitglied zu treffen, einen Kontakt abzubrechen oder eine bestimmte Bemerkung zu mailen, sind zumeist emotional begründet. Alle Informanten sprachen mir gegenüber unaufgefordert über Emotionen bei der Partnersuche, sie machten auf diesem Weg den hohen Stellenwert eines solchen Erlebens deutlich. Meine Informanten verstehen ihre Gefühle und Emotionen zudem als legitime Instanz bei ihren Wahlen und Entscheidungen, denn schließlich erfolgt ihren kulturellen Annahmen nach das Zusammenfinden eines Paares einzig und allein aufgrund von der Liebe.

Kommunikation im Rahmen des Online-Dating

Die Kommunikation übernimmt beim Online-Dating eine so entscheidende Rolle, dass man sagen kann, Online-Dating stellt eine bestimmte Variante von Interaktion dar. Auch wenn die Börsen Vorgaben machen oder sogar ausgeklügelte Partnervorschläge an ihre Kundschaft versenden: Die Auseinandersetzung und den Kontakt miteinander müssen die Online-Dater selbst austragen. Die Kommunikation in den Börsen ist facettenreich und lässt sich schwer generalisierend beschreiben. Grundsätzlich verläuft der Großteil der Erstkontakte über E-Mails, wobei Schlagfertigkeit gefragt ist. Meine Informanten verfügen über große Fähigkeiten der Selbstdarstellung und im Bereich der Kommunikation. Bereits die

Selbstpräsentation in den Börsenprofilen ist ein kommunikativer Akt, mit dem zur Interaktion aufgefordert wird. Der Großteil dieser Selbstpräsentation und des Austausches unter den Börsenmitgliedern verläuft in Form von Texten. Das E-Mailen ist ein wichtiges Mittel bei der Partnersuche, die Ausdrucksfähigkeiten entscheiden über Erfolg oder Misserfolg. Emotionen sind dabei allgegenwärtig: Kurze Mails rufen Emotionen hervor, über deren Ausmaß sich meine Informanten nicht selten selber erstaunt äußern. Aber auch Profilbilder oder das Lesen von Aussagen anderer Börsenmitglieder stehen in enger Verbindung zum emotionalen Erleben. Die direkte Kommunikation von Emotionen sowie der Thematik Liebe stellt eine sehr subtile Angelegenheit dar: Über Liebe und entsprechende Emotionen wird eine direkte Kommunikation tendenziell zurückhaltend geführt, wenn sich zwei Börsenmitglieder austauschen. In den Profiltexten hingegen wird mit Emotionen und der Liebe eher offensiv umgegangen: Meinungen, Erfahrungen und Wünsche werden detailliert kundgetan.

Neben den Emotionen ist die Kommunikation in den Börsen für meine Informanten von hoher Bedeutung. Dies äußert sich in den vielen Berichten, Kommentaren und Geschichten, die sich mit Mailkorrespondenzen, Profilangaben und ihren Folgen befassen.

Schlussfolgerungen

Meine Darstellungen zeigen, dass die Partnersuche über das Netz zahlreiche Facetten beinhaltet, verbunden mit diversen Lebensbereichen. Inhaltliche Widersprüche stehen neben von vielen Personen geteilten Ansichten, all dies verwebt sich miteinander. In dem letzten Kapitel der empirischen Annäherungen habe ich Facetten des Online-Dating dargestellt, die in diesem »großen Ganzen« zusammen kommen: Vorstellungen über das Paar, die Beziehung von Geld, Geschmack und Gegenständen zum Online-Dating, die Aspekte des Suchens nach einem Partner und schließlich die problematischen Seiten des Online-Dating. Deutlich wird, wie die Facetten aus unterschiedlichen, aber auch intrinsisch miteinander verknüpften Lebensbereichen in die Partnersuche und in die Liebe hineinspielen. Dies trägt zum Entstehen von Widersprüchlichkeiten bei. Sie werden von meinen Informanten nicht ausschließlich als negativ wahrgenommen. Die Gegensätze führen dazu, dass auf unterschiedliche Verhaltensweisen und alternative Annahmen zurückgegriffen werden kann. Daraus resultiert ein erhöhter Handlungsspielraum. Ein Beispiel: Anonymität wird in Diskursen über Online-Dating häufig als negativer Einfluss beschrieben. Die Anonymität ist ein wichtiges Thema in den Börsen, von denen viele damit werben, anonym und damit zugleich sicher die Partnersuche zu erlauben. Aus emischer Sicht, also aus der Perspektive meiner In-

formanten, erlaubt die Anonymität darüber hinaus Handlungs-
möglichkeiten in den Börsen, die offline nicht möglich sind. Beim
Online-Dating werden folglich bestimmte Elemente im Vergleich zur
Partnersuche ohne Einbezug des Internets extremisiert. Das zuletzt
beschriebene Multidating und die andauernde Suche nach einem
imaginären Idealpartner sind prägnante Beispiele hierfür. Die Folge
dieser Zusammenhänge ist, dass Online-Dating ein Netz von Geschichten und Erzählungen bildet: Die E-Mails der Börsenmitglieder, die sie untereinander und mit mir austauschen, sind mit Erzählungen über sich und andere, mit Erlebnisberichten und State-
ments über die Liebe gefüllt. Dies betont das Verständnis meiner
Informanten, dass autobiografisches, egofokussiertes Erzählen als
probates Mittel verstanden wird, Emotionen zu thematisieren. Die
vielen Geschichten fügen sich zu einem großen Ganzen zusammen,
dessen Bedeutungen sich in multiplen Kontexten erschließt. Aus
diesem Grund ist die schriftliche Darstellung meiner Betrachtungen
und die meiner empirischen Annäherungen durch einen narrativen
Charakter geprägt gewesen: Die Komplexität des Patchwork-Phänomens Online-Dating lässt sich am Besten wiedergeben, indem Börsenmitglieder für sich selbst sprechen, denn Online-Dating ist eine
Form der Partnersuche, die von Narrativität gekennzeichnet ist.

Um der Komplexität gerecht zu werden und zu präzisierten Aussagen über das Online-Dating sowie über die Emotionen seiner Akteure zu kommen, ist es notwendig, einzelne Elemente des Gesamtbildes vertieft zu betrachten. Somit verlasse ich die holistische
Betrachtungsweise und gehe im nächsten und letzten Teil zur ver-
tieften Betrachtung, Analyse und Interpretation über.

Teil 3: Ergebnisse

8. VORBEMERKUNG ZUR DATENAUSWERTUNG

Im dritten Teil erfolgt die Darstellung der Ergebnisse. Der erste Schritt der Erforschung der Online-Partnersuche bestand darin, sich mittels empirischen Beobachtungen dem »Patchwork-Phänomen« als einem großen Gebäude anzunähern. Wichtig dabei war, Details aufzugreifen, zu sammeln und zu betrachten, aber nicht das Gesamtbild, nicht das holistische Phänomen Online-Dating von Beginn an in einzelne Bestandteile zu zerpflücken. Grund dafür ist, dass sich Zusammenhänge, Bedeutungen und Sinngebungen nicht erschließen lassen, wenn der Gesamtkontext außer Acht gelassen wird. Mit den narrativen Berichten der Online-Dater, mit den Beobachtungen und mit der Zuhilfenahme wissenschaftlicher Literatur ist die »Entität Online-Dating« ethnografisch zugänglich gemacht worden. Jetzt folgt in den Darstellungen der Ergebnisse der zweite Schritt: Die einzelnen Bestandteile des »Patchwork-Phänomens« werden vertieft interpretiert und analysiert. Dies ist nur vor dem in Teil 2 dargelegten Hintergrundwissen über das Gesamtbild des Online-Dating möglich. In der nun folgenden Datenauswertung entferne ich mich an dieser Stelle bewusst von der erzählenden Darstellungsweise, da ich analytisch und interpretatorisch auf ausgewählte Elemente eingehe. Ich arbeite zwar weiterhin mit Zitaten aus Mails und Interviews, inhaltlicher Schwerpunkt sind jetzt jedoch die ethnologischen Deutungen und Einordnungen. Bevor die Forschungsergebnisse in den nächsten Kapiteln 9 bis 12 vorgestellt werden, sind noch einige einführende Bemerkungen zur Datenauswertung notwendig.

Wie in der Einleitung beschrieben, ist diese Studie als eine psychokulturelle Forschung zu verstehen. Der Fokus liegt auf der Darstellung des subjektiven Erlebens von Online-Datern, wodurch sich eine Vielzahl von Schnittstellen zwischen psychologischen und ethnologischen Bereichen ergibt. Die Interviews stellen subjektive Berichte von Online-Datern dar, die jedoch innerhalb eines gemeinsamen kulturellen Kontextes gemacht werden. Hierin liegt auch der entscheidende Unterschied zu Studien aus den Anfängen der psychokulturellen Ethnologie, in denen beispielsweise Mead (1976) oder auch Kardiner (1945) individuelles Erleben aus kulturellen Beschreibungen ableiteten. Deren Vorgehen setzt eine Prämisse voraus, die besagt, dass kulturelle Phänomene Reflexionen individuellen Erlebens (oder vice versa) sind. Hollan/Wellenkamp (1994: 7) gehen davon aus, dass kulturübergreifende Untersuchungen von persönlichem Erleben mit der Aufarbeitung der gruppenspezifischen Konzepte von Emotionen und Gedanken beginnen sollten. Die Autoren betonen, dass derartige Konzepte nicht notwendigerweise konsequent in alltäglichen Situationen angewendet werden müssen und dass sie nicht zwangsläufig individuelles Erleben beeinflussen. Um emotionales Erleben, das sich zu einem entscheidenden Anteil »in« den Menschen abspielt, ethnologisch zu betrachten, ist es ausdrücklich notwendig, auf individuelle Erfahrungen zurückzugreifen. Die Betrachtung einzelner Menschen ermöglicht einerseits zu sehen, wie Individuen gruppenspezifische Überzeugungen und Symbole in ihr Erleben integrieren, andererseits lassen sich so Aspekte individuellen Erlebens in Erfahrung bringen, die nicht im Einklang mit gruppenspezifischen Annahmen stehen.

Der methodische Schwerpunkt liegt auf Interviews, interpretiert und analysiert unter Ergänzung von teilnehmender Beobachtung. Interviews stellen ein probates Mittel für die Forschungsziele dieser Studie über Emotionen aus mehreren Gründen dar. In der Interviewsituation, sei es im face-to-face-Kontakt als oder per Mail, sind die Interviewten sowohl Informanten als auch Respondenten einer Forschungssituation. Es lassen sich demzufolge unterschiedliche Daten durch eine Interviewsituation gewinnen. Die Interviewten sind Informanten, die ihre Sichtweisen, ihre Interpretationen und ihr Erleben von Ereignissen in Bezug zu Partnersuche und Liebe wiedergeben. Levy/Wellenkamp (1989: 223) beschreiben diese Berichte als »their [der Informanten, eigene Anmerkung] own presumbly objective reports«. Allerdings betonten nicht wenige meiner Informanten, dass sie ihre subjektive Sicht und ihr subjektives Erleben schildern. Sie erheben keinen Anspruch auf eine Objektivität, wenn Emotionen besprochen werden, es wird vielmehr ein Anspruch auf die Subjektivität und Individualität erhoben. Dieser Umstand lässt sich auf gesellschaftliche Annahmen zurückführen: Emotionen gelten als hochgradig individuelle Phänomene, die subjektiv registriert und empfunden werden. Parallel zu ihrer Rolle als Informanten stellen die Interviewten Respondenten dar (Levy/Wellenkamp 1989: 223). Sie können als Objekte einer systematischen Untersuchung verstanden werden: Die von den Informanten aufgegriffenen Themen, Kommentare und Diskurse werden zu Indikatoren über die Organisation, über das Erleben und über den Umgang mit Liebe und Partnerschaft bei dem jeweiligen Individuum. Teil dieser systematischen Untersuchung ist, zu beachten, wie die Online-Dater ihre Schilderungen gestalten: Welche Worte werden benutzt, wie ist der Tonfall, wie das Verhalten der Person? In diesem Sinn stellt eine Interviewsituation zugleich eine Beobachtung dar. In face-to-face-Interviews sind Anhaltspunkte wie Gestik, Mimik oder Körperhaltung zugänglich. Natürlich lassen sich genau die Aspekte nicht bei einem Mailinterview beobachten, aber dennoch enthält die Mailkorrespondenz eine Vielzahl von Beobachtungsmöglichkeiten. Die Schreibstile meiner Informanten variierten beispielsweise beträchtlich. Tonfall und Stil einer E-Mail können sich anhand von Beachtung der Rechtschreibregeln oder dem Einsatz von Emoticons ausdrücken. Elena hielt in fast allen ihren Mails eine korrekte Groß- und Kleinschreibung ein, gebrauchte kaum Emoticons und betonte v. a. durch den Einsatz von Ausrufezeichen. Manuel und Torben mischten korrekte Orthografie mit »E-Mailkonventionen«, bei denen z. B. die Kleinschreibung aller Worte dominiert. In den ersten E-Mails gebrauchten einige Online-Dater noch die Normen der Groß- und Kleinschreibung, mit zunehmender Vertrautheit und raschem E-Mailaustausch wandelte sich das Schriftbild und Abkürzungen, Kleinschreibung, Rechtschreibfehler und Emoticons hielten Einzug. Neben diesen textlich eingebetteten Hinweisen lassen E-Mails erkennen, wann sie geschrieben wurden und wie schnell ein Informant auf meine Fragen antwortete. Wie auch bei Beobachtungen während der face-to-face-Interviews handelt sich um zusätzliche Hinweise, die ihren Informationsgehalt im entsprechenden Kontext entfalten.

Für das Vorgehen mit Interviews sprechen zwei weitere Aspekte, beruhend auf Spezifika meines Forschungsfeldes. In der Gesellschaft meiner Informanten ist das Interview auch außerhalb wissenschaftlicher Zwecke eine gängige Praxis. Zugleich gilt das Verbalisieren von Emotionen in bestimmten Situationen als positiv belegtes Verhalten. Derartige Aspekte in eine Forschungssituation zu integrieren, halte ich für zentral. Interviews werden beispielsweise mit »wichtigen« Persönlichkeiten geführt. Grundlegend wird angenommen, dass die interviewte Person und ihre Ansichten von Interesse sind. Die Interviewten erhalten häufig den Status eines Experten für ein bestimmtes Gebiet. Sie heben sich somit aus der Masse hervor – ein Kriterium, das von der Gesellschaft meiner Informanten als positiv angesehen wird. Entscheidend für den Gebrauch von Interviews in dieser Studie ist weiterhin, dass in einer Interviewsituation die befragte Person dazu legitimiert ist, über sich selbst zu sprechen und ihre Erfahrungen und ihr Erleben kund zu tun, ohne als egozentrisch zu gelten. Je intensiver, je »authentischer« die Antworten ausfallen, umso mehr Achtung gebührt der interviewten Person. Für meine Forschung bedeutet dies aber auch, dass die von mir befragten Online-Dater eine gewisse Vorstellung und Erwartungshaltung an die Interviews hatten. Ein Informant fragte mich beispielsweise, ob ich von ihm im Interview einen »Seelenstriptease« erwarten würde. Viele, die ich um Interviews bat, sagten trotz einer anfänglichen Vorsicht zu. Manch einer betonte, dass er grundsätzlich gerne interviewt werde, um Erfahrungen und Erlebnisse darzustellen.

Zur der Bekanntheit von Interviews kommt wie erwähnt hinzu, dass in der Gesellschaft meiner Informanten die Norm gilt, dass es positiv ist, seine Emotionen zu verbalisieren sowie über Erlebtes »zu sprechen«. Ist eine Person in der Lage, ihren Emotionen in Worten Ausdruck zu verleihen, wird dies häufig als »gesund« beurteilt. Auch wird davon ausgegangen, dass das Reden über Emotionen einen therapeutisch-positiven Effekt habe und zur besseren Selbstkenntnis führt. Dies stellt keineswegs ein Konzept dar, das ausschließlich von »Emotionsspezialisten« der Gesellschaft (z. B. Psychotherapeuten) verfochten wird. Es handelt sich um eine Ansicht, mit der Menschen im Alltag wie z. B. durch Medien wie Frauenmagazine oder Talkshows und in persönlichen Beziehungen konfrontiert werden. Nicht wenige Online-Dater sagten mir wörtlich, dass sie das Interview über ihre Partnersuche als »Therapie« ansahen. Bei der Verbalisierung von Emotionen gelten jedoch bestimmte Situationen als angemessen: Meist wird vorausgesetzt, dass zu dem Gesprächspartner eine vertrauensvolle Beziehung vorhanden ist, die Informationen vertraulich behandelt werden und das Gespräch nicht vor unerwünschten Personen geführt wird. Dementsprechend wichtig war, die vis-a-vis-Interviews in einer Atmosphäre durchzuführen, in denen sich der Interviewte sicher fühlt. Fasst man diese letzten Ausführungen zusammen, zeigt sich, dass Interviews aus mehreren Perspektiven ein probates Mittel zur Datenerhebung sind.

Bei der Analyse und Interpretation ist zu bedenken, dass die Berichte meiner Informanten Rekonstruktionen und Interpretationen repräsentieren. Das aktuelle Selbstbild wird beträchtlich durch die Strukturierung des Vergangenen geprägt. Somit sind nicht nur die Inhalte der Antworten auf meine Fragen von Bedeutung, sondern auch die Strukturierungen und die sprachlichen Aspekte der Antworten. Die Strukturierungen in den Interviewantworten sind maßgeblich von kulturellen Einflüssen geprägt. Folglich können spezifische Darstellungen, Muster und Formulierungen sowohl Auskunft über kulturelle Liebesmodelle geben als auch inhaltliche Wiedergaben individuellen Erlebens darstellen. In den Interviews, Mails und Gesprächen wurde eine Vielzahl von Themen berührt, die zeigt, wie wichtig Aspekte aus der Vergangenheit für das Thema Partnersuche bei den Online-Datern sind: Informanten erzählten von ihren ersten Beziehungen, die teilweise mehr als drei Dekaden zurücklagen, von Trennungen (eigenen oder denen der Eltern) sowie Familienbildungen und -auflösungen. All diese Erlebnisse haben zweifelsfrei Einfluss auf ihre Aktivitäten beim Online-Dating. Verbindungen der einzelnen biographischen Eckpunkte führen dazu, kulturelle Muster und ihre individuellen Annahmen, Verwerfungen oder Ummodellierungen zu erkennen. Werden die Zusammenhänge übergangen und in erster Linie Kategorien für analytische Zwecke verwendet, führt das in meinen Augen zu künstlichen Segregationen, die dieser Studie nicht zweckdienlich sind. Ein Beispiel dafür stellen meine gescheiterten Versuche dar, von Online-Datern Emotionen kontextungebunden behandeln zu lassen. Als mit zunehmenden Interviews und Gesprächen bestimmte Emotionen und Gefühle (im Sinne von »arousals«) verstärkt als Teil der Partnersuche erwähnt wurden, wollte ich mehr über die Vernetzungen von Gefühlen und Emotionen erfahren. Ansätze, wie diese Gefühle ihrer Wichtigkeit nach ordnen zu lassen, schlugen fehl, da derartige Hierarchisierungen als unmöglich bezeichnet wurden. Viele Informanten sahen sich dazu nicht in der Lage – sie »könnten« es nicht, sagten sie wortwörtlich. Sprachlich gewandte Online-Dater merkten ausdrücklich an, dass sie ein solches Vorgehen als sinnlos ansehen, da sich die Beziehungen der Emotionen untereinander nur situativ ergeben und dass sich die Beziehungen je nach momentaner Gefühlslage ändern würden. Sortierten Online-Dater dennoch die Gefühle und Emotionen, so geschah dies nur mit einer Vielzahl von Anmerkungen:»So sieht das momentan bei mir aus« oder »Das kann sich aber ganz schnell ändern, wenn ich unglücklich bin« waren häufig gemachte Bemerkungen. Das von den Online-Datern ausgedrückte Unvermögen, Emotionen hierarchisch zu sortieren, verstehe ich demzufolge als Verdeutlichung des Umstandes, dass Emotionen und Gefühle auf interpretatorischer und analytischer Ebene strikt kontextgebunden zu behandeln sind.

9. Auf der Suche nach der Liebe im Netz

In diesem Kapitel geht es zusammenfassend um zentrale Aspekte des Online-Dating. Vorgestellt werden Besonderheiten, die sich aus dem gesamten Datenmaterial ergeben haben. Sie stellen die Grundlagen für alle meine Auswertungen über die Emotionen und die Dynamiken des Online-Dating dar (siehe Kapitel 10 und 11). Angesprochen werden dabei Tendenzen, die auf Unterschiede zur »offline«-Partnersuche verweisen. Allerdings erhebe ich keine Vergleiche zur Partnersuche ohne Einbezug des Netzes, weil ich nicht über entsprechende Daten verfüge. Die beschriebenen Tendenzen sind als Forschungsergebnisse zu verstehen, resultierend aus den Beschreibungen meiner Informanten, und nicht als spekulative Vergleiche meinerseits.

Wiederholt zeigt sich, dass sich die Suche nach der Liebe im Netz ausgehend von kulturellen Vorstellungen über Partnerschaften/Ehen entwickelt, die auf romantischer Liebe basieren. Demzufolge prägen Annahmen über Liebe und Beziehungen die Suche nach einem Partner über das Medium Internet, und Vorstellungen über die Partnersuche sind untrennbar mit Ideen über romantische Liebe verbunden. Online-Dating weist Besonderheiten auf, die auf die technologischen Möglichkeiten des Internets und auf den kulturspezifischen Umgang mit ihnen zurückzuführen sind. Daraus folgt, dass Online-Dating, obgleich an kulturspezifische Vorstellungen anknüpfend, in mancherlei Hinsicht eine Herausforderung für solche Annahmen darstellt. Das Konzept der romantischen Liebe beinhaltet viele Widersprüche, dementsprechend ist auch die Partnersuche, die in ihrem Namen vollzogen wird, kein einheitliches, logisch-stringentes Unterfangen. Die romantische Liebe und die Suche nach ihr bilden ein *fuzzy concept*, bei dem Inhalte, Bewertungen, Grenzziehungen und Anwendungen je nach Kontext und Situation variieren und nicht ein unumstößliches Modell repräsentieren. Indem mit den Datingforen speziell für die Partnersuche eingerichtete Räume vorhanden sind, entsteht eine Konzentration von Liebesvorstellungen, die außerhalb der Börsen selten in solcher Dichte zu beobachten ist. Aus diesem Grund werden Motive aus dem Bereich Partnersuche und Liebe beim Online-Dating besonders intensiv betont. Ein Beispiel hierfür ist das Symbol des Paares als

Umsetzung der romantischen Liebe. Auch außerhalb des Online-Dating ist das Paar von großer Bedeutung, in den Börsen allerdings wird es zu einem zentralen Symbol (siehe Kapitel 6). Zudem stellt Online-Dating eine Sonderform der Partnersuche dar, weil es sich bei den Börsen um speziell hierfür kreierte Räume handelt. Die Aktivität des Suchens nach einem Partner unterliegt beim Online-Dating einer hohen Zielgerichtetheit, die kulturellen Annahmen über das Finden der romantischen Liebe widerspricht. In den Börsen treffen sich Singles mit der Absicht, einen Lebenspartner kennenzulernen. Allein dieser grundlegende, zunächst sehr simpel anmutende Umstand führt zu einer ambivalenten Position der Online-Partnersuche gegenüber kulturellen Vorstellungen. Liebe lässt sich nicht erzwingen, sondern sie passiert, heißt es häufig in den Berichten meiner Informanten. Diese Aussage teilt mit: Die Entstehung von Beziehungen unterliegt Faktoren, über die keine bewusste Kontrolle ausübbar ist. Zugleich knüpft Online-Dating an die Überzeugung der Möglichkeit einer aktiv gestalteten Suche nach der romantischen Liebe und nach einem Lebenspartner an. Mit der Entscheidung zu einem solchen Vorgehen geht der Wunsch nach Effizienz einher: Anstrengungen werden unternommen, diese sollen dann auch von Erfolg gekrönt sein. Folglich kommt es in den Börsen zu einer Substitution des zentralen romantischen Elements Zufall durch Hinweise auf Wissenschaftlichkeit und Effizienz. Es sind zum Beispiel psychologische Eingangstests bei Börseneintritt auszufüllen, Coaching sowie Beratung durch Psychologen werden angeboten und es gibt Systeme von Matchingpoints, auf deren Grundlage Partnervorschläge basieren. Die Datingplattformen möchten mittels dieser Techniken einerseits auf ihre Effizienz verweisen. Andererseits wird ein Weg zur Partnerschaft aufgezeigt, der Liebe zwar nicht ausschließt, aber zusätzlich Faktoren integriert, die ob ihrer angeblichen Wissenschaftlichkeit als verlässlich eingestuft werden. Hintergrund dessen ist, dass Liebe zwar als Beziehungsgrundlage behandelt wird, aber in ihrer Eigenschaft als eine Emotion gilt sie als schwer einschätzbares Element, geprägt von Vergänglichkeit, Wankelmut und Unvorhersehbarkeit. Vermitteln Börsen nun, dass ihre Partnerzusammenführung auf mehr als ausschließlich auf der romantischen Liebe beruht, führt dies zu einem erhöhten Empfinden von Sicherheit bei den Online-Datern.

Des Weiteren ist Online-Dating ein von Anonymität geprägtes Verfahren, weil Namen nicht erkenntlich sind und Menschen sich zu Beginn eines Kontaktes nicht von Angesicht zu Angesicht gegenüberstehen. Dies kann Mitgliedern erleichtern, sich anderen Personen gegenüber zu öffnen. Neben diesem psychologischen Effekt fordert aber die Anonymität die Liebe heraus, weil sie sowohl in Widerspruch zu ihr steht als auch selbst ein romantisches Element darstellen kann. Liebe bedeutet Nähe und Intimität und damit das Gegenteil von Anonymität. Beim Kennenlernen jedoch besteht nicht selten ein hoher Reiz in einer initialen Unbekanntheit des Anderen, weil romantischen Vorstellungen nach der Andere erst entdeckt werden muss. Dieser letzte Aspekt wird im Rahmen des Online-Dating langsam und stufenweise vollzogen und ist als hochemotionaler Prozess anzusehen. Weiterhin hat die Anonymität in den Börsen einen nicht unerheblichen Einfluss auf einen zentralen Aspekt des Online-Dating: die intensive Kommunikation über Mail. Bedeutsam ist dabei, dass die Kontakte aufgrund von Angaben initiiert werden, welche Börsenmitglieder über sich selbst erstellt haben. Beschönigungen von Angaben sind dabei keine Seltenheit, viele meiner Informanten kalkulieren diese bereits als festen Profilbestandteil ein. Hinzu kommt die wichtige Beobachtung, dass Informanten der Ansicht sind, eine verbesserte Selbstdarstellung sei ein legitimes Mittel bei der Partnersuche. Die Partnersuche erfordert auch offline in der Gesellschaft meiner Informanten ein hohes Maß an Kommunikationsfähigkeit, Online-Dating stellt allerdings durch seine technologischen Grundlagen besondere Anforderungen an die Börsenmitglieder. Der Austausch findet hier nicht vorrangig durch gesprochene Sprache und Beobachten in vis-a-vis-Kontakten statt, sondern durch Texte in Form von E-Mails. Schlagfertigkeit ist dabei ebenso gefragt wie Eloquenz, um Interesse zu wecken und Kontakte aufrecht zu erhalten. Oft findet eine Vielzahl von Austauschen zur gleichen Zeit statt, dass Übersicht gefordert ist.

Online-Dating ermöglicht eine extrem hohe Auswahl an potentiellen Kontakten, die offline so gut wie nie in dieser Masse und Kataloghaftigkeit existiert. Online-Dater sind daher auch als »wählende Identitäten« zu sehen. Die Schlussfolgerung, die romantische Begegnung sei Ergebnis einer rationalen Wahl (Illouz 2006: 120) liegt damit nahe. Es zeigt sich in meinen Daten aber sehr deutlich, dass den Wahlen meiner Informanten in der Vielzahl der Fälle emotionsgeleitete Entscheidungen zugrunde liegen und die Wahlen kein ausschließlich rationaler Prozess sind, wie Illouz (ebd.) darstellt.

Ein nächstes Merkmal der Online-Partnersuche ist die Inversion von Kennenlernprozessen. Ein intensiver, geistiger Austausch steht zu Beginn, face-to-face-Kontakt erfolgt erst nach einem solchen Kennenlernen. Die »sinnliche« Wahrnehmung des Anderen existiert beim Mailen nicht. Eindrücke als Resultat des Beobachtens, die etwa durch die Stimme oder Gerüche vermittelt und häufig als Auslöser für das Verlieben genannt werden, finden erst später statt. Dies bedeutet jedoch nicht, dass ein Beobachten des Anderen entfällt. Es findet nur nicht von Angesicht zu Angesicht statt, sondern über die durch die Börse zur Verfügung gestellten Mittel (Profile, E-Mail, Chat). Online-Dater bestätigen wiederholt, wie sie im Laufe der Zeit lernen, Angaben aus Profilen zu deuten und Verweise in E-Mails zu erkennen. Dabei dient ihnen die in den Mails und im Profil verwendete Sprache (einschließlich Grammatik, Wortwahl und Orthografie) als bedeutsamer Anhaltspunkt. Auch hierbei sind Emotionen zentral: Die Kommunikation über Mail kann derart emotionsgeladen sein, dass Menschen, die sich noch nie gesehen haben, sich ineinander verlieben. Autoren wie Rebhun (1995) und Kohl (2001) diskutieren, ob sich romantische Gefühle auf die Personen richten, die man gesellschaftlichen Normen nach zu lieben verpflichtet ist. Diese Annahme ist nicht direkt auf die Schilderungen meiner Informanten übertragbar, aber es lässt sich eine ähnliche Tendenz erkennen. In den Börsen kommunizieren die Mitglieder unter dem »Deckmantel« der romantischen Liebe miteinander. Auch wenn die Präsenz der romantischen Liebe sich in den Mails oft nur implizit äußert, ist bei vielen Menschen der Wunsch nach Partnerschaft stark ausgeprägt und zieht eine signifikante Erwartungshaltung mit sich. Hinzu kommt, dass die thematische Präsenz der Liebe bei manchen Börsenmitgliedern zu einer erhöhten Offenheit für romantischer Emotionen führt. Diese Faktoren begünstigen, dass sich in Mailaustauschen relativ schnell Gefühle einstellen, die der romantischen Liebe zugerechnet werden.

Nicht zuletzt ist beim Online-Dating ein beträchtliches Wissen um die Techniken und Auslöser des Begehrens gefragt. Es wird vorrangig auf die Darstellung der eigenen Person in den Profilen angewandt, damit möglichst viele andere Börsenmitglieder aufmerksam werden. Außerhalb des Online-Dating verläuft dieser Prozess anders: Es wird eine Anwendung von Techniken des Begehrens zumeist im Kontakt mit einer (oder mehreren) Personen verwendet. Beim Online-Dating weiß ein Börsenmitglied beim Erstellen eines Profils nicht, wer seine Präsentation lesen wird, und somit handelt es sich um eine Selbstdarstellung, bei der es gilt, für möglichst viele Personen interessant zu erscheinen. Die Herausforderungen des Online-Dating an kulturelle Liebesannahmen kommen in unterschiedlicher Form und in diversen Situationen zum Tragen. Die Folge ist, dass sich Online-Dating als ein permanentes Spannungsfeld mit einer gewissen Eigendynamik erweist. Online-Dating führt in vielen Fällen zunächst zur Intensivierung der Partnersuche. Die hohe Intensität liegt nicht ausschließlich an dem stark ausgeprägten Wunsch nach einem Partner, sondern ebenfalls an den spezifischen Optionen des Netzes. Das Medium Internet ermöglicht sowohl synchrone als auch asynchrone Kommunikation, die zeit- und ortsunabhängig ist. Computer und Internet sind in dem Umfeld meiner Informanten allgegenwärtig, sei es am Arbeitsplatz, zu Hause oder unterwegs mit Hilfe eines Laptops. Und demzufolge beschreiben Informanten übereinstimmend eine okkupierende Qualität der Partnersuche: Das Online-Dating lässt sie – zumindest phasenweise – nicht los. Gleich, wo sie sich befinden: Immer wieder wird ein Blick in die Börse geworfen und der Account auf E-Maileingänge überprüft. Die Zeit- und Ortsunabhängigkeit des Internets führt zu einer alltäglichen und zuweilen auch nachtbegleitenden Beschäftigung mit der Partnersuche, die bestimmte Tendenzen verstärkt. Eine dieser Tendenzen äußert sich in der intensivierten Auseinandersetzung mit der eigenen Person: Online-Dater müssen sich über ihre Beziehungsvorstellungen ebenso klar sein wie über die Art und Weise ihrer Selbstpräsentation. Mit der andauernden Präsenz in den Börsen wird verstärkt über die eigenen Bedürfnisse und Charakteristika reflektiert, denn die Selbstdarstellung ist zentral für ein erfolgreiches Online-Dating. Dabei handelt es sich nicht exklusiv um ein Spezifikum der Online-Partnersuche. Im Konzept der romantischen Liebe meiner Informanten wird Selbstreflexion zu einer Notwendigkeit stilisiert: Wer sich selbst nicht kennt, ist demnach nicht in der Lage, den passenden Partner zu erkennen. Beim Online-Dating wird diese Annahme aufgegriffen. Die verstärkte Auseinandersetzung mit sich selbst und die Intensivierung der Partnersuche beim Online-Dating sind für viele Börsenmitglieder folgenreich. Sowohl Ansprüche an sich selbst als auch an den zukünftigen Partner steigen. Vor allem letztere können derart dominant werden, dass das Idealbild eines imaginären Partners entworfen wird, für das kaum reale Entsprechung zu finden ist. Als Resultat entsteht eine immerwährende Suche. Selbst wenn persönliche, offline-stattfindende Kontakte vorhanden sind und gar romantische Emotionen dabei erlebt werden, besucht manch ein Online-Dater immer wieder die Börse in der Hoffnung, jemanden zu treffen, der noch näher am imaginären Ideal ist. Die Vielzahl der möglichen Kontakte in einer Börse und die verstärkten Wahlmöglichkeiten können in manchen Fällen zu widersprüchlich anmutenden Situationen führen: Es werden einerseits Ängste, sich festzulegen, geschürt, dennoch werden ernsthaft Bindungen gesucht. Die folgenreiche Emphase auf die Selbstdarstellung beim Online-Dating stellt kein singuläres Phänomen in der Gesellschaft meiner Informanten dar. Die Partnersuche im WWW ist als Teil einer Strömung in den Medien einzuordnen, die verstärkt seit Ende der 1980er zu beobachten ist: Unterschiedliche Spielarten der Partnersuche, der Paarzusammenführung und der Selbstinszenierung werden fokussiert. Anfänge dessen stellen TV-Sendungen wie »Herzblatt«[1] oder »Traumhochzeit«[2] dar. Varianten, die auf ein

---

1   Die Verkupplungs-Show Herzblatt startete 1987. Die Sendung lief konzeptionell weitgehend unverändert bis 2006 (Wikipedia.de 2009b).

2   Mit bis zu 11 Millionen Zuschauern zählte die Sendung von 1992-2000 zu den beliebtesten Fernsehsendungen der 1990er Jahre. Das Konzept be-

jüngeres Publikum abzielen, nennen sich »Date or Fake«[3] und laufen auf Jugendsendern wie Viva. Neben diesen romantischen Sendungen wird die gezielte, bewusst durchgeführte Selbstinszenierung in »Massenmedien« in den Mittelpunkt von Entertainment gerückt. Beispiele sind Shows wie »Deutschland sucht den Superstar«[4] oder »Germany's next Topmodel«[5]. Die Kandidaten reflektieren in den Sendungen, wie sie von einem Publikum wahrgenommen werden und »arbeiten« an ihrer Selbstpräsentation, um möglichst hohen Zuspruch zu erhalten. Dieses Vorgehen deckt sich mit Prinzipien des Online-Dating: Die Selbstdarstellung in den Profilen wird wiederholt hinterfragt und modifiziert, um erfolgreich zu sein. Nicht nur in dieser Hinsicht bestehen zwischen dem Online-Dating und anderen Medienphänomenen Verbindungen: Online-Dating enthält zahlreiche Elemente anderer Internetplattformen, die in nichtromantischer Art dem Networking dienen (u. a. Facebook.com 2009, Xing.com 2009). Solche Übereinstimmungen dürfen nicht unterschätzt werden, denn sie tragen zu der ambivalenten gesellschaftli-

---

steht darin, dass sich ein Partner einer Beziehung ohne Wissen des anderen für die Sendung bewirbt. Der uninformierte Partner wird dann in eineSituation verwickelt und mit dem Heiratsantrag konfrontiert. Das Ganze wird mit versteckter Kamera aufgenommen und später in der Sendung öffentlich gemacht (Wikipedia.de 2009a).

3 Der Sender schreibt über das Konzept: »Bei der VIVA Dating-Show [...] trifft ein Singlemädel auf drei attraktive Jungs, alle zeigen großes Interesse an ihr. Doch der Schein trügt: Nur ein Kandidat ist auch wirklich zu haben, die anderen beiden sind bereits in festen Händen - einer hat eine Freundin, der andere einen Freund. Anhand geschickter Fragen und gezielter Kennenlern-Aktionen [...] muss die Single-Dame [...] versuchen zu erraten, wer solo, wer vergeben und wer schwul ist. Rät sie richtig, gewinnt sie 500 € und darf ein Traumdate mit ihrem Hetero-Single verbringen.« (Viva 2009)

4 »Deutschland sucht den Superstar« ist eine Castingshow, erstmals 2002 von RTL ausgestrahlt: »DSDS kombiniert dabei das Konzept herkömmlicher Talentwettbewerbe mit interaktiven Elementen oder Cross-Channel-Konzeptionen. So werden beispielsweise die Zuschauer nach den Qualifikationsrunden in die Abstimmung einbezogen: Sie sollen durch den Anruf bei einer gebührenpflichtigen Hotline für ihren Favoriten abstimmen, nach jeder Show soll der schlechtestplatzierte Kandidat die Show verlassen. Eine Jury gibt nach jedem Auftritt eine Beurteilung ab, die jedoch für das Weiterkommen nicht entscheidend ist. Neben dem Gesang sind auch andere Kategorien wie Outfit, Auftreten und persönliche Präferenzen für die Bewertung mit ausschlaggebend.« (Wikipedia 2009c).

5 Ziel der Sendung ist es, Deutschlands nächstes Topmodel zu finden. Am Ende jeder Folge legt eine Jury fest, welche Mädchen bei der nächsten Folge weitermachen. Die Jurymitglieder sind gleichzeitig die Coaches der Kandidatinnen und stellen ihnen verschiedene Aufgaben (Wikipedia.de 2009d).

chen Position des Online-Dating bei: Einerseits erleichtern diese Parallelen den Zugang zu Singlebörsen aufgrund einer Vertrautheit und dem Wiedererkennungswert. Andererseits führt insbesondere die Nähe zum TV-Entertainment zu einer Abwertung des Online-Dating, denn diese Verknüpfung konkurriert mit den kulturspezifischen Vorstellungen über die Einzigartigkeit, über die Wichtigkeit und über den Altruismus der romantischen Liebe.

Neben diesen Besonderheiten des Online-Dating zeigt meine Untersuchung, dass die romantische Liebe ein Forschungsgegenstand ist, der sich mit der nötigen Offenheit als Fokus ethnologischen Arbeitens anbietet. Allzu einengende Definitionen werden einem solchen Modell schwerlich gerecht, weil Widersprüche und Individualität entscheidende Merkmale des Gegenstandes darstellen. Autoren wie Giddens (1993), Jankowiak (1992, 1995, 2008) oder Swidler (2003) differenzieren zwischen verschiedenen Arten der Liebe. In diesen Unterscheidungen stehen sich leidenschaftliche und partnerschaftliche Liebe gegenüber (je nach Autor variieren die Bezeichnungen). Die grundlegende Abgrenzung besteht darin, welche Liebesform als einer Beziehung/Ehe zugehörig und welche als eine emotional aufgeladene Passion anzusehen ist, die nicht zwangsläufig Grundlage einer langfristigen Bindung darstellt. Jankowiak (2008: 15) beschreibt die beiden Varianten nicht im Sinne einer Trennung, sondern kennzeichnet sie durch fließende Übergänge. Deutlich wird in vielen meiner Interviews, wie auch meine Informanten zwischen der Leidenschaft für eine Person und der Liebe, die als Beziehungsgrundlage angenommen wird, differenzieren. Die beiden affektiven Muster stehen in ihren Beschreibungen in enger Beziehung zueinander. Die Liebesformen können sich ineinander transformieren, wie speziell Ausführungen über das »Sich-Verlieben« illustrieren. Derartige Unterscheidungen sind aber meines Erachtens nach als emische Ansichten zu behandeln, und erst mit entsprechender Analyse als wissenschaftliche Arbeitsgrundlage zu verwenden. Fisher (2004: 416f) und Harris (1995: 86, siehe auch Jankowiak 2008: 13) arbeiten aus evolutionspsychologischer Sicht außerdem mit Auflistungen von psychophysiologischen Merkmalen romantischer Liebe (siehe Kapitel 3). Solche Merkmale sollten aber sorgfältig auf Bewertungen und Interpretationen überprüft werden, wenn sie auf einzelne Personen oder gar Gruppen übertragen werden. Beachtet werden muss bei vorgeblich universellen Attributen der Liebe (Jankowiak 2008: 13), dass speziell bei Emotionen und darauf beruhenden zwischenmenschlichen Bindungen dem individuellen Aushandeln von kulturspezifischen Konzepten eine zentrale Bedeutung zukommt. Diese Aushandlungsprozesse werden im nachfolgenden Kapitel behandelt.

10. AUSHANDLUNGSPROZESSE:

EMOTIONEN UND LIEBESVORSTELLUNGEN

Emotionen von Online-Datern untersuche ich unter der Forschungsfrage »Wie werden kulturspezifische Liebesideale und individuelle Emotionen beim Online-Dating unter spezieller Beachtung der Vernetzung von kulturellen Bedeutungen und individuellem Erleben ausgehandelt?«. Wie in der Einleitung und in Kapitel 4 beschrieben, ist dieses Kernproblem in fünf Forschungsfragen aufgegliedert worden. Daher werden im Nachfolgenden als erstes die fünf Teilfragen behandelt. Am Ende des Kapitels gehe ich in Form einer Zusammenfassung auf die Leitfrage und damit das Kernproblem ein.

1. Welche kulturspezifischen Liebes- und Beziehungsvorstellungen stehen beim Online-Dating im Vordergrund und wie werden sie in die Partnerbörsen eingebunden?

Anhand dieser Frage werden Vorstellungen, Annahmen und Verhaltensweisen herausgearbeitet, die Teil des kulturellen Wissens und der Praktiken der Online-Dater sind. Es gilt, in Erfahrung zu bringen, in welcher Form sich diese Aspekte in den Datingbörsen wiederfinden. Eine Vielzahl dieser Annahmen ist ausführlich in den empirischen Darstellungen in Kapitel 6 beschrieben worden: Hierzu gehören beispielsweise die herausragende Position des Paares oder die Rolle von Geld und Geschmack bei der Partnersuche online.

Die Existenz von kulturspezifischen Liebes- und Beziehungsvorstellungen in der gelebten Umsetzung führt keinesfalls dazu, dass die beschriebenen Annahmen oder Verhaltensweisen von allen Online-Datern geteilt oder gleichsam praktiziert werden. Geht man davon aus, dass diese Liebes- und Beziehungsvorstellungen in Form spezieller, komplex vernetzter mentaler Schemata existieren, heißt dies, dass aufgrund individueller Erfahrungen und/oder Charaktereigenschaften nicht jedes Schema bei allen Mitgliedern einer Gruppe oder Gesellschaft in gleichem Ausmaß präsent ist. Ohne diese wichtigen, individuellen Anteile übergehen zu wollen, zeichnen sich im Online-Dating gewisse geteilte Liebes- und Beziehungsvorstellungen ab. Diese kulturspezifischen Grundlagen werden von Mitgliedern der untersuchten Gesellschaft meist nur mit indirekten Äußerungen belegt, da sie größtenteils als »gegeben«, »normal« oder aufgrund dessen nicht selten als »natürlich« angenommen werden. Daher stellen sie sich als immer wiederholende Motive in den in Teil 2 beschriebenen empirischen Annäherungen an das Online-Dating dar und werden hier in Form einer skizzierenden Zusammenfassung beschrieben. Die wichtigsten »Eckpfeiler« der Partnersuche meiner Informanten sind folgende emische Annahmen

- Die Partnerwahl ist frei. In der Gesellschaft meiner Informanten wählt man seinen Partner selbst aus, d. h. die Partnerwahl geschieht ohne eine (institutionalisierte) Mittelsperson.
- Bei der Partnersuche wird eine Zweierbeziehung angestrebt, bei der generell die Norm der Monogamie gilt. Rechtlich ist in Deutschland ebenfalls nur die Eheschließung mit einer Person möglich.
- Entscheidend bei der Partnerwahl sind Gefühle und Emotionen der romantischen Liebe. Die Partner sollten dem Ideal nach diese exklusiv füreinander empfinden. Das Treffen und das Erkennen des Anderen als »den Richtigen« gilt als ein romantisches Ereignis, oft mit Konzepten von Zufall belegt.
- Das Führen einer im Idealfall lebenslänglichen Beziehung/Ehe wird häufig auf die Kompatibilität der beiden Menschen zurückgeführt. Dabei können sich Gegensätze ergänzen oder es kann Kompatibilität durch Gemeinsamkeit entstehen. Nicht selten wird gesagt, dass an einer Beziehung »gearbeitet« werden muss, um sie zu erhalten: Gemeint ist damit, dass beide Partner die Beziehung aktiv gestalten sollen und ein Gleichgewicht zwischen Kompromissfähigkeit und Selbstverwirklichung finden müssen.
- Liebe wird in vielen Kontexten mit populärwissenschaftlichen Vorstellungen von »Psychologie« verbunden.
- Meine Informanten gehen davon aus, dass ein Mensch mehr als eine Partnerschaft in seinem Leben führen kann. Dies mag zwar nicht mit dem Ideal einer lebenslangen Liebe und Beziehung konform sein, aber es ist Teil der praktischen Lebensumstände dieser Menschen. Ebenso gilt, dass sexuelle Beziehungen ohne rechtliche Eheschließung existieren beziehungsweise dass sexueller Kontakt oder Schwangerschaften nicht dazu führen, dass eine Ehe/Beziehung per se seitens der Gesellschaft oder Familie erwartet wird.

Diese Annahmen finden sich beim Online-Dating in den Singlebörsen wieder: Freie Partnerwahl, Emotionen und, je nach Börse, Vorstellungen von Psychologie spielen beim Online-Dating herausragende Rollen. Die Prämisse der freien Partnerwahl wird dahingehend aufgegriffen, dass sich die Singles selbst in den Börsen registrieren, ihre Darstellungen über sich selbst eingeben und eigenständig Verabredungen treffen, zu denen sie auch alleine gehen[1]. Betrachtet man die Erfolgsstorys einer großen indischen Börse, wird deutlich, dass diese Grundannahme keineswegs universelle Normen repräsentiert. Auf Shaadi.com schreibt ein junger Mann:

»Success story of Jaskaran Singh Soin with Parvinder Kaur:
First of all thanks Shaadi.com team for helping me to find nice and educated life partner. I found my partner on 30 July 2006 through your site. (...) Her brother contacted us directly at our e-mail address and then I send them complete details, photographs and education. Her parents said its ok for them and u proceed further. Then I gave their phone number to my uncle who lives in Ludhiana, Punjab. My uncle contacted them. We also talk through phone and chatting. My uncle said that family is nice and educated. So my grand parent and relatives went there to perform Roka ceremony on 27th August 2006 at Model Town Gurudwara and they had lunch at Hotel Maya in Jalandhar. Our parents fixed our marriage date of Dec 31st 2006. Now I am going to India on Dec 3rd with my parents. Thanks once again to Shaadi.com team and webmaster.« (Shaadi.com 2009a)

Für deutsche Online-Dater wäre ein solches Vorgehen unvorstellbar und damit auch keineswegs zufriedenstellend. In der Gesellschaft meiner Informanten sind strikte Separationen zwischen Familie und Partnerwahl zwar keine Norm, aber dennoch nicht selten: Margitt hat in einem Gespräch erwähnt, dass ihre Eltern den Großteil ihrer Freunde nie kennengelernt haben. Die Informantin bildet keineswegs eine Ausnahme. Andere Online-Dater berichten von jahrelangen Partnerschaften, bei denen sich nie die jeweiligen Eltern des Paares begegnet sind. Auch wenn bei den von mir interviewten Online-Datern die gewünschten Partnerschaften auf die Bildung einer Familie hinauslaufen können, besteht die Möglichkeit, diese neue Familie weitestgehend getrennt von der eigenen Familie zu führen. Als zentrales Element betonen die Online-Dater wie Angela, 29 Jahre:

@ »dass es schließlich zwischen mir und dem Partner stimmen muss. Wir müssen uns lieben und in der Lage sein, als Paar zu leben. Aber das kann völlig unabhängig von meiner Familie, also meinen Eltern geschehen! Die haben sich da nicht reinzumischen, und das habe ich ihnen auch schon mal ganz deutlich gesagt, als ich mich von meinem Mann getrennt habe (...)«

---

1 Wie beschrieben, gibt es v.a. weibliche Online-Dater, die es vorziehen, dass sich eine Freundin oder ein Freund von ihr am Treffpunkt befindet. Dies geschieht aber aus individuellen Sicherheitsbedürfnissen heraus und wird nicht mit gesellschaftlichen Moralvorstellungen o. ä. begründet.

Die indische Erfolgsstory mailte ich Margitt, nachdem wir bei einem Treffen gemeinsam Erfolgsstorys auf Parship.de und Datingcafe.de durchgelesen haben. Als Reaktion auf den für sie fremdartig anmutenden Bericht nennt sie ihre eigenen kulturspezifischen Liebesvorstellungen, die für ihr Online-Dating relevant und sinnstiftend sind[2]:

@ »andere länder, andere sitten, nicht wahr :) aber für mich wär das hier ja gar nichts: wie soll denn mein onkel entscheiden, wer gut für mich ist? und: stell dir mal vor, denn eltern deines freundes als >bewerbung< um seine Hand deine doktorarbeit zu schicken... Ich finde das echt befremdlich. Das heißt ja nicht, dass ich soweit denke, dass wer weiß wie viele frauen immer nur zwangsverheiratet werden, es scheint ja auch glückliche arrangements zu geben. aber ich will mir doch aussuchen, wen ich liebe! ich meine, dass kann ja niemand für mich bestimmen, wo meine gefühle hingehen!!«

Margitts Kommentare zeigen nicht nur ihre persönliche Meinung, sondern sind in diesem Fall untrennbar von ihrem kulturellen, westlich-urbanem Umfeld zu verstehen. In dem E-Mailausschnitt spricht Margitt das nächste wichtige Element an, das als typisch für die Gesellschaft der von mir untersuchten Online-Dater angesehen werden kann: Emotionen sind für die Partnerwahl ausschlaggebend. Bei den Gefühlen geht es dabei um nichts anderes als um das komplexe Erleben der romantischen Liebe. Dieser Aspekt wird von den jeweiligen Singlebörsen unterschiedlich gehandhabt, wie in Kapitel 6 zum Thema »Das Paar« beschrieben. Grundsätzlich vermitteln die Börsen den Betrachtern sehr schnell das Wissen, dass es sich bei ihrem Angebot um die Suche nach Liebe und Partnerschaft handelt. Einige Börsen, wie z. B. Parship.de, gehen auf ihren Seiten mit dem Term »Liebe« sehr sparsam um – sie benutzen Anleihen aus der Psychologie, um für eine erfolgversprechende Partnersuche zu werben. Liebe ist, wie Emotionen allgemein, kein einfaches Thema, und manch einer hat die Erfahrung gemacht, dass trotz starker gegenseitiger Emotionen Beziehungen oder Ehen zerbrachen. Mit dem »Umweg« über die Psychologie wird die Liebe »professionell« angegangen und die Aussicht auf Erfolg im Sinne einer langfristigen Beziehung geschaffen. Auch wenn die Liebe wortwörtlich nicht auf jeder Singlebörsenseite erscheint, ist sie meist in bildlicher Form präsent. Auf diesem Weg wird die typisch romantische Technik des Verweisens verwendet. Das Paar und die Liebe sind zwei Aspekte, die sich in der Wahrnehmung der Online-Dater austauschen las-

---

2   Margitt reagierte meiner Meinung nach erschrocken, aber auch sehr vorsichtig und verhalten in ihren Formulierungen. Die für sie nicht unbedingt typische Zurückhaltung kann auf ihr Wissen um meinen Beruf als Ethnologin zurückzuführen sein.

sen, denn das Paar stellt die Umsetzung der Liebe dar und ist somit eins ihrer Symbole. Demzufolge äußert sich die Liebe zwischen zwei Menschen, indem sie ein Paar werden. Datingbörsen betonen die Vorstellung einer aktiven Partnersuche. Diese Idee konkurriert bei vielen Online-Datern keineswegs mit der Annahme von der Entstehung der Liebe durch schicksalhafte, zufällige Begegnungen. Geht man wie Storz (2003: 3) davon aus, dass der Schritt zur Partnerschaft auf einem Minimum an Kontaktmöglichkeit basiert, wird klar, dass die bestechende Idee des Online-Dating die Masse der möglichen Kontakte ist. Manch ein Online-Dater nennt die mangelnden Möglichkeiten in seinem Leben zum Kontakt mit anderen Singles als Grund, in eine Börse einzutreten. In den Börsen ist dann jedoch Eigeninitiative und Kommunikationsfähigkeit gefragt. Selbst wenn ein Anbieter wie Parship.de Partnervorschläge versendet, müssen die einander vorgeschlagenen Menschen den darauf aufbauenden Austausch mit all seinen Tücken und Schwierigkeiten selbst bewältigen. Auf meine Frage, ob es leichter sei, Frauen online kennenzulernen als »real«, erklärt Manuel diesen Sachverhalt und setzt ihn in Zusammenhang mit dem Aspekt der aktiven Suche:

»Das alles so online und per Mail zu machen, das heißt ja nicht, dass es da sofort leichter wird!! es ist leichter, weil man länger formulieren kann und so, aber dafür muss man umso witziger und schlagfertiger sein, um nicht in der Masse unterzugehen. Es ist genauso schwer, nur auf eine andere Art, aber das wichtige ist für mich: Ich treffe hier so viele Frauen wie nirgendwo anders. Und somit tue ich wenigstens was, anstatt herumzujammern, dass ich keine Frau kennenlerne. Ich denke schon, je mehr Frauen ich hier kennenlernen kann, umso höher sind meine Chancen. Nichts tun hat bisher ja echt wenigen Leuten geholfen!« (Manuel)

Grundsätzlich ist zu der Frage, welche kulturspezifischen Liebes- und Beziehungsvorstellungen beim Online-Dating im Vordergrund stehen, zu sagen, dass die Idee der eigenen, aktiven Suche nach der als individuell richtig angesehenen Beziehung dominiert. Als entscheidendes Merkmal zum Erkennen des richtigen Partners gelten Gefühle und Emotionen, die der romantischen Liebe zugerechnet werden. Das emotionale Verhältnis der beiden Partner zueinander ist das beherrschende Thema der Beziehung; dies verdeutlicht sich auch in denjenigen Börsen, die wie Parship.de mit Rückgriff auf psychologische Tests und psychologische Profile ihren Usern Partnervorschläge als Dienstleistung erbringen.

Nachdem die grundlegenden Vorstellungen der Partnersuche online dargelegt wurden, folgt in der zweiten Frage das Herausarbeiten der Emotionen, die in Beziehung zur romantischen Liebe stehen.

2. Welche Gefühle und Emotionen werden beim Online-Dating mit der romantischen Liebe in Verbindung gebracht?

Wie in der Frage zuvor dargestellt, gilt bei den Online-Datern in dieser Studie die Liebe als die entscheidende Emotion, ein Paar zu werden. Fragt man jedoch die Informanten, wie sich Liebe bemerkbar macht, folgen in der Regel Nennungen verschiedenster Emotionen, Verhaltensweisen und Empfindungen. Liebe wird als ein Konzept wahrgenommen, das eine Vielzahl von Anteilen besitzt, die sich von körperlichem Empfinden bis hin zu kulturspezifischen Abstraktionen und Idealen erstrecken können. Im theoretischen Teil (Teil 1) habe ich dargelegt, dass Emotionen, Gefühle und die Liebe begrifflich schwer zu präzisieren sind. Bei der romantischen Liebe kommt hinzu, dass sie sich Festlegungen als Gefühl oder als Emotion entzieht. Einerseits gibt es Momente, in denen ein Mensch liebt: Hierbei richtet sich die romantische Liebe auf eine andere Person, die Liebe lässt sich dabei als stark physisches, geradezu imperatives Gefühl beschreiben. Allerdings ist die romantische Liebe nicht nur auf kurze Zeitspannen begrenzt und muss auch nicht permanent mit körperlichem Empfinden gekoppelt sein. Als Ideal gilt durchweg die lebenslange Liebe. In dieser Perspektive als eine sinnliche, bewusst wahrgenommene Verbindung nimmt die romantische Liebe Züge einer Emotion an. In der Liebe trifft eine Vielzahl von Gefühlen und Emotionen zusammen: Verliebtsein, das Erleben von Geborgenheit oder die Lust nach Sex mit der »einen« Person gehören ebenso dazu wie das sprichwörtlich gebrochene Herz oder, je nach Temperament, rasende Wut. Die Auswahl, welche emotionalen Zustände als zur Liebe gehörig verstanden werden, ist zu einem gewissen Anteil kulturell und sozial determiniert. Aber ebenso spielen intrakulturell differenziertes Erleben und Verstehen wichtige Rollen. Diese Forschungsfrage behandelt somit zweierlei Aspekte, die in einem komplexen Zusammenhang stehen: Sie fragt einerseits nach inneren, emotionalen Welten, andererseits nach personenübergreifenden kulturspezifischen Vorstellungen.

Betrachtet man die Aussagen der Informanten, zeigt sich häufig eine ausgesprochene Vorsicht in Bezug auf die direkte Verbindung von Online-Dating und Liebe: Die Liebe stellen die meisten Börsenmitglieder als eine Zukunftsvision dar. Online-Dating bedeutet in dieser Situation für die Akteure eine Suche, deren Ziel das Finden der Liebe ist. Bei Beschreibungen des Verhältnisses von Online-Dating zur Liebe zeichnen sich zweierlei Diskurse ab, die enge Verflechtungen aufweisen. Der eine Diskurs handelt von dieser zukünftigen Liebe in einer (ebenso zukünftigen) Partnerschaft, der andere von den Emotionen, die Teil der Genese einer solchen Liebe sind. Geht es um die Liebe selbst, so werden die Darstellungen von den Online-Datern abstrakter. Inhaltlich dominieren Konzepte von Vertrauen, Geborgenheit, Gemeinsamkeit, die auf langfristige Lebensplanungen hinauslaufen. Im Rahmen von Darstellungen der Genese romantischer Liebe (z. B. Verliebtheit) werden Aspekte wie physisches Erleben, Unruhe, Aufregung und Erregung geschildert. Marla (41 Jahre), seit drei Monaten Börsenmitglied, beschreibt diese beiden Anteile explizit in dem folgenden E-Mailausschnitt:

@» Hier suchen doch alle nach der Liebe, das ist irgendwie klar. Aber weil Liebe ja auch sowas Großes, ist, das man schwer in Worte fassen kann, wäre es ja auch vermessen, sich direkt oder nur über die Liebe zu unterhalten oder darauf zu warten, dass sie vom Himmel fällt. Für mich steht hier erstmal das Verlieben an, der Vorbote der Liebe. Ich will im datingcafe jemanden finden, mit dem ich mich verlieben kann und dann sehen wir weiter!«

Nicht nur für Marla, sondern so gut wie für alle Online-Dater steht der Wunsch im Vordergrund, sich verlieben zu wollen. Verliebtsein und Liebe bilden keine Gegensätze wie die romantische und die leidenschaftliche Liebe in Giddens (1995: 45f) theoretischen Auseinandersetzungen, auch wenn die Verliebtheit oft ähnlich Giddens' *amour fou* beschrieben wird. Liebe und Verliebtsein bedingen sich in den Aussagen der Online-Dater, denn fast immer stellt ihrer Ansicht nach das Verliebtsein den Anfang der Liebe dar. Das Verliebtsein wird als hochgradig intensiver und sensibler Zustand beschrieben, bei dem sich Euphorie und Niedergeschlagenheit abwechseln können. Während der ersten Treffen, oder bereits während der Mailkommunikation davor, warten Online-Dater darauf, »dass der Funke überspringt« (Manuel, Gesprächsprotokoll). Online-Dater suchen in den sorgfältig gestalteten Kontakten immer wieder nach Signalen von spontanen Gefühlen und versuchen herauszufinden, ob sie emotionale Regungen ausmachen können:

»Ich habe mir dann ganz viel überlegt, und natürlich auch das Profil geplant und so, aber das alles ersetzt es ja nicht, nach meinen Gefühlen zu gucken. Ich versuche dann während eines Mailkontakts ein Gefühl zu dieser Frau, die ich ja noch nicht mal gesehen habe aufzubauen. Wenn da nichts kommt, dann bringt es das ja nicht. Aber manchmal, da ist dann auch bereits bei diesem dummen, kurzen hin- und hermailen so eine Art Unterton dabei, der, der macht dann halt das bisschen Extra aus, was mich aufhorchen lässt, dann werde ich ganz etwas nervös, oder naja, nur so bisschen halt, aber dann weiß ich, das kann ja ganz interessant werden!« (Manuel)

Neben dem Verlieben äußern Online-Dater, dass sie in den Börsen nach jemandem suchen, den sie »attraktiv« oder »interessant« finden. Dies beschreibt nicht direkt eine Emotion, aber derartige Bewertungen sind im Rahmen der Partnersuche dennoch stark emotional belegt und bilden, im Sinne der *appraisals* (siehe Kapitel 2), nicht selten den Anstoß, romantische Gefühle zu entwickeln. Wenn man den anderen Diskurs, die Auseinandersetzungen mit der »Vision Liebe«, betrachtet, wird die enge Verbindung zwischen romantischer Liebe und dem Wunsch nach einer Beziehung deutlich. Dieser Wunsch drückt sich in zahlreichen Emotionen aus, welche die Online-Dater erleben. Sie sind derart stark und imperativ, dass sie oft Auslöser des Börseneintritts sind.

Es gibt keine festlegbaren Emotionen und Gefühle, die sich per se mit der Liebe beim Online-Dating in Verbindung bringen lassen. Es sind aber zwei dominierende Konzepte herauszuarbeiten: das Verliebtsein und die intensive Sehnsucht, einen Partner haben zu wollen. Geht man davon aus, dass Emotionserleben und Gefühlsdarstellungen komplexen, kulturellen Verhaltensregeln unterliegen, korrelieren sie mit einer Vielzahl von Umständen wie z. B. der Geschichte, der Religion oder den Moraldiskursen. Der Wunsch eines Online-Daters nach einer Partnerschaft wird auch durch gesellschaftliche Moralvorstellungen und Konventionen gefördert. Einflüsse durch Erwartungshaltungen des sozialen Umfeldes und das Wissen um »Idealbiografien«, die eine Partnerschaft/Ehe enthalten, dürfen nicht unterschätzt werden. Die Gefühle und Emotionen, die beim Online-Dating in den Vordergrund treten, lassen sich unter dem Leitbegriff romantischer Emotionen zusammenfassen: Es handelt sich um eine Summe von Empfindungen, die auf die romantische Liebe verweisen oder als ihre »Vorboten« verstanden werden. Dabei hat so gut wie jeder Online-Dater seine individuellen Anzeichen, die er verspürt, wenn er verliebt ist. Die Taten und Handlungen, die darauf folgen, beinhalten neben ihren unbestreitbar individuellen Komponenten aber einen großen Anteil an gesellschaftlich geteilten Vorstellungen. Sie beruhen auf kulturellen und sozialen Annahmen, wie Liebe und Verliebtsein kommuniziert werden. Würden diese geteilten Elemente nicht existieren, so wäre die Vermittlung dieser inneren Zustände unmöglich.

Nachdem hiermit wichtige Emotionen und Gefühle, die Online-Dater bei ihren Börsenaktivitäten erleben und anstreben, beschrieben wurden, komme ich in mit der folgenden Frage zu den Rollen von Gefühlen und Emotionen.

3. Welche Rollen übernehmen Gefühle und Emotionen beim Online-Dating?

Mit der Beantwortung dieser Frage wird aufgezeigt, wann und wie affektives Erleben beim Online-Dating zum Tragen kommen. Damit ist nicht ausgesagt, dass Gefühle und Emotionen per se funktional zu verstehen sind. Sie übernehmen im Kontext Online-Dating situativ bestimmte Aufgaben, allerdings bedürfen sie keineswegs immer einer Funktion, um ihre Existenz zu legitimieren.

In gesellschaftlichen, populärwissenschaftlichen und teilweise auch in wissenschaftlichen Auseinandersetzungen wird Online-Dating häufig kritisiert: Es »entfremde« Menschen von sich selbst und es gilt als gefährlich, weil es die Tore zu emotionalem und finanziellem Betrug öffne. Online-Dating wird als Form der Partnersuche dargestellt für diejenigen, die auf »normalem« Weg erfolglos bleiben, weil es ihnen vorgeblich an sozialen oder emotionalen Kompetenzen mangelt. Online-Dating wird dabei Teil einer Technikdystopie, bei der sich Menschen nicht mehr von Angesicht zu Angesicht miteinander auseinandersetzen können. In diesen Kritikpunkten klingt implizit mit, dass Online-Dating mit seinem technisch-anonymen Verfahren nicht ausreichend Raum für romantische Emotionen lässt. Meine Daten widerlegen diese Annahmen. In jedem Interview und in vielen E-Mails meiner Untersuchung werden Gefühle und Emotionen unaufgefordert betont und beschrieben. Parallel zu diesen emotionalen Anteilen können die gleichen Online-Dater die Börsen wie Kataloge durchforsten, ihre Angaben möglichst durchdacht gestalten oder auf Effizienz ausgerichtetes Multidating praktizieren (siehe Kapitel 6). Solche Verhaltensweisen belegen aber keine grundsätzliche Gefühlsarmut oder Emotionslosigkeit bei der Online-Partnersuche. Wie in der vorherigen Frage angedeutet, sind Emotionen meist der entscheidende Beweggrund, Börsenmitglied zu werden. Welches Gefühl oder welche Emotion dabei letztlich ausschlaggebend ist, fällt individuell aus. Es kann ein »diffuses Gefühl von Sehnsucht« sein, wie Elena (Gesprächsprotokoll) sagt, aber es kann auch eine ganz andere Emotion sein: Das Zitat von Lisa in Kapitel 6 zeigt dies sehr deutlich: Anblicke von Paaren haben sie Neid verspüren lassen, und um diese Emotion zu befriedigen, ist sie schließlich Mitglied bei Datingcafe.de geworden.

Eine der Besonderheiten des Online-Dating ist die forcierte Aktivität des Wählens, intensiviert durch die hohe Menge an Singles in einer Börse. Indem Liebe als emotionaler Lebensbereich verstanden wird, verwenden Online-Dater Emotionen als Entscheidungshilfe. Fragte ich Online-Dater, warum sie ausgerechnet dieses oder jenes Mitglied kontaktiert haben, nannten sie Emotionen oder Gefühle als Grund:»Die finde ich hübsch, die lacht nett, da kann ich mich fast schon so rein verlieben« sagte Torben über eine Wahl. »Bei Jason22 hatte ich einfach ein super gutes Gefühl, so ganz ruhig, als ich das Bild sah, da habe ich gemailt«, beschreibt Elena eine ihrer Wahlen.

Wie ebenfalls in der vorherigen Frage angedeutet, ist affektives Erleben so wichtig, dass Online-Dater in Kommunikationen, wie z.B. in E-Mailkontakten, inne halten, um ihre Gefühle und Emotionen zu betrachten:

@» Klar frage ich mich: Wie fühlt sich der Kontakt an, ist es leicht, ihm zu mailen? Gibt es ein Pingpongspiel, so ein Hin- und Her oder ist das krampfig? All das FÜHLE ich ja, auch wenn ich paar Wahlen rational mache, z. B. v.a. Männer kontaktiere, die in Hamburg und Umgebung wohne, letztlich will ich mich verlieben und was muss dann stimmen? Natürlich diese verdammten Gefühle... so einfach und doch so schwer ist das!« (Margitt)

Margitt macht hier nicht nur die zentrale Rolle von Emotionen deutlich, sondern auch ihre Komplexität und Widersprüchlichkeit, indem sie sie zugleich als einfach und schwierig bezeichnet. Emotionen können beim Online-Dating Auslöser einer Handlung sein, aber auch als »Störfaktor« angesehen werden. Ebenso kann das Erleben zu vieler oder zu intensiver Emotionen unerwünscht sein:

»zu heftige Gefühle, egal ob von mir als Reaktion auf eine Mail oder so ne ganz emotionale Mail, die bringen mich durcheinander, machen mir ehrlich gesagt bisschen Angst, und dann brech ich auch mal nen Kontakt ab« (Manuel)

Dennoch stehen, um auf die Kritiken am Online-Dating zurückzukommen, bestimmte zentrale Merkmale des Prinzips Singlebörse oft mit den »klassisch« angenommenen Auslösern der Liebe in Konflikt. Ein Beispiel: Einerseits wird die romantische Liebe mit Einzigartigkeit verbunden, andererseits aber finden sich in den Börsen »Massen« von Singles, die sich anhand der standardisierten Profile darstellen. Liebesvorstellungen und die Börsenrealitäten prallen aufeinander und führen zu einem spannungsgeladenen Umgang, der von den Online-Datern immer wieder neu ausgehandelt werden muss. Führen die Aushandlungsprozesse dazu, dass Entscheidungen zu fällen sind, verstehen Online-Dater ihre Emotionen als die entscheidende Instanz, welche bei diesen Prozessen eingesetzt wird.

4. Von welchen Merkmalen ist die Kommunikation in den Börsen gekennzeichnet und welche Rollen kommen dabei Emotionen in textbasierter Kommunikation per Mail zu?
Eine bereits beschriebene Besonderheit des Online-Dating ist, dass sich die Mitglieder online kennenlernen, die ersten Kontakt verlaufen dabei zum größten Teil über E-Mail. Auch diese textbasierte Kommunikation ist von Emotionen gekennzeichnet, denen mit Hilfe dieser vierten Frage nachgegangen wird.

Eine Perspektive der Betrachtung der Liebe ist nach Luhmann (1994) das Verständnis, dass Liebe einen Kommunikationscode darstellt. Aufgrund des historisch gewachsenen Ausdruckssystems werden dabei Gefühle nicht nur dargestellt, Luhmann vertritt die Ansicht, dass Emotionen aufgrund dieses Codes gebildet werden (1994: 23, siehe auch Kapitel 2). Liebe und Kommunikation bilden speziell beim Online-Dating zwei eng verbundene Bereiche, deren komplexe Vernetzung die Akteure vor hohe Anforderungen stellt. Bei der Partnersuche online sind Liebe und Kommunikation nicht getrennt zu betrachten und Luhmanns theoretische Perspektiven sind als hilfreicher Interpretationsrahmen verwendbar. Wird Online-Dating in vielen nichtwissenschaftlichen oder populärwissenschaftlichen Auseinandersetzungen als unkommunikativ gebrandmarkt, bezieht sich dies zumeist auf den Aspekt, dass bei den Initialkontakten die vis-a-vis-Komunikation nicht im Vordergrund steht, sondern das Mailen oder Chatten. Kommunikation findet eindeutig statt; sie verschiebt sich aber auf eine textliche und bildliche Ebene. Diese Kommunikation ist unter Zuhilfenahme zweier Fragen zu untersuchen. Zum einen, wie die Börsen ihren Mitgliedern kommunizieren, dass sie geeignete Orte der Partnersuche sind. Zum anderen ist zu fragen, wie sich die Börsenmitglieder untereinander austauschen und wie dabei mit Gefühlen und Emotionen umgegangen wird.

Wenn die Angaben stimmen, dass in Deutschland pro Monat rund 6,3 Millionen Personen Singlebörsen besuchen (singlebörsenvergleich.de 2009a), müssen sich auf diesem lukrativen Markt die vielen konkurrierenden Dienstleistungsanbieter ständig um ihre Kundschaft bemühen. Jede Börse muss möglichst überzeugend vermitteln, dass sie die richtige Adresse darstellt, auf der erfolgreich nach Liebe und Partnerschaft gesucht werden kann. Zur Illustration dieses Anliegens greifen die Börsen auf eingängige Liebessymbole zurück, eng verknüpft mit dem Themenkomplex Paar/Partnerschaft und Beziehungsführung (siehe Kapitel 6). Wortwörtliche Darstellungen des Sachverhalts, dass hier Singles nach Gleichgesinnten suchen können, finden sich seltener in Börsen, die einen höheren Mitgliedsbetrag erheben. Diese Art der Diskretion kann als ein Distinktionsmerkmal verstanden werden: Die Börsen machen deutlich, dass nicht wahllos geflirtet, sondern gezielt auf gehobenem Niveau nach Lebenspartnern gesucht wird. Ihr Vorgehen entspricht der klassisch-kulturspezifischen Norm, dass die romantische Liebe ein Thema ist, welches in bestimmten Situationen eher mit Verweisen als mit eindeutigen Worten zu behandeln ist (Luhmann 1984: 29). Ein bereits erwähntes Beispiel hierfür ist die Börse Parship.de, auf dessen Seiten der Term Liebe so gut wie nie erwähnt wird. Parship.de vermittelt mit diesem Vorgehen indirekt, aber hochgradig gezielt und effizient, seine Versprechen. Dabei agiert die Börse geradezu »liebestypisch«, denn wie Luhmann schreibt, kann die Liebe

»um es paradox zu formulieren, Kommunikation unter weitgehendem Verzicht auf Kommunikation intensivieren. Sie bedient sich weitgehend indirekter Kommunikation, verlässt sich auf Vorwegnahme und Schonverstandenhaben. Sie kann durch explizite Kommunikation, durch Frage und Antwort, geradezu unangenehm berührt werden, weil damit zum Ausdruck kommt, daß etwas sich nicht von selbst versteht.« (1984: 29)

Auch durch das Abfragen von Beziehungsvorstellungen, Geschmacksvorlieben und persönlichen Einstellungen integrieren Börsen das Vorwegnehmen und Schonverstandenhaben, denn die Börsenmitglieder kommunizieren auf der Basis von diversen Informationen miteinander. Diese Informationen ermöglichen Andeutungen des Schonverstandenhabens und Vorwegnehmens: In ihren anfänglichen Kontakten können sich Börsenmitglieder z. B. auf Vorlieben des anderen beziehen und direkt einen Kommentar dazu geben. Die Phase, in der die Vorlieben in Erfahrung gebracht werden müssen, entfällt zu diesem Zeitpunkt. Dies bedeutet nicht, dass eine solche Phase nicht später eintreten kann. Online-Dater beschreiben Momente des Beobachtens sowohl im textlichen Austausch wie auch bei den ersten face-to-face-Treffen. Das Beobachten beim ersten Rendezvous, das auch Teil des Liebescode nach Luhmann (1994: 41) ist, manifestiert sich dann oftmals in Überprüfungen: Die Börsenmitglieder möchten spätestens dann herausfinden, ob die Angaben, die jemand über sich selbst im Profil gemacht hat, stimmen.

Wie erwähnt findet die anfängliche Kommunikation zumeist über Mail statt. Die E-Mails sind variabel in Form, Länge und Inhalt, Gemeinsamkeiten in dieser Hinsicht sind schwer auszumachen. Es zeichnet sich jedoch ab, dass die anfänglichen Mails wesentlich kürzer sind als die späteren. Oft ist der Beginn eines Online-Kennenlernens von einem Wechsel kurzer, pointierter Mails gekennzeichnet. Die kontaktsuchende Person bezieht sich nicht selten auf das Foto, auf einen Kommentar oder auf eine Angabe im Profil: »Schöne Locken, aber wie ist denn nun die Farbe :)« schickte so ein Börsenmitglied Margitt eine erste Mail, als sie ein schwarzweißes Foto in ihrem Profil eingestellt hatte. »Ah, auch ein Nachtaktiver. Was treibt dich um hier um die Uhrzeit? Nachts sind übrigens alle Katzen grau« mailte Margitt daraufhin. Sie nahm nicht direkt Bezug auf das Profil des Mannes, sondern auf die nächtliche Uhrzeit des Kontakts:

»Und mit dem Spruch oder Sprichwort, weiß nicht, wollte ich ihn weiter neugierig machen oder so. In dem Moment fand ich es witziger, als einfach nur >dunkelblond< zu schreiben«

erläuterte Margitt ihren Kommentar. Dieser kurze E-Mailaustausch enthält typische Elemente von Anfangskontakten: Wortwitz ist gefragt, es wird versucht, die Ansprache persönlich klingen zu lassen und den Anderen neugierig auf weiteren Kontakt zu machen. Einige

Online-Dater vergleichen dieses Vorgehen mit dem Schlagabtausch eines Tischtennisspiels:»pingpong, so muss das gehen, schnell und bisschen lustig, und sich dabei gut präsentieren! Aber ich habe immer noch mehr Zeit beim Mailen, als wenn ich reden würde.« erläutert Manuel im Interview. Emotionen spielen bei den börseninternen E-Mailkontakten wichtige Rollen. Wie bereits in der Frage zuvor beschrieben, stellen Emotionen, die beim Anblick eines Profilfotos oder Lesen der Angaben, erlebt werden, eine Motivation dar, den Kontakt zu beginnen. Während eines Kontaktes, so spielerisch er auf den ersten Blick sein mag, überprüfen Online-Dater wiederholt ihre Emotionen und verstehen sie als Entscheidungshilfe, als Handlungsanweisungen und als Indikator für die Beziehung zu ihren Kommunikationspartnern. Auch wird auf E-Mails und ihre Inhalte nicht selten stark emotional reagiert: Selbst kurze, nebensächlich anmutende Bemerkungen können Verärgerung hervorrufen oder Freude und Neugier wecken. Elena beschreibt, dass sie es selbst häufig wundert, wie emotional sie auf Mails reagieren kann:

»Eigentlich kenne ich den Menschen ja gar nicht, aber dann wird was geschrieben, zuerst denke ich noch so rational: Na, was sagt mir das über den Mann? Aber dann wurmt mich irgendein Nebensatz, ich frage mich ob ich dies oder das richtig verstanden habe oder mein Herz macht einen Sprung, wenn wieder eine Mail da ist. Das setzt dann immer ganz schnell ein, auch wenn ich mir eigentlich vornehm, so einen Kontakt erstmal distanziert, eher aus der Beobachterposition anzugucken. Wirklich geklappt hat das noch nie, da kommen immer wieder Gefühle dazwischen.«

Das rasche Hervorrufen von Emotionen ist darauf zurück zu führen, dass die Online-Dater im Rahmen der Partnersuche kommunizieren. Das zentrale Konzept der Partnerwahl stellt die romantische Liebe dar, die wiederum als von Gefühlen und Emotionen dominiert gilt. Das führt dazu, dass Online-Dater während der Kommunikation in den Börsen ihren eigenen Emotionen wesentlich mehr Raum als in anderen Lebensbereichen geben. Die Aufmerksamkeit auf emotionale Befindlichkeiten wird erhöht und das emotionale Erleben wesentlich stärker wahrgenommen. Je weiter ein Kontakt fortschreitet, desto eher rücken die Themen Emotionen und Liebe in den Vordergrund. Zu Beginn allerdings stellen sie nur einen begleitenden Rahmen dar, ja es wird teilweise sogar vermieden, allzu viel von den eigenen Emotionen preiszugeben. Torben nennt noch einen anderen Aspekt:

»Es ist ja schon so, wenn man zu viel Interesse etc zeigt, dann wird man eher uninteressant, weil man irgendwie wie so der >desperado<-Single rüberkommt, der unbedingt ne Beziehung oder Sex oder so will. Das ist ganz schön uncool und ich verkaufe mich nicht gerne unter Marktwert. Also bin ich anfangs bisschen zurückhaltender mit Gefühlen (...)«

Parallel zu diesen von Indirektheit gekennzeichneten Darstellungen werden in den Profilen explizit und eindeutig Wünsche und Vorstellungen mitgeteilt. Die Meinungen der Online-Dater über die Direktheit sind geteilt: Die einen begreifen diese als Erhöhung der Effizienz, weil unerwünschte Bewerber abgeschreckt werden. Die anderen sagen, dass es auf sie negativ wirkt, sie sehen darin mangelnde Offenheit und negative Charaktereigenschaften. Die Anwendung einer solchen Direktheit ist auf die normativen Freiheiten (Miller/Slater 2000: 16, siehe Kapitel 11) zurückzuführen: Die einen bedienen sich eher kulturtypischer Verhaltensweisen, die anderen ziehen einen Bruch mit selbigen vor, weil sie sich so Vorteile bei der Partnersuche erhoffen. Online-Dating ermöglicht die Freiheit, sich einen der beiden Wege aussuchen zu können. Online-Dater erleben die Möglichkeit, direkte Anforderungen stellen zu können, auf emotionaler Ebene häufig als Befreiung und als Schritt, sich selbst näher zu kommen. Auch können hinter der Wahl eines solchen Vorgehens stark emotional geprägte Erfahrungen vorheriger Beziehungen stehen, so dass explizite Formulierungen als unabdingbare Notwendigkeit behandelt werden, um sich auf eine erneute Beziehung einlassen zu können.

Eine nächste Ausnahme des Prinzips des impliziten Umgangs mit der romantischen Liebe findet sich in manchen E-Mails, die nach face-to-face-Treffen ausgetauscht werden. In ihnen werden die Treffen und die Emotionen, die dabei erlebt wurden, nicht selten mit großer Deutlichkeit formuliert. Börsenmitglieder beschreiben dies als typisch für das Online-Dating. Sie sind der Ansicht, dass ein derartiger Austausch nach Rendezvous, die sich aus Offlinebekanntschaften entwickelt, nicht stattfinden würde:

»Wenn ich halt so jemanden kennengelernt habe und man sich datet, und das nix war, dann bleibt man irgendwie bedeckter. Ich sage dann zwar schon, so, du, das passt mit uns echt nicht, kein Interesse, aber ich will da nicht tiefer drauf eingehen. Das hat sicher auch was mit Höflichkeit und so zu tun. Aber online, in der Börse, da sind die Begründungen echt krasser: Es wird teilweise aufgezählt, warum nicht und wie man sich dabei gefühlt hat und und und. Aus irgendeinem Grund geht es oft nach sowas richtig zur Sache. Da bin ich kein Einzelfall, das ist auch bei Freundinnen von mir so!« (Lisa, 33 Jahre)

Diese Darstellungen zeigen, wie eng Kommunikation und emotionales Erleben beim Online-Dating miteinander verbunden sind. Es gibt eine gesellschaftlich geteilte Ebene neben vielen individuellen Aspekten: Geteilt ist die Annahme, in den Börsen unter dem »Leitmotiv« der romantischen Liebe zu kommunizieren und Raum für das Erleben von Emotionen zu schaffen. Wann, wie und welche Emotionen erfahren werden, ist eindeutig individuell und biografisch zu verorten.

5. Lassen sich innerhalb des Online-Dating kulturspezifische Logiken des Begehrens ausmachen?

Wie bei den theoretischen Ansätzen gezeigt, zeichnen sich Gefühle und Emotionen durch Zielgerichtetheit (auf eine Person, ein Ereignis) aus, zudem stehen sie in Relation zu Bewertungsvorgängen (u. a. Lutz 1990, Lynch 1990). Im Bereich der Liebe richten sie sich auf die andere Person. Dieser Umstand ist als Begehren zu bezeichnen. Allerdings muss sich das Begehren nicht zwangsläufig auf eine bereits existente Person richten: Online-Dating stellt ein sehr gutes Beispiel dafür dar, dass sich das Begehren mit all seinen spezifischen Wünschen ebenso auf ein imaginiertes Idealbild des Partners richten kann. Die Formulierung »cultural logics of love and desire« gebraucht Constable (2003: 11, 116), um aufzuzeigen, dass politische und ökonomische Hintergründe bei der Genese von Ehen zwischen US-amerikanischen Männern mit asiatischen Frauen nicht nur eine Rahmenbedingung darstellen. Sie bilden laut Constable (ebd.) eine determinierende Kraft bei diesen durch Internetkorrespondenz zustande gekommenen Verbindungen. In Anlehnung an Constable wird an dieser Stelle der Frage nachgegangen, in wie weit kulturspezifische Ideale im Rahmen des Online-Dating das individuelle Begehren leiten.

Online-Dating weist das herausragende Merkmal auf, dass die Partnersuche stark spezifiziert durchgeführt werden kann. Nirgendwo sonst kann derart gezielt vorselektiert werden wie in einer Singlebörse: Man kann eingeben, wo der Gesuchte leben soll, es sind Angaben zur Größe, zur Haarfarbe, zum Kinderwunsch und eventuell sogar zu Hobbys und Interessen möglich. Das Idealbild des Partners korreliert mit individuellen Bedürfnissen, Vorlieben und Erfahrungen. Ein derartiges Vorgehen ist mit kulturellen und gesellschaftlichen Vorstellungen zu begründen. Im Fall meiner heterosexuellen Informanten zählen u.a. ausdifferenzierte, kulturspezifische Idealvorstellungen über Partner und gesellschaftliche Annahmen über Beziehungen/Ehen dazu. Die Aspekte, welche der (imaginierte) Idealpartner aufweisen soll, greifen kulturspezifische Logiken des Begehrens auf. Zu beachten ist, dass diese Logiken Tendenzen darstellen, die wiederum von einer Vielzahl von Faktoren beeinflusst werden. Alter, Geschlecht, Bildungshintergrund oder ethnische Herkunft können einen Einfluss ausüben, der wiederum je nach Lebensabschnitt und -situation wandelbar ist:

»Desire, sexual or otherwise, is not a constant or a given, but is shaped in crucial ways by the very manner in which we think and speak about it.« (Pflugfelder 1999: 3)

Dem ist hinzuzufügen, dass neben Gedanken und sprachlichen Auseinandersetzungen ebenso kulturelle Praktiken und nicht-verbalisierbares Wissen das Begehren prägen. Der Begriff »Logiken« darf nicht dazu verleiten, anzunehmen, dass von einem rationalen Standpunkt aus das Begehren in sich logisch stringent aufgebaut ist. Widersprüchlichkeiten sind Teil dieser Logiken, da die romantische Liebe ein Lebensbereich ist, der eine Vielzahl von Paradoxen vereint. Bei der Durchsicht des Datenmaterials fallen die Bemühungen von Online-Datern auf, individuell geprägte Antworten auf ihre Partnerwünsche zu geben. Parallel dazu gilt es als wichtig, sich in den Profilen als Individuum darzustellen. Jeder von ihnen möchte seine Vorlieben und Charakteristika betonen. Diese persönlichen Aspekte machen sich vorrangig an der Ausdrucksweise und an den Begründungen, warum ein bestimmter Partner favorisiert wird, fest. Inhaltlich jedoch finden sich erstaunlich viele Übereinstimmungen. Dies ist als erster Ausdruck anzusehen, dass bestimmte kulturspezifische Ideale existieren, auf die sich Begehren richtet.

Indem in der Gesellschaft meiner Informanten das Paar und die Liebe auf das Engste miteinander verbunden sind, finden sich in den Darstellungen von idealen Partnern viele Aspekte wieder, die ebenso einer als gut verstandenen Beziehung oder der Liebe selbst zugeschrieben werden. Der grundlegende Bereich, aus dem Eigenschaften und Aspekte des Idealpartners resultieren, sind die Basisannahmen der Partnerwahl, von denen die Börsenmitglieder gemeinsam ausgehen. In den Beschreibungen des Idealpartners dominieren in den Börsen Werte wie Verlässlichkeit, Ehrlichkeit oder Treue. Mit diesen Eigenschaften wird erhofft, dass eine lange, möglicherweise lebenslange Beziehung möglich wird. Auffallend ist, wie sich Partner-, Liebes- und Beziehungsideale decken: Treue und Vertrauen gelten als wünschenswerte Kennzeichen einer Beziehung, sie werden zur inhaltlichen Beschreibung von Liebe verwendet. Das heißt auch: Diese Eigenschaften werden als begehrenswert angesehen. Liebe, Partnerschaft und Partnerwahl stehen mit einer Vielzahl anderer gesellschaftlichen Annahmen und Praktiken in Verbindung. Diese Vernetzungen können wiederum einen signifikanten Einfluss auf das Begehren ausüben. Beim Online-Dating äußert es sich beispielsweise in Form des Umgangs mit dem Alter im Rahmen von Paarbeziehungen (siehe Kapitel 6): In manchen Diskursen werden ältere (»reife«) Männer als verlässlich bewertet und gelten als begehrenswerte Partner. Doch nicht nur die romantische Liebe, sondern auch das Begehren ist von Gegensätzen gekennzeichnet. Bei genauerem Betrachten erschließen sich auch bei diesen Paradoxen Zusammenhänge, die im Sinne Constables (2003: 11, 116) als Logiken bezeichnet werden können. Parallel zu idealtypischen Eigenschaften wie der Verlässlichkeit oder der Fähigkeit zu emotionaler Nähe wünschen sich viele Informanten einen Partner, den sie als »eigenständig« oder »unabhängig« bezeichnen. Diese Wünsche stellen keineswegs das Charakteristikum Verlässlichkeit in Frage, vielmehr sollen die beiden Eigenschaften koexistieren. Der Wunsch nach einem Partner, der »selbstständig« oder »eigenständig« ist, spiegelt die positive Sicht auf das Individuum wieder, die in der Gesellschaft meiner Informanten die Norm bildet. Begehren und sozio-kulturell als positiv belegte Eigenschaften gehen demzufolge eine enge Verbindung ein. Der Anspruch, gleich ob Frau oder Mann, sein »Leben in die eigenen Hände« nehmen zu können, findet sich in der Partnersuche wieder. Die Eigenständigkeit bezieht sich zum einen auf eine geistige Selbstständigkeit, zum anderen auf finanzielle Unabhängigkeit. Das Ideal geistiger Selbstständigkeit äußert sich darin, dass Online-Dater negativ über »zu viel Anhänglichkeit« (Manuel) oder »Kletten, die einfach an einem kleben« (Margitt) sprechen. Finanzielle Unabhängigkeit spielt speziell beim Online-Dating eine Rolle, weil der Gedanke, bei dieser Art der Partnersuche einem Betrug zu erliegen, ein wichtiges Thema ist. Die finanzielle Unabhängigkeit ist speziell beim Beginn der Beziehung eine oft gestellte Bedingung. Durch diese Eigenständigkeit wollen sich viele Online-Dater absichern, dass die Beziehung auf Emotionen und nicht auf ausbeuterischen finanziellen Interessen beruht. Beschreiben Online-Dater Vorstellungen von Beziehungen, die über das Anfangsstadium hinausgehen und als »fest« oder »beständig« eingestuft werden, wird der Umgang mit der finanziellen Eigenständigkeit offener. Eigenständigkeit als geistiger Wert korreliert weiterhin damit, dass die Singles selbst ohne institutionalisierte Vermittler oder Hilfe aus der Familie nach ihrem Lebensgefährten in den Börsen suchen.

Doch selbst wenn ideale Partner von Informanten übereinstimmend mit ähnlichen Eigenschaften belegt werden, ist zu beachten, dass die Nennung eines Merkmals für den Einzelnen unterschiedliche inhaltliche Bedeutungen aufweist. Dieser Interpretationsspielraum beruht auf den individuellen Erfahrungen, Vorlieben und Persönlichkeitsmerkmalen. Elena wünscht sich beispielsweise einen ehrlichen Partner, »bei dem nichts tabu ist. Auch wenn es wehtut, ich will Offenheit und Ehrlichkeit. Danach kann man immer noch weitersehen und weiterreden«, sagt sie. Auch Torben erhofft sich eine ehrliche Partnerin, macht aber Einschränkungen, die nicht Elenas Ehrlichkeitsbegriff entsprechen:

»Sie soll auf jeden Fall ehrlich sein, bei allen Sachen, die uns betreffen. Wenn sie aber mal weg ist oder so und dann vielleicht auch mal mit jemanden abstürzt, will ich es nicht wissen, solange es nicht ihre Gefühle für mich ändert. Das hat dann nichts mit Unehrlichkeit zu tun, ich sehe das eher so, so als eine Vereinbarungssache, um den anderen nicht unnötig nervös zu machen oder zu verletzen.« (Torben)

Ein weiterer wichtiger Bereich, der großen Einfluss auf das Begehren in den Börsen hat, ist die Fähigkeit zur Selbstdarstellung: Wer kein attraktives Foto auswählt oder wenig originelle Antworten gibt, läuft Gefahr, kaum Kontakte zu finden. Auch hier gilt in der Vielzahl der Fälle: Die Eintragungen müssen Eigenschaften aufgreifen, die von der Gesellschaft als positiv angesehen werden. Dies führt allerdings auch zu Problemen. Viele Online-Dater sind der Ansicht, sich als individuell präsentieren zu müssen. Die Möglichkeiten zur Individualität werden jedoch durch die schiere Menge der Börsenmitglieder reduziert. Folglich bemängeln manche Online-Dater, dass sich bestimmte romantische Vorstellungen in derart vielen Profilen wiederfinden, dass die Individualität zu kurz kommt. Margitt ist der Ansicht, dass »alle immer spazierengehen wollen«, gibt aber dabei zu, dass auch dies ihre Vorstellungen einer romantischen Aktivität trifft.[3]

Es ist noch ein nächster wichtiger Aspekt hinsichtlich des Begehrens zu nennen. Das Begehrenswerte kann sich nicht nur in Charakteristika einer Person äußern, sondern sich auch in Gegenständen und einem »Lifestyle« manifestieren. Diese Gegenstände tragen Bedeutungen, die einerseits in Verbindung zu Liebe und Partnerschaft stehen, andererseits auf begehrenswerte Merkmale der Person verweisen. In Kapitel 6 wird dieser Umstand deutlich anhand des Werbefilms von Elitepartner.de dargestellt.

Die Beispiele zeigen, dass sich in den Börsen ein grundlegender Konsens darüber finden lässt, was einen begehrenswerten Partner ausmacht. Dieser Konsens beruht auf einer Vielzahl kulturspezifischer Bewertungen. Betrachtet man Verhaltensweisen, die in der Gesellschaft der Online-Dater als positiv gelten, werden diese Muster auch bei dem zukünftigen Partner gewünscht. Folglich rufen diese Eigenschaften romantische Emotionen hervor. Doch auch hier spielt Individualität eine wichtige Rolle: Wenn vier Online-Dater aussagen, sie begehren einen Partner, der ehrlich ist, so können dieser Aussage vier verschiedene Vorstellungen von Ehrlichkeit zugrunde liegen.

Damit ist die Bearbeitung der fünf Teilfragen abgeschlossen. Nachstehend werden die Antworten und Ergebnisse zusammengeführt und auf die Leitfrage bezogen und interpretiert.

---

3   Ähnliche Aussagen von Margitt finden sich im Interview mit ihr im Anhang.

Zusammenfassung: Wie werden kulturspezifische Liebesideale und individuelle Emotionen beim Online-Dating unter spezieller Beachtung der Vernetzung von kulturellen Bedeutungen und individuellem Erleben ausgehandelt?
Mit den zuvor beantworteten Fragen wurden die in den Börsen und unter den Online-Datern präsenten Liebesprämissen herausgearbeitet und facettenreiche Umgangsweisen beschrieben. Alle beantworteten Teilfragen nähern sich dieser übergreifenden Forschungsfrage und stellen Aspekte der komplexen Zusammenhänge dar. Mit der ersten Frage (Welche kulturspezifischen Liebes- und Beziehungsvorstellungen stehen beim Online-Dating im Vordergrund und wie werden sie in die Partnerbörsen eingebunden?) wurde herausgearbeitet, welche kulturspezifischen Liebes- und Beziehungsvorstellungen beim Online-Dating im Vordergrund stehen und wie sie in die Partnerbörsen eingebunden werden. Die Antworten hierauf legen die Grundlagen, um detaillierten Aspekten nachzugehen. Mit den Antworten auf die nächste Frage (Welche Gefühle und Emotionen werden beim Online-Dating besonders eng mit der Liebe in Verbindung gebracht?) wurde der Schwerpunkt auf die Emotionen der Online-Dater gelegt. Sie repräsentieren einen zentralen Aspekt der zuvor beschriebenen Liebes- und Beziehungsvorstellungen. Mit der dritten Frage (Welche Rollen übernehmen Gefühle und Emotionen beim Online-Dating?) wurden mögliche Funktionen von Emotionen beim Online-Dating diskutiert. Wie ich zeigen konnte, bewerten meine Informanten Emotionen als zentrales Element des Online-Dating. Dies widerspricht gängigen Klischees und weit verbreiteten Diskursen, in denen die Online-Partnersuche als nicht adäquat angesehen wird, Emotionen der romantischen Liebe aufzugreifen. In der vierten Frage (Von welchen Merkmalen ist die Kommunikation in den Börsen gekennzeichnet und welche Rollen kommen dabei Emotionen in textbasierter Kommunikation per Mail zu?) wurde die Kommunikation per Mail mit dem Schwerpunkt auf Emotionen behandelt. Luhmanns Konzept (1994) der romantischen Liebe als Kommunikationscode diente dabei der Interpretation des Datenmaterials. Abschließend, in der Beantwortung der letzten Frage (Lassen sich innerhalb des Online-Dating kulturspezifische Logiken des Begehrens ausmachen?) habe ich herausgearbeitet, wie bestimmte kulturspezifische Werte und Vorstellungen einen bedeutsamen Anteil bei der Online-Partnersuche übernehmen.

In Anbetracht dieser Ausführungen zeigt sich, dass die romantische Liebe als ausschlaggebendes kulturelles Modell bei der Partnersuche durch eine Vielzahl von Symbolen, Vorstellungen, Verhaltensweisen sowie von sozialen, politischen, historischen und nicht zuletzt individuell-psychologischen Aspekten konstituiert wird. Erst durch die Vermischung und Rekomposition dieser Anteile beginnen

Online-Dater im Kontakt das Aushandeln ihrer individuellen Positionierungen. Geteilte Liebesideale und individuelles Empfinden stehen damit in einer Vielzahl von situativ bedingten Beziehungen zueinander, die weit über bloße gegenseitige Spiegelungen hinausgehen. Hinsichtlich einer Betrachtung der Rollen geteilter Liebesideale lassen sich keine Festlegungen machen, da diese auf funktionalistische Simplifizierungen hinauslaufen. Es können zwei Pole beschreiben werden, zwischen denen sich geteilte Annahmen über die Liebe und die Partnersuche und der individuelle Umgang damit bewegen. Einerseits ist sich der Großteil der Online-Dater aufgrund geteilter Annahmen darüber einig, das die sie verbindende Thematik die romantische Liebe ist. Meine Informanten sind übereinstimmend auf der Suche nach einer langfristigen, monogamen Beziehung und kommunizieren auf dieser Basis mit anderen Börsenmitgliedern. Dabei übernehmen Liebesideale eine wichtige Funktion, indem sie die Grundlage aller Interaktionen bilden. Würden elementare Anteile des Konzepts der romantischen Liebe nicht geteilt werden, wäre jegliche Form von Kommunikation und Übereinkunft in einer Datingbörse unmöglich.

Andererseits stellen Liebesideale Resultate von Aushandlungsprozessen dar. Sie werden für den Einzelnen durch den Kontakt mit anderen Mitgliedern fassbar und emotional »erfahrbar«. Die diskursiven Prozesse können beispielsweise Genderrollen oder historische Hintergründe beinhalten. Bei dieser Perspektive ist auf Luhmann (1994: 23) zu verweisen. Demnach führt der Kommunikationscode Liebe zur Bildung von Emotionen. Dies äußert sich in Einzelfällen darin, dass romantisches Interesse durch eine Esseneinladung erkannt und in Antwort darauf ebenfalls empfunden wird. Es werden weiterhin bestimmte Emotionen wie Aufregung oder Schüchternheit als mögliche Anzeichen der romantischen Liebe interpretiert. Selbst wenn zahlreiche Online-Dater Liebesidealen zustimmen, bedeutet das keineswegs, dass geteilte kulturelle Vorstellungen in ihrer praktischen Umsetzung immer den ideellen oder gar idealisierten Prämissen entsprechen müssen. Es handelt sich um Ideale, nach denen auf einer abstrakten Ebene gestrebt werden kann, aber das praktische Leben wird oftmals dennoch anders gestaltet. In manchen Situationen tragen Emotionen sogar dazu bei, dass bestimmte Liebesideale nicht befolgt, sondern modifiziert, als unangemessen eingestuft oder gegen ein andere Annahmen ausgetauscht werden.

Auch die individuellen Emotionen weisen ein breites Spektrum auf. Sie bewegen sich zwischen einer »absoluten« Unkommunizierbarkeit aufgrund ihrer hochgradigen Individualität und dem Konsens, dass romantische Liebe erfahrbar ist und spezifische Anzeichen haben kann. Indem sowohl Emotionen als auch Liebesideale derart flexibel sind, bedarf es eines großen Geschicks der beziehungswilligen Online-Dater, sie im Kontakt mit anderen Börsenmitgliedern auszuhandeln. Zentral für das Gelingen[4] der Partnersuche ist die Fähigkeit, seine Wünsche kommunizieren zu können. Bei diesen Positionierungsvorgängen finden sich zwei Strukturen, die relevant für kulturelle Bedeutungen sind: Eine Struktur beinhaltet die von einer Gruppe oder Gesellschaft geteilten Bedeutungen, die andere die individuellen Aspekte der Einzelpersonen. Letztere umfassen individuelle Interpretationen der geteilten Bedeutungen und individuelle Wahrnehmungen. Die beiden Strukturen müssen in bedeutungsvoller Art und Weise zueinander ausgerichtet werden. Dies geschieht in den Aushandlungsprozessen, die immer situativ und kontextgebunden vorgenommen werden.

Im Verlauf der Studie wird betont, dass Online-Dating eine Herausforderung für das kulturspezifische Modell der romantischen Liebe bedeutet. Verhandlungen von individuellen Gefühlen und sozio-kulturell geteilten Liebesidealen können zu folgenreichen Konsequenzen für die Partnersuche online führen, indem sie negative Stereotypisierungen mit sich ziehen. Das grundsätzliche Problem, bei der Partnersuche individuelle Emotionen mit gesellschaftlich geteilten Liebesidealen situativ auszuhandeln gilt natürlich auch außerhalb des Online-Dating. Beim Online-Dating kann es jedoch eine wichtige Ursache sein, diese Variante als Sonderform der Partnersuche zu verstehen. Online-Dating kennzeichnet nämlich ein letztes Spezifikum bei den Aushandlungsprozessen: Zu beobachten ist, dass sich viele Börsenmitglieder einen von Routine geprägten Umgang mit ihren Emotionen aneignen, wie das folgende Zitat exemplarisch belegt.

»Durch das Online-Daten, wegen diesen vielen Kontakten und Dates, die man so hat (...), da bin ich so auf ne Art schon professionell geworden, was Dates angeht. Das ist auch ein Verhalten, das ich bei vielen hier beobachte. Man kennt einfach viel und erlebt viel, bisschen abgeklärter wird man vielleicht« (Lisa)

Wiederholungen finden sich häufig beim Online-Dating, weil Singles eine Vielzahl von Kontakten in relativ kurzer Zeit realisieren, wobei wiederkehrende Muster angewendet werden. Ideale der romantischen Liebe und damit auch der Partnersuche widersprechen einer Verbindung mit Routine.

---

4   Das Gelingen der Partnersuche bezeichnet hier nicht ausschließlich Erfolg im Sinne des Findens eines Partners. Zum Gelingen gehören u. a. auch eine Vielzahl von Kontakten oder Dates. Die Anzahl der Kontakte und Dates, die als ausreichend oder befriedigend wahrgenommen wird, ist dabei individuell festgelegt.

Meine Studie macht deutlich, dass Online-Dating oftmals zu Unrecht abgewertet wird; das »Massenmedium« Internet und die romantische Liebe können sich gesellschaftlichen Annahmen zum Trotz sehr wohl ergänzen. Grundsätzlich können Medien jeglicher Form der Vermittlung und dem Aushandeln von Emotionen dienen. Beim Online-Dating wird jedoch eine Technologie als Medium zur Vermittlung von Emotionen und emotional begründeten Interessen verwendet, die nicht selten als konträr zur romantischen Liebe aufgefasst wird. Dieser Umstand verdeutlicht, dass die Technologie Internet samt ihren sozialen und kulturellen Zuschreibungen und Gebrauchsformen integraler Bestandteil der materiellen Kultur ist. Eine Perspektive auf das Online-Dating, die technikdeterministisch ansetzt und dabei Vor- und Nachteilen des Online-Dating nachgeht, greift demzufolge zu kurz (vgl. Bühler-Ilieva 2006: 335). Aber andererseits führt der Einsatz des Internets mit seinen Möglichkeiten unbestreitbar dazu, dass das Online-Dating als ein besonderer Weg der Partnersuche wahrgenommen wird. Das liegt darin begründet, dass bestimmte Voraussetzungen und kulturspezifische Aspekte der Partnersuche intensiviert werden, wie beispielsweise die Möglichkeit zur Kontaktaufnahme oder zur individualisierten Selbstdarstellung. Auf ethnologischer Ebene bedeutet der Umgang mit der Besonderheit des Online-Dating eben nicht, Vor- und Nachteile dieser Partnersuche aufzuzählen, sondern Ursachen und Konsequenzen herauszuarbeiten. Demnach repräsentieren Kommentare und Diskurse über die Gefahren des Online-Dating nicht nur Erfahrungen, von denen ein Online-Dater berichten kann. Es handelt sich bei den Kommentaren und Auseinandersetzungen um sozio-kulturell begründbare Phänomene. Selbstverständlich können beim Online-Dating herbe Enttäuschungen oder bewusst durchgeführte Betrügereien vorkommen, ebenso ist die Suche nach der Liebe über das Netz unbestreitbar von besonderen Herausforderungen geprägt. Generalisierte Zuschreibungen von derartigen Aspekten tragen aber Charakteristika von Stereotypen und stellen nicht empirisch nachweisbare Merkmale dar.

Es finden sich darüber hinaus keine Hinweise, dass die Beziehungen, die sich im Rahmen des Online-Dating anbahnen, weniger emotional oder »ernsthaft« als romantische Kontakte sind, die ohne Zuhilfenahme des Internets entstanden sind. Im Gegenteil, die Antworten auf meine Forschungsfragen verweisen auf eine hohe Emotionalität. Der gesellschaftliche Umgang mit dem Online-Dating als einer Besonderheit beruht auf Verletzungen von kulturspezifischen Liebesvorstellungen. In auffallend vielen Situationen werden diese jedoch von Online-Datern mit normentsprechenden romantischen Bedeutungen belegt. Im Verlauf der Studie habe ich mehrfach das Prinzip herausgestellt, dass das romantische Element des Zufalls beim Online-Dating durch bestimmte, eindeutig zielgerichtete Verfahren ersetzt wird. Damit wird der Eindruck von Effektivität verstärkt und Online-Dater versprechen sich eine erfolgreiche Partnersuche. Wenn Paare, die über eine Börse zusammengefunden haben, von ihrem Kennenlernen berichten, finden sich in den Berichten auffällig viele »klassische« romantische Elemente.[5] Neben diesen Paaren, die ihre Kennenlerngeschichten in romantisierenden Narrativen zelebrieren, existieren andere, für die das Zusammenfinden über eine Börse nach wie vor mit Scham belegt ist. Diese Umstände verdeutlichen, dass die Online-Partnersuche als Besonderheit wahrgenommen und entsprechend behandelt wird: Entweder wird sie mit als normal geltenden Attributen überladen oder – im anderen Extrem – verschwiegen.

Mit dieser Zusammenfassung ist die Bearbeitung der Forschungsfragen abgeschlossen. Im nächsten Kapitel erfolgt die Bearbeitung der nächsten Zielsetzung der Studie, indem meine Daten und Forschungsergebnisse nach den vier Dynamiken des Internets, entworfen von Miller/Slater (2000), aufbereitet werden.

---

5   Im Anhang befindet sich eine Email von Jeanette und Jonas, einem Paar, das über eine Datingbörse zusammen gefunden hat. Jonas und Jeanette betonen deutlich die Romantik und die »Normalität« ihres Kennenlernens.

11. DIE DYNAMIKEN DES ONLINE-DATINGS

Online-Dating existiert weltweit, seine jeweiligen Ausprägungen sind mit lokalen, kulturellen und sozialen Kontexten verknüpft, wie am Beispiel der indischen Erfolgsstory verdeutlicht (siehe Kapitel 10). Miller/Slater (2000) beschreiben in ihrer Studie über den Internetgebrauch in Trinidad vier Dynamiken des Internets. Es handelt sich um einen Ansatz, komparative Studien über Internetphänomene zu ermöglichen. Um das Modell der vier Dynamiken in den ethnologischen Umgang mit dem Netz besser einordnen zu können, ist es notwendig, Miller/Slaters Position innerhalb der ethnologischen Internetforschung zu betrachten.

In den Anfängen der Forschungen in und über das Netz wurde das WWW meist als Cyberspace verstanden, der Interaktions- und Repräsentationsmöglichkeiten bietet, welche die Realität widerspiegeln. Allerdings handelt es sich dabei um Interaktionen und Repräsentationen, die so ausgeführt werden, »als ob« (Miller/Slater 2000: 4) sie »real« wären. Das Stichwort in diesen Ansätzen lautet Virtualität anstelle von Realität. Dementsprechende Forschungsfragen beinhalten zum Beispiel Themen wie »Sind Interaktionen im Internet real oder nicht?« oder »Wohin führt der Gebrauch des Internets, in eine Utopie oder Dystopie?«. Wird die vorgebliche Virtualität als Form von »Simulation« verstanden, gelten das Internet und die in ihm stattfindenden Interaktionen häufig als oberflächlich und als nicht ausreichende Substitution sozialer Merkmale von gemeinsamer Anwesenheit (Kopräsenz) und face-to-face-Kontakten (Miller/Slater 2000: 5). Konträr dazu stehen Meinungen, die sich häufig in poststrukturalistischen Ansätzen finden. Hier wird das Netz als Art sozialen Experimentierraums oder gar als sozialer Freiraum aufgefasst, in dem der performative Charakter aller sozialen Realitäten und Identitäten aufgeführt, dekonstruiert oder transzendiert werden kann (ebd.). Gleich ob das Internet als Teil einer Dystopie oder als neu erschlossener Freiraum verstanden wird, die Autoren betonen eine Separation von »realen« Welten. Dagegen gehen Miller/Slater (2000) in ihrer Studie von einer Perspektive auf das Internet aus, der ich mich anschließe. Diese Sichtweise favorisiert folgende Annahme: Das WWW repräsentiert ein Medium, das permanent in Verbindung mit anderen sozialen Welten steht, diese fortführt und prägt. Das Internet ist keineswegs getrennt von Bereichen, die sich durch »Realität« auszeichnen, sondern ein Teil von ihnen.[1] Ebenso wie die Bewohner Trinidads in Miller/Slaters Untersuchung, investieren die in meiner Studie beschriebenen Online-Dater Gefühle, Emotionen und Zeit in die Kontakte im Netz mit folgenreichen Konsequenzen außerhalb der Singlebörsen. Dies zeigt, dass die Börsen eindeutig Teil des alltäglichen Lebens und alltäglicher Praktiken sind.

Miller/Slater stellen in ihrer Untersuchung zu Trinidad die Frage, wie man Details einer Fallstudie und allgemeine Aspekte des Internets auf globaler Ebene (2000: 9) in Relation zueinander setzen kann. Um komparative Forschungen zu ermöglichen, postulieren die Autoren, dass es mit dem Internetgebrauch verbundene Dimensionen gibt. Miller/Slater strukturieren diese Dimensionen als die vier Dynamiken des Internets (2000: 9ff). Sie sehen die Dynamiken als eine offene Einladung (2000: 9) an, sie in komparativen Untersuchungen zu verwenden oder aber sie zu kritisieren und zu modifizieren (ebd.), falls sie sich als zu spezifisch für die Kontexte Trinidads erweisen oder sich nicht in ausreichender Art und Weise auf andere Untersuchungsgegenstände beziehen lassen. Für die Anwendung in dieser Studie erachte ich strukturelle Veränderungen der vier Dynamiken nicht als notwendig. Allerdings ist zu bedenken, dass die Untersuchung, in deren Kontext das Modell entworfen wurde, Unterschiede zu meiner Studie aufweist. Miller/Slater (2000) setzen in ihrer Arbeit das Internet in Bezug zu verschiedenen Aspekten des sozialen und kulturellen Trinidads. So gibt es bei ihnen je ein Kapitel über zwischenmenschliche Beziehungen, über Religion und über Online-Ökonomien, dementsprechend werden auch unterschiedliche Websites dargestellt. Meine Studie unterscheidet sich davon insoweit, als dass hier ein spezifisches Internetphänomen (Online-Dating) und ein bestimmter sozio-kultureller Komplex (Partnersuche/Liebe und Emotionen) behandelt werden. Aus diesem Grund wird im Nachfolgenden beschrieben, in welcher Art und Weise Online-Dating sich in Bezug zu den Dynamiken der Objektifizierung, der Mediation, der normativen Freiheit und der Positionierung verhält. Die thematische Eingrenzung und die kulturspezifischen Besonderheiten des hier dargestellten Online-Dating bedingen, dass sich nicht alle vier Dynamiken in gleicher Intensität wiederfinden.

---

1 Das bedeutet auch, dass eine Behandlung des Internets als separate Entität ein sozial und kulturell begründbares Phänomen ist (Miller /Slater 2000: 5).

1. Dynamiken der Objektifizierung (Dynamics of Objectification)
Als erstes nennen Miller/Slater die Dynamiken der Objektifizierung (2000: 10). Sie beschäftigen sich mit der Frage, wie Menschen sich im Netz als Teil der materiellen Kultur in Identifikationsprozessen einbringen. Menschen erkennen sich im Internet auf unterschiedliche Weise wieder. Sie behandeln es als einen Raum, in dem sie Werte, Praktiken und Identitäten ausleben können. Anders ausgedrückt gebrauchen User das Internet als wertvolles und bedeutsames Objekt. Für das Online-Dating in den hier beschriebenen Börsen heißt das, dass das Internet als ausreichend wichtig angenommen wird, um es für eine so zentrale Aktivität wie die Partnersuche zu verwenden. Die Online-Dater erkennen sich insofern im Internet wieder, als dass sie vielseitige Möglichkeiten vorfinden, eine Partnersuche zu gestalten. Es sind sowohl Selbstdarstellung, die Beobachtung anderer und Möglichkeiten zur Kommunikation gegeben. Die Dynamik der Objektifizierung muss nach Miller/Slater in zwei miteinander verbundenen Formen verstanden werden, die sie als expansive Realisation und expansives Potential bezeichnen. Die beiden Formen werden nachfolgend erläutert.

Expansive Realisation (Expansive Realisation)
Die expansive Realisation besteht darin, dass das Netz genutzt wird, idealisierte Varianten des Selbst oder der eigenen Kultur auszuleben. Sowohl das Selbst als auch die Kultur werden als von Originalität und Authentizität geprägt wahrgenommen – »through these new means, one can become what one thinks one really is (even if one never was)« (Miller/Slater 2000: 10). Auch wenn die Phänomene Online-Dating und Singlebörse in mancherlei Hinsicht Liebesidealen widersprechen, werden zentrale Liebesvorstellungen und Idealbilder sowohl in den Aufbau seitens der Börsenbetreiber als auch in die Selbstdarstellungen und die Kommunikation der Online-Dater integriert. Ein Beispiel für die differenzierte Präsentation idealtypischer Beziehungen stellt Parship.de dar: Diese Börse generiert die Vorstellung, dass eine Partnerschaft, die auf der Zusammenführung von Gemeinsamkeiten und Differenzen ähnlich Willis Kollusionsmodell (1978) basiert, einer »zufällig« zustande gekommenen Partnerschaft hinsichtlich Langfristigkeit sowie Zufriedenheit überlegen ist. Mithilfe des Online-Dating können Singles so zu einer genuinen Beziehung finden, die alle ersehnten Merkmale von Vertrauen, Nähe und Langfristigkeit in sich vereint. Der expansive Anteil des Online-Dating besteht folglich in der Erweiterung der Gestaltung der Partnersuche, aber nicht in der Veränderung des Ziels. Das Paar bleibt nach wie vor im Zentrum des Geschehens. Miller/Slater (2000: 10f) betonen, den expansiven Anteil beim Internet wörtlich zu nehmen, da sich User durch das Internet nicht nur über geografische, son-

dern ebenso über ideelle, kulturelle und soziale Grenzen hinwegsetzen können. Auch dies sind wichtige Aspekte des Online-Dating: Ideelle und kulturelle Vorstellungen der Partnersuche werden dahingehend herausgefordert, dass ein Medium, verbunden mit Annahmen von Masse und Anonymität, für ein Vorhaben verwendet wird, welches kulturspezifisch mit Vorstellungen von Einzigartigkeit und Intimität einhergeht.

Auch die Expansionsmöglichkeiten des Internets im geografischen Sinn erhöhen den Reiz des Online-Dating. Börsenmitglieder erhoffen sich mehr Kontakte aus zwei Gründen: Erstens befinden sich im Idealfall nur beziehungswillige Singles in dem jeweiligen Datingforum. Zweitens können sie in der Börse über die Grenzen des alltäglichen, physisch-materiellen Bewegungshorizonts hinaus nach einem Partner suchen. Folgende Beispiele illustrieren dies: Börsenmitglieder, die im urbanen Raum wie Berlin und Hamburg leben, erklärten mir, ohne das Internet hätten sie keinen Überblick über die »Singlewelt«, weil die Städte zu groß wären. Online-Dater aus kleineren Städten (Oldenburg, Aachen) oder aus einem ländlichen Raum erhofften sich mehr Kontakte, weil sie das Angebot an Singles an ihren Wohnorten bereits kennen oder zudem überzeugt waren, dass sich anderenorts interessantere Personen finden.

Ebenso können Online-Dater in den Börsen Idealbilder des begehrenswerten Singles ausleben: Durch das Wissen um Eigenschaften, die als positiv für einen Partner verstanden werden, stellen Online-Dater diese Charakteristika in ihre Profile ein. So kommt es, dass sich viele Börsenmitglieder Sinn für Humor bescheinigen, auch wenn dieses Merkmal kein dominantes ihrer Persönlichkeit repräsentiert. Des Weiteren ermöglicht der Kontakt über Mail, Beschreibungen und Formulierungen zu gebrauchen, die dazu dienen, sich als idealen Partner darzustellen. Bei diesen Verhaltensweisen handelt es sich keineswegs per se um Lügen, sondern sie können auch Verschiebungen der Selbstwahrnehmung sein. Zudem beschreiben manche Online-Dater, wie ihnen die Börsen Wege eröffnen, Zugang zu ihrem eigenen Potential zu finden. Durch den Kontakt per E-Mail verwenden sie Fähigkeiten, die sie beim Kennenlernen offline nicht einbringen können. In den E-Mails sind sie dagegen in der Lage, schlagfertigere und kreativere Antworten zu geben als es ihnen bei einem Gespräch aufgrund von Nervosität oder Schüchternheit möglich ist. Auf diesem Weg realisieren sie Persönlichkeitsmerkmale mit Hilfe der onlinedating-spezifischen Kommunikationsmöglichkeiten. Anders formuliert wird man durch die Singlebörsen, was man »wirklich« ist. Im Fall des Online-Dating wird man zu einem begehrenswerten, attraktiven Partner und Beziehungen werden zu langfristigen, wenn nicht gar lebenslangen Partnerschaften stilisiert.

Entscheidend für komparative, ethnologische Untersuchungen der expansiven Realisation von Partnerbörsen ist, welche Ideale in diesen Prozessen umgesetzt werden. Für Online-Dater in Deutschland gilt es, nach einer als authentisch verstandenen Partnerschaft zu suchen, die auf Gefühlen und Emotionen der romantischen Liebe beruht. Alle idealtypischen Eigenschaften in den Selbstdarstellungen und die Handlungen, die Börsenmitglieder unternehmen, beziehen sich somit auf die romantische Liebe. Das liegt darin begründet, dass die Liebe in dem kulturellen Umfeld der Online-Dater als entscheidendes Element der Partnerschaft/Ehe gilt. Daher kann eine Untersuchung über Online-Dating und Emotionen, die in Deutschland stattfindet, Konzepte und Verhaltensweisen in den Mittelpunkt rücken, die Ausdrucksformen romantischer Absichten sind. Die Partnersuche in Verbindung mit Emotionen kann allerdings in einem nichteuropäischen Kontext Konzepte fokussieren, die a) nicht mit romantischer Liebe in Verbindung gebracht werden, die b) andere Inhalte romantischer Vorstellungen voraussetzen oder c) die romantische Liebe nicht ins Zentrum der Entscheidungsprozesse stellen.

Expansives Potential (Expansive Potential)
Neben der expansiven Realisation existiert das expansive Potential. Die Grenzen zwischen beiden sind fließend, aber je nach Situation deutlich auszumachen. Die expansive Realisation bezieht sich auf Gegebenheiten, die als gegenwärtig angenommen werden – wie z. B. die Realisierung eines wortgewandten Flirts per E-Mail. Die Grundlage zu einer solchen Kommunikation ist bereits durch die Fähigkeiten des Börsenmitglieds vorhanden, die Umsetzung wird aber erst mithilfe des Prinzips Online-Dating möglich. Das expansive Potential bezieht sich im Unterschied dazu auf die Zukunft, auf das, was mithilfe des Internets erreichbar ist:

»It is about the Internet as a mode of imagining the future, and it incorporates those issues of the Internet as utopia or dystopia that preoccupy so much of the literature but also some of the people we study« (Miller/Slater 2000: 13)

Des Weiteren setzen die Autoren das expansive Potential in Bezug zur Selbstfindung und dem Verständnis, seinen angemessenen Platz mit Hilfe des Internets einnehmen zu können (ebd.). Auch dieses Element findet sich sehr deutlich beim Online-Dating: Die Singles möchten ihren Status ändern und Teil eines Paares werden. Beim Online-Dating spielt die Idee, dass theoretisch jeder zu seinem Liebesglück finden kann, eine wichtige Rolle. Historisch betrachtet ist diese Idee relativ jung. Bis zu Beginn des letzten Jahrhunderts konnte sich keineswegs jeder eine Partnerschaft aufgrund von Liebe

»leisten«, da mit vielen Ehen ökonomische, politische und soziale Verbindungen gefestigt werden sollten. Die »Demokratisierung« der Liebe setzte erst mit sozialen, politischen und ökonomischen Veränderungen ein, die eine Arbeiterschicht sowie einen Mittelstand hervorbrachten und ökonomische sowie soziale Unabhängigkeiten von Frauen förderten. Seitdem hat sich der Gedanke, dass jeder sein Liebesglück finden kann und Recht auf eine freie, auf Emotionen basierende Partnerschaft hat, fest in der Gesellschaft verankert. Diese Annahme ist zentral für das heutige Online-Dating. Einzige Bedingung für das Liebesglück ist nun, den richtigen Partner zu finden. Das bedeutet auch, dass mithilfe des Online-Dating der als rechtmäßig angenommene Platz in einer zukünftigen Zweierbeziehung realisiert werden kann. Das Internet gilt als ideales Medium des expansiven Potentials: Zwar werden ihm in der deutschen Gesellschaft viele negative Eigenschaften zugesprochen (siehe Kapitel 4), zugleich aber gilt das WWW als demokratisches Medium. Das hat einerseits mit seinem Entstehungsmythos zu tun, der die Geschichte einer Technologie erzählt, in der sich ein Medium, das zu militärischen Zwecken erschaffen wurde, emanzipierte und nun dem freiheitlich-zivilen Nutzen dient. Andererseits tragen zur Wahrnehmung des Internets als demokratisches Medium seine Durchdringung des Alltags, der zunehmend leichtere Umgang mit ihm (Stichwort web 2.0) und der mittlerweile tendenziell preisgünstige Erwerb von Computern und Internetflatrates bei. Entscheidend ist ebenfalls, dass jeder User das Netz gestalten kann: Dieser kreative Aspekt reicht von simplen Einträgen in Foren bis hin zu komplex programmierten Websites. Kulturspezifische Aspekte des expansiven Potentials äußern sich in meiner Untersuchung, indem über das Web nach romantischer Liebe gesucht wird. Individualität übernimmt dabei eine signifikante Rolle und Emotionen werden als eine Entscheidungsinstanz herangezogen. Vorstellungen von romantischer Liebe, von ihren Emotionen sowie Ideen über Individualität durchziehen das gesamte Online-Dating, das immer mit dem auf die Zukunft gerichtete Ziel, einen Partner zu finden, durchgeführt wird.

Beim Online-Dating lassen sich also deutlich Dynamiken der Objektifizierung einschließlich ihrer Unterpunkte der expansiven Realisation und des expansiven Potentials herausarbeiten. Dies ist nicht nur in den von Miller/Slater festgelegten Aspekten der Dynamik begründet, sondern auch in den Spezifika des Forschungsfeldes. Die Dynamiken der Objektifizierung behandeln Identifikationsprozesse, im Fall der von mir betrachteten Gesellschaft wird das Erleben des Selbst mit all seinen Konsequenzen zu einem hohen Anteil mit Emotionen verbunden. Dies bedeutet zugleich, dass sich in den nachfolgenden Dynamiken anteilig ebenfalls Emotionen ausfindig machen lassen, doch sie müssen nicht zwangsläufig immer dominieren.

2. Dynamiken der Mediation (Dynamics of Mediation)

Die zweiten Dynamiken beziehen sich darauf, wie User mit dem Internet als Medium umgehen (Miller/Slater 2000: 14). Gefragt wird, wie beispielsweise Features des Netzes genutzt oder welche Programme bevorzugt werden. Es wird nicht der Gebrauch des Netzes per se untersucht, sondern welche technischen Möglichkeiten sich zum kultur-/gruppenspezifischen Netz summieren. Wie in den Ausführungen zu dem Modell der vier Dynamiken beschrieben, ist im Gegensatz zu Miller/Slaters Studie meine Untersuchung auf ein Online-Phänomen begrenzt, somit finden sich die einzelnen Dynamiken nicht alle in gleicher Intensität in dieser Aufarbeitung wieder. Im Fall meiner Studie stellen die Singlebörsen Rahmenbedingungen für die technischen Möglichkeiten im Online-Dating, so dass der Gebrauch von Programmen und Features limitiert ist. Weil es sich bei den Börsen um profitorientierte Dienstleistungsunternehmen handelt, werden vor allem möglichst bedienerfreundliche Technologien zur Verfügung gestellt. Das sind insbesondere die Optionen der börseninternen Chat- oder Mailprogramme. Alle Online-Dater, mit denen ich Kontakt hatte, waren bereits vor ihrem Börseneintritt mit dem E-Mailen, manche auch mit dem Chatten, vertraut. Meine Informanten zogen das Mailen dem Chatten[2] vor, wenn sie in ihren Börsen kommunizierten. Sie begründeten ihre Präferenz für das E-Mailen damit, dass sie es als einen vielgenutzten Kommunikationsweg ansehen. Die Vertrautheit baut mögliche Hemmungen in der Kontaktaufnahme ab. Hinzu kommt, dass entsprechend kulturspezifischen Vorstellungen Liebe und Schriftgut in Zusammenhang stehen. Der Liebesbrief ist ein klassisches Bild der romantischen Liebe. Auch wenn es in den seltensten Fällen bei der anfänglichen Kommunikation in den Börsen um Liebesdeklarationen geht, so ist der Brief – auch wenn er elektronisch erstellt und versendet wurde – ein Motiv, das als passend für die Suche nach Liebe und Partnerschaft anzusehen ist. Außer der Verbindung Liebe/Brief empfinden viele Online-Dater das Schreiben als geeignete Kommunikationsform, weil sie ausreichend Zeit haben, Inhalte und Formulierungen zu bedenken. Außerdem leben, wie bei den Dynamiken der Objektifizierung beschrieben, manche Online-Dater in

---

2   Im Verlauf des Schreibens dieser Studie haben Börsen verstärkt begonnen, Videochats als weiteren Kommunikationsweg einzurichten. Angaben dazu habe ich nicht gesammelt, weil diese Option während meiner Datenaufnahme in den von mir untersuchten Börsen teils nicht bestand oder von Informanten nicht genutzt wurde.

der schriftlichen Kommunikation Fähigkeiten aus, die sie in face-to-face-Situationen nicht anwenden können. Chats hingegen gebrauchen hauptsächlich Online-Dater, die ohnehin Chaträume frequentieren. Sie schätzen die Spontaneität und Schnelligkeit des Chattens und heben hervor, dass ihnen die sprachlichen und orthografischen Freiheiten gefallen. Aber auch ein Teil der Chaterfahrenen deklariert E-Mails als bevorzugte Kommunikationsform. Diese Entscheidungen zeigen, dass bei den Dynamiken der Mediation in Zusammenhang mit der Suche nach der Liebe im Netz Emotionen wichtige Anteile übernehmen: Bevorzugt wird der Gebrauch der Technologie, die sich mit Vorstellungen der romantischen Liebe und romantischer Kommunikation verbinden lässt. Online-Dater nehmen die Technologie des Mailens als diejenige wahr, die in den meisten Fällen als »vertraut« empfunden wird und einen großen Spielraum zum Erleben, Generieren und Kommunizieren von Gefühlen und Emotionen ermöglicht.

3. Dynamiken der normativen Freiheit
(Dynamics of Normative Freedom)

Die dritten Dynamiken nennen Miller/Slater die »dynamics of normative freedom« (2000: 16). Sie beziehen sich auf ein Paradox: Freiheit bedeutet inhaltlich die Abwesenheit von Normen/Strukturen, sie nimmt aber notwendigerweise in der Praxis normative Strukturen im Sinn sozialer Ordnung an (Miller/Slater 2000: 16). Das Internet hat neue Freiheiten der Information und der Rede (ebd.) produziert und ist zugleich zu einem Symbol für potentielle Freiheiten geworden. Anschaulich beschreiben die Autoren (2000: 16ff), wie zentral in Trinidad Freiheit für das Verständnis des Selbst vor dem Hintergrund einer Geschichte der Sklaverei ist. Freiheit und Normen des Internets werden im heutigen Trinidad ebenfalls zu einem wichtigen Thema.

Viele Spannungen, die mit dem Internet verbunden sind, entstehen nicht aus einem »Kampf« zwischen einem beliebigen Freiheitsdenken und einer Kontrolle, sondern aus Konflikten divergierender Modelle von Normativität und Ordnung (Miller/Slater 2000: 18), und so finden sich diese Dynamiken in den Datingbörsen dieser Untersuchung wieder. Online-Dating bietet eine Vielzahl von potentiellen Freiheiten, die sich darin zusammenfassen lassen, dass die Börsen eine Partnersuche erlauben, die in ihrer Intensität und in der Zahl der potentiellen Partner weit über Möglichkeiten ohne Einbezug des Internets hinausreicht. Darüber hinaus ist Online-Dating eine sehr direkte Form der Partnersuche, die einerseits als unromantisch wahrgenommen wird, andererseits aber einen zentralen Freiheitsaspekt darstellt. Letzterer findet sich darin wieder, dass viele Börsen eine Unabhängigkeit von Zufällen oder den Verfehlungen persönlich-spontaner Liebesbeziehungen propagieren. Hier einige Beispiele für Freiheiten, die abhängig von den jeweiligen Lebensumständen oder aufgrund individueller Persönlichkeit wahrgenommen werden: Übereinstimmend berichten alleinerziehende Mütter, dass Online-Dating ihnen eine ortsunabhängige Partnersuche erlaubt. Sie können abends oder an Wochenenden meistens nicht ausgehen, um in Bars, auf Partys oder im Rahmen anderer sozialer Ereignisse Männer kennenzulernen. Durch das Online-Dating werden ihnen die notwendigen Kontaktchancen ermöglicht, ohne dass sie die Wohnungen verlassen, eine Kinderbetreuung organisieren oder bezahlen müssen. In diesen Fällen führt die Lebenssituation dazu, dass die Freiheiten des Online-Dating unter einem bestimmten Aspekt wahrgenommen und genutzt werden. Eine nächste Freiheit steht in enger Verbindung zu den Dynamiken der Objektifizierung: Online-Dating lässt es zu, den Partner zu suchen, der individuell benötigt wird, um sich selbst in einer Beziehung zu verwirklichen. So kommt es, dass Online-Dater mit der Norm des impliziten, diskreten Umgangs der Kommunikation im Rahmen der romantischen Liebe brechen und ausdrücklich Ansprüche formulieren. Auf individueller Ebene werden diese Freiheiten nicht selten mit Emotionen belegt. Sprechen Börsenmitglieder über diesen Aspekt, gestehen sie Online-Dating zudem häufig Ehrlichkeit zu:

»Es ist nicht mehr so das Herumgeeiere, das Abchecken: Hat die nun nen Freund oder nicht, was findet die eigentlich gut und so. Ich weiss, die Frau ist hier, weil sie jemanden sucht. Im echten Leben, da geben das viele ja nicht mal zu, weils irgendwie peinlich sein kann, seit Jahren auf der Suche zu sein oder immer so der Single zu sein! Mit sowas ist man hier schon freier...« (Torben).

Torben verbindet die Freiheiten, die Online-Dating für ihn bietet, mit Ehrlichkeit, weil er in den Börsen einen Raum gefunden hat, in dem er sich seines Single-Seins nicht schämen muss, sondern offensiv damit umgehen kann.

Die 33-jährige Lisa, Mitglied in Datingcafe.de, sieht für sich die Freiheit des Online-Dating in den vielen zwanglosen Rendezvous. Außerhalb des Online-Dating hat sie sich selten mit Männern getroffen aufgrund ihrer Erfahrungen, dass sich Männer schnell Hoffnungen auf eine feste Beziehung gemacht hatten. Dies empfand sie als unangenehm und einschränkend. Beim Online-Dating dagegen sieht sie es als positiv an, wenn Männer bereits nach kurzem Kontakt Treffen zustimmen. Die so entstandenen Dates erlebt sie als zwanglos:

»Da ist dann klar, dass jeder auch mal andere Leute trifft und auf der Suche ist. Bisher hat sich noch nie jemand so schnell fixiert auf mich und das erleichtert schon. Das bedeutet nicht, dass ich kein Interesse an einer festen Beziehung habe, aber ich will eine Leichtigkeit verspüren!«

Die Beispiele zeigen, wie subjektiv Online-Dating wahrgenommen und wie individuell es genutzt wird, aber wie häufig es bei diesen Darstellungen in den Kontext der persönlichen Freiheit gestellt wird. Doch auch Online-Dating in den deutschen Börsen bewegt sich zwischen Vorstellungen von Freiheit und der Restriktion durch Normen. Im Gegensatz zur Fallstudie über Trinidad (Miller/Slater 2000) finden sich in meinem Forschungsfeld keine Beschränkungen, die sich auf staatlich-marktwirtschaftliche Einflüsse zurückführen lassen[3]. Aber es existieren Reibungspunkte, die aus gesellschaftliche Konventionen und Vorstellungen resultieren (siehe Kapitel 5). Die Restriktionen stellen keine expliziten Verbote dar, sondern von Praktiken des Online-Dating abweichende liebesspezifische und moralisch-ethische Diskurse, mit denen die einzelnen Online-Dater ihren je eigenen Umgang finden müssen. Sanktionen existieren nicht in Form von direkten Strafen, aber in gesellschaftlichem Misstrauen, das der Partnersuche online entgegengebracht wird. Doch nicht alle Reibungsflächen stehen in bewusst wahrgenommenem Konflikt mit kulturellen Liebesvorstellungen und Praktiken der Partnersuche. Wie bereits gezeigt stellt die Freiheit der selbstbestimmten Partnersuche eine Grundannahme der in dieser Untersuchung vorgestellten Börsen dar. Dieser Freiheit können jedoch unbewusst verinnerlichte Normen als divergierendes Modell entgegenwirken. Dazu Kohl (2001: 137):

»Unsere modernen Liebesgeschichten bestärken uns (...) in der Illusion, dass wir frei wären, unseren Liebespartner unter Hunderttausenden von Menschen wählen zu können. (...). Auch unsere Gefühle und Neigungen unterliegen bestimmten Konditionierungen; auch wir folgen bei der Wahl unserer Partner mehr oder weniger festen Regeln.«

Das bedeutet, dass auch Online-Dater, die von der Freiheit ihrer Partnerwahl überzeugt sind, bestimmten, erlernten Mustern unterliegen. Diese Prägungen sind größtenteils unbewusst: Erziehung, Bildungssysteme und soziale Umfelder üben einen unbestreitbaren Einfluss auf individuelle Präferenzen aus und das schließt Präferenzen bei der Partnersuche mit ein. Sowohl kulturelle als auch soziale Rahmenbedingungen wirken limitierend auf die Partnersuche ein. Es ist zu diskutieren, ob die Annahme stimmt, dass, je weniger formale Regeln zur Partnerwahl explizit formuliert oder praktiziert

---

3   Dies gilt mit der Ausnahme von staatlicher Rechtsprechung und staatlicher Reglementierung von ökonomischen Aktivitäten, denen natürlich auch Börsenbetreiber und Börsenmitglieder unterworfen sind.

werden, desto mehr unbewusst wirkende Einflüsse existieren. Die unbewussten Einflüsse sind als Teil der kulturellen Modelle aufzufassen, die in Kapitel 2 als Teil meiner Studie zugrundeliegenden Konzeptionen von Emotionen beschrieben worden sind. Neben dem kulturellen Wissen existieren kulturelle Modelle innerhalb einer Gemeinschaft. Es handelt sich um implizites, auf Schemata aufbauendes Wissen, das größtenteils unbewusst und nonverbal erlernt wird. Das so Erlernte findet regelmäßig Anwendung, aber den Anwendern fällt das Beschreiben dieses Wissens schwer (D'Andrade 1995: 167). In Verbindung mit Kohls Annahmen (2001: 136f) ist davon auszugehen, dass die kulturellen Modelle zu einem gewissen Anteil beeinflussen, auf welchen Personenkreis romantische Emotionen gerichtet werden.

Der zentrale Aspekt der Dynamiken der normativen Freiheit bewirkt, dass das Aushandeln der individuellen Online-Partnersuche permanent vollzogen werden muss. Bei diesen Prozessen kommen Emotionen zum Tragen. Wie z. B. die Entscheidung zum Online-Dating trotz gesellschaftlichen Misstrauens emotional mit der geradezu imperativen Sehnsucht nach einem geliebten Menschen begründet wird, so bedeuten auch die individuell erlebten Freiheiten emotionalen Gewinn. Das Aushandeln dieser individuell emotional als positiv erfahrenen Aspekte mit den gesellschaftlich dominanten Vorstellungen führt zu Konfliktfeldern. Diese Konflikte können von den Einzelnen nur auf individueller Basis gelöst werden, wobei zu beachten ist, dass jeglicher Umgang mit einem Konflikt in unterschiedlichem Ausmaß emotionale Beteiligung in sich trägt.

4. Dynamiken der Positionierung (Dynamics of Positioning)
Die letzte analytische Dimension stellen die Dynamiken der Positionierung dar (Miller/Slater 2000: 18). Sie fokussieren die Positionierung und Verortung von Einzelnen und Gruppen hinsichtlich globaler Zusammenhänge. Das Netz ermöglicht »Grenzerweiterungen«: Lokale Beschränkungen werden aufgehoben, Kontaktmöglichkeiten erhöht und ein größerer räumlicher Aktionsradius entsteht. Diese Merkmale lassen sich bei dem von mir untersuchten Online-Dating nur partiell nachweisen. Wie mehrfach erläutert, erweitert Online-Dating Grenzen, indem v. a. die Kontaktmöglichkeiten zu anderen Singles erhöht werden. Dennoch sind die Kontakte, die ich untersucht habe, ausnahmslos auf Deutschland begrenzt gewesen. Ganz im Gegensatz zu einer globalen Verortung werden von meinen Informanten lokale Bezüge für wichtig erachtet: Nicht Wenige wünschten sich Beziehungen, bei denen ihr Partner in unmittelbarer Nähe lebt. Fernbeziehungen wurden häufig als schwierig und unerwünscht genannt. Die Vorstellung, dass das Paar nahe beieinander lebt, wirkt sich auf die Form der Partnersuche aus: In den Bör-

sen suchen viele Mitglieder nach den Postleitzahlenbereichen. Distanzen bis zu 100 km gelten als akzeptabel, entfernter lebende Personen werden oftmals nicht kontaktiert. Der Aktionsradius erweitert sich zwar in einem räumlichen Sinn, bleibt aber, relativ betrachtet, deutlich limitiert und als lokal fokussiert beschreibbar. Folgt man Miller/Slaters Ansatz, dass die Dynamiken der Positionierung sich auf globale Zusammenhänge beziehen, so stellt das in meiner Studie beschriebene Online-Dating keine konkreten inhaltlichen Beispiele der Partnersuche für globale Zusammenhänge dar.[4]

Börsen, die nicht Eingang in diese Studie fanden, weisen jedoch durchaus globale Zusammenhänge auf. Die in Kapitel 10 beschriebene Erfolgsstory aus Shaadi.com (2009), der indischen Börse, zeigt, wie weit entfernt lebende Menschen als Paar zusammenkommen, wenn sie sich aufgrund von Herkunft, Religion und Traditionen verbunden fühlen. Hier positionieren sich sowohl Individuen als auch Gruppen in globalen Zusammenhängen, indem auf selbstverständliche, weil sinnstiftende Art und Weise persönliche Beziehungen geografische Distanzen überwinden. Es bilden sich durch die Beziehungen weitere Vernetzungen in einer internationalen Gruppe. Die erneute und vertiefte Verortung von Einzelnen und Gruppen vollzieht sich. Shaadi.com ist kein Einzelfall für international ausgerichtete Datingbörsen: Muslima.com (2009) oder Qiran.com (2009) bieten z. B. internationale Kontakte für Muslime, www.1st-attraktive.com (2009) hat sich auf Beziehungen zwischen russischen sowie ukrainischen Frauen mit deutschen Männern spezialisiert. Allerdings weisen diese Börsen im Gegensatz zu den hier betrachteten einen signifikanten Unterschied auf: Im Zentrum der Partnersuche stehen Eheschließungen. Die Eheschließung beinhaltet bei den so zustande gekommenen Verbindungen zumeist einen gemeinsamen Wohnort. Eine längere Phase des Kennen- und Liebenlernens ist in diesen Beziehungsmodellen nicht vorgesehen, es wird die rasche Heirat angestrebt. Auch viele meiner Informanten wünschen sich, mit dem Partner zusammenzuleben, einen gemeinsamen Haushalt zu führen und gegebenenfalls die Beziehung zu formalisieren. Sie verstehen aber die Gründung eines gemeinsamen Haushalts ebenso wie eine Hochzeit als ein Projekt, das in der Zukunft liegt und nicht den Beziehungsbeginn darstellt: Zuerst lernt man sich kennen und lieben, dann zieht man, nach gründlicher

---

4   Die Ökonomie der deutschen Singlebörsen und ihre technologischen Aspekte (z. B. Programmgebrauch- und Softwarerechte, Programmierungen, Servernutzung, verwendete Hardware) befindet sich unbestreitbar in globalen Zusammenhängen. Dies wird an dieser Stelle aber nicht weiter verfolgt, weil es zu sehr vom thematischen Fokus meiner Studie abweicht.

Abwägung, zusammen.[5] Aus diesem Grund ist die lokale Nähe des Partners für viele Online-Dater, die in deutschen Börsen eingeschrieben sind, wichtig. Zur Emphase auf die Lokalität führt des Weiteren, dass meine Informanten Emotionen als Grundlage einer Beziehung verstehen, doch sollten die Emotionen vor der Bildung eines gemeinsamen Haushaltes gründlich überprüft werden. Nicht selten nannten Online-Dater bei diesem Thema das Sprichwort »Liebe macht blind«. Damit bringen sie zum Ausdruck, wie ihrer Ansicht nach das erste Verliebtsein Wahrnehmung und Urteilsfähigkeit trüben könne. Dem Verständnis meiner Informanten nach erfordert ein Kennen- und Liebenlernen intensiven Kontakt, erleichtert durch räumliche Nähe. Viele meiner Informanten äußern zudem Beziehungsvorstellungen, in denen sowohl Nähe und eine gewisse Distanz zum Partner eine wichtige Rolle spielen. Distanz wird durchaus als positiv eingestuft. Manche, wenn auch wenige der Online-Dater, beschreiben zudem die Vorstellung, dass man einen Menschen lieben kann und mit ihm ein Paar bildet, aber dennoch nicht ausreichend kompatibel ist, um einen Haushalt zu teilen. Räumliche Nähe ist bei dieser Vorstellung ebenfalls erwünscht, um ausreichenden Kontakt zu sichern. Aus diesen verschiedenen Gründen legen Online-Dater der in dieser Studie behandelten Börsen bei ihrer Suche Gewicht auf die räumliche Nähe der potentiellen Partner. Anhand der Dynamik der Positionierung wird somit deutlich, dass kulturelle Modelle der Partnerwahl zu signifikanten Unterschieden hinsichtlich globaler Zusammenhänge führen können.

Mit diesen Ausführungen endet die Übertragung der vier Dynamiken nach Miller/Slater (2000) auf meine Untersuchung. Die Autoren betonen einen experimentellen Charakter ihrer Strukturierung und geben zu bedenken, dass die Dynamiken nicht auf jeden anderen Forschungskontext anwendbar sind. Die Aufarbeitung der Beobachtungen und Ergebnisse meiner Studie zeigt die Anwendbarkeit ihres Modells auf diverse thematische Zusammenhänge, unabhängig von den lokalen Spezifika einer Studie. Dafür gibt es aber zwei entscheidende Bedingungen: Erstens sollte die Grundannahme Miller/Slaters geteilt werden, dass das Internet als integraler

---

5   Ausnahmen bestätigen natürlich auch hier die Regel: In manchen Erfolgsstorys wird durchaus von raschem Wohnortswechsel oder einer Heirat berichtet. Die schnellste Gründung eines gemeinsamen Haushaltes, von der mir eine Online-Daterin berichtete, fand nach drei Monaten statt. Ein anderer Online-Dater zog nach ca. sechs Monaten zu seiner Freundin, die er in der Börse kennenlernte. Die zwei Beispiele beinhalteten die Gründung einer Patchworkfamilie. Beide Online-Dater betonten, dass nach ihren Maßstäben die Gründung des gemeinsamen Haushaltes innerhalb ungewöhnlich kurzer Zeit erfolgte.

Bestandteil der materiellen Kultur zu verstehen ist. Einher geht damit, das Netz als sinnstiftenden Bestandteil der »Realität« zu behandeln. Zweitens muss der Kontext der Studie, auf den die Dynamiken des Internets angewendet werden, geklärt sein. Abweichungen können dazu führen, dass Anteile von Dynamiken je nach Untersuchungsgegenstand in den Hintergrund treten oder von grundsätzlich anderen Charakteristika geprägt sind. Ebenso ist vorstellbar, dass eine Dynamik sich nicht nachweisen lässt. Beispiel hierfür ist im Fall dieser Untersuchung die zuletzt beschriebene Dynamik der Positionierung: Nach Miller/Slater fokussiert sie globale Positionierungen, im Rahmen meiner Studie dominieren jedoch Konzepte von Lokalität. Miller/Slaters Dynamiken sind inhaltlich so weit offen, dass sie bei ihrer Anwendung nur Erkenntnisse erlauben, wenn sie spezifiziert werden. Dies stellt aber keinen Nachteil des Modells dar, sondern erhöht seine Anwendungsfähigkeit: Wären die Dynamiken per se inhaltlich enger begrenzt, würde dies zu Limitationen führen, die komparatives Vorgehen bereits von Beginn an unmöglich machen.

12. Kulturelle Bedeutungen und Individuelles Erleben

[handschriftliche Anmerkung: überhaupt zweite]

Zu Beginn meiner Studie hatte ich anders gewichtete Forschungsergebnisse erwartet: Meiner Vorstellung nach sollten die Resultate vermehrt individuelle Abweichungen von einem kulturspezifischen Modell Liebe/Partnersuche aufzeigen, die Datenauswertung verdeutlicht aber andere Tendenzen. Anders formuliert überraschten mich die inhaltlichen Ähnlichkeiten in den Ausführungen über Partnerschaft und romantische Liebe. Meine Forschungsergebnisse verweisen auf den großen Einfluss kultureller Vorstellungen. Sie manifestieren sich in Handlungen, Worten, Bewertungen und Emotionen. Kulturspezifische Aspekte stehen in enger Beziehung zu gesellschaftlichen, politischen, historischen und ökonomischen Einflüssen und zu technologischen Möglichkeiten. Individualität fand ich vor in den Beschreibungen von Emotionen, die während der Partnersuche erlebt werden. Individuell geprägt ist auch, welche Gefühle oder Emotionen von einzelnen Online-Datern als Anzeichen romantischer Liebe beschrieben werden. Mit diesen empirischen Beobachtungen stellt sich die Frage, von welchen Qualitäten die Beziehung zwischen kulturellen Bedeutungen und individuellem Erleben im Rahmen des Online-Dating gestaltet ist.

Für Schlussfolgerungen über die Beziehung von kulturellen Bedeutungen und individuellem Erleben im Rahmen des hier untersuchten Online-Dating erachte ich ein Merkmal für grundlegend: die wichtige Stellung von Individualität in einer Vielzahl von Lebensbereichen. Im normativen Konzept der romantischen Liebe in der Gesellschaft meiner Informanten bildet die personengebundene Einzigartigkeit ein zentrales Element. Nicht zuletzt deshalb handelt es sich bei dieser kulturspezifischen Liebe um ein sehr offenes und flexibles Konzept, welches viele Widersprüchlichkeiten zulässt. Das führt dazu, dass individuelle Präferenzen und personengebundenes Erleben in den Fällen meiner Informanten integrale Bestandteile der romantischen Liebe sind und nicht konzeptionelle Widersprüche repräsentieren. Dies gilt auch, wenn Informanten in bestimmten persönlichen Meinungen und hinsichtlich ihres Erlebens Diskrepanzen zu einem vorherrschenden Meinungsbild beschreiben. Am

Ende von Aushandlungsprozessen werden die Paradoxe immer wieder aufgefangen oder man sieht die bestehenden Widersprüche sogar als romantisches Element an. Letzteres äußert sich, indem gewisses Konfliktpotential bei der Partnersuche bereits als romantisch verstanden wird: Das Konzept der romantischen Liebe beinhaltet bereits Normbrüche wie »verbotene« Lieben oder unorthodoxe Verhaltensweisen. Somit wird es für meine Informanten nahezu unmöglich, sich außerhalb dieser normativen Rahmenbedingungen zu bewegen, da Normüberschreitungen bereits Teil des Konzepts sind.[1] Parallel dazu übernehmen Liebes- und Beziehungsvorstellungen beim Online-Dating eine geradezu limitierende Rolle. Auch wenn es durch die Flexibilität des Konzepts erschwert wird, gibt es eindeutig Partnerschaftsmodelle oder Wege der Partnersuche, die sich außerhalb der Normen meiner Informanten befinden. Aufgrund der multikulturell geprägten Gesellschaft der Online-Dater sowie durch den Zugang zu diversen Medien wissen meine Informanten um solche Modelle, aber interessanterweise werden sie dennoch nicht von ihnen in Betracht gezogen. Dies zeigt sich, indem die Auswahl eines Partners durch Familienmitglieder von meinen Informanten als ebenso abwegig wie eine polygame oder polyandrische Konstellation als Eheform verstanden wird.[2]

De Munk (2008: 92) beschreibt im Rahmen seiner Fallstudie in Litauen eine andere Perspektive: Er versteht die romantische Liebe als ein Modell ohne hegemoniale Kontrolle. Individuen sind demzufolge frei, es anzunehmen, abzulehnen oder zu modifizieren. Unmöglich für die Litauer ist allerdings, die romantische Liebe zu ignorieren (ebd.). Die Ergebnisse meiner Studie führen ebenfalls zur Schlussfolgerung, dass eine Ignoranz des Modells der romantischen Liebe als unmöglich zu bezeichnen ist. Ich gehe aber davon aus, dass die Verhaltensweisen, die De Munck als Ablehnungen oder Modifizierungen bezeichnet, im Fall meiner Untersuchung einen festen Bestandteil des Konzepts der romantischen Liebe darstellen. Meine Informanten sind von der Individualität ihrer Vorlieben oder ihrer Handlungen überzeugt, denn ihr Konzept der romantischen Liebe fordert geradezu zu persönlichen Ausprägungen auf. Demzufolge weisen die Aussagen der einzelnen Online-Dater die anfangs genannten hohen Übereinstimmungen auf: Zahlreiche Modifikationen oder »Personalisierungen« der Partnersuche führen eben nicht zu einer unüberblickbaren Masse von singulären Konzepten, vertre-

---

1 Dieses Dilemma erinnert an die Paradoxie der »Normativen Freiheit« nach Miller/Slater (2000: 16f).

2 Auffällig ist, dass die Ablehnung solcher Konstellationen mithilfe von Emotionen vollzogen wird. Diesen Aspekt habe ich nicht weiter verfolgen können, weil es den Rahmen der Studie überschritten hätte.

ten von einzelnen Online-Datern. Im Gegenteil, die Vielzahl der Veränderungen oder Anpassungen resultiert in einem Gesamtbild, bei dem Individualität einen Konsens darstellt. Auch an dieser Stelle ist hervorzuheben, dass ohne eine »Mindestübereinstimmung« an kulturspezifischen Annahmen das Prinzip der Partnersuche über das Netz nicht funktionieren würde.

Abschließend ist die Individualität der Emotionen und Gefühle von Online-Datern festzuhalten. Ihre Aktionen, Interaktionen und Annahmen über die Partnersuche bewegen sich aber innerhalb eines kulturspezifischen Modells. Es existieren Situationen, in denen die Widersprüchlichkeiten und Ambivalenzen der Liebe Probleme bei der Online-Partnersuche hervorrufen, aber in vielen Momenten bringen sie sogar Vorteile für die Akteure mit sich: Die Online-Dater berufen sich durch die flexiblen kulturellen Annahmen auf zahlreiche Verhaltensmöglichkeiten und Ideen bei der Partnersuche. Sie verfügen über mehr als nur einen Ansatz, um ihre Handlungen und Haltungen zu begründen, zu rechtfertigen und durchzuführen. Swidler dazu:

»Cultural meanings, then, often remain fluid, waiting to be filled and made real by the relationships they help to create. And because life is uncertain, people keep multiple cultural meanings on tap.« (2001: 183)

Dem ist in Hinblick auf das Online-Dating hinzuzufügen, dass speziell die romantische Liebe als affektives Muster von Ungewissheit geprägt ist. Derné (1995: 169) vertritt die Ansicht, Kultur fördere nicht nur »Kerntendenzen« (*core tendencies*), sondern auch ihnen Entgegengesetztes. Für das von mir untersuchte Online-Dating ist diese Annahme mit der entscheidenden Erweiterung zu übertragen, dass die Gegentendenzen als integraler Bestandteil des kulturspezifischen Konzepts zu verstehen sind. Ich habe gezeigt, wie Online-Dating Herausforderungen an gängige Vorstellungen von Partnersuche und romantische Liebe stellt (siehe u. a. Kapitel 5). Widersprüche zu bestimmten Normen lassen sich also in dieser Variante der Partnersuche herausarbeiten. Auch über das Online-Dating hinaus betrachtet kann zweifelsfrei gesagt werden, dass gegensätzliche Tendenzen existieren (z. B. Swingerclubs für verheiratete Paare, polyamouröse Bewegungen). Weil eben die romantische Liebe als »Leitfaden« für das Online-Dating von Ambivalenzen gekennzeichnet ist, bedeuten die zahlreichen Herausforderungen der Partnersuche über das Netz keine Bedrohung für die Norm der romantischen Liebe, selbst wenn sie in gesellschaftlichen Diskursen als solche angemahnt wird. Bereits dieser Umgang führt dazu, dass sich Online-Dating im Rahmen romantischer Aktivitäten bewegt. Die Macht, welche kulturelle Vorstellungen auf das Online-Dating ausüben, manifestiert sich auch nicht ausschließlich in normativen Vorschriften. Die Macht der kulturspezifischen Vorstellungen äußert sich zum einen in den Vorgängen der Aushandlungsprozesse mit Einfluss auf die Emotionen einzelner Online-Dater. Zum anderen zeigt sie sich in dem Umstand, dass es für meine Informanten nahezu nicht möglich ist, Grenzen, erstellt durch die kulturspezifischen Annahmen, zu überschreiten.

13. Schlussbemerkung: Resümee und Ausblick

In dieser Studie ging es um die Erforschung der Suche nach einem Lebenspartner mit Hilfe des Mediums Internet: In teils kostenfreien, teils zu bezahlenden, professionell geführten Datingbörsen suchen Singles nach dem »Richtigen«. Kulturspezifische Vorstellungen über Liebe und Partnerschaft sind beim Online-Dating von großer Bedeutung und prägen die Rahmenbedingungen. In den Mittelpunkt meiner Untersuchung habe ich die Emotionen der Akteure gestellt. Die Zentrierung ist auf die Bedeutung der romantischen Liebe für die Partnerwahl in meinem Forschungsfeld zurückzuführen. Demzufolge sind bei meinen Informanten Vorstellungen über das Finden eines Partners untrennbar mit Annahmen über die romantische Liebe verbunden. Der Forschungstitel »Online-Dating – Auf der Suche nach der Liebe im Netz« gibt diesen Zusammenhang wieder.

Die Untersuchung ist von theoretischen Überlegungen geprägt, deren zentrale Aspekte an dieser Stelle skizzierend resümiert werden. Das Netz ist als Teil der materiellen Kultur behandelt worden, denn kulturelle Vorstellungen, gesellschaftliche Normen und lokale Gewohnheiten prägen den Gebrauch des Internets einer Gruppe und einzelner Menschen (siehe u. a. Hine 2000, Miller/Slater 2000). Das WWW existiert keineswegs getrennt von Gebieten, die sich durch vorgebliche »Realität« auszeichnen, sondern ist ein Teil unterschiedlicher Lebensbereiche. Emotionen und Gefühle habe ich als eng verknüpfte Phänomene aufgefasst, die sich in bestimmten Anteilen unterscheiden. Beide fallen in den Bereich des affektiven Erlebens. Emotionen habe ich als affektive Phänomene angesehen, die körperliche Komponenten aufweisen können, sich über einen längeren Zeitraum erstrecken, zielgerichtet sind, Bewertungen enthalten und bewusst wahrgenommen werden. Gefühle sind tendenziell situationsspezifischer, sie stellen das dar, was man im Rahmen einer Emotion fühlt im Sinne von psychophysischen *arousals*. Konsequenz dieser graduellen Abstufung ist die Existenz von Schnittmengen zwischen Gefühlen und Emotionen. Folglich ist, abhängig von den Umständen, die Liebe sowohl als Emotion als auch als Gefühl anzusehen. Affektives Erleben lässt sich auf unterschiedliche Einflüsse zurückführen. Hierzu zählen der soziale Kontext, die kulturellen Annahmen und die gesellschaftlichen Normen. Hinzu kommen individuelle Faktoren wie die Biographie oder die psychische Verfassung eines Menschen. Nicht alle Online-Dater agieren gleich, sie sprechen von unterschiedlichen Liebesvorstellungen, unterschiedlichem emotionalen Erleben und verschiedenen Gefühlen. In dem Exkurs am Ende des 2. Kapitels habe ich auf den schematheoretischen Ansatz verwiesen, um diese Individualität transparent zu machen. Schemata und Modelle als Abstraktionen führen zu bedeutungsvollem Verhalten und Erleben. Je nach den Lebensumständen, der Biografie oder der psychischen Verfassung eines Menschen sind spezifische Schemata relevant. Schemata werden immer wieder neu aktiviert, weisen aber zugleich Konstanz in ihrer Struktur auf. Die Kontinuität beruht auf gemeinsamen kulturellen und gesellschaftlichen Vorstellungen. Emotionen sind ein elementarer Bestandteil des menschlichen Seins. Ihre Genese und der Umgang mit ihnen kann folglich auch innerhalb des Schemaansatzes der kognitiven Ausrichtung begründet werden. Die Bedeutungen und der Umgang mit der Partnersuche und der Liebe sind demzufolge nicht bei jedem Börsenmitglied gleich, sondern abhängig von vorherigen Erfahrungen und der individuellen Persönlichkeit. Die hier zusammengefassten theoretischen Annahmen haben mein empirisches Vorgehen und dessen Darstellung beeinflusst. Im Fokus standen individuelle Berichte und Aussagen von Online-Datern und meine Beobachtungen. Die Datenerhebung geschah vorrangig durch Interviews (vis-a-vis und per Mail) und teilnehmende Beobachtung. Den Schilderungen meiner Informanten kam große Bedeutung zu, zumal egofokussiertes und biografisches Erzählen von ihnen als sozial akzeptierte Form von Emotionsdarstellungen gehandhabt wird.

Meine Untersuchung hat drei Zielsetzungen verfolgt. Das erste Ziel wurde mit der Erforschung zentraler Charakteristika des Online-Dating erarbeitet. Das zweite Ziel, zugleich ein thematischer Fokus, bestand darin, die Aushandlungsprozesse der Börsenmitglieder zwischen individuellen Emotionen und kulturspezifischen Liebesvorstellungen zu erforschen. Mit der Anwendung des Modells der vier Dynamiken des Internets nach Miller/Slater (2000) ist die dritte Zielsetzung erfüllt worden und es haben sich Grundlagen für weiterführende Studien ergeben. Bei der Annäherung an das Gesamtbild des Online-Dating sowie bei der Untersuchung von Gefühlen und Emotionen der Börsenmitglieder trat das narrative Element dieser Partnersuche in den Vordergrund. Dies hat sich in meiner Darstellungsweise widergespiegelt (siehe Teil 2, v. a. Kapitel 6). Auf diesem Weg habe ich einen ethnologischen Einstieg in das Forschungsfeld der Singlebörsen vollzogen. Um zu präzisierten Aussagen, insbesondere über die Emotionen der Online-Dater, zu kommen und eine Einordnung in ethnologische Arbeiten zu vollziehen, habe ich anschließend die erzählende Ebene verlassen. Spezifische

Elemente des Online-Dating sind dann in Teil 3 einer vertiefenden Analyse und Interpretation unterzogen worden. Anschließend habe ich meine Ergebnisse in den Kontext von ethnologischen Arbeiten gestellt, die sich mit Emotionen und der Liebe befassen (Kapitel 12). Die einzelnen Aspekte des Online-Dating zeigen, wie diese Variante der Partnersuche als ein bedeutungsvoller Weg verwendet wird. Das heißt nicht, dass alle Informanten über jegliche Details positiv berichten oder die Online-Partnersuche als ausschließlichen Weg ansehen, die Liebe und »den Richtigen« zu finden. Es präsentiert sich ein facettenreiches, weit gefächertes Meinungsbild und eine ebensolche Umsetzung des Online-Dating. Allerdings sind jegliche Elemente der Aussagen meiner Informanten und ebenso meine Analyse dieser immer nur vor dem Hintergrund des Gesamtbildes zu verstehen. Die Besonderheiten der Partnersuche über das WWW sind bei den Aushandlungsprozessen von individuellen Emotionen und Wünschen in Bezug auf kulturelle Vorstellungen und Liebesannahmen von großer Relevanz. Die Widersprüche, die Online-Dater erleben und die sie in ihre Techniken der Partnersuche zu integrieren haben, sind aber keineswegs eine Quelle ausschließlich negativer Erlebnisse oder führen nicht zu einer als untragbar wahrgenommenen Fragmentierung ihrer Identitäten. Online-Dater verfügen durch die Gegensätzlichkeiten über eine Vielzahl von Handlungsoptionen, die teilweise als nicht konform mit gängigen Liebes- oder Moralvorstellungen gelten. Diese Möglichkeiten erlauben große individuelle Freiheit, die meine Informanten nicht missen möchten und als persönlichen Spielraum positiv bewerten. Hinzu kommt, dass in ihrer Gesellschaft entsprechend kulturellen Vorstellungen bei der Partnersuche auf unkonventionelle Verhaltensweisen zurückgegriffen werden darf. Damit wird mit dem Online-Dating nicht ein völlig neuer Weg der Partnersuche eingeschlagen, sondern es handelt sich um eine moderne Variante, die Besonderheiten aufweist. Online-Dating ist aber nichtsdestotrotz eine Herausforderung für kulturelle Vorstellungen über Liebe und Partnersuche. Online-Dater müssen sich dieser Herausforderung in ihren individuellen Aushandlungsprozessen stellen. Die Untersuchung zeigt die große Kreativität von Börsenmitgliedern und die vielen Überlegungen, welche meine Informanten bewegen. Die Studie verdeutlicht nicht zuletzt die Wichtigkeit von persönlichen Bindungen, von Emotionen der romantischen Liebe in der von mir untersuchten Gesellschaft.

Ausblick: Offene Fragen und Anregungen zu weiterführenden Studien

Die Untersuchung stellt einen ersten ethnologischen Einstieg in das Online-Dating dar. Die Ergebnisse beziehen sich auf ausgewählte deutsche Singlebörsen und den Umgang von Online-Datern mit ihren Emotionen. Verallgemeinernde oder komparative Übertragungen auf andere Börsen (z. B. anderer Kontinente) habe ich nicht vorgenommen. Aus den Resultaten entstehen neue Fragestellungen, wie es nicht selten wissenschaftlichen Erstbetrachtungen eigen ist. Indem ich einen Schwerpunkt auf individuelles Erleben und Berichten gelegt habe, eröffnet sich die wichtige Frage, in welcher Relation diese zu den kollektiven Annahmen stehen. Es ist davon auszugehen, dass sich kollektive Vorstellungen und individuelle Annahmen im *fuzzy concept* der romantischen Liebe bewegen und dass diese beiden miteinander verknüpften Bereiche mehr als bloße gegenseitige Spiegelungen darstellen.

Wie gezeigt stellen Emotionen einen relevanten Forschungsfokus im Rahmen einer Partnersuche dar, bei der die romantische Liebe die Grundlage bildet. Dennoch ist der Weg über Emotionen nicht die einzige Möglichkeit, sich Online-Dating ethnologisch anzunähern. In dieser Studie habe ich wiederholt Bezug auf die Profile der Online-Dater genommen. Diese Selbstdarstellungen eröffnen einen spannenden Ausgangspunkt für nachfolgende Untersuchungen. Es bietet sich in weiterführenden Arbeiten an, das Internet als Teil der materiellen Kultur anzusehen, eine Prämisse, der ich ebenfalls folgte. Damit wird vermieden, die Online-Identitäten als losgelöst von anderen Lebensbereichen zu verstehen. In Anlehnung an diese Grundannahme ist beispielsweise zu erforschen, in welcher Beziehung die Selbstdarstellungen zu anderen Lebensbereichen der Singles positioniert sind und welche Wechselwirkungen zwischen dem Online-Dating und anderen Lebensbereichen bestehen. Des Weiteren ist es möglich, die Entwicklungen, denen die Profile durch die Veränderungen der User unterliegen, gezielt zu verfolgen. Eine nächste Option zur tiefer greifenden Auseinandersetzung mit den Profilen ist, gesondert einzelne Aspekte, z. B. Wünsche an den Partner oder die häufigen Darstellungen in Musik- oder Literaturzitatform, zu untersuchen. Ausgehend von der Beschäftigung mit den Profilen kann gefragt werden, wann und unter welchen Bedingungen Online-Dater ihre Identitäten und die Kontakte in den Börsen als separat von anderen Lebensbereichen erleben. Erklärungsansätze für dieses Phänomen zu entwickeln ist durchaus von ethnologischem Interesse.

Weiterhin wurde in dieser Untersuchung die Relevanz von Kapital für das Online-Dating herausgearbeitet. Innerhalb der Auseinandersetzungen mit diesem Themenbereich finden sich zahlreiche weitere wissenschaftliche Ansatzmöglichkeiten. Es können unterschiedliche Formen des Kapitals mit einer gezielten Erforschung von Profilen verbunden werden. Darüber hinaus sind in nachfolgenden Arbeiten explizit gruppenspezifische Vorlieben beim Online-Dating zu verfolgen. In diesem Kontext ist zu fragen, wann zielgruppenspezifische Börsen bevorzugt werden und in wie weit sich Vorstellungen, Selbstdarstellungen sowie Verhaltensweisen in verschiedenen Datingplattformen unterscheiden. Derartige Fragestellungen zeigen, wie gut sich Online-Dating als wissenschaftlicher Gegenstand für vergleichend ausgerichtete Forschungen eignet. Komparative Arbeiten über das Online-Dating sind nach dem Stand meiner Recherchen bisher in der Ethnologie noch nicht durchgeführt worden, obgleich der Gebrauch von Online-Partnerbörsen weltweit existiert, so dass sich nicht nur intra-, sondern auch interkulturell vergleichende Studien anbieten. In dem Sinne ist diese Untersuchung als Einstieg in dieses Forschungsfeld zu sehen.

Anhang

I. Zum Anhang

Im Anhang befinden sich exemplarische Auszüge aus dem Datensatz. Neben der Übersicht über die Informanten, die unter Verwendung von Anonymen zitiert werden, finden sich hier eine Auflistung von Interviewfragen, zwei Interviews, Mailausschnitte und Beobachtungsprotokolle. Weiterhin habe ich Profiltexte von Online-Datern hinzugefügt, die beispielhaften Charakter aufweisen. Die im Teil 2 beschriebene Materialerhebung bildet den Kern des Datensatzes der Studie. Der Datensatz besteht aus 34 transkribierten face-to-face-Interviews. 21 stammen von den vier Hauptinformanten. Jeder von ihnen hat mir ein offenes Interview gegeben, hinzu kamen sieben weitere face-to-face-Interviews ohne Leitfragen mit anderen Online-Datern. Mit drei von ihnen führte ich sechs weitere Interviews, die leitfragengestützt waren. Im Anhang befinden sich zwei Interviews, bei denen die Informanten einwilligten, dass sie abgedruckt werden dürfen. Diese Erlaubnis besteht nicht für alle Interviews. Sowohl Elena als auch Margitt wollten beispielsweise nicht, dass bestimmte Interviews komplett in eine Publikation eingehen; gegen den Abdruck von Auszügen oder ausgewählter Interviews hatten sie jedoch nichts einzuwenden. Zu jedem Interview existiert ein Protokoll, in dem ich meine Beobachtungen festgehalten habe. Hierin finden sich z. B. Anmerkungen über die Stimmungslage der Interviewten sowie deren Veränderungen während des Interviews, aber auch Notizen zur Umgebung, in der das Interview stattfand oder weitere Informationen, die nicht auf Band aufgenommen worden sind. Darüber hinaus gibt es 10 Protokolle von leitfragengestützten Interviews, bei denen die Informanten baten, nicht aufgenommen zu werden. Neben den Interviewtranskripten existieren 45 Gesprächsprotokolle. 25 von ihnen sind Gespräche, die ich mit den Hauptinformanten Elena, Torben, Margitt und Manuel führte. 10 weitere Gesprächsprotokolle entstanden mit Informanten, die mir auch Interviews gaben. Einen nächsten Teil der Daten bilden 350 E-Mails. 200 stellen die Korrespondenz mit Elena, Margitt, Manuel und Torben dar. 50 Mails resultieren aus dem Kontakt mit anderen face-to-face-Interview- und Gesprächspartnern. Die restlichen 150 Mails sind Ergebnisse reiner Online-Kontakte mit Börsenmitgliedern. Kontakt in den Börsen hatte ich mit ca. 80 Personen.

II. Die Informanten

Meine Untersuchung ist nur durch die Kooperation vieler Menschen zustande gekommen. Aus diesem Grund stehen die Personen, denen ich zum größten Dank verpflichtet bin, an erster Stelle. Im nachfolgenden Überblick sind die Informanten erfasst, die unter Verwendung eines anonymisierten Namens in der Arbeit zitiert werden. Die Identitäten dieser Menschen lassen sich selbstverständlich auch nicht in Form eines derartigen Überblicks abbilden, aber auf diesem Weg soll den individuellen Persönlichkeiten symbolischer Raum gegeben und eine Reduktion dieser Menschen auf Forschungsgegenstände einer Untersuchung entgegengewirkt werden. Einige der aufgelisteten Personen haben die Texte über sich auf meine Bitte hin selbst verfasst, für andere habe ich geschrieben.

Anja
ist 35 Jahre alt, Friseurmeisterin und arbeitet in einem kleinen Salon in Berlin. Sie lebt mit einer Freundin und ihrem dreijährigen Sohn zusammen. Online-Dating macht sie seit einem Jahr. Ihr Wunsch ist, eine Familie zu gründen und weitere Kinder zu kriegen. Sie beschreibt sich selbst als »Hippiefrau mit vielen Rockertätowierungen«. In ihrem Profil ist eine Frau mit langen Haaren im Halbprofil zu sehen, die groß und schlank erscheint. Über sich selbst gibt sie im Profil an, unkonventionell zu sein, eine Eigenschaft, die sie auch von ihrem Partner erwartet. Ihr Hobby ist ebenfalls außergewöhnlich: Zur Entspannung nach der Arbeit klöppelt sie. Gelernt hat sie das von ihrer Großmutter, der sie sich sehr verbunden fühlt. Der Kontakt zu Anja bestand ausschließlich über E-Mails, nachdem ich sie aufgrund ihres Profils in der Börse um ein Interview gefragt habe.

Angela
ist eine 29-jährige Schweizerin, die seit 12 Jahren im Ruhrgebiet lebt. Mit Anfang 20 war sie ein halbes Jahr verheiratet. Nach der Scheidung war sie lange Zeit sehr unglücklich und wollte keinen neuen Partner haben. Auf Zureden einer Kollegin entschloss sie sich vor sieben Monaten, Börsenmitglied zu werden. Sie hatte bisher mehrere Treffen, die sie als sehr positiv erlebt hat, auch wenn

der Richtige noch nicht dabei war. Momentan arbeitet sie einem Café und in einem Club, möchte sich aber beruflich verändern und überlegt, ihr Abitur nachzuholen. Angela und ich haben uns gemailt und drei Mal telefonisch miteinander gesprochen.

Anna
ist Studentin, Mutter eines vierjährigen Sohns. Sie hat auf ungewöhnlichem Weg das Online-Dating begonnen: Als sie sich zu sehr mit dem Lesen von Büchern während ihres Diploms ablenkte, begann sie, über Finya.de zu daten. Ihr gefiel es gut, aber interessante Männer traf sie nicht – bis zu dem Tag, an dem sie sich abmelden wollte. Da chattete sie zum ersten Mal mit ihrem jetzigen Freund. Als ich sie kennenlernte, überlegten beide, zusammenzuziehen. Anna sieht sehr jung aus, wenn sie jedoch zu sprechen beginnt, merkt man ihre Reife. Wir haben uns in einem Café getroffen, auf Band aufgenommen werden wollte sie nicht.

Annabella,
42 Jahre Jahre alt, lebt in München, kommt aber ursprünglich aus Mecklenburg-Vorpommern. Sie ist seit fast zwei Jahren Börsenmitglied. Über sich selbst schreibt sie:»Ich bin verrückt und unentschlossen, liebe München, habe hier das Wandern gelernt und will nun auch endlich einen Mann hier finden. Am besten mit einem bayrischen Dialekt. Ansonsten koche ich für mein Leben gern und liebe es, meine Wohnung zu dekorieren. Ich habe eine Kammer, die ist voll von Wohnungsdeko-Sachen.« Mit Annabella stand ich in Mailkontakt.

Anne
ist 35 Jahre und lebt auch in Berlin. Sie ist unschlüssig, ob Online-Dating bei ihr zu einer Partnerschaft führt, will aber diese Chance trotzdem nicht missen. Sie arbeitet als Schuhverkäuferin in einer großen Kette, nachdem sie längere Zeit arbeitslos war. Sie liebt, es auf Flohmärkten zu stöbern. Anne ist begeisterte Läuferin. Als ich sie kennenlernte, bereitete sie sich gerade auf ihren ersten Marathon in Berlin vor. Ihr Ziel ist, in den nächsten Jahren in New York mitzulaufen. Anne und ich haben uns gemailt.

Birgit
mailt über sich:»Ich bin 34 Jahre alt, Germanistin und habe echt Glück, in vier Wochen fange ich eine Stelle an der Uni in Köln an. Was ich mag? Eigentlich viel zu viel, ich will immer mehr machen, als geht. Ich lese vier Bücher gleichzeitig, koche und habe dabei eine Fernseher in der Küche an. Ich verabrede mich fast jeden Tag mit Freunden, vor allem meine Freundinnen werde ich vermissen,

wenn ich nach Köln gehe. Ob mir Karneval gefallen wird, weiß ich nicht, vor dem Dialekt graut es mir auch, aber egal. Vielleicht finde ich da dann auch endlich mal einen Freund, Single bin ich seit 5 Jahren und seit so 11 Monaten bin ich in Datingcafé. Immerhin: Ich habe nun endlich mal Dates, aber da sind auch komische Leute drin. Und sonst? Ich muss immer drauf achten, nicht zu viel zu reden oder zu lange E-Mails in den Börsen zu schreiben.« Mit Birgit führte ich sowohl vis-a-vis-Interviews als auch Interviews per Mail durch.

Charlotte

ist 27 Jahre alt, wir kommunizierten nur per Mail. In den Mails war sie sehr offen, in ihrem Profil bezeichnet sie sich aber als ruhigen Menschen. Über sich selbst schreibt sie mir: »Eigentlich bin ich zu schüchtern, ich halte mich nicht für blöd oder hässlich, aber wenn ein Mann vor mir steht und ich den auch noch gut finde, dann kriege ich kein Wort raus. Richtig glücklich bin ich, wenn ich im Garten bin und Gemüse und so anpflanze. Das mache ich bei meiner Mutter. Und ich will wieder raus aus Hamburg, ich will auch einen Garten und mehr Platz haben. Aber ich muss ja auch arbeiten, und das ist in der Stadt natürlich viel einfacher.«

Christian

ist ein 34-jähriger Angestellter. Er arbeitet für eine Computerfirma: »Da passe ich eigentlich gar nicht rein. Ich bin ein alter Öko, trage im Winter Wollsocken und fahre immer Fahrrad. Da bin ich so der Paradiesvogel auf der Arbeit, aber ein echt gut bezahlter, von daher mache ich das. Mein Hobby sind aber keine Computerspiele (das würde das Klischee ja eigentlich hergeben), sondern Schachspielen. Seit ich 11 Jahre bin, habe ich fast immer in Vereinen gespielt. Und am Wochenende treffe ich mich mit Freunden, wir spielen dann Schach und trinken Rotwein. Vielleicht sollte ich mal ausgehen, dann würde ich sicherlich eher eine Frau treffen.« Mit Christian stand ich in E-Mailkontakt.

David

ist 37 Jahre alt, als ich ihn über Freunde kennenlerne. Der Vater von einer Tochter hat nach zwei Monaten Börsenmitgliedschaft und drei Treffen eine Freundin über Datingcafe.de gefunden. Er sagt in einem Interview, dass er selbst nicht an Online-Dating geglaubt hat, weil er sich als hoffnungslosen Romantiker versteht. David ist groß, ein wenig schlacksig und bezeichnet sich als »bekennenden Kettenraucher, der immer aufhören will und nicht kann«. So kam es auch, dass wir uns bei den ersten Treffen in von ihm ausgewählten Cafés trafen, in denen Rauchen erlaubt war. Die Interviews führten wir bei ihm zu Hause durch. Er schickte mir viele seiner E-Mails von seiner Arbeit, einem Zollamtsbüro aus.

Elena

gehört zu meinen Hauptinformanten. »Ich bin 40 Jahre, Parship.de-Mitglied, habe eine großartige Teenager-Tochter, ich hatte bereits eine Beziehung über Online-Dating, bin wieder auf der Suche. Ich liebe es zu schreiben, und auch zu lesen. Wenn es die Zeit erlaubt, dann gehe ich fast jeden Abend zum Yoga, das gibt mir sehr viel. Für mich ist es wichtig, mich selbst zu spüren, und da ist Yoga genau das Richtige. Meine Tochter meint natürlich, dass ich übertreibe, aber ich sehe das natürlich anders. Was mir sonst wichtig ist? Zeit zu haben und ich achte auf Schönheit. Damit meine ich, dass ich meine Wohnung, meine Arbeitsplatz, was auch immer, sorgfältig gestalte. Dabei geht es mehr um innere Schönheit dann. Und, ganz banal: Ich shoppe gern Kleidung. Das ist sicherlich nicht sehr spirituell, aber es macht mir Freude!«

Elke

Die 41-jährige Lehrerin unterrichtet Mathematik und Spanisch an einem Gymnasium in Nordrhein-Westfalen. Sie verbringt jeden Urlaub in Spanien, meistens bei der Familie der Frau ihres Bruders, die aus Südspanien stammt. Als ihre Leidenschaft gibt sie den Tanz an. Sie selbst tanzt Tango. So oft es möglich ist, besucht sie Tanzvorführungen. Außerdem liebt sie Opern. Vor vier Jahren hat sie sich von ihrem Mann getrennt, seit zwei Jahren macht sie Online-Dating. Ihr Foto gibt sie nur auf Anfrage frei, sie befürchtet, dass Schüler oder Eltern von Schülern sie erkennen. Mit Elke stand ich in E-Mailkontakt.

Erika

ist eine 32 Jahre alte Modedesignerin, mit der ich mir mailte. Am Online-Dating mag sie ihren eigenen Worten nach die Skurrilität. Mit einer Kommilitonin hat sie ein kleines Modelabel gegründet, jobbt zusätzlich in einem Fitnesscenter, um laufende Ausgaben zu decken. Seit 13 Monaten ist sie in einer Börse, mindestens einmal pro Woche hat sie ein Rendezvous.

Gero

Mit dem 37-Jährigen stand ich per Mail in Kontakt, nachdem er mich in einer Börse angeschrieben hatte. »Ich bin ein neugieriger Mensch, in meinem Beruf als Ingenieur arbeite ich in der Forschung, in den Ferien erforsche ich neue Klettergebiete und beim Online-Dating erforsche ich die Menschen, zumindest so ein bisschen. Ich brauche viel Freiraum, ich hasse es, eingeschränkt zu werden, in jeglicher Hinsicht. Aber ich hätte trotzdem gerne Familie, endlich mal. Das sind dann, zumindest in meiner jetzigen Vorstellung, angenehme Einschränkungen. Aber mein Freiheitsdrang macht es nicht leicht, eine Frau zu finden.«

Hariye
schreibt über sich:»Krankenschwester bin ich von Beruf, ich lebe und arbeite in Lübeck. Meine Eltern kommen aus Istanbul, sie sind letztes Jahr zurück in die Türkei gezogen. Wegen dem Wetter sagen sie, aber ich glaube, dass es für meine Mutter vor allem das Essen war, das sie vermisst hat! Wie ich mich beschreibe? Ich bin mittelgroß, im Moment sind meine Haare rot, aber das wechselt häufig. Ich tanze gerne, ich mache seit ein paar Jahren in einer Bauchtanzgruppe mit und bin schon 2x aufgetreten. Und natürlich, wie alle, mit denen du sicher sprichst, suche ich einen Mann. Ich will heiraten, für Kinder ist es wahrscheinlich schon zu spät, aber von mir aus kann er ja schon welche haben...« Hariye ist Mitglied in Parship.de, ich habe sie mehrmals in Lübeck besucht und wir standen in engem Mailkontakt.

Helena
ist Mitglied bei Elitepartner.de Die 34-Jährige ist selbstständig, studiert hat sie Geschichte. Sie gehört zu den Akademikern, die mir nicht zuletzt aus Solidarität Interviews gaben. Sich selbst bezeichnet sie als geselligen Menschen, sie arbeitet ehrenamtlich in einer Geschichtswerkstatt und gibt Stadtführungen.»Das, was ist studiert habe, ist nicht mein Beruf geworden, aber immer noch mein Hobby. Ich liebe es, Leuten Münster zu zeigen und Orte zu erklären. Da muss ich mich auch immer weiterbilden.« schreibt sie

Hubert
Mit dem 35-jährigen Angestellten stand ich in Mailkontakt und führte ein Interview. Hubert ist ein kräftiger Mann, er trägt eine blaue Brille und ist meist sportlich angezogen. Seine Haare sind braun und kurz, als wir uns das letzte Mal trafen, hatte er eine Frau über die Börse kennengelernt und sich in sie verliebt. Hubert sagt von sich selbst, dass er lieber schreibt als redet. Hubert hat im vorletzten Jahr sein Haus fertiggebaut. Er bezeichnet es momentan als seine Lieblingsbeschäftigung, das Haus zu beziehen und den Garten zu gestalten:»Ich bin ruhig, sehr ruhig und habe eigentlich wenig Freunde, aber die paar, das sind dann richtig gute Leute. Mit Anfang 20 war ich eine Zeit in Kanada, ich habe versucht, nach dem Studium dort Arbeit zu finden, aber das hat nicht geklappt. Dann kam der Job bei Airbus, und nun habe ich hier mein Haus und bin sesshaft geworden.«

Ingrid

ist mit knapp 67 Jahren meine zweitälteste Informantin. Sie ist verwitwet, Rentnerin, zuvor hat sie in verschiedenen Bäckereien gearbeitet. Sie reist viel mit ihren Freundinnen. Kontakt zu Männern hat sie nach dem Tod ihres Mannes erst wieder durch die Börse aufgenommen. Ingrid ist vielseitig interessiert, sie besucht verschiedenen Kurse an der Volkshochschule und hat gerade begonnen, Aquarelle zu malen. Mit ihr stand ich per Mail in Kontakt.

Jeanette und Jonas

Die 29-Jährige und der 32-Jährige sind seit zwei Jahren ein Paar. Kennengelernt haben sie sich über Datingcafe.de. Die beiden schrieben mir gemeinsame E-Mails, mit Jonas führte ich zudem Interviews und Gespräche. Beide arbeiten selbstständig, sie ist Kosmetikerin und er Webdesigner. Als der Kontakt begann, überlegten sie, zusammenzuziehen, mittlerweile leben sie in einer großen Wohnung am Rand von Hamburg. Jeanette ist klein, quirlig, blond und lebhaft. Jonas hat rote Locken und wirkt auf den ersten Blick wie das Gegenteil seiner Freundin: Zurückhaltend, ruhig und mit leiser Stimme. Gemeinsam reisen die beiden viel, sie bevorzugen Städtereisen und haben großes Interesse an Architektur.

John

Über sich schreibt John, mit dem ich in E-Mailkontakt stand: »Ich in ein Bankangestellter, 34 Jahre alt. Auch wenn das viele vielleicht denken, mein Beruf ist kein bisschen langweilig. Ich bin sogar schon mal überfallen worden, das ist eine gute Geschichte zum Frauen kennenlernen. Sport mache ich nicht gerne, ich bin ein Lebemann, wie es so schön heißt: Ich esse gerne und liebe guten Wein. Das sieht man leider auch ein bisschen, also mache ich mir doch Gedanken, mal in ein Fitnessstudio zu gehen. Mein Hobby ist meine Weinsammlung, ich fahre auch zum Urlaub oft in Anbaugebiete. Dieses Jahr geht es nach Südafrika, zum ersten Mal!«

Karina

ist 47 Jahre alt. Sie lebt in Hamburg, arbeitet momentan als Verkäuferin, sucht aber nach einer anderen Arbeitsstelle, weil sie mit dem Betriebsklima unzufrieden ist. Sie erzählt viel von ihrer Familie, zu der sie ein enges, aber nicht immer unproblematisches Verhältnis hat. »Ich glaube, ich bin ein sehr komplizierter Mensch, irgendwie möchte ich mich immer durchsetzen. Ich weiß auch, dass das nicht immer geht, aber ich kriege damit oft Probleme: Auf der Arbeit, mit meinen Geschwistern oder halt auch mit meinem Ex. Aber: Mit mir wird's auch nicht langweilig. Ich brauche Menschen, mit denen ich mich streiten kann. Ich bin, glaube ich, auch ein bisschen faul. Weggehen tue ich nicht gerne, aber ich gucke gerne DVDs zu Hause. Das ist kein Wunder, dass ich auf Online-Dating stehe. Ich ärgere mich total oft da über die Männer, ich finde viele richtig dreist. Aber irgendwo muss der Richtige ja sein. Ich hatte schon Beziehungen, aber wenn ich ganz ehrlich bin, habe ich noch nie so wirklich geliebt.«

Leah

ist 40 Jahre alt, gebürtige Kölnerin, und lebt seit ihrer Ausbildung in Hamburg. Sie ist lebhaft und aktiv, redet gerne und kann sehr gut Geschichten erzählen. Sie hat eine Tochter, die acht Jahre alt ist. Zum Vater des Kindes besteht kein Kontakt mehr, seitdem er nach Costa Rica zurückkehrte. Sie schreibt über sich:»Ich hatte ja schon richtig Glück in der Liebe, Mias Vater war so wichtig für mich, aber er konnte hier einfach nicht leben. Das war hart, aber ich bin drüber weggekommen. Nur sehen oder sprechen will ich ihn nicht mehr. Das kann Mia aber natürlich machen. (...) Ich bin laut und wild, finde ich, das trifft es ganz gut. Ich will action, und Stubenhocker langweilen mich. Ich bin wohl damit auch oft eine Überforderung für viele Männer. Meine Hobbys? Da habe ich keine richtigen, ich mache immer phasenweise etwas. jetzt habe ich einen Griechischkurs begonnen. Warum, kann ich selbst nicht so sagen, aber es macht Spaß und ist gut für meinen Kopf.«

Lisa

ist 33 Jahre alt. Sie ist eine mittelgroße, kräftige Frau, die sich gerne bunt und modisch kleidet. Lisa arbeitet als Sozialpädagogin und sieht ihre Arbeit als Berufung an. Sich selbst beschreibt sie als glückliche Person, der nur ein Mann fehlt. Sie ist sehr optimistisch, bald den Richtigen zu finden. Ihr Hobby ist Querflöte spielen, dabei vergisst sie den Stress und die Probleme, die ihr Beruf mit sich bringt. Mit Lisa habe ich Interviews geführt und Mails geschrieben.

Louisa,

meine älteste Informantin, ist 67 Jahre alt. Mir ihr stand ich in E-Mailkontakt. Sie begann spät, sich mit Computern und Internet zu beschäftigen:»Aber ich habe schnell gelernt, da bin ich auch stolz drauf. Und nun mache ich auch Online-Dating, ich altes Huhn. Man muss aber immer neue Herausforderungen im Leben finden. Ich habe viele Beschäftigungen, mir ist nie langweilig. Ich passe auf Nachbarskinder auf, lese im Kindergarten vor und gehe zu vielen Vorträgen« mailt sie über sich selbst.

Maik

ist ein 37-jähriger Mediengestalter, mit dem ich sowohl per Mail Kontakt hatte als auch face-to-face-Interviews führte. Maik stammt aus Hamburg, ist aber aus beruflichen Gründen nach Berlin gezogen. Er schreibt »Über mich gibts nicht so viel zu erzählen. Ich bin ein Hamburger Jung, ich finde Berlin zwar cool und hipp, aber in Hamburg fühle ich mich zu Hause. Deshalb habe ich immer noch meine Miniwohnung auf dem Kiez, aber ich werde mir das nicht mehr lange leisten können. Und ich rudere gerne, ich bin in so einem Ruderclub, und der fehlt mir auch in Berlin. Weil ich so zwischen den beiden Städten hänge, suche ich Frauen in beiden. Also, ich habe in beiden Städten Dates. Und manchmal denke ich, dass ein Frau dann auch mich an die eine oder andere Stadt binden würde. Das hört sich ziemlich komisch an, oder?«

Manuel,

31 Jahre, gehört zu meinen Hauptinformanten. Er ist von Beruf Mediengestalter und lebt in einer WG mit zwei Frauen. Seine Mutter ist Italienerin, sein Vater Deutscher. Manuel ist Hobbyfußballer, seine Lieblingsvereine sind St. Pauli und Palermo. Heimspiele von St. Pauli verpasst er nur ungern. »Ich bin so ein deutsch-italienischer Mischmasch. Auch wenn es mir keiner ansieht, weil ich so nach meinem Vater komme. Ich rede sehr viel für einen Mann, finde ich. Ich kann stundenlang hier am Küchentisch sitzen und herumdiskutieren über so wichtige Themen wie Gott und die Welt. Ich gehe gerne aus, aber ich glaube kaum, dass man dabei auf seine Traumfrau stößt. Und ich koche wirklich gut, da kannst du meine Mitbewohnerinnen fragen. Aufräumen danach ist nicht so mein Ding, aber bei uns muss der, der gekocht hat, nie spülen.« schreibt er über sich.

Marc,

39 Jahre, arbeitet für eine Anwaltskanzlei. Die Interviews mit ihm führte ich per Mail. Er war neun Monate Mitglied in einer Singlebörse, traf aber nur wenige Frauen. Er ist der Ansicht, dass das Online-Dating bei ihm zu Verhaltensweisen führte, die er grundsätzlich ablehnt. Aus diesem Grund beendete er seine Mitgliedschaft. Über sich selbst schreibt er: »Ich bin Jurist und habe mich auf Wohnrecht spezialisiert. Ich arbeite für eine kleine Kanzlei, und mein Beruf füllt mich aus. Seit ich 12 Jahre war, mache ich Judo, mit Anfang 20 auch auf Turnieren. Mittlerweile arbeite ich für einen Verein, ich trainiere die Erwachsenen und ein Turniermannschaft für Jugendliche. Das vereinnahmt oft die Wochenenden, aber es macht mir viel Spaß.«

Marek

Mit dem 33-jährigen Marek führte ich ein Interview und wir standen in E-Mailkontakt. Er ist gelernter Schreiner und momentan arbeitslos. Er überlegt, sich zum Meister fortzubilden, um seine Chancen zu erhöhen. Marek versucht, soweit es ihm möglich ist, eine bewusste, umweltverträgliche Lebensweise zu führen. Er lebt vegan, hat sein Auto abgeschafft und wohnte bis vor kurzem in einer Groß-WG.

Marie

Die 31-jährige Verkäuferin hat einen Sohn. Zum Online-Dating kam sie über Margitt. Über sich selbst schreibt sie:»Ich habe auch mal studiert, Germanistik, aber das war absolut nichts für mich. Aber von der Uni kenne ich Margitt. Ich bin zu unruhig für sowas, ich kann auch nicht lange sitzen und lesen, obwohl ich eigentlich gerne lese. Ich mache gerne mein eigenes Ding, ich mag es nicht, wenn mir andere vorgeben, was zu tun ist. Das ist auch der Grund, warum ich mich jetzt selbstständig machen will: Dann kann ich tun und lassen, was ich will. Und den Stress und die Unsicherheit nehme ich dabei gerne auf mich. Du hast gefragt, was ich gerne mache. Das sind viele Sachen. Momentan jogge ich wieder, das habe ich lange nicht getan, aber das macht mir großen Spaß. Ich gehe gerne ins Kino. Da gucke ich alles mögliche, auch Popcornfilme. Ich finde, sogar schlechte Filme haben einen großen Unterhaltungswert.« Mit Marie führte ich Interviews und stand in E-Mailkontakt.

Mario

ist 31 Jahre alt und Realschullehrer. Unser Kontakt verlief über E-Mail. Mario hat seine erste Stelle vor zwei Monaten in Hannover angetreten, er studierte in Bielefeld.»Ich bin ein entspannter Mensch, es dauert lange bis ich wütend werde. Das ist auch gut in meinem Beruf, mit Ruhe komme ich da sehr weit. Ich bin froh, Lehrer geworden zu sein, ich arbeite gerne mit Kindern, aber mir gefällt es auch, so viele Ferien zu haben. Reisen ist mein Hobby, ich war schon viel und weit weg. Die nächsten Ferien möchte ich aber in Holland verbringen, da wohnt eine Cousine am Meer und ich war noch nie dar. Und sonst? Ich bin groß, habe braune Haare, Schuhgröße 47, Krawattengröße weiß ich nicht« schreibt er.

Marla,

41 Jahre, Mutter eines siebenjährigen Sohnes, der unter der Woche bei seinem Vater lebt. Marla arbeitet in einer Buchhandlung, sie organisiert dort Lesungen und andere Events. Sie stellt sich als eine lebhafte Person vor, der schnell langweilig wird. Als ich sie kennenlernt, war sie seit drei Monaten Börsenmitglied, sie empfand alles

noch als sehr neu und aufregend. Auf ihrem Profilfoto sieht man eine Frau mit asymmetrisch geschnittenem, kurzen blonden Haar, die direkt in die Kamera guckt. In ihrem Profil gibt sie Reisen als Hobby an. Mit Marla stand ich per Mail in Kontakt.

Matthias

Mit dem 38-jährigen Physiker stand ich in Mailkontakt. Er arbeitet für die Stadt Berlin, lebt in einem als alternativ geltenden Viertel und ist leidenschaftlicher Handballer. Er bezeichnet sich als einen freundlichen Menschen, der meistens das Gute in anderen Personen sieht. »Das geht so weit, das mir boshafte Zungen, wie einer meiner 4 Schwestern, vorwerfen, Harmoniesüchtig zu sein. Aber ich habe selten das Gefühl, den kürzeren zu ziehen. Ich mag es einfach friedlich. Vielleicht kommt das vom Handball. Beim Sport tobe ich mich aus, und dann ist immer alles gut. Es sei denn, THW Kiel hat verloren!« schreibt er.

Margitt

ist 34 Jahre alt und vielleicht meine eloquenteste Hauptinformantin. Sie hat ein Studium der Kulturwissenschaften angefangen, dies nach einigen Semestern abgebrochen und ist nun im Medienbereich selbständig. Margitt über sich selbst: »Ich bin groß, blond und falle gerne auf. Ich kleide mich gerne auffällig, und ich habe keine Angst vor Kontakt. Menschen finde ich spannend, ich lerne gerne neue Leute kennen, aber meine besten Freundinnen, die habe ich seit Jahren. Außer Arbeiten und Online-Dating, da gibt es noch viel: Ich gehe sehr gerne gut essen, mit einer Freundin »teste« ich Restaurants einmal im Monat. Ich mag Mode und sammele Modemagazine. Manchen Leuten bin ich sicher zu direkt, aber mit Herumgerede kann ich auch nicht viel anfangen.«

Martin

Der 33-jährige Lüneburger arbeitet freiberuflich. Mit ihm stand ich in E-Mailkontakt und führte Interviews. Martin hat über das Online-Dating sehr viele Affären, im Schnitt trifft er einmal pro Woche Frauen aus der Börse. Im Interview sagt er: »Ich mag das halt, das ganze Daten, das ist aufregend. Ich will mein Leben ja auch aufregend haben, und nicht vor mich hindümpeln. Schlafen kann ich noch mit 50 Jahren, jetzt will ich meinen Spaß haben. Aber das heißt auch, dass ich eine feste Freundin will. Ich sehne mich danach, so eine Bezugsperson zu haben, ich will zusammen mit ihr ganz romantisch verreisen. Aber wenn ich nicht die Richtige treffe, dann kann ich es ja trotzdem genießen!«

Michaela und Lorenz

Michaela, eine 31-jährige Bankangestellte, und Lorenz, ein 35 Jahre alter Fahrschullehrer, lernten sich über eine Online-Börse vor 18 Monaten kennen, sie leben seit sieben Monaten in einer gemeinsam erstandenen Eigentumswohnung. Sie bezeichnen sich beide als religiös, regelmäßige Besuche der evangelischen Kirche sind wichtig für sie. Dennoch haben beide nicht gezielt nach einem evangelischen Partner gesucht, aber sie sehen diese Gemeinsamkeit als sehr verbindend an. Lorenz ist ein sportlicher Mann, der mindestens zwei Mal die Woche in ein Fitnessstudio geht. Michaela beschreibt sich als unsportlich, hat aber durch Lorenz Gefallen an Bewegung gefunden. In ihrem Urlaub und an Wochenenden unternimmt das Paar häufig Radwanderungen. Mit Michaela und Lorenz stand ich in Mailkontakt. Der Großteil der Mails war mit beiden Namen unterzeichnet, einige wenige schrieb Michaela allein.

Mira

ist eine 33 Jahre alte Mutter, sie macht die Buchführung für eine Heilpraktikerschule. Die Mutter einer zweijährigen Tochter war für acht Monate in einer Börse, bis sie ihren jetzigen Lebensgefährten in einer Bar kennenlernte. Mira ist eine lebendige Frau, die mit beiden Beinen im Leben steht. Sie berichtet ausführlich und gerne über ihre Erlebnisse beim Online-Dating. Die Interviews mit ihr dauerten mindestens eineinhalb Stunden, auch schrieb sie lange und ausführliche E-Mails.

Nino

Mit dem 37-Jährigen stand ich in Mailkontakt. Er arbeitet in der Verwaltung eines großen Krankenhauses. Seine Arbeit bezeichnet er als reinen Broterwerb, er fühlt sich meistens unterfordert und spricht davon, sich in eine andere Position versetzen zu lassen. In seiner Freizeit geht er am liebsten mit Freunden Mountainbiken, hin und wieder fährt er bei Amateurwettbewerben mit.

Paul

ist ein 40-jähriger Schlosser, gemeinsam mit seinem Bruder führt er einen kleinen Betrieb. Er war bereits 10 Jahre verheiratet. Seine Scheidung bezeichnet er als ein schlimmes Erlebnis, aber ihm war immer klar, dass er wieder heiraten möchte. Sein Bruder lernte vor drei Jahren seine Frau in einer Datingbörse kennen. Er hat Paul ermutigt, auch diesen Weg einzuschlagen. Zu Anfang hat er sich kaum getraut, Frauen in der Börse zu kontaktieren, mittlerweile hat er mindestens einmal pro Woche ein Rendezvous. In seiner letzten Mail hat er geschrieben, dass er eine Lüneburgerin kennengelernt hat und glaubt, sich zu verlieben.

Peter

Der 43-jährige Soziologe arbeitet als Angestellter für eine große Firma. Er hat einen Sohn und eine Tochter mit seiner ersten Ex-Frau. Eine zweite Ehe hielt nur ein Jahr. Nachdem er vier Jahre lang Single war, schrieb er sich vor ca. vier Monaten bei Parship.de ein. Er hat seitdem viele Kontakte, aber seinen eigenen Angaben nach wenige Dates. Er ist leidenschaftlicher Kinogänger und reist zu verschiedenen Filmfestivals. Seit einigen Jahren hat er begonnen, mit einem Freund zusammen Kurzfilme zu machen. Mit Peter stand ich per Mail in Kontakt.

Roman

ist 43 Jahre alt. Seit vier Jahren ist er mit seiner Freundin zusammen, er hat sie über eine Online-Börse kennengelernt. Sie waren in der Zwischenzeit für ein paar Monate getrennt, in der Zeit hatte er sich auch wieder in eine Börse eingeschrieben. Dann kam er mit seiner Freundin wieder zusammen, seitdem ist er auch kein Börsenmitglied mehr. Roman arbeitet freiberuflich. Um sich fit zu halten, geht er regelmäßig schwimmen. Sofern es ihm möglich ist, versucht er pro Jahr mindestens einen Monat lang in einen Tauchurlaub zu fahren. Mit Roman stand ich in E-Mailkontakt.

Sarah

Mit der Hamburgerin führte ich mehrere Gespräche und zeichnete zwei Interviews auf. Sie beschreibt sich als sehr schüchtern, wenn es um Männer geht. Treffen über Datingcafe.de, bei dem sie seit mehr als einem Jahr Mitglied ist, hatte sie wenige. Bei den Rendezvous stand ihr oft ihre eigene Unsicherheit im Wege, sagt sie. In den Gesprächen und Interviews wirkt Sarah jedoch nicht schüchtern, sie berichtet sehr klar und strukturiert über ihre Beweggründe zum Online-Dating und erzählt ausführlich über ihre Hintergedanken zu ihrem Profil. Sarah hat Sozialarbeit in München studiert. Um Abstand von einer alten Beziehung zu gewinnen, zog sie vor drei Jahren nach Hamburg, seitdem ist sie Single.

Tanja

ist eine 31-jährige Boutiqueverkäuferin. Mit ihr stand ich in Mailkontakt und führte face-to-face-Interviews. »Nachdem meine erste Ehe so unglücklich endete, ging es mir lange Zeit nicht gut, aber irgendwann reicht es ja auch mit dem Elend. Ich gehe aus mit Freundinnen, ich singe im Chor und sehe zu, dass ich viel unternehme. Letzte Woche habe ich meine Wohnung mit meiner Mutter und einer Freundin komplett renoviert. Solche Sachen mache ich gerne. Das Singen im Chor ist für mich mein Lieblings-Hobby, weil ich Gesang liebe. Aber da habe ich auch viele Sozialkontakte, weil ich das schon über Jahre mache.«

Tina

ist eine 29-jährige Studentin. Sie hatte bereits mehrere Beziehungen, die allerdings nie länger als ein Jahr dauerten. Über das Online-Dating hofft sie, zu einer längerfristigen Partnerschaft zu finden: »Es war immer das Gleiche, weder Streit noch sonst was Dramatisches, es war einfach aus. Ich hatte meistens einfach kein Interesse mehr an den Typen. Am Anfang, da finde ich die Männer immer interessant und geheimnisvoll, aber nach einem Jahr merke ich, dass die geheimnisvolle Art eher irgend ein Komplex ist. Und dann verliere ich da Interesse.« mailt sie mir.

Torben

lebt in Hannover. Der 36-Jährige arbeitet in der Medienbranche. Er ist einer meiner vier Hauptinformanten. Torben kommentiert das Geschehen in den Börsen und seine Partnersuche mit viel Ironie, zweifelt häufig, sieht aber Online-Dating auch als Chance an. Hinzu kommt, dass ihm die vielen Kontakte und das E-Mailen gefallen. Torben geht gerne auf Konzerte, an den Wochenenden zieht er durch Clubs und Kneipen. In der Stadt zu wohnen bedeutet führ ihn Lebensqualität. Torben sagt von sich, dass er die Veränderungen und die Unruhe des urbanen Lebens braucht, um sich lebendig zu fühlen. Über sich selbst schreibt er: »Ich kann griesgrämig und ungeduldig sein, und ich brauche immer Abwechslung. Ich verlange immer zu viel von mir und anderen, und wenn zu wenig kommt, bin ich gelangweilt und breche den Kontakt ab. Meine Hobbies? So richtige Hobbies wie Briefmarkensammeln habe ich nicht, ich kann nicht auf Vereinsmeierei. Aber ich geh gerne aus, kauf mir viel Musik... und ich lese gerne und viel, wenn ich meine Ruhe haben will, dann lege ich mich mit einem Buch aufs Sofa und höre Musik.«

III. INTERVIEWFRAGEN

Mit jedem meiner Hauptinformanten führte ich zu Beginn ein Interview mit der Grand-Tour-Frage: »Was weißt du über Online-Dating?«. Ziel war, grundlegende Themen, welche die Akteure beschäftigten, und Praktiken zu erfahren. Auf der Basis meiner Beobachtungen in den Börsen, wissenschaftlicher Literatur und den einleitenden Interviews arbeitete ich Fragen für die folgenden Kontakte, Gespräche und Interviews aus. Viele Fragen waren somit auch auf die jeweilige Person, die ich interviewte zugeschnitten, andere wiederum stellte ich allen Informanten. Im Nachfolgenden findet sich ein beispielhafter Katalog von Fragen. Sie stellen das Grundgerüst dar, um das ich die Interviews gestaltet habe. In den einzelnen Interviews weisen die Fragestellungen Variationen auf, die situativ notwendig waren, ebenso entwickelten sich aus den Antworten meiner Informanten weitere Fragestellungen. Da in den Börsen die Anrede per Du gängig ist, habe ich in allen meinen Interviews und Kontakten diese Form der Ansprache verwendet.

- Wie kam es dazu, dass du in die Börse X eingetreten bist?
- Warum hast du diese Börse ausgewählt?
- Wie lange bist du schon in der Börse?
- Hast du bereits Erfahrungen mit verschiedenen Börsen gemacht?
- Wie stehst du dazu, für Börsen zu zahlen?
- Welchen Betrag gibst du für dein Online-Dating momentan aus?
- Wie häufig besuchst du die Börse zur Zeit?
- Kannst du mir dein Profil beschreiben? Worauf legst du den größten Wert?
- Gibt es bestimmte Maßnahmen/Sicherheitsregeln, die es zu beachten gilt?
- Kannst du beschreiben, wie Online-Dating in deinen Alltag eingreift? Wann beschäftigst du dich damit?
- Hast du dich schon mal über Online verliebt?
- Wenn ja, was war ausschlaggebend, dass du dich in die Person verliebt hast?
- Hat sich deine Art, sich zu verlieben durch das Online-Dating geändert?

- Hat sich dein Umgang mit Männern/Frauen durch das Online-Dating geändert?
- Hat sich deine Sicht auf Beziehungen durch Online-Dating verändert?
- Sind andere Veränderungen durch das Online-Dating in dein Leben eingetreten?
- Was sind deiner Meinung nach Grundlagen für eine gute Beziehung?
- Nach welchen Kriterien suchst du in der Börse?
- Wie wichtig sind Fotos für dich?
- Wie wichtig sind Nicknamen für dich?
- Wie häufig kommt es monatlich zu Treffen?
- Wie gehst du in deinen Kontakten vor – hast du einen bestimmten Ablauf oder gestalten sie sich unterschiedlich?
- Findest du, dass es bestimmte Etikette oder »Höflichkeitsregeln« beim Online-Dating gibt?
- Welche positiven und welche negativen Seiten hat Online-Dating für dich?
- Möchtest du von einer guten und einer schlechten Erfahrung in der Börse berichten?
- Wie gehst du mit dem Online-Dating um? Wissen Personen, die dir nahe stehen, davon oder ziehst du es vor, nicht darüber zu reden?
- Welche Gründe kannst du für deinen Umgang mit dem Online-Dating nennen?

IV. INTERVIEWS

Die beiden Interviews wurden mit den Hauptinformanten Margitt und Torben geführt. Sie fanden bei der jeweiligen Person zu Hause statt.

Interview mit Margitt

Mein erstes Treffen mit Margitt fand in einem Café statt. Zum zweiten Treffen, bei dem ich unser erstes Interview aufnahm, besuchte ich sie in ihrer Wohnung. Margitt lebt in einer Altbauwohnung mit zweieinhalb Zimmern. Die Wohnung ist liebevoll eingerichtet, einige alte Möbel von ihrer Großmutter stehen neben filigranen Glastischen und modernen, orangen Plastikstühlen. Auf mein Klingeln öffnet Margitt schnell die Tür, sie hat ihr Telefon in der Hand. Ihre Schwester ist am Apparat und Margitt beendet rasch das Gespräch. Sie ist leger gekleidet und hat ihre Haare frisch gewaschen. Sie bittet mich in ihr Wohnzimmer, fragt, ob es mir gefällt und erklärt die Fotos an den Wänden. Ein befreundeter Fotograf hat sie in Portugal gemacht, es sind groß aufgezogene Schwarz-Weiß-Bilder von Pflanzenausschnitten. In ihrer Vergrößerung wirken sie abstrakt und bilden einen interessanten Gegensatz zu der cremefarbenen, leicht verspielten Tapete. Margitt serviert Tee und stellt uns Gebäck hin – selbst gebackene Muffins von einer ihrer Freundinnen. Zu Hause benutzt sie einen Laptop. Sie holt ihn hervor, stellt ihn neben uns auf den Tisch und wir betrachten gemeinsam ihr Profil. Dann sagt Margitt, dass sie gerne mit dem Interview beginnen möchte.

JD:
»Margitt, wie kam es, dass du mit Online-Dating angefangen hast?«
Margitt:
»Ich hatte eigentlich nur zwei längere, oder, eh, wichtige Beziehungen gehabt, zwar sehr viele Affären und Techtel, bei denen mir schon so klar war, dass es auch wahrscheinlich dabei bleiben wird.. und irgenwie, da, da dachte ich mir nun, dass ich eigentlich endlich mal ne Beziehung will (*lacht*) und dann, genau dann, wurd's auch schon krampfig. Sonst war ich eher so die Partynudel, die gern mal jemand mit nach Hause nahm, und ab da wars halt so: Ach, wenn der sich schon abschleppen lässt, was will ich dann überhaupt mit

317

dem. Und der trinkt ja, und vielleicht auch noch anderes Party-zeugs... und es wurde halt immer krampfiger und ich habe mich immer mehr geärgert über mich und meine Anforderungen und überhaupt. Und in meinem Job hänge ich eh viel im Netz, bei der Agentur, und da war mir schon lange, sehr lange klar, dass es eben Singlebörsen gibt. Und ich kenn ja auch genug Leute, so Freundin-nen und so, die eben in einer Börse sind. Nur die haben halt auch wie ich auch ja, nie Erfolg gehabt. Aber immer ganz gute Geschich-ten erzählt. Ja, und ich fand, so ganz plötzlich in meiner Situation da, das Prinzip total ansprechend. Also, dass man vorsortieren kann, dass ich zuerst mailen oder chatten kann, und dass ich dabei ganz klar die Ansage machen kann: Ich such nen festen, treuen Kerl, ohne halt dass ich gleich total mich so, so, na ja, halt spießig fühl, weißt du?! Klar, ich weiß nie, wen ich da treffe und wer lügt und so, aber ich weiß das ja auch nicht, wenn ich jemand in der Kneipe treffe und tralala, oder auch jemand dann ein paar Mal ge-sehen habe – doch dann eigentlich schon, aber dann, erst nach wirklich paar Mal sehen und zuhören, da weiß ich ja, was jemand so will. Aber trotzdem – ja und nun bin ich auch dabei...«

JD:
»Was ist denn deiner Meinung nach wichtig beim Onlinedaten? Du hast da ja schon sicher einiges an Erfahrung.«

Margitt:
»Hmm. (*überlegt länger*) Also... ich denke, erstmal sollte man sich, sich schon überlegen, welche Börse man nimmt. So von wegen Be-zahlen und so. Ich bin bei Finya, weil es umsonst ist und da auch Freundinnen von mir sind. Das ist aber auch gut so, denn dann können wir uns über die Männer da austauschen (*lacht*). Und da machen wir das dann auch so, eh, dass wir alle – also wir sind drei – den gleichen Mann anschreiben und mal gucken, was der so an unterschiedlichen Sachen zurückgibt (*kichert*). Das kann manchmal echt interessant sein, aber meistens stapeln die da doch nicht so hoch, wie man so denken könnte... eh, tschuldigung, was war die Frage noch mal?«

JD:
»Was deiner Meinung nach wichtig...«

Margitt:
»ach ja, entschuldigung! Da bin ich wohl mal abgeschweift! Aber al-so, wichtig ist dann auch, wie man sich selbst darstellt. Viele Frau-en, aber auch Männer haben bei Finya ja echt stylische Fotos. Ich habe das nicht, ich stelle da immer wechselnde Schnappschüsse ein. Zwar welche, die ich auch schön und attraktiv finde, aber wo, von denen ich denke, schon, ja, die sehen halt aus wie ich. Ich glau-be, dass ich Angst hätte, dass das sonst unehrlich wirkt. Sowas fin-de ich wichtig. Ich gehe schon sehr nach den Fotos oder wenn keins

dabei ist, mich aber das Profil interessiert, frage ich nach einem. Es kommen dann ja auch total unterschiedliche Bilder. Manche sehen ja auch aus wie Bewerbungsfotos (*kichert*), na ja, ist ja so 'ne Art Bewerbung! (*kichert*). So, also Fotos sind wichtig, und zwar, dass es Fotos sind, wo es schon so bisschen nach Mensch aussieht und nicht nach Modekatalog. Das habe ich ja auf der Arbeit genug... so Models und so. Dann ist aber auch ganz wichtig für mich, wie man angesprochen wird. Da kann ich wohl schon vieles draus erkennen. Viele Männer sind höflich, das finde ich gut. Den anderen antworte ich gar nicht, denn so als Frau kriegt man da ja jede Menge Post, denke ich mal. Es sei denn, man schafft es, sich total schlecht zu verkaufen, aber das finde ich ja schon fast schwierig... Also. Ich finde es wichtig, dass jemand in ganzen Sätzen schreiben kann. So zumindest bei den ersten E-Mails in Finya. Beim Chatten oder sich schnell hin und her schreiben ist das ja was anderes ... aber da merke ich ja auch, ob jemand mit Sprache kann, schreiben kann und sich auch mal ausdrücken kann. Oder wie es so schön heißt, zwischen den Zeilen lesen kann. Wichtig ist auch vielleicht, dass man regelmäßig in der Börse ist, das man sein Profil pflegt und updatet. Ich finde es blöd, veraltete Fotos da zu haben oder was weiß ich, ich finde es schon gut, mal ein Buch oder einen Film oder so neu reinzustellen. Damit ist dann ja auch so ein bisschen Leben drin, oder? (*denkt nach*) Ja, und dann ist es wichtig, nicht zu naiv zu sein. Auch wenn es sich blöd anhört, irgendwie ist die Sache ja auch ein bisschen gefährlich. Ich habe da selbst zwar noch nie was erlebt, oder meine Freundinnen auch nicht, aber ich denke, ja, eh – ja wir sind ja echt vorsichtig. Also wir sagen uns schon Bescheid, wenn wir nen Mann aus der Börse treffen. Komisch, dass würde ich sonst ja nicht so machen. Also, natürlich, also ich erzähl ja ner Freundin, wenn ich ein Date habe, weil ich mich über das Date freue, aber nicht weil ich denke oh jui jui, da könnte ja was passieren. Da so, in der Realität (*lacht*) da hab ich den Typen ja schon vorher mal mitbekommen, bevor ich ihn dann so allein treffe. Da trau ich mir... Aber halt beim Online-Dating, da hab ich – glaub ich – ja, schon (*denkt nach*) immer einer Freundin Bescheid gesagt, wo und wann ich jemanden treffe und ihr dann auch den Finya-Namen, also den Nicknamen, das Pseudonymdingsda, gesagt. Komisch ne, findest du das paranoid?«

JD:
»Nö, eigentlich finde ich das eher sehr klug... ich kann es gut verstehen.«

Margitt:
»Also, ja, wichtig. Ich finde so was wichtig, weißt, dass man auf sich aufpasst. Einmal so gefühlsmäßig und andererseits wirklich so halt Leib-und-Lebenmäßig.«

319

JD:

»Was meinst du damit, gefühlsmäßig auf sich aufzupassen?«

Margitt:

»Na, ich weiß ja nicht, wie das bei anderen ist, also bei meinen Mädels, die auch bei Finya sind, die sind da wohl bisschen cooler als ich. Also, ich, ja, *(lacht verlegen)* ich will schon so den Mann meines Lebens jetzt finden. Das muss ja nicht nur beim Online-Dating sein, dass kann ja auch was weiß ich, bei ner Fortbildung oder im Fitnessstudio oder auf ner Party oder beim Bäcker sein, aber ich will ihn halt. Und wenn ich was wirklich will, dann habe ich ja auch so, so bisschen die Tendenz, mich zu schnell da in was reinzustürzen. Also, ich kann mich schnell verlieben und reinsteigern. So. Da war halt dieser Mann, der mich angeschrieben hat, und ich fand das Profil so lala, so ok, und das Foto war nett. Weißt du, aber nichts, so, wo ich auf den ersten oder auch zweiten Blick hin und weg gewesen wäre. Aber dann haben wir gechattet. Und er war einfach – so, so nicht lustig, aber gewitzt, und du hast gemerkt, der hat Selbstbewusstsein und kann auch über sich lachen und all das. Und dann hat er noch andere Fotos geschickt und ich fand ihn dann auch immer schöner. Total bekloppt. Ich bin echt abgegangen und so, wann schreibt der mir wieder und so und dann schrieb er. Und ich hing halt die ganze Zeit so am Internet. Immer das Finya-Fensterchen auf, beim Arbeiten und so. Mir war es da echt egal, was die anderen zwei im Büro und der Praktikant dachten. Ich war echt wie so.. halt ohne Gehirn *(lacht)*. Und dann habe ich noch Fotos von mir geschickt und der wurde auf einmal voll zurückhaltend. Keine Ahnung, was das war. Vielleicht war ich ihm zu dick, zu dünn oder zu blond... was weiß ich. Ich habe ihn das dann auch gefragt. Weißt du, ich hätte gerne so ne ehrliche, halte ne echte Antwort gekriegt. Von mir aus: Hey, du bist optisch einfach nicht mein Typ. Obwohl das hart ist und der ja eigentlich wusste, was Sache ist, dass ich groß und blond bin, und halt bisschen rund. Das sieht man auf den Fotos und am Profil, und ich versteck das nicht, weil ich echt mal dazu stehe und ja. Und ich war total fertig. Das ist ja echt alles nur über Schrift gelaufen, ne, stell dir das mal vor: E-Mail hier, Mail da, Chat hier, Chat da. An meinem Nicknamen kann man meinen richtigen Namen nicht erkennen, aber den hab' ich ihm halt gesagt. So zum Glück haben wir nie telefoniert, vielleicht hätte ich da ja noch sogar seine Stimme toll gefunden. Aber das hätte mir mal jemand erzählen müssen, so dass ich mich nur vom Mailen und Chatten verlieben kann. Nix mit Schlüsselreizen und so, sondern echt nur all das, was in meinem Kopf abging. Keine Ahnung, ob das nur an mir liegt, aber so ist es sicher auch anderen dabei ergangen. Glaub ich, oder? Oder vielleicht ist es, weil ich ne Frau bin, und wohl bei Frauen all das eher erstmal im Kopf abgeht und dann erst so, so körperlich und was weiß ich. Ich habe echt um den Kerl getrauert, obwohl ich ihn nie gesehen hab. So im Nachhinein denke ich, dass ich mir da auch, auch echt so, so ne Beschäftigung gesucht habe. Weißt du, das war halt so, wie ja, jemand wartet auf dich, ein Mensch und nicht eben deine Katze, also eigentlich, ich hab' ja gar keine, aber halt so, so sinnbildlich gesehen. Und ich wusste, ja, wenn ich maile, wird dann irgendwann, in nicht so ferner Zeit, ne Antwort für mich da sein. Halt sogar beim Arbeiten, so dass ich so Alltagswitzchen machen konnte. Hätte ich ja auch mit den Leuten im Büro machen können, aber ne, ich musste ja diesem Kerl mailen. Der hat sich dann echt wie so nen Fisch, ne Aal, so glibschig, halt da rausgezogen. Und danach, da bin ich vorsichtiger geworden. Halt mehr auf mich und meine Gefühle aufgepasst. Also, dass ich mich da nicht so schnell reinsteiger – oh Mann, ich rede ja echt ganz schön viel, ne?«

JD:

»Nee, ist schon gut, äh..«

Margitt:

»Ja, halt aufgepasst. Also ich habe mir zuerst selber so Richtlinien, so Regeln halt gemacht. Dass ich mir vielleicht nur zweimal am Tag mit einem, also ein und demselben Mann mailen darf. Das tat's dann auch nicht immer, aber es hat mir halt geholfen, mich so ein bisschen zurückzunehmen. Und irgendwie habe ich danach auch angefangen, die Männer, und ich treff' da phasenweise schon sehr viele, relativ schnell wirklich zu treffen. Ich frag halt auch dann danach, so direkt halt, wenn von denen nichts kommt. Ich mach das, wenn man sich so vielleicht ne Woche gemailt hat oder vielleicht so 20-mal und mir der Mann gefällt. Ehrlich gesagt, so am Anfang hab ich sehr genau nach meinem Typ gesucht. Also, damit meine ich, dass ich halt genau Größe und v. a. Haarfarbe eingeben habe. Totaler Schwachsinn dacht ich mir dann halt irgendwann, wie gehst du denn ab? Das ist ja nicht wie beim Labor oder so. Dann habe ich in meine Suchmaske viel weniger Angaben gemacht, so von wegen Haarfarbe egal, und mehr das Alter variiert. Am Anfang, ne, da habe ich nur ältere Männer gesucht. Total dumm, oder? Also, ob nun ein Mann in unserem Alter ist oder zwei Jahre jünger oder sieben Jahre älter und ein guter Mensch ist, das ist doch eh egal. Aber das hat bisschen gedauert. Ich war voll auf dem Film so von wegen dass ich mir das ja nun alles aussuchen kann. Mit dem Online-Dating helfe ich meinem Liebesglück auf die Schliche, so nicht nur von wegen Zufall und so, woran ich eh nicht glauben tu, aber so halt. Und dann kann ich mir ja auch den Mann maßschneidern, was Aussehen und so angeht. Mann ich wäre echt beleidigt, glaub ich, ich fänd es richtig dumm, wenn ein Mann nur nach z. B. dunkelhaarigen Frauen sucht. Wobei, was weiß ich, vielleicht ist das ja auch ehrlich, fällt mir gerade ein. Weißt du, so ne Ehrlichkeit, wozu wir sonst alles schon viel zu pc sind: Ja, ich will nur Frauen mit dicken Brüste, oder ja, ich will nur den Mann, der mind. so und so viel verdient. Also, ich glaube, so tiefst in sich drin denken viele so und trauen es sich nicht, dass zu sagen. Und dann, beim Online-Dating, da darfst du das dann endlich rauslassen. Ich mein, wenn ich nen reichen Kerl haben will, so ganz gezielt, dann geh ich auch nicht unbedingt aufn Kiez ins Molotow oder ins Onkel Otto, sondern keine Ahnung wohin (kichert), wobei es da sicher auch Ausnahmen gibt. So die halt eben darauf abgehen, die Frau muss unbedingt Dreads haben und dicke Stiefel. Und kaum jemand traut sich, das zu sagen, weil alle denken, ne das geht gar nicht. Ja, soviel dazu, ne (lacht).«

JD:
»Was meinst du, warum ist das eigentlich so?«

Margitt:
»Naja, eigentlich ist das ja relativ klar, es gehört sich ja irgendwie nicht. Und es gehört sich nicht weil... (denkt nach) Ja, ich glaube, weil es für die Liebe zu oberflächlich ist. Verstehst du?«

JD:
»Hmm, nicht so ganz, erklär mal weiter!«

Margitt:
»... Ja, Liebe ist ja was Tiefes und auch Wichtiges. Und das sind ja schon Oberflächlichkeiten eher, wie jemand aussieht, so in dem Sinne ob jemand nun so, halt rote Haare hat oder so (lacht). Vielleicht ist das so bisschen bei Äußerlichkeiten, also so körperlichen Äußerlichkeiten, noch akzeptiert. Aber es ist ja schon eher engstirnig, sich so mit Klamotten oder ob jetzt ein Mann drei Haare mehr oder weniger auf dem Kopf hat, sich festzulegen. Das finde ich zumindest oberflächlich. Aber irgendwie bringen einen die Online-Profile doch dazu, das fällt mir gerade auf. Weißt du, wenn ich unterwegs bin, dann gucke ich mir vielleicht eher große, dunkelhaarige Männer an, weil ich das schön finde und das dann auch irgendwie in mein äh Beuteschema (lacht) passt. Aber so mein letzter Freund war gar nicht mal groß und hatte so rötliche Haare – und ich fand ihn total toll und attraktiv. Wie das Leben halt so kommt. Und dann, wenn ich bei Finya drin bin, kann ich das auf einmal anklicken, ne, so, braune Haare und 1,90 m groß und so alt und da wohnen. Und am Anfang habe ich da auch echt eher, eh, halt, engmaschiger gesucht, aber nicht, weil ich so eng im Kopf bin, sondern weil halt auf einmal die Möglichkeit da war, so meine Vorstellung auf einmal doch eben, ehm, umsetzbar waren. Tja. Und irgendwie passt das nicht so ganz zu der Idee: Oh, man läuft sich über den eh, Straße, ne, Weg, und verliebt sich, weil der andere lächelt und so ein ach so toller Mensch mit all seinen innerlichen Werten ist.

Aber irgendwie läuft das ja nicht so, oder? Das wär' so richtig gelogen, wenn ich sag, dass mir so das Optische egal wäre. Und eben bei Finya ist da schon so ne Vorsortierung möglich – aber ob das dann reicht, um sich attraktiv zu finden, ist was ganz anderes!«

JD:

»Du hast ja gerade viel zu Ehrlichkeit gesagt. Die scheint ja generell in Liebesdingen sehr wichtig für dich zu sein. Woran merkst du denn beim Online-Dating, ob jemand lügt oder eben ehrlich ist?«

Margitt:

»Also, im Grund ist das schwer, denke ich. Weißt du, wenn du klug bist und Lügen und Betrügen willst, dann denke ich, schafft man das auch. Aber halt nur bis zu einem gewissen Punkt. Nicht zur Beziehung dann, weil wenn es zu eng wird, dann fliegt es eh auf. Oder man muss schon psycho sein, um so was durchzuziehen. Vielleicht lügen Leute oft ja auch unabsichtlich, weil sie nicht anders können, oder sie denken, sie sind was-weiß-ich, sportlich, aber in den Augen von einer Triathletin sind sie lahme Enten. So. Ich denke, dass man es an der Masse beim Kontakt merkt. Also, ich denke, dass sich Lügner immer irgendwann selber widersprechen. Und wenn ich mir echt lange mit jemandem maile, und auch Fragen stelle, dann merke ich vielleicht Lügen. So von wegen, dass er sich dann komische Trefforte aussucht, weißt du, oder Zeiten, so als ob er noch ne Freundin irgendwo und mal schnell ne Nummer schieben will. Beziehungsweise denen, die nur mal ins Bett hüpfen wollen, ein längerer E-Mailkontakt sicherlich eh schon zu umständlich ist. Also ich treffe mich auch mit niemandem, der mir beim ersten Schreiben dann ein Rendezvous beim Kerzenschein vorschlägt. Was soll das denn, das ist doch echt billig! *(klingt verärgert)* Ja, genau: Zu den Profilen: Es ist doch idiotisch, wenn die alle schreiben, ja, im Kerzenschein Essen gehen oder so. Klar will ich das mit meinem Liebsten und gleichzeitig ist es einfach so so so so alt, und langweilig. Und dass dann als erste reinzuschreiben, ist doch so Gähn halt *(imitiert Gähnen)*. Irgendwie merkt man ja auch bei Finya, wie unindividuell so Vorstellungen sind, ne.!«

JD:

»Hm, das finde ich jetzt spannend, was meinst du genau damit?«

Margitt:

»Na, mir schreiben dann z. B. fünf Typen, sie würden gerne mit mir im Sommer an der Elbe sitzen und Bier trinken. Oder alle wollen bei Kerzenschein beim Italiener essen. Das ist ja auch alles super, aber irgendwie wollen alle das gleiche. Da krieg' ich dann so ne Vorstellung wie dass alle Paare an der Elbe sich bei Finya kennengelernt haben und nun an der Elbe beim ersten Date sind. Komisch, ne? Das ist so wie ich suche die treue, attraktive Frau, die weiß, was sie will. Ist toll, sucht aber jeder. So, es gibt so Dinge, die wiederholen sich dauernd. Manchmal regt mich das auf, und ich will dann schreiben, ich will mit dir im stinkenden Industriegebiet joggen gehen und mir die Lungen gemeinsam vergiften (*kichert*). Naja, das ist vielleicht bisschen pubertär. Aber es ist schon so, dass ich das Gefühl habe, dass alle beim ersten Date das selbe machen wollen. An die Elbe in Hamburg oder Wein bei Kerzenlicht scheint echt so ein Virus oder eine Sucht zu sein!«

JD:
»Und was würdest du gerne machen?«

Margitt:
(seufzt) »Ich glaube, ehrlich gesagt, ich will auch das Gleiche machen. Ist bisschen deprimierend, oder? Ich will zu zweit sein, und so romantisch mal ein Wochenende vielleicht so an die See, ich will essen gehen und von mir aus auch sonntags zu zweit Krimis gucken. Vielleicht ist das Leben halt so banal, oder Liebe auch und trotzdem rennt man ihr hinterher. Und sucht den, mit dem es geht, obwohl so viele hier das gleiche schreiben. Und es gibt halt so Börsen dazu...«

JD:
»Wie schätzt du das eigentlich ein, warum Leute in eine Börse gehen?«

Margitt:
»Nun, das ist sicher unterschiedlich. Manche weil sie echt ne Suchmöglichkeit brauchen. Vielleicht arbeiten auch manche so viel, dass sie sonst keine Leute treffen können. Meine eine Freundin ist alleinerziehend und abends das Kind zu hause allein lassen, geht halt nicht und immer Babysitter ist auch nicht gut und ja, die sitzt dann echt mal ne Nacht am Computer, um mit Männer zu schnacken...«

JD:
»Meinst du, dass die Gründe bei Männern und Frauen unterschiedlich sind?«

Margitt:
»... hm, nö, also sie sind so von Person zu Person, also, Mensch zu Mensch, eher unterschiedlich, aber ich weiß nicht. Wenn ich darüber von wegen Männer und Frauen nachdenke, wird es mir echt zu klischeehaft. Es gibt sicher auch genug Männer wie Frauen, die eben nur mal ne schnelle Nacht suchen, wobei es dafür ja auch wiederum anderen Internetseiten gibt. Oder man klickt halt ne Option an wie »suche Abenteuer«, weißt du. Aber ich weiß nicht, ob das bei Männern oder Frauen so unterschiedlich ist. Ich treff mich ja schon öfter mit Männern, so aus Finya, meine ich. Vielleicht so zwischen 2-4-5x im Monat (*lacht*), das willst du sicher auch gern wissen!!! Also, und dann frag ich die ja auch oder im Gespräch kommt das Thema drauf. Die, die ich getroffen hab', die suchen halt

schon eher ne Frau. Ich hatte einen Typen, der wollte echt nur ins Bett. Das war schon krasser, aber irgendwie fand ich's eher lustig, weil der so was von ungeschickt war, keine Ahnung, was der hatte. Der hatte ja echt nett geschrieben und auf einmal, wir so, wir treffen uns in einem Kaffee und am Nachmittag – ja, genau, oft finde ich nachmittags treffen sicherer, ist halt so, so im Tageslicht statt im Dunkel der Nacht. Und dann will der immer, dass wir zu ihm gehen. Also ich mein', wie plump ist das denn. Aber genau so was kann mir ja auch mit einem passieren, den ich so kennenlerne oder im Café treffe, so zufällig, so Spinner gibt's ja schon häufig. Also deswegen höre ich ja nicht auf, mit im Netz, also in Börsen, in Finya ne, Leute kennenlernen.«

JD:

»Und wenn du doch relativ viele Treffen hast, was meinst du, woran es liegt, dass du noch nicht auf »den« Mann gestoßen bist?«

Margitt:

(lacht) »Ja, das frage ich mich auch. Also bei mir war es so, dass ich einfach viele nette Treffen hatte. So mit Kerlen, mit Männern, die meistens so ähnliche Interessen hatten. Was ja kein Wunder ist, weil man das vorher abgeklärt hatte. Oder man weiß, wo man so ausgeht – ich hatte auch dreimal sogar welche, die kannte ich vom Sehen, so von Bars aufm Kiez. Lustig, ne? Ich konnte mit denen gut reden, aber ich bin ja nicht wirklich auf der Suche nach Freunden, also Kumpels. Bekannte und Freunde habe ich genug, also ich finde mein so, weiß nicht, halt so soziales Umfeld oder wie du es auch immer nennen magst, echt klasse. Und ich such halt jemanden, den ich erotisch, attraktiv und beziehungskompatibel find. Und da war keiner dabei. Also ich denke schon, dass paar von den Männern sicher tolle Partner wären, aber ich habe echt noch keinen gefunden, den ich halt wirklich gut fand. Wo halt so das Salz in der Suppe dabei war, weißt du. Wo es halt geknistert hat. Da waren paar, die fand ich scharf. Nicht paar, zwei Männer. Aber bei denen war es wiederum so, dass sie sehr ihre beruflichen Sachen in den Vordergrund, also, so fokussiert haben. Find ich ja auch gut, aber bei denen war es mir zu viel. Und das scharf finden hat dann auch nicht gereicht, als das ich mich, so als dass sich ne Beziehung entwickelt hätte... Ich hatte länger mit dem einen was, so und manchmal gehen wir was trinken, und wir sind dann noch echt öfter ins Bett miteinander gegangen. Aber dabei war es ausgesprochen, dass wir uns ne Beziehung zusammen nicht vorstellen konnten. Komisch, und ich fand's voll in Ordnung. Ich hatte dann nen schönen Tag danach. Ja, und der, der hat nun ne Freundin. In Berlin und pendelt, die hat er aber nicht durch Finya kennen gelernt. Und manchmal trinken wir noch nen Kaffee zusammen, aber ne, sowohl der als auch ich, wir wollen nicht mehr miteinander ins Bett. Ich kann das auch nicht, so betrügen, wenn ich es weiß. Wenn der mir dann so, so schöne Augen machen würde, dann tät ich echt auch den Kontakt abbrechen und sauer werden. Aber so ist der auch nicht, zum Glück. Was lustig ist, der ist halt auch so im Medien- und Gestaltungsbereich unterwegs, dass wir uns hin und wieder, also so zweimal Jobs zugeschoben haben, wenn einer was nicht wollte oder nicht konnte. Sowas find ich gut! Ja, eh... worum ging es? Ach ja, den richtigen Mann nicht getroffen.. Ich glaube ja, was Börsen wirlich gut können, ist so so, die ersten Kontakt vermitteln. Und auch so meine Freundinnen treffen meist Männer, mit denen sie ein Gespräch gut führen könne, weil mit den Dings, da mit den Profilen, da sortiert man ja schon Interessen so grob raus. Aber es ist halt keine Garantie, dass man so erotisch gesehen aufeinander abfährt... vielleicht muss man sich auch dafür anders kennenlernen. So den Körper sehen, die Stimme hören. Vielleicht ist so Finya auch der falsche Weg, weil das schon ja so nen Kopfding ist. Zuerst so das Rationale, weißt du, so Hobbies und Bücher und Beruf vielleicht und dann erst sich sehen und so .... beschnuppern, ne?... Oh Mann, ich rede echt mal wieder viel! (lacht) Aber es ist doch so, und gleichzeitig, ne, weißt du, da denke ich ja auch immerhin tu ich was. Ich sitz nicht zuhause rum oder jammere meinen Freundinnen vor, dass ich so halt solo bin. Mehr kann ich nicht machen, außer so Augen und Ohren offen halten. Und mir ist schon klar, dass es schwer ist, nen Mann so in meinem Alter zu finden. Entweder sind sie gebunden und nett, oder schon geschieden und oder sowieso beziehungsunfähig oder sie sind supernett und schwul, so ist das zumindest in meinem Bekanntenkreis. Ich habe zwei schwule Freunde, die sind ja leider zusammen, aber jeden von denen würd ich sofort nehmen (lacht). Gemein, ne? Ja, und dann bin ich halt bei Finya.«

JD:

»Es gibt ja auch viele Leute, denen ist das bisschen peinlich, dass sie in so einer Börse sind. Ist das bei dir auch so?«

Margitt:

»Nö, absolut nicht! Ich weiß ja, dass ich nicht irgendwie sozial gestört bin und so. Ich finde das eher gut und ehrlich, wenn ich schon auf der Suche bin, auch so was zu machen (kichert). Ich hab das sogar meiner Mama erzählt. Die sagt dann, Mädel, pass auf dich auf, aber ist gut, such du mal, ich will ja auch mal Enkelkinder haben!. Und ich finde es komisch, wenn Leuten das peinlich ist. Ich finde es ja nicht schmuddelig oder so. Ich steh dadrauf, wenn Leute so halt ihr Glück quasi so selber pushen anstatt herum zu jammern und abzuhängen.«

JD:

»Würdest du jemanden, den du bei Finya mal gesehen hast, auf der Straße ansprechen?«

Margitt:

»Nee, ja, also so... Einmal hatte ich die Situation, aber das war in einer Kneipe hier um die Ecke und der war mit Freunden da, und ich mit zwei Mädels. Irgendwann haben wir dann gekickert und so, und später hab' ich ihn darauf angesprochen. Er war überrascht und fand's auch nicht so gut glaube ich, ich weiß nicht, aber ich hatte so das Gefühl, dass die Jungs, mit denen er unterwegs war, das gar nicht wussten. Ich merkte, wie unangenehm ihm das war, und sagte nur so, ich hol uns allen mal nen Bier und wir wechseln das Thema, und ja, der war glaube ich, echt dankbar. Und weißt du was? Der hat mich dann in Finya gefunden und mir paar Tage später geschrieben und sich echt dafür mal bedankt. Er hat da gerade in der Börse ne Frau kennengelernt und trifft sich mit ihr und da entwickelt sich wohl was, aber seine Kumpels wussten wohl nicht, wo er sie kennengelernt hat. Und er hatte auch Angst, dass ich denke, dass er so (kichert) so ein Schwerenöter ist, hihi, lustiges Wort ne, aber der hat das echt geschrieben: Ich bin kein Schwerenöter (lacht), keine Ahnung, ich glaube, so das Wort benutzt echt meine Oma oder so!! Naja, er ist also keiner und hat sich wohl damit schwer getan, noch bei Finya zu sein, wo er doch diese Frau trifft, also datet. Und ich glaube, jetzt hat er sein Profil gelöscht. Ist auch besser so. Und ich glaub' so auf der Straße würde ich niemand ansprechen, aber da in der Situation fand ich es ok. Aber er halt nicht. Und wenn mich jemand anspricht darauf... hm. Ich denke ja oft dass so bei entfernten Arbeitskollegen, die ja auch alle dauernd im Netz hängen und von denen sicher auch welche bei Finya sind. Da wär es mir bisschen so peinlich, so beim Geschäftsessen, wenn die so mein Profil vor Augen haben... aber andererseits, die suchen' dann ja auch nur. Aber wenn ich mit denen arbeite, würd' ich sie nicht drauf ansprechen, weil dann, ne das passt nicht, da vermischen sich zu viele Ebenen... und der Typ fand's auch nicht gut. Vielleicht war ich da auch zu unvorsichtig. Viele haben sicher so das Ding, dass sie die sind, die übrig geblieben sind und niemanden finden und deshalb sowas machen. Ich seh das total anders. Ich glaube, wenn du nicht in der Lage bist, so generell und allgemein, ne Beziehung zu führen oder Männer zu treffen und so Smalltalk zu machen oder zu flirten, dann wird es ja auch in der Börse für dich schwierig für dich. Weil, so zuerst, so bisschen kann man sich auch hinter dem Nicknamen und der Schreiberei verstecken, aber ich glaub, letztlich nützt es nicht so viel, weil irgendwann steht man ja schon voreinander. Oder es müssen sich zwei totale Freaks treffen und die haben sich dann ja auch auf irgendeiner

Kommunikationsebene getroffen, dass sie miteinander können. Ich weiß ja nicht, wie das bei so Zeitungsannoncen ist, aber bei Finya ist ja auch sehr, sehr viel so Kommunikation halt dabei. Man chattet oder mailt und schreibt nicht so ins Blinde hinein...ja...«

JD:

»Du meintest, dass du manchmal mit deinen Freundinnen dir mit dem selben Mann schreibst?«

Margitt:

»Ja, manchmal, wenn wir uns unsicher sind oder uns einen Spaß erlauben. Aber so richtig weit gehen wir dabei nicht. Halt so, um zu sehen, ob sie anderen Frauen so das selbe erzählen. Naja, so die meisten tun es. Wir haben das aber auch nur viermal oder so gemacht, also das ist jetzt kein Hobby von uns (*lacht*). Ich glaub', wo viele Leute nicht so ehrlich sind bei Finya, ist, ob sie noch andere außer dir treffen. Das ist so ein komisches Thema. Eigentlich, also denke ich mir, ist es ein unausgesprochenes Gesetz, dass man halt mehrere Menschen sozusagen in petto hat. Also ich kann mich mit a, b und c in einer Woche treffen, ohne dass es unmoralisch ist. Aber irgendwie fände ich es doof, wenn jemand noch andere Frauen trifft, wenn wir uns öfter treffen und da dann auch was in Richtung Beziehung laufen würde. Ich glaub' das ist so ein Ding, wo in der Börse nicht so oft nachgefragt wird. Aber man weiß ja auch einiges übereinander, so zum Beispiel, wer mit wem und so, weil teilweise kennt man die Leute ja vom Sehen auch so – also ich mein, wenn ich nur innerhalb von Hamburg und Berlin Leute suche, was wo glaube ich hier der Trend ist, dann ist es nun mal so, dass z. B. eine Bekannte auch mal Kontakt mit der gleichen Person hatte und man tauscht sich aus. Oder man sieht, wer auf wessen Seite war. Und dann war da so ein Typ, den fand meine Freundin wirklich gut. Und hat ihn öfter getroffen und so. Und der kam ihr komisch vor. Sie hat ihn gefragt, ob er sie öfter treffen mag und ob er andere Frauen trifft. Dann hat sie sich verliebt und auf ihn eingelassen, aber irgendwie – manchmal hat man ja so ein Gefühl, ne? Weißt du, was die gemacht hat?«

JD:

»Eh – nö!«

Margitt:

»Die hat sich echt noch ein Profil gemacht und irgendein Foto hochgeladen von einer sexy Frau, gut gestylt, aber nicht übertrieben, blond und so. Und schreibt den Mann an, ja so von wegen interessant, sucht Mann für ernsthafte Beziehung. Und der schreibt glatt zurück, dass er solo ist und sie treffen will und auch nichts anderes hat. Tja, und dann hat sie ihm das auch gesagt. Der hat sich nie wieder gemeldet und ist auch nicht mehr bei Finya. Zumindest nicht mehr unter dem Namen. Man kann da schon so einiges ma-

chen... oder ich weiß auch dann, ob Exfreunde von jemanden drin
sind und dann gucke ich schon, auf wessen Profilen die waren oder
na ja, spionier bisschen hinterher. Aber das gibt's wohl echt oft.
So bisschen ist das ja auch ein Inzuchtverein, also mein ich (*kichert*),
also wenn man sich halt auf so nen Postleitzahlengebiet begrenzt.
Na ja. So Spielchen eben. Und wenn man nur lang genug vor dem
Computer sitzt, dann probiert man halt so mal auch rum. So sonst,
in Realität fragt man halt nach jemanden, fragt Freundinnen oder
so, ob sie den und den kennen oder ist irgendwie hellhörig natürlich, aber ich glaub' auf solche Sachen wäre ich ohne die Börsen
auch nicht gekommen. Und ich bin sicherlich nicht die einzige, die
so was macht...«

JD:
»Hast du dann ein schlechtes Gefühl oder Gewissen?«

Margitt:
»Na, so jein, halb und halb, ja, nee. Ich finde es komisch, aber es ist
ja auch so menschlich, so was zu machen, wenn die Möglichkeit da
ist, ne. Und ich entschuldige das damit, dass das alle halt machen.
Aber ehrlich gesagt, ich hätte nie ne Freundin gebeten, zu versuchen, sich mit einem Mann zu daten, nur um zu sehen, ob der außer mir noch so seine Fühler ausstreckt. Das fänd ich hässlich...
nur im Netz, so, da sind zwar Fotos, aber auf ne gewisse Weise ja
doch immer noch eine Distanz, weil man doch nur schreibt und ich
finde, dass es da schon länger dauert, bis sich so ne, ne Art Ver-
bindlichkeit darstellt. Aber ich werde das Daten im Netz weiter machen, manche finden es ja auch billig, aber ich find's so mit allen
seinen guten und schlechten Seiten halt ne gute Sache, und es ist
auf jeden Fall halt besser, als da rumzusitzen und auf Mr. Right zu
warten. Ja, so ist das bei mir halt!«

JD:
»Fällt dir noch etwas Wichtiges zum Abschluss ein, etwas, das ich
vielleicht gar nicht gefragt habe?«

Margitt:
»Hmmm, nee. Nur so im Grunde, ist das schon halt was Spezielles,
ich glaube, man muss halt schon auf Zack sein, fast mehr noch als
beim normalen Daten, weißt du? Weil halt weniger Anhaltspunkte
da sind, weil's bisschen wie ne Sucht werden kann und man extrem
viel Zeit mit so Art »Wunschdaten« oder so »Traumkatalogen« verbringen kann. Und ich finde, da muss man sich bisschen schützen
oder sich das mal ganz klar machen. Wie so ein Spiel, dass dann
aber Krakenarme hat oder so was, wie so 'nen Spinnennetz, in dem
man sich auch verfangen kann, wenn man vielleicht weniger so, so
halt Erfahrung hat mit Menschen. Aber dadurch, na ja, ich halte
mich da für nicht schlecht, auch durch meinen Job. Ich glaub, ich
kenn mich da aus mit Schaumschlägern, so wo nix dahinter ist –

und es macht nun mal einfach auch Spaß, auf einmal so viele Männer treffen zu können. Ich genieß das, und natürlich ist es ein Kick und schmeichelt mir, auch wenn es vielleicht nur Standardmails sind, aber da sind auf einmal Typen, die mit dir ausgehen wollen. Und wenn ich einen schlechten Tag hatte und alles so grau und dröge ist, gibt mir das schon was. Wenn auch vielleicht nur im Kopf, aber immerhin!! Aber das wars dann auch. Ich finde man sollte es einfach nicht über oder unterbewerten. Es ist ja auch was sehr gutes, die Möglichkeit zu haben. Aber sich halt auch nicht verlieren, wie mit allem halt, Arbeiten, oder Alkohol oder Essen oder was auch immer du willst... (*denkt nach*) nee, das war's aber auch.. mehr fällt mir gerade nicht ein!«

JD:

»Ja, dann erstmal vielen, vielen Dank!«

Margitt:

»Ja, gern. Ich rede ja auch gerne drüber – und wenn's was Neues gibt, dann können wir uns gern wieder treffen...«

Interview mit Torben

Bei diesem Interview handelt es sich um das erste, das ich mit Torben führte. Das Interview fand bei unserem zweiten Treffen bei ihm zu Hause statt. Torben lebt in einer kleinen Wohnung in einem alternativen Viertel in Hannover.

JD:

»Wir haben uns ja schon mal getroffen, da brauchen wir ja nicht von ganz vorne anzufangen. Aber vielleicht kannst du trotzdem noch mal kurz erzählen, wie du eigentlich zum Online-Dating gekommen bist.«

Torben:

»Ich arbeite in einer Art Agentur, Kunst und Mediengestaltung halt, und da habe ich dann einmal gesehen, wie einer von den Leuten, die auch im Büro sind (*lacht*) auf der Seite war und habe mir gedacht, was macht denn der da eigentlich. Der hat dann gesagt, was das so ist. Und hat das schon seit paar Monaten gemacht und wirklich viele Frauen getroffen. Das war so das Ding, das war so das erste Mal, dass ich, dass ich auf Finya aufmerksam wurde. Andere Dinge, so wie neu.de, die waren ja relativ umworben, und dann hab' ich mir das zu der Zeit auch angeguckt.«

JD:

»Das heißt, auf die Werbung bist du also überhaupt nicht angesprungen?«

Torben:

»Komischerweise habe ich die vorher gar nicht wirklich gesehen. Mir war schon klar, dass es so Börsen gibt, aber mehr auch nicht. Ich habe das gar nicht wahrgenommen.«

JD:

»Du hast da also bei Finya.de reingeschaut. Und bei Finya ist es dann auch geblieben, oder hast du noch andere Börsen gesehen?«

Torben:

»Ja.«

JD:

»Das war das einzige, was du dir angeschaut hattest?«

Torben:

»Ja.«

JD:

»Und wann war das, wann bist du darauf aufmerksam geworden?«

Torben:

»Mai 2004.«

JD:

»Ja. Und ein Profil, hast du dir das relativ schnell eingerichtet?«

Torben:

»Ja«

JD:

»Am gleichen Tag, oder?«

Torben:

»Ja, man schreibt ja eh einen Namen rein, und so, und dann hängt's nur davon ab, ob man nen Bild reinstellt, das hab ich dann wahrscheinlich auch – glaube ich – gleich gemacht. Aber das hat mich nur so ganz grob gezeigt, weil ich nicht erkannt werden wollte. Und dann muss man so Fragen beantworten, und ich glaub, das sind immer noch die selben, da bin ich auch gar nicht mehr rangegangen. Bis auf so Angaben wie Bücher oder Filme, da gebe ich mir dann schon Mühe, das soll schon ein bisschen aktuell sein.«

JD:

»Das sind ja relativ viele Fragen bei Finya, ne?«

Torben:

»Hmm...so sicher 30 vielleicht?«

JD:

»Wie viele hast du davon beantwortet? Die Hälfte, kannst du das schätzen?«

Torben:

»Nö, ich glaube, ich war da ganz brav, habe bestimmt so 3/4 beantwortet. Mir macht das aber auch Spaß, ich denke halt gerne darüber nach, was ich gut finde und ich geb' auch sehr gerne meine Meinung kund. Das hat dann gut gepasst für mich. Und schreiben, das mag ich auch gern«

JD:

»..also doch ganz schön viel Arbeit!«

Torben:

»... nö, also ich füll ja ganz gerne so Fragen aus, so Formulare und so« (*lacht*)

JD:

(*lacht*) »Kenn ich!«

Torben:

»Mir macht das Spaß. Ziemlich stupide, aber es gibt echt Leute, die sowas gerne machen. Ich mag das, da ist dann halt so ein Feld und ich kann es füllen.«

JD:

»Und wäre es für dich ein Ausschlusskriterium, wenn du für eine Börse zahlen musst?«

Torben:

»Definitiv, ja. Mir kommt das dann schäbig vor, wenn ich für meine Partnersuche zahle. Das hat sowas von kaufen. Es ist vielleicht auch ein bisschen Geiz dabei, weil ich nicht 1000 % überzeugt bin von dem Prinzip Datingbörse. Aber letztlich kann ich mir schon einen Betrag leisten. Ich mag das nicht, zu zahlen für etwas, das eigentlich mit Liebe zu tun haben soll. Und das mit dem für die Börse zahlen, das gehört dazu ist. Und dann, wenn ich dafür zahle, dann gestehe ich mir ja auch ein, dass ich es anders nicht geschafft habe. Das habe ich im Café ja schon erzählt.. Ich kann da nicht über meinen Schatten springen, da kommt dann auch wieder Scham rein, finde ich, zumindest bei mir. Vielleicht, nee ganz sicher, gibt es andere Börsen, wo der Umgangston anders ist als bei Finya.de – das hast du sicher auch schon mitbekommen. Aber ich mag lieber ein wenig niveaulose Baggerei, als dafür zu zahlen, dass ich eine Frau kennenlerne. Das geht gar nicht, dann kann ich mir nicht und auch anderen nicht ins Gesicht sehen.«

JD:

»Was war jetzt ausschlaggebend für dich, Mitglied in Finya zu werden?«

Torben:

»Erstens, ganz banal, weil mein Kollege drin war und ich das so alles ganz ok fand. Und zweitens, weil es umsonst war. Und drittens, weil ich keine Lust hatte und zu faul war, mir noch ganz viele andere Börsen anzugucken. Ich habe dann ja schnell gemerkt, dass da durchaus akzeptable Leute drin sind, viele Spinner, aber halt auch andere. Das passierte dann einfach so, vielleicht kann man sagen, dass ich auch gar nicht so viel nachgedacht habe (*lacht*). Und dann habe ich mich ganz schnell dran gewöhnt. Am Anfang war ich da dauernd drin, dass war wie so ein Flash. Ich sass fast Tag und Nacht davor. So, von jetzt ausgesehen, kann man sagen, dass ich ganz schön planlos war. Ich war viel zu nett, habe allen geantwortet, die mir geschrieben haben oder habe gar nicht gepeilt, wer hinter den Profilen steckt. Ich habe mich halt wie so nen Anfänger verhalten. War ich ja auch!«

JD:

»Und, momentan, wie oft bist du in Finya jetzt?«

Torben:

»Ich guck da jeden Tag rein. Wie lange, also in Stunden, ist schwer zu sagen. Ich habe das zum Beispiel oft abends an, wenn ich allein zuhause bin und koche oder auch Fernseh gucke. Zwischendurch schau ich dann mal nach oder bleibe drin hängen. Oder bekomme so einen Film, dass ich einfach immer immer weiter mache, obwohl es mich selber nervt.«

JD:

»Ja, und du hattest erzählt, dass es am Anfang sehr viel Zeit war, und du hattest das Wort süchtig oder Suchtcharakter verwendet.«

Torben:

»Ja, genau das ist das dann, so stelle ich mir ne Abhängigkeit vor, man macht irgendwas weiter und weiter und weiter, und man weiß, dass es einem schadet, es macht dann auch nicht wirklich Spaß. Also, ich sitz dann davor, und dann flipper ich immer weiter, aber mir brennen die Augen, es macht keinen Spaß - nur eben aufhören, das geht nicht.«

Torben

»Am Anfang wurde es immer mehr, so, so stimmungsabhängig. Oder auch jahreszeitenabhängig vielleicht auch«

JD

»Ja.«

Torben:

»Aber schon so, dass ich da jeden Tag drinhänge, das geht halt neben der Arbeit und so ganz gut, oder man lenkt sich damit ab, aber ich finde das dann auch so bisschen erschreckend, weil, das sieht man ja auch, also andere Leute sehen, wann man das letzte Mal drin war und so, ähm, da denke ich, mhm, wie sieht denn das dann aus, so (lacht) als ob man da ständig so hängt.«

JD:

»Ja.«

Torben:

»Merkwürdig, du würdest cooler kommen, wenn man nur jeden zweiten Tag drin ist oder eine Woche nicht.«

JD:

»Aber wenn du dir andere Profile anguckst, hast du da das Gefühl, dass Leute wesentlich seltener drin sind als du?«

Torben:

»Nee, ich glaube, das ist schon normal, weil extrem viele Leute, meine ich jedenfalls, also mit denen ich dann Kontakt hatte, so irgendwie aus der Medienbranche kommen oder das Internet halt so dazugehört, entweder macht man es bei der Arbeit oder die Leute, oder das passiert auch oft, dass die Leute es halt dann abends machen, so nebenbei, beim Fernsehgucken, und dann irgendwie ihr Wlan und dann gucken sie so bisschen und quatschen dann nebenher.«

JD:

»Und jahreszeitenabhängig heißt dann mehr im Sommer oder mehr im Winter, wenn es dunkel ist?«

Torben:

»Ja, mehr im Winter.«

JD:

»Dann ist man auch mehr drinnen...Kannst du mir bisschen dein Profil beschreiben, das du dir erstellt hast, also was dir dabei wichtig war?«

Torben:

»Ich glaube ich habe am Anfang ein bisschen mehr geschrieben, und das habe ich dann nach und nach wieder gelöscht. Ich meine, so eine Art Gedicht, so würde ich es vielleicht doch nicht nennen, so etwas in der Art, um zu beschreiben, was Liebe, Partnerschaft, Beziehung angeht, was mir da so vorschwebt, was nicht so platt sein sollte. Das habe ich aber dann auch wieder herausgeschmissen (*lacht*), weil es mir dann zu doof war. Und jetzt, jetzt habe ich nur einen Spruch drin stehen, so dass ich eigentlich nur da sei, um eigentlich wieder herauszukommen. Man hat so ein Gefühl, man ist da irgendwie drin, man ist da nicht gefangen, aber man ist so irgendwie, hatte auch schon dieses Suchtding, dass man auch dann so immer wieder nachguckte und so weiter, aber eigentlich geht es mir ja nicht darum, so ständig Zettel hin und her zu schieben. Das ist so das eine Ding, was ganz lustig sein kann, so wie in der Schule früher, da schiebt man sich halt so Zettel hin und her. Was auch ein so ein Ding ist neben der Arbeit. Aber eigentlich will man da ja raus, und damit nichts zu tun haben, also ich will keine Freunde oder Bekannte darüber suchen. Das würde ich dann woanders halt machen.«

JD:

»Aber wenn du drin bist, macht es dir schon auch Spaß?«

Torben:

»Ja, das ist so--, doch, doch, doch klar, weil man hat dann diesen kleinen Kick am Tag, dass man so rumflirtet, so so was in der Richtig. Also krampfig ist es dann nicht. Also man guckt dann immer durch, es gibt so ein bisschen hin und her, da kann man sich dann ja fragen, ob das so toll ist, wie bei Ebay dann irgendwelche Produkte herumzuscannen, das sind dann halt die merkwürdigen Mechanismen, die sich dann einstellen. Das ist auch so ein Spruch, den ich in mein Profil reingeschrieben habe, dass es ja so abgeht wie bei

Ebay. Teilweise heißen die Leute ja sogar so 1-2-3-meins halt. Das sind dann auch Figuren, die gucke ich mir dann ganz gerne an, um zu sehen, wer dahintersteckt. Ich habe dann so eine Idee, wer das sein könnte, ne Frau aus Pinneberg oder so (lacht). Es macht schon Spaß, weil die Fotos auch extrem unterschiedlich sind, und teilweise denkt man auch, die kommen aus einer Modezeitschrift, die sind extrem professionell zum Teil fotografiert und dann zum Teil auch wieder total schrabbelig und trashig, und alles dazwischen.«

JD:

»Guckst du dir Männerprofile an, aus Interesse, wie andere Männer sich darstellen?«

Torben:

»Ja, ja, klar, schon. Wenn mir dann irgendjemand sagt, der und der, der hat mit mir und so oder arbeitet nebenan im Büro, dann gucke ich da schon mal hin, aber sonst nicht so sehr.«

JD:

»Ist dir ein Unterschied zwischen Männer- und Frauenfotos oder - profilen aufgefallen?«

Torben:

»Hm, nicht so großartig, ist dasselbe eigentlich. Vielleicht sind sie ein bisschen weniger ehm stylisch oder so, oder wenn es mir überhaupt auffällt. Auf der Startseite sind immer so ein paar Fotos, so 5 oder der, von beiden Geschlechtern, und wenn da irgend jemand interessant aussieht, dann gucke ich auch schon mal gerne rauf. Aber ich könnte mir vorstellen, dass Männer generell eher so Schnappschüsse aber oder selbstgemachte Fotos halt, und Frauen tendieren zum Teil echt dahin, dass sie extrem professionell aussehen, also extrem gestylt, so Magazin halt.«

JD:

»Schreckt dich dass dann eher ab oder findest du das gut?«

Torben:

»Ich finde es ganz schön anzugucken, aber doch, das schreckt mich eher ab. Dann denke ich irgendwie, die ist irgendwo in einer ganz anderen Liga unterwegs. Und teilweise sammel ich die Fotos dann auch, wenn die extrem sind, oder die Gesichter irgend etwas Markantes haben, wenn die sehr hübsch sind oder so, aber mehr so, weil ich irgendwas machen will damit mal damit, oder zeichnen oder so, da interessieren mich tatsächlich die Bilder, so wie mit dem Fotografen halt. Ich denke, man könnte irgendwas damit machen, so rein grafisch gedacht, jetzt einfach. Vielleicht dann mach ich dafür nen Namen, da ist ein Ordner, da kommen die dann rein! Aber das ist tatsächlich... oder man hat es am Anfang mal ausprobiert, solchen Frauen zu schreiben und dann kam dann auch relativ selten was zurück. Und dann war ich da so konditioniert, aha dass die, die auch wahrscheinlich sehr, sehr viel Post bekommen, und da habe ich dann auch nie etwas zurück bekommen. Mag aber auch daran liegen, dass meine Fotos eigentlich immer ziemlich bescheuert aussahen. Weil ich auch nie so ein ganz direktes Foto von mir haben wollte, weil ich auch selber meine eigenen Fotos kaum sehen mag irgendwie, keine Ahnung.«

JD:

»Aber es kann ja auch sein, dass da zwischen Fotos und Realität Welten liegen, also das wär vielleicht bisschen mein Gedanke, wenn die Fotos so schick und professionell aussehen, dass halt die Realität noch mal ganz anders ist.«

Torben:

»Ja, also ich habe es auch einmal gesehen, bei einer Frau, mit der ich mich getroffen habe, und die hatte zum Anfang ein ganz normales Foto drin, und die arbeitet halt beim Fotografen, und ein paar Wochen später hat sie halt von ihm eins drin gehabt, und es war ein extremer Unterschied halt, und da, ja, klar, da wusste ich halt auch – aha, aha. Beziehungsweise, die sah jetzt nicht schlecht aus oder sowas, das war interessant zu sehen, wie man halt als Fotograf jemanden halt richtig ordentlich hininszenieren kann. Wo aber die Persönlichkeit, die ich dann kennengelernt habe, aber gar nicht unbedingt drin steckt, also in dem Foto.«

JD:

»Ist dir das passiert bei Treffen, dass du mit jemanden Kontakt hattest und trotz Foto die Person nicht erkannt hattest? Oder halt erst auf den zweiten Blick erkannt hast?«

Torben:

»Eigentlich habe ich die immer erkannt. Es ist eher umgekehrt passiert.«

JD:

»O.K.«

Torben:

»Aber das lag daran, dass ich auch keine normalen Gesichtsfotos genommen habe, sondern auch immer eine komische Perspektive, oder noch mal verändert, schwarz-weiß oder was weiß ich. Ich hatte neulich auch eins drin, das war schon sehr nahe dran, wie ich jetzt auch abends zu dieser Zeit angezogen bin. Also man könnte mich schon erkennen. Aber das war mir dann schon ein wenig zu unheimlich, das war dann schon tatsächlich an mir dran. Da hatte ich dann Angst – oh Gott, nee – dann sieht mich jemand abends dann irgendwann so, draußen oder so, und denkt dann, ich in dem Ding da drin. Das ist natürlich auch Blödsinn, denn die sind ja auch darin, also eigentlich muss man gar kein Angst habe, aber irgendetwas hat mich davor zurückschrecken lassen. Da habe ich es wieder herausgenommen.«

JD:

»Ist dir das schon passiert, dass du da Leute getroffen hast auf der
Straße, die du bei Finya gesehen hast?«

Torben:

»Ich meine es jedenfalls. Also da ist eine Frau, die arbeitet da in der
selben Ecke, und ist dann auch zum selben Supermarkt mal hinge-
gangen. Ich habe sie da nicht gesehen, aber das hat sie jedenfalls
mal erzählt. Bei der, bei der dachte ich es auf jeden Fall mal.«

JD:

»Aber es käme dir dann eher wie ein Tabubruch vor, sie dann anzusprechen? Auch wenn sie sympathisch wirkt?«

Torben:

»Ja, also es würde sehr auf die Situation drauf ankommen. Also im
Supermarkt definitiv nicht, auf der Straße auch nicht, noch nicht
mal in so einer kleinen Runde, zum Beispiel ein Essen oder so. Also
niemals – würde ich zumindest zunächst einmal ausschließen. Es
sei denn, man kommt auf das Thema oder so. Aber, so von wegen
Hey, dich kenne ich doch, aus dem Internet! Ich mein, das geht einfach nicht, finde ich.«

JD:

»Und warum geht das nicht?«

Torben:

»Hört sich so Scheiße. Das ist definitiv für mich was, was immer
noch so was leicht Schäbiges hat, oder so eine Kontaktanzeige aufgeben, hat auch für mich etwas leicht Merkwürdiges.«

JD:

»Schäbig heißt anrüchig? Oder ist das zu altmodisch gedacht?«

Torben:

»Ne, anrüchig nicht, das würde ich nicht sagen (*lächelt*). Eher dieses
Klischee von den Männern oder den Frauen, die früher Kontaktanzeigen aufgegeben hat, wie man es früher vor 15, 20 oder 10 Jahren kannte. Aber das ist nicht was, was ich jetzt wirklich durch-
leuchtet habe. Ich kann das natürlich auch jetzt nachvollziehen,
das Bedürfnis, Kontaktanzeigen aufzugeben. Man braucht sich ja
nur eine Seite in der Mopo anzugucken oder so. Da weiß ich dann
ganz genau, ah – das sind die Leute, die ich dann garantiert nicht
gerne kennen lernen möchte. Würde ich sagen.«

JD:

»Und du meinst, das ist, ist halt bisschen anders im Internet? Oder
woran unterscheiden sich deiner Meinung nach die Leute?«

Torben:

»Die Kommunikation ist direkter. Und man kann eher herauskrie-
gen, wo jemand herkommt, was jemand macht, was er für Musik
hört...«

JD:

»Ja.«

Torben:

»... was für mich halt entscheidend ist. Weniger Musik jetzt, aber in welchem sozialem Umfeld er halt jetzt sich aufhält. Da ist es schon beinahe ein Ausschlusskriterium, wenn jemand jetzt in XX wohnt. Was jetzt bisschen hart ist, aber selbst so ein Schickistadtteil käme mir komisch vor. Also es gibt so einen ungefähren Einzugsbereich, wo man denkt, aha, die Leute könnten ungefähr im selben Leben herumlaufen, was dann auch so plötzlich dann der Fall ist. Dieselbe Musik hören, das Selbe machen, was für mich also sehr entscheidend ist.«

JD:

»Ja.«

Torben:

»Was jemand auch macht.. Ich könnte mir schwer vorstellen, mit jemanden zusammen zu sein, die in der Bank arbeitet. Obwohl das natürlich auch klares Klischee ist, das geht natürlich auch. Ich hab da ein relativ festes Raster, was ich mir vorstelle, an einer Person halt, die ich gerne näher kennen lernen möchte.«

JD:

»Und wie sortierst du dann in Profilen? Du guckst, was sie über sich schreiben? Oder gibt es da so ein paar ganz markante Anhaltspunkte, die du überhaupt in Worte fassen kannst?«

Torben:

»Ja. Einerseits schon das Visuelle, wenn ein Foto da ist. Aber andererseits, wenn keins da ist – der erste Kick ist dann halt schon der Name, der kann bescheuert sein, der kann auf irgendetwas hinweisen, und es kann alles Mögliche sein. Der kann einmal sehr sexy klingen, sehr provokativ. Dann kann es aber auch so klingen ›Ich mache was mit Kunst‹ oder ›Ich bin Design‹ - oder halt etwas, was mich interessieren würde. Und dann guckt man halt nach dem Foto. Und dann weiß man halt das könnte etwas sein. Und wenn man halt kein Foto sieht, dann guckt man halt so bisschen in den Daten. Was mich dann wirklich ärgert, ist, dass bei vielen Leuten, vielen Frauen jedenfalls, keine Berufsbezeichnung da ist. Wobei, der Beruf würde mich auch nicht wirklich interessieren, aber so irgendein Feld halt, wo jemand unterwegs ist. Oder man liest dann etwas mehr in dem Profiltext. Und je nach dem, wie der dann ist, irgendwie interessant oder jemand da dann irgendetwas entwickelt, dann ...«

JD:

»Du meintest das ja vorhin mit dieser Ebay-Mentalität, weil man sich da so durchklicken kann. Und dass, wenn ich es dann richtig verstanden habe, scheint ja auch bisschen dann deiner Vorstellung von Liebe zu widersprechen – oder von jemanden >finden<. Wie wä-

re dann eine – evtl. idealisierte – Vorstellung von Liebe: Wie trifft
man auf die Liebe, was stellt sie dar?«

Torben:

»Zufall eigentlich. Das ist komisch, das ist eigentlich ein Widerspruch. Ich finde sehr dass.. also zufällige Begegnungen mag ich
sehr gerne. Man ist irgendwo, arbeitet irgendwo, und lernt jemanden kennen. Da ist so ein komischer Clash, von Welten, die da auf-
einanderprallen. Also das finde ich einmal gut. Und dann ist da
noch das Andere, da geht aus über Gewohnheit – also dass man
jemanden kennen lernt über Freunde, über Arbeitskollegen, weil
man halt in eine Gruppe reinkommt oder jemand in diese Gruppe
kommt. Was letztendlich aber auch Zufall ist, nur so ein bisschen
»gerichteter Zufall« halt. Da weiß man dann, aha, scheint in Ordnung zu sein, weil der und der Freundeskreis und so. Und dann im
Netz, und dieses schnelle Durchhauen, das ist extrem, das ist auch
dieses Vorsortieren, da ist auch natürlich bisschen Zufall, das man
an dem und dem Zeitpunkt auf diese Person trifft. Aber es hat auch
etwas sehr, sehr, sehr Mechanisches, etwas, das dann auch sehr
auf die Primärreize abzielt. Je nach dem, wie sich dann auch jemand visuell verkaufen kann auch!

Aber sonst, mit Liebe so im Allgemeinen, es ist glaube ich schon, bei
einer guten Beziehung, da bin ich so bisschen hingekommen, dass
die Person ist schon ein bisschen austauschbar – aber nur bevor
man sie kennen lernt. Das kann ja schon jeder sein, dann kommt
es ja erst, das man etwas entwickelt oder es eine Originalität hat.
Beim Kennenlernen halt. Von daher ist es gar nicht so, so unterschiedlich. Nur die Mechanik, die Abfolge, das Aussortieren, das
erste Erspähen und dann Zugreifen sozusagen, das ist glaube ich
halt so durch so was wie Bilder oder gleich Worte von jemandem lesen. Das kann man einpacken, verarbeiten – und auch später dann
mal wieder zurückgeben.

Man hat so eine Meine-Freunde-Funktion. Ich habe da, glaube ich,
so 50 Freunde – obwohl ich teilweise noch nie von denen etwas gehört habe oder so. Man guckt dann auch, weil sich die Bilder dann
auch verändern, oder die Leute sind dann teilweise auch einfach
weg, aber das sind dann so, so Art Favoriten, die man da anlegt. ...
Ich habe aber auch noch nie so etwas gemacht, wie, wie Speed-
Dating. Das hört sich einfach schon so bescheuert an, vom Namen
her. Andererseits... Neulich, in der Mopo war so ein Ding, dass die
da das im Riesenrad durchgezogen haben. Alle 10 Minuten oder so,
und immer, wenn man dann unten war – wahrscheinlich haben die
dann schon ein paar Runden gedreht oder so – jedenfalls, haben die
dann ausgetauscht. Das stelle ich mir noch ganz ok vor. Aber es
gibt ja auch richtig harte Sachen. Da sitzt man da halt zwei Minuten und dann zack-zack-zack-zack. Wobei die Forschung dann ja

schon dahin geht, dass so Leute halt auch ausgewählt werden, potentielle Partner halt. Aber ich, ich finde es pervers, definitiv.«

JD:

»Und hat sich so dein Blick auf Frauen, Treffen, Kennenlernen, vielleicht auch Sich-Verlieben, durch das Online-Dating verändert?«

Torben:

»Hmm, man kommt vielleicht ein bisschen mehr in Kontakt, oder man schult sich vielleicht so ein bisschen dadrin, im Annäherungsprozess, wie man das macht, in sofern – ja schon, glaube ich. Oder ich bin da irgendwie so lockerer geworden oder was weiß ich. Ich weiß nicht, ob das damit was unbedingt damit zu tun hat. Es kann auch sein, dass es damit zu tun hat, dass ich sehr lange mit jemandem zusammen war und dann – das war wirklich meine erste Freundin und das waren 15 Jahre lang – und da war ich halt komplett raus aus dem Markt, und da wusste ich auch nicht, wie jetzt diese Annäherungsstrategien laufen oder wie das funktioniert. Also das lief dann zeitgleich ab. Ich würde sagen, das ja, auf so einer abstrakt-praktischen Ebene. Man schreibt sich so, man kann auch überlegen dabei, da schult man sich so ein bisschen, hmm, wenn man raus geht. Das geht vielen so, also meine Beziehungszeit ist ja echt lang gewesen. Ich glaube, auch wenn man so paar Jahre zusammen war, das ist dann unheimlich komisch, wieder nen Partner zu suchen. Oder stell dir mal vor, wenn man sogar verheiratet war.«

JD:

»Was ist dann so komisch?«

Torben:

»Ja, irgendwie hat das was Unreales. Es ist so bisschen wie eingerostet: Man konnte ja mal Frauen ansprechen oder hat so die vage Idee, wie das war, mal nicht in einer Beziehung zu sein. Und auf einmal, da stand ich da, und wusste echt nicht, was ich machen sollte. Ich stand da dann wie neben mir und beobachtete mich selbst, und kam mir unglaublich lächerlich vor. Und beim Online-Dating, da ist das ja langsamer, also, damit meine ich, dass man halt mehr Zeit hat, sich ne Mail auszudenken oder so. Natürlich geht das auch manchmal ganz schnell mit dem Hin-und-Herschreiben, aber so grundsätzlich kommt mir das echt mal entgegen. Oder vielleicht noch mehr zu Anfang meiner Singlezeit. Aber trotzdem, ich mag das immer noch, dass ich so ein bisschen Zeit habe zum überlegen. Naja, und dann im Laufe habe ich dann immer dazu gelernt und bin auch beim Online-daten zielsicherer geworden. Ich schreibe nun zwar immer noch viele an, aber nicht mehr so wahllos wie am Anfang.«

JD:

»Und wenn man sich jetzt schreibt, gibt es da so »Alarmsignale« für dich – z. B. dass du weißt, die Person ist gar nichts für mich oder ist etwas für mich?«

Torben:

»Hmm.«

JD:

»Oder traust du dir das zu, dass darüber schon zu erkennen?«

Torben:

»Ja, wenn so ein extrem schlechter Musikgeschmack kommt, oder wenn man ... oder wenn Leute nicht tendenziell offen sind für irgendetwas, oder dass, warum sie es ablehnen, nicht richtig beschreiben können... wenn da also so eine Spießigkeit mit durchschlägt.«

JD:

»Und hast du einen Ablauf, den du bevorzugst? Wie oft man sich ungefähr mailt oder auf die eine oder andere Weise Kontakt hat, bevor man sich trifft.«

Torben:

»Das ist auch total unterschiedlich. Also bei einer Person, da bin ich auch sehr gespannt drauf, das hat sich halt heute so ergeben, da läuft auch vieles zusammen, was wir heute so besprochen haben. Ich hatte zuerst das Foto drin, was mir sehr nahe war, was mir sehr ähnlich sah. Mit dem hatte ich sie schon mal angesprochen, da kam aber nichts von ihr. Ehm, dann bin ich halt heute wieder auf sie gestoßen, da habe ich sie wieder angesprochen und sie hat geantwortet. Und es war eigentlich supernett und so und dann sind wir eigentlich auch relativ schnell umgestiegen auf so einen Chat, so Messenger, und dann haben wir dann wieder Fotos hin- und hergetauscht. Und da hat sie mich dann wieder erkannt: Ah, du bist das. Und ich dachte: Au Scheiße, jetzt hat sie mich erkannt, und sie fand das Foto damals wohl wirklich total bescheuert oder so. Und dann meinte sie, nein, nein, nein – aber ich habe sie auch nicht direkt gefragt. Ich glaube auch, als Frau bekommt man auch sauviel Post. Keine Ahnung. Und dann meinte sie, sie kennt mich wahrscheinlich auch vom Sehen. Sie auch gleich um die Ecke da, wo wir unser Büro haben, sie meint, sie hätte mich auch schon mal auf der Straße gesehen, also auch mit genau den gleichen Klamotten auch. Ich hab' ne Lederjacke an und so eine Kappe auf (lacht). Und das war jetzt auch so ganz positiv auch im Nachhinein, da ging es jetzt relativ schnell und es hat sich so ergeben, dass wir uns morgen halt treffen. Und das hat sich sehr gut angehört. Und sonst passiert es auch so, dass es sich extrem lange hinziehen kann, das kann sich superlange hinziehen. Eine kenne ich seit 2 Jahren, und die, die, wir waren mal zusammen Mittag essen, weil die auch in der Nähe arbeitet im Kino, dann waren wir auch abends mal essen. Da ist dann auch nichts weiteres passiert. Das war so, ja. Das war ganz komisch, das hatte aber auch überhaupt keine Tiefe gehabt. Das ist also so ein bisschen oberflächlich gewesen. Also richtig schien man sich nicht füreinander zu interessieren. Aber jetzt habe ich ihr wieder geschrieben, ich war jetzt unterwegs und wir wollen wieder mal zusammen Mittag essen. Das ist auch ganz nett, so Geschichten dann. Ne andere Frau, die kenne ich auch schon superlange, über ein Jahr oder so, die war in Berlin, hat aber in Bielefeld gearbeitet. Und ich kenn die nur über das Ding halt, und irgendwann ist die da ausgestiegen. Und dann waren wir da und da, bei myspace und so, so Profile gehabt, und E-Mail so und so und bla bla bla und immer auch telefoniert, aber gar nicht so oft, das war rein textlich, schon so, dass man immer Fotos hin und herschickt. Das wurde auch nie... war auch nie in keinster Weise erotisch oder irgendsowas. Also da ging es da nie darum, sich mal hm hm hm, halt auf diese Weise auscheckt. Das war dann immer so, ja wir sehen uns dann mal, ich bin demnächst mal wieder in Hamburg. Die war auch ein paar Mal hier, hat 'ne Freundin, die wohnt hier gleich um die Ecke in der Meiersstraße. Eh, und dann habe ich sie auch angerufen (*imitiert Ungeduld*): Ja, hallo, gehen wir jetzt mal nen Kaffee trinken irgendwie, das wir uns irgendwie mal – grundsätzlich – begegnet sind. Und dann war aber wieder irgendwas dazwischen. Also eigentlich, glaube ich, wollte sie mich supergerne sehen, aber irgendwie hat sie auch Schiss davor gehabt. Die ist mittlerweile wieder nach Frankfurt zurück. Wir sind immer noch so per Mail, hallo, wie geht es.... Das hat schon eine ganz, ganz andere Tiefe, als ganz anders als mit der Frau, mit der ich da Mittag essen gehe. Aber man hat sich tatsächlich real nie gesehen.«

JD:
»Meinst du, dass man da auch ein bisschen offener wird, wenn man Leute real nie gesehen hat? In Erzählungen von sich selbst oder...«

Torben:
»Hmm (*überlegt*), nicht unbedingt. Und in dem Fall bleibt man eher bei der eh, ja, auf so einer ganz guten Ebene. Wo es nie so schlüpfrig wird, schon so, dass man mal nen Witz macht, wie man mit Freunden redet, gerade dieses gegengeschlechtliche Ding, wenn man jetzt Hetero ist, aber nie so, dass dann, dann rumgeflirtet wird – also in dem Fall jetzt. ... so was gibt's dann gar nicht. Das hat schon so eine freundschaftliche Ebene, ganz interessant halt.«

JD:
»Und in durchschnittlichen Phasen wie jetzt, wenn du täglich reinguckst, wie oft triffst du Leute im Monat. Kannst du das sagen, auf wie viele Treffen das ungefähr kommt?«

Torben:
»Das ist schon rar, selten. Ich zeichne mir schon gerne ein genaues Bild von jemanden, der mich interessieren könnte. Mit der Frau

jetzt, die ich da morgen treffe, ging es ja wirklich rucki-zucki, aber da war es auch so, dass mich irgendetwas an dem Bild angesprochen hat und auch, was sie sonst so macht. Das ich dachte, ah, o.k, das klingt ganz interessant. Aber sonst, habe ich das lange Zeit gar nicht mehr so in Erwägung gezogen. Das ging dann eher so rein kommunikativ, immer so, dass ich.. Ich frag' eigentlich nie, wie ist denn das, treffen wir uns jetzt mal eigentlich?«

JD

O.k.«

Torben:

»Also, das lass ich eigentlich lieber die Frauen machen, das Tempo bestimmen, das kommt auch eigentlich besser an. Weil, die kommen dann selber drauf, also wenn, wenn die da auch gar kein Foto haben und man da auch gar nicht nach fragt, als würde man sich da überhaupt nicht für zu interessieren, scheint das dann irgendwann so zu – dann sind die oft auch irgendwann richtig verärgert (imitiert Gesprächssituation): Ja, was ist denn, willste denn nicht irgendwann mal nen Foto sehen? (lacht) - Ah ja, klar.«

JD:

»Als wir uns im Café getroffen haben, hast du ja irgendwann gesagt, dass du meinst, dass Online-Dating auch negative Aspekte hätte. Das hast du so ausgedrückt. Was meintest du damit?«

Torben:

»Na ja, da geht es ja relativ niveauvoll zu. Wenn man so, das klassische Dinge, na ja, man trifft sich irgendwo an einem netten Ort und unterhält sich erstmal. Und dann, dann gibt es noch die Dinger, wo es dann eindeutig um Sex halt geht, das meinte ich damit.«

JD:

»O.k. Und stört dich das dann? Oder siehst du das als Teil des Ganzen an – oder ärgert dich das oder...«

Torben:

»Nee, das finde ich gut. Da finde es dann auch vielleicht natürlicher, wenn man sich so begegnet als wie bei Finya, also, man ist, man ist dann auch disziplinierter vielleicht. Es gibt dann auch Männer, die auch einfach nur voll die Idiotensprüche losschicken und so. Die kommen dann natürlich auch nicht so richtig weit. Aber das ist eigentlich schon beruhigend. Wenn man in so einem Sexchat unterwegs ist, das ist schon der Hammer, was da halt abgeht, irgendwie, an Sprüchen und dermaßen idiotischen Strategien auch, um da an irgendeinen potentiellen Geschlechtspartner heranzukommen. Das ist schon schlimm. Und dann ist es wirklich angenehm halt, sich bei Finya zu unterhalten. Auch der ganze Prozess ist halt viel langsamer, dass man erstmal, dann, dann wieder langsamer. Also tatsächlich langsamer: Das man dann erstmal wieder ne Mail losschickt, dann dauert es erstmal wieder, bis man eine bekommt, dann kann man wieder antworten. Während man... Es gibt auch ne Chatoption, aber die nutzt anscheinend kaum jemand, die auch nicht besonders toll halt funktioniert. Das ist auch das Interessante daran, so ne Verlangsamung, so ne Verlangsamungsebene da halt. Ich hab's neulich auch gemerkt bei jemand anderem, da war ich bisschen komisch drauf, bisschen müde, bisschen überdreht oder so, und dann fing ich halt mit der an über Skype. Neben Finya hat man ja mehrere Kanäle, auf denen man sich dann auch noch befeuern kann, die ganzen Chat, Instant Messenger, Compliance oder sowas. Wenn man so weit ist, dann ist man dann auch eine Spur näher aneinander dran. Und da habe ich dann auch gemerkt, da habe ich nur Blödsinn geredet, nicht dass es so superordinär wurde, aber schon ein bisschen deppert auch. Und das meinte ich halt, dass das ganz gut gelöst ist bei Finya auch, dass man da nicht so...gleich so... das mache ich normalerweise auch nicht. Das ist, glaube ich, auch ein Moment, wo man die ganze Geschichte noch so ein bisschen zügeln kann auch. Ja.«

JD:

»Und, sonst, du hast ja gesagt, dass das Thema auch ein bisschen heikel ist für dich, darüber zu reden. Das du halt Leute auf der Straße deshalb nicht ansprechen würdest aus den und den Gründen, das es etwas Schäbiges in Anführungsstrichen hätte. Mit dem Darüberreden über Online-Dating, wie offen bist du da? Oder nicht? Wie ist dein Gefühl, was meinst du, wie viele Leute wissen darüber in deinem näheren Umfeld?«

Torben:

»Hm. Ich glaub, niemand so richtig. Wobei, ich weiß nicht, Moment, vielleicht K., vielleicht hat sie mich da einmal gesehen, wobei ich bei K. ja auch total erstaunt war.«

JD:

»Weißt du denn das von ihr selbst oder hast du sie in der Börse gefunden?«

Torben:

»Sie hat mir das erzählt, so nebenbei mal, und da bist du ja auch unterwegs.. so. Also da war ich zunächst schon mal überrascht, als sie damit ankam. Ich habe sie halt nicht so eingeschätzt: Sie sieht super aus, ist bisschen verrückt und auch mal kein schüchternes Mädel, ganz im Gegenteil. Die kann ja auch echt baggern und abschleppen.«

JD:

»Ich mein, man kann ja auch davon ausgehen, dass Leute dann übereinander stolpern irgendwann... Aber das scheint dann ja doch so eher geflissentlich ignoriert zu werden.«

Torben:

»Ich glaub, das ist normal. Also ich glaub schon, so bei unserer Generation, dass es schon bisschen offener ist. Aber selbst bei A., die extrem viel gut, o.k, jetzt so mit Tochter, nicht so, viel unterwegs ist. Sie hat ja extrem viele soziale Kontakte. Bei mir ist es mittlerweile auch so, seitdem ich nicht mehr mit meiner Freundin zusammen bin, da fängt man ja eh an, sich anderswie zu organisieren. Ich habe halt extrem viele Leute kennengelernt, aber irgendwie war es auch nicht, nicht einfach. Also, ich hab, extrem viele Leute auf dem normalem Weg, wie man sich halt kennenlernt, kennengelernt, aber einfacher war das auch nicht unbedingt – aber schlimmer war es auch nicht.

JD:

»Wobei ich ja auch immer so ein Gefühl hab, das es ja auch in meinem Freundes- und Bekanntenkreis, also bei denen, die Single, sind, relativ Gang und Gebe ist, in so was halt drin zu sein.«

Torben:

»Ja, wahrscheinlich ist das mittlerweile ganz normal und alltäglich.«

JD:

»Also, dass es vielleicht so gar selten ist, da nicht drin zu sein. Es wird natürlich nicht das totale Heilsversprechen da gesucht, sondern es ist nur ein Weg von vielen halt. Der sich auch ganz gut in den Alltag hineinintegrieren lässt.«

Torben:

»Ja, ja, aber trotzdem habe ich da relativ wenig Gespräche drüber, und das sind auch Leute mit denen ich Kontakt habe.«

JD:

»Ich finde, es kommt sehr darauf an, wie Leute Computer nutzen. Das ist immer so die erste Grundlage: Wieviel Leute im Netz hängen – oder eben nicht. Aus den unterschiedlichsten Gründen. Und die, die es relativ viel machen, sind meistens drin.«

Torben:

»Stimmt.«

JD:

»Und dann stolpert man eben drüber, oder durch Freunde oder Bekannte. Aber ich habe bisher noch keinen Menschen getroffen, der auf die neu.de-Werbung angesprungen ist.«

Torben:

(lacht) »Ja. Das ist halt auch das kommerzielle Ding. Müssen da Frauen eigentlich auch was zahlen?«

JD:

»Nee, ich glaube nicht, nee, müssen sie nicht. Es ist bei ganz vielen Sachen ja so, datingcafé oder so. Da zahlen Männer 30 € oder so und Frauen nicht...«

Torben:

(*unterbricht*) »Aber da, da weiss man ja auch schon, als Mann oder als Frau, als Lady, auf Parties wo man als Frau bis 12 Uhr umsonst reinkommt. Ich jedenfalls nicht. Ich würde auch niemals in einen Swingerclub gehen, weil man da genauso abgezockt wird.«

JD:
»Na, ich glaube, der Hintergedanke ist jedenfalls andersherum, dass viele Frauen da reingehen, weil sie denken, dass es dadurch niveauvoller wird, also dass sich Hans Dampf dann schon mal eher überlegt, ob er 30 Tacken investiert, damit er in einer Börse ist. Und dass Männer das Gleiche glauben, weil die Konkurrenz geringer wird oder die Sache einen seriöseren Touch bekommt.«

Torben:
»Kann natürlich auch sein, ja, sobald, sobald Geld da irgendwie mitspielt, finde ich es irgendwie gruselig.«

JD:
»Hat das auch mit deinen Liebesvorstellungen zu tun? Dass halt der Zufall da ist, und das Liebe und Materielles ja zumindest schon sehr getrennte Sachen sein sollen.«

Torben:
»Ich denke schon. Da wär auch der administrative Apparat, und alles, was dahinter ist, am Kummer und am Elend der Menschen Geld verdienen, nicht mehr so offensichtlich. Also ich käme zumindest nicht auf die Idee. Es ist halt alles so eine Mischung, wobei es ja natürlich auch klar ist, dass Finya ja auch eine professionelle Kontaktbörse ist. Aber wenn ich für eine Börse zahle, dann kommt mir das so vor, als ob ich mir Gefühle kaufe. Und das ist ja was, was nun mal gar nicht funktioniert, zumindest nicht auf die lange Sicht!«

JD:
»Und wenn du ne Börse aufmachen solltest, als Job. Wie würdest du das gestalten, was wäre dir wichtig bei den Profilen – wie würdest du da rangehen?«

Torben:
»Keine Ahnung. Ich würd's nicht machen. Ich würde es echt nicht machen (*lacht*). Ich meine ich kann es mir jetzt so vorstellen, dass es jemand als Job an mich heranträgt, da so ein Konzept zu entwickeln. Von daher hätte ich dann den professionellen Blick drauf. Aber so persönlich – mache ich mir gar nicht so viele Gedanken darüber. Ich seh's dann auch wieder – Mann, das ist ein Tool, das man halt benutzt, so wie man halt zu bestimmten Veranstaltungen geht, weil man denkt, da könnte ja die und die Person halt sein. So sehe ich es eher, also ich sehe es gar nicht so als einen abstrakten Service an. Tatsächlich ist es dann eher so ein, eine andere Möglichkeit der sozialen Interaktion, die sich da aufgetan hat, auch wenn sie mir tatsächlich dann ein bisschen suspekt ist.«

JD:

»Und Vergleiche zum Verhalten in myspace und Finya, tut sich da was auf? Oder ist dir das grundlegende zu unterschiedlich vom Ding her?«

Torben:

»Ja, die Ausrichtung ist ja eher Musik und so. Und da sehe ist es so, und da würde ich nie herumbaggern. Es gibt da auch die Möglichkeit, einzustellen, ob man heiraten will, Kinder will und welchen ehelichen Status man hat oder so, aber da steht viel zu sehr die Musik oder irgendeine Figur im Vordergrund. Oder halt das Einsammeln, und da geht man halt hin. Und da ist es halt so, dass sich Virtualität und das reale Ding auf eine ganz so lockere Art verzahnt, dass sich die Leute, die man halt nur so vom Ausgehen kennt oder nicht mal besonders tief kennt, so sammele ich da halt »meine Freunde« ein. Ich trag' da jetzt keine Bands oder so ein. Immer nur, wenn ich so einen direkten Kontakt zu denen habe. Das sind dann halt Bands, die man wirklich kennt, von hier der Ecke oder so, oder Leute, die man wirklich kennt. Dann auch so, da ist man auch gern auch mal bisschen offensiv, den man auch mal nur so gesehen hat. Aber da läuft es auch wirklich anders, weil die Beziehungsgeschichte gar nicht so im Vordergrund steht. Und so ähnlich ist es dann auch, nur auf einer geschäftlichen Ebene halt, mit Open BC oder so, Xing wie das jetzt heißt. Aber das sind auch schon Sachen, die ich trennen würde.«

JD:

»Also du hast nicht das Gefühl, dass Dating-Börsen, die ja schon ganz schön massiver werben und bekannt sind, so rüberschwappen in andere Netzbereiche? Das es halt legitim ist, anzubaggern oder so? Wenn man will.«

Torben:

»Das haut gar nicht so hin, das fängt schon an, dass da jeder so ein Quatschfoto mit was auf dem Kopf hat. Bei Finya wird ja streng drauf geachtete, wie sich jemand darstellt. Ich habe da auch mal ein Foto hingepackt, so aus einem Heft, da hat jemand so ein dickes Kinn. Das habe ich mir halt unter die Nase gehalten. Ganz nettes Foto halt, und das haben die dann nicht angenommen, weil die, die achten schon darauf, dass es einen realen Bezug hat. Und myspace ist eher so Karneval. Und es ist auch zu kompliziert, da herumzuschreiben. Es geht auch, aber irgendwie ist es so bisschen hakelig. Der kommunikative Prozess ist halt bisschen hakelig. Wobei der Karneval ist ja auch ganz interessant, wenn man so vom historischen Karneval ausgeht, so Marie Antoinette eh, wo die Maske ja erstmal da ist, ja jetzt können wir alles erstmal loslassen. Aber das funktioniert für mich da auch nicht. Es gab ja auch immer so virtuelle Communities, wo man Avatare eingesetzt hat, so Bildchen oder

3-D-Dingerchen, man konnte dann auf irgendeinem Feld... und Café.. Aber da nervt das eher. Da ist man ja eh anonym und da braucht man ja auch keine Maskerade oder so was. Weil man will ja eigentlich was anderes, beim klass. Karneval hat man ja seine Maske auf , das bringt da ja gar nichts. Ich weiß auch nicht, was da richtig passiert bei den großen Spielen, wie Second Life, hast du davon was gehört?«

JD:

»Ja.«

Torben:

»Die sind wahrscheinlich ganz interessant, und vor 10 Jahren hätte mich das sicher auch umgehauen, weil da, da habe ich mich schon extrem für interessiert, auch so von den Sachen her, die ich gelesen habe, und Filmen und so. Wo so eine Parallelwelt halt aufgemacht wird. Aber die sind so weit weg von mir, das ... das wär mir einfach viel zu viel Zeit, die man da investieren müsste.«

JD:

»Hast du vielleicht sonst noch etwas Wichtiges zum Thema Online-Dating und Finya zu sagen, was ich vielleicht gar nicht gefragt habe?«

Torben:

»Hmm, (lacht), nö- nee... Wie gesagt, ein so'n Ding ist halt, dass ich da froh wäre, wenn ich da zum Beispiel eben nicht mehr unterwegs wäre, so dann hätte ich vielleicht endlich mal meine Ruhe.«

JD:

»Aber der einzige Weg, wirklich auszusteigen, wäre, wenn du eine Beziehung hast.«

Torben:

»Ja.«

JD:

»...nicht dass du einfach sagst: Nö, ich habe keinen Bock mehr, ich mach das nicht mehr.«

Torben:

»Ja, ja, so sehe ich das, das ist halt so ein Teil von einem, wo, wo man dann immer wieder einsteigen kann und wo man sich dann immer wieder mal umgucken kann. Und, eigentlich, fände ich es dann symbolisch schon ganz schön – und auch ein bisschen spießig vielleicht – wenn man sich jetzt gefunden hätte, dann und, und so – jetzt melde ich mich einfach hier mal ab. Es würde mich einfach mehr so großartig reizen.«

JD:

»Heißt das jetzt, dass du dich nicht zwangsweise abmelden würdest, wenn du eine Beziehung hast?«

Torben:

»Nee, so, so ein halbes Jahr würde ich es vielleicht noch irgendwie lassen, vorsichtsweise (*lacht*). Aber mehr auch so, weil es dann auch ein Teil dann von einem geworden ist. Was ich auch nicht mache, ist, dass ich mich auch nicht unter einem anderen Namen anmelde, weil da steht immer so ein Datum, das Anmeldedatum eben, beim Profil dabei. So frischhaltemäßig, ehm, aber das hat mich dann aber auch nie so gejuckt, dass ich dann halt so frischhaltemäßig auf dem Markt sein muss. Das finde ich dann auch albern. Ja, nee, wahrscheinlich würde ich dann auch irgendwie bisschen drin bleiben, aber das hätte den Zweck auf jeden Fall verloren. Da kann man sich ja natürlich auch überlegen: Ahm, wenn das so ist, was steckt denn dann für ein Bild von Beziehung hinter, von den Leuten, die das betreiben? Einmal, dass natürlich da immer wieder neue Leute kommen, das dieses Problem immer besteht. Aber was würde passieren, wenn alle Menschen glücklich wären irgendwie, ehm, und die hätten dann keine Kunden mehr. Und wenn das eigentliche Ziel von jemandem ist, da wieder herauszugehen, ja, da ist es ja, ja ein merkwürdiges Kundenpotential, was man da bedient. Aber wahrscheinlich ist es wirklich so, dass es dann tatsächlich wie eine Droge funktioniert und dass da Leute immer wieder das ausprobieren wollen.«

JD:

»Angenommen, du hättest jetzt eine Beziehung und auf einmal stellst du fest, dass deine Liebste da halt bei Finya drin ist, zwar nicht stark aktiv, aber halt so ihr Profilchen drin hat. Würde dich das stören?«

Torben:

»Kommt drauf an, zum Beispiel je nach dem, wann sie halt da reingegangen ist. Das würde mich schon interessieren, auf jeden Fall. Aber ich würde ihr daraus auch keinen Vorwurf machen, ich würd gern einfach offen wissen, was sie da vorhat. Und wenn mir das jemand, dann so sagen kann, dass ich es verstehen kann – habe ich damit kein Problem. Weil, ich glaub, das auch viele Leute, da oder auch auf härteren Foren – und das würde mich natürlich beunruhigen, wenn sich das nach 3 Monaten einstellt, als wie wenn eine Beziehung halt einige Jahre alt ist. Weil viele Leute da auch verheiratet sind, viele da was Reelles suchen, teilweise aber auch nur, um sich da zu kicken.

V. E-MAILS

Die abgedruckten Emails sind als Beispiele für die unterschiedlichen Kontakte mit meinen Informanten zu verstehen. Es zeigt sich exemplarisch, wie meine Informanten über Aspekte des Online-Dating denken, wie sie ihre Gefühle und Emotionen schriftlich ausdrücken und nicht zuletzt verdeutlichen diese Daten die Vertrautheit meiner Informanten mit dem Medium E-Mail. Teils finden die Mails sich als Auszüge in der Arbeit wieder, teils stellen sie Hintergrundinformationen dar. Manche E-Mails sind als ein aufeinanderfolgender Austausch zu verstehen, andere stehen einzeln für sich. Die Trennungen zwischen den einzelnen Schriftstücken sind durch eine Linie deutlich gemacht. Wie auch in der Arbeit habe ich die E-Mails abgedruckt, wie sie mir zugeschickt wurden, d. h. dass Orthografie und Grammatik übernommen wurden, wie sie in den E-Mails vorhanden sind.

E-Mailkontakte mit Torben

@ Torben:
»Mir war klar, dass ich mich da [mit dem Online-Dating, eigene Anmerkung] in ein extrem kommerzialisiertes Feld begebe. Das macht keine Börse nur ihrer Menschenliebe willen. Aber so oder so, ich konnte mich nicht überwinden, in Parship.de oder so einzutreten. Ich glaube, dann hätte ich mir meine ganze Verzweiflung und vielleicht auch meine Erfolglosigkeit so richtig eingestehen müssen, weil ich dann eben ZAHLE. Bei dem Worten zahlen muss ich unweigerlich an KAUFEN denken. Und soll ich mir bitte eine Freundin kaufen?? Die Liebe kaufen?? Das kann es ja wohl nicht sein. Finya war somit eine tragbare Entscheidung: So ganz ernst ist es nicht, da tummeln sich unglaublich viele Wahnsinnige – aber ich treffe Frauen, ich tue was, und irgendwie habe ich auch mehr Hoffnung. Aber dafür zahlen - nee danke!«
@ JD:
»Wie kommst du nun genau auf die Verbindung zwischen dem Eingeständnis von Erfolgslosigkeit und dem Zahlen für eine Börse?«
@ Torben:
»Ich glaube, weil Liebe und Geld nicht geht. Ich muss dann im übertragenen Sinn vielleicht schon an sowas wie «käufliche Liebe« den-

ken - was ja nichts mit der tiefen Verbundenheit und Intimität eines Liebespaares zu tun hat. Und genau das, so die Verbundenheit, die kann man nie kaufen. Aber wenn ich für eine Partnervermittlung zahle, tue ich das ja. Vielleicht nicht im ersten Schritt, aber wenn man's genau nimmt schon, so im zweiten, wenn man die Konsequenzen betrachtet! Und jemanden zu kaufen, klappt vielleicht, aber dann fehlt so das «Wahre», das «Echte» – es ist und bleibt manipuliert. Zahlen ist irgendwie zu banal für sowas wie die Liebe!!«

@ JD:
»Hast du dir mal Gedanken über die Unterschiede zwischen kostenpflichtigen und umsonst-Börsen gemacht?«

@ Torben:
»Klar - wo man zahlt, ist es sicher seriöser, die Hemmschwelle, da nur herumzukaspern ist so 30 € pro Monat höher!! Das ist ein Argument, aber irgendwie bringe ich es nicht übers Herz, dafür zu zahlen. Und sowieso: Es gibt auch in freier Wildbahn, also im RL, genug Leute, die nur ihren Spaß wollen. Das muss man einfach wissen. Für Börsen zu zahlen, finde ich, das ist Liebe erkaufen. «

@ JD:
»Was verstehst du denn unter Liebe erkaufen?«

@ Torben:
»Das mit dem Liebe kaufen ist so eine Sache. Ich denke, dass es Leute wie mich oder uns weniger betrifft. Wir nagen nicht am Hungertuch, aber großartig dickes Leben ist auch nicht drin. Aber wenn mehr Geld da ist, ist es wahrscheinlich auch schneller gemacht – zumindest wenn der Charakter so ist – dass man doch mal schnell jemanden, den mal vielleicht sogar liebt kaufen will. Das kann auch subtil sein und keiner würde es so beschreiben, aber vielleicht so in der Art: Essen gehen, schicke Reise, halt einen bestimmten Lifestyle bieten. Aber dann gerät die Beziehung auch weit weg von jeder Gleichberechtigung: Einer sagt über solche Mechanismen wo's langgeht. Das funktioniert aber nur, wenn sich der andere sozusagen von diesen Geschenken kaufen lässt. Und für mich ist das dann keine wahre Liebe mehr!!«

@ JD:
»Woran erkennst du denn z. B. in einem Profil, ob die Frau arbeitet und selbstständig ist?«

@ Torben:
»:) Da habe ich vielleicht den Mund zu voll genommen. Also, mit Arbeit ist es schwer in den Profilen, weil viele so Aussagen wie >Kreatives< oder >Pädagogisches< oder so rein schreiben. Aber ich bilde mir, es am Grundtenor zu hören, wenn man dann Kontakt hat. Dass sie z. B. nicht immer Zeit hat, weil sie arbeitet, oder eine Mail von der Arbeit aus schickt. Und klar, fragt man ja so, was

machst du denn. Aber ich muss sagen, dass ich immer so Frauen, die was machen hatte. Manche suchten vielleicht nach was Neuem, aber irgendwie, ja... Man sieht dann ja auch – oder spricht darüber – wie jemand wohnt. Also ich hatte ein, die wohnte bei Muddern, die hat das aber schon am Anfang per Mail gesagt. Keine Ahnung, ob das Geldgründe oder was waren, aber da hab' ich dann mich verabschiedet. 34 Jahre alt und daheim wohnen find ich hochgradig unselbstständig!!«

@ JD:
»Gibt es Sachen am Verhalten, die dir Eigenständigkeit zeigen? Wenn du eine Frau aus einer Börse z. B. zum ersten Mal triffst?«

@ Torben:
»ja, klar, da ist das dann auch einfacher... Kleidung etc ob teuer oder nicht ist irrelevant, aber so das Auftreten, oder ob sie auch mal für uns beide später zahlen will. ich will mich damit nicht aushalten lassen, es geht mir einfach um ne gleichberechtigung. und sonst: ich frage! ob sie arbeitet und ob sie karrierepläne hat im weitesten sinn. ich finde sowas gut :) eine frau mit ambitionen halt. ich will ja auch nicht mein leben lang in der gleichen agentur sitzen... aber doch, irgendwie ist geldhaben auch bisschen wichtig: schön ist, wenn man dann auch mal zusammen wegfahren kann und so. das muss alles nichts großes sein, auch campen an der ostsee geht, aber doch, so ne grundlage, die sollte da sein, wenn ich ehrlich bin. aber ich kenn' auch nur so leute muss ich zugeben. vieleicht geht es da ja auch um so ne lebenshaltung: man muss schon wissen, wie man durchkommt...«

@ JD:
»Hast du Angst, dass du beim Online-Daten auf Frauen triffst, die dich finanziell ausnutzen?«

@ Torben:
»hihi, wie sich das anhört. Nee, habe ich nicht, weil ich echt nichts habe. Nen kleines Sparkonto, für wenn mal die Waschmaschine kaputt ist oder für ein neues Surfbrett. Mehr ist da nicht! Also kann ich davor keine Angst habe. Ich will einfach nicht eine unselbstständige Klette suchen. Ich glaube, die ziehe ich nämlich an, weil ich viel mache und somit Aktivität vermittelt, die wohl in deren Augen für 2 reicht :)«

E-Mailkontakte mit Manuel

Ein Teil der nachfolgenden Abdrucke findet sich in der Arbeit. Manuel schildert wiederkehrend Widersprüchlichkeiten, die er beim Online-Dating erlebt, dennoch führt er die Partnersuche im Netz fort. Die abgedruckten Mailausdrucke fokussieren dieses Thema:

@ JD:

»Vielen Dank für deine Emails. Du beschreibst ja viele Schwierigkeiten beim Online-Dating. Was genau führt aber dazu, dass du es weiter fortführst und nicht aus der Börse austrittst?«

@ Manuel:

»Manchmal frage ich mich auch, was ich da mache. Einerseits ist es total amüsant, aber dann treffe ich dabei auch sehr viele Verrückte. Nur irgendwie will ich ja auch mal wieder eine feste Beziehung haben, also nehme ich die Möglichkeit natürlich mit. Aber es gibt wirklich Verrückte in der Börse! Ich glaube, mich zieht auch diese Mischung an, bei mir sind das zwei Sachen: Erstens: ich hätte gerne eine beziehung. zweitens: ich mag das Abenteuerliche. Es hat ja auch was auf so viel komische Leute zu treffen. Es hört sich sicherlich nicht romantisch an, aber OD ist wirklich ein netter Zeitvertreib. Es amüsiert mich. Ich stoße auf nette Leute und verrückte Leute, ich erforsche sozusagen auch ein bisschen die menschliche Seele dabei. Und die Abgründe sind echt spannend. Und wenn sie mir zu tief werden oder zu merkwürdig, breche ich sie einfach ab. Mehr als eine böse Mail zu bekommen, kann mir nicht passieren, und damit kann ich umgehen! Ich habe ja schon erzählt, dass ich auf viele Affären hierüber habe, und das genieße ich natürlich auch.«

@ JD:

»Wie kommt es, dass du übers Online-Dating mehr Affären hast?«

@ Manuel:

»Ich glaube, dass es schon so ist, dass viele Frauen sich erst durch das Internet trauen, so explizit zu werden, was Sex angeht. Sonst kenne ich das nicht so, zumindest nicht in dem Sinne, als dass sie so direkt auch sprachlich sagen. Aber dieses Herumgemache lenkt natürlich auch schon davon ab, wirklich eine Freundin zu finden. Es baut auf, macht Spaß und ist sicherlich auch gut, die eigenen Eitelkeiten zu befriedigen. Aber vielleicht ist genau das zumindest für mich der falsche Weg, die Frau für mich zu finden. Spaß und so ist ja gut, aber das ist alles bei der Börse so schnell, dass ich das wirklich so konsumiere und auch nen ganz komisches Frauenbild bekomme. Und gleichzeitig denke ich, dass ich etwas verpasse, wenn ich da nicht drin bin. Also bin ich da nur ab und zu, aber das bringt total wenig, wenn alle sehen, dass ich mein Profil das letzte Mal einen Monat zuvor benutzt habe, schreiben mich auch wenig

Frauen an. Aber ich wette, dass ich dann nächste Woche mich doch wieder einlogge. Es könnte ja was dabei sein... :)«

@ JD:

»Was erkennst du denn aus den Profilangaben? Was interpretierst du bestimmte Aussagen?«

@ Manuel:

»Also, wenn jemand immer nur schlechte Beziehungen hatte, und dann halt schreibt: Nee, ich habe mir immer die falschen Typen ausgesucht, dann ist da ja wohl etwas faul dran, oder? Es geht ja auch um die Fähigkeit, Lieben zu können und eine Beziehung zu führen. Das kann ja nicht jeder Mensch, finde ich. Wobei, so mit Mitte Dreißig, da finde ich, sollte man schon mal eine gute Beziehung gehabt haben. Ob oder woran sie dann zerbrochen ist, das ist ja was anderes. Das eine Beziehung auseinandergeht, ist ja legitim und nichts verwerfliches an sich. Persönlich gesehen kann es natürlich dramatisch sein, wie bei mir :). Es ist sowas wie eine elementare, menschliche Fähigkeit, eine Beziehung zu führen finde ich. Wenn das nicht geht, kann ein Mensch auch psychisch krank sein oder werden. All das ist natürlich relativ, aber im Extremfall kann das doch sehr problematisch sein oder als sehr schlimm empfunden werden.«

@ JD:

»Und was gibt es sonst noch für Beispiele?«

@ Manuel:

»Das was ich jetzt schreibe ist nur eine Beobachtung, ich habe da natürlich keine Beweise für und es ist auch ein bisschen albern. Aber ich schreibe nie Frauen, die sich Mäuschen oder sonstwie mit -chen oder -lein am Ende vom Nicknamen nennen. Ich finde das total suspekt. Ich glaube, dass das entweder ganz biedere Gestalten sind oder so dicke Matronen, die sich kleiner machen wollen oder noch viel schlimmer beides zusammen. Das ist nun echt gemein, aber bitte welche Frau mit bisschen Gehirn und Stil nennt sich den Mausilein oder Kathrinchen? Ich glaube, dass ist so die billige entsprechung wenn sich Männer Muskelprotz oder tollerHecht123 nennen würden. ich kann das nicht wirklich ernst nehmen. also bei solchen profilangaben werde ich echt misstrauisch. Aber das Spiel mit dem ich-erkenne-alles-was-du-über-dich-schreibst hat auch grenzen, ich finde, dass viel in der Börse das ja auch übertreiben. durch die profile ist es ja auch beim ersten Treffen anders: Es ist anders, dass man schon so viel über den anderen weiß, wenn man sich dann trifft. Ansonsten lernt man sich ja kennen, was viiieeel langsamer geht. Da findet man dann vielleicht durch Versuch oder Irrtum raus, ob der jemand Rotwein oder Weißwein mag. Und hier, da weiß man so viel, und macht sich ein Bild – und dann trifft man erst den Kerl! Und mag vielleicht seinen Geruch oder seine Hände nicht, oder er ist total haarig. Da merkt man, dass eben nicht alles per Mail geht. Es gibt da ja auch grenzen: Soll ich etwa frage, ob er behaarte Hände hat? Das geht auch nicht, oder? Manche Sachen lassen sich ja auch nicht durch Worte erfassen: Wie riechst du? Was soll da jemand schreiben?? Die Konsequenz dessen ist, dass man auch nicht arrogant werden sollte und denkt, nur weil man paar Sachen beim Online-Daten herausgefunden hat, dass man dann so der Checker schlechthin ist.«

E-Mail von Jeanette und Jonas

Jeanette (29) und Jonas (32) sind seit zwei Jahren durch Datingcafe.de ein Paar. Die beiden schrieben mir gemeinsame Emails, mit Jonas führte ich zudem Interviews und Gespräche. Die nachfolgend abgedruckte Mail unterzeichneten sie gemeinsam:

@ »Hallo,

wir haben jetzt beschlossen, dir zusammen die Email zu schicken, weil wir Lust hatten, die Geschichte nochmal selber zu erzählen und dabei auch unsere jeweilige Sicht der Dinge zusammenzubringen. Ich, Jonas, tippe und Jeanette sitzt gerade neben mir – und diktiert. Also, wie war das bei uns?

Jeanette war seit vier Monaten im Datingcafé, ich (Jonas) seit einem Jahr. Wir beide sind viel im Netz, Mitglied bei StudiVZ und Facebook, xing, haben Seiten auf Flickr und eine Zeitlang hatte ich, Jonas, auch einen Blog. Aber den habe ich dann irgendwann nicht mehr gepflegt und vernachlässigt. Für uns war es beide naheliegend, Online-Dating zu machen. In unserem Freundeskreis machen das viele, ein paar auch mit Erfolg. Da ist das kein großes Ding. Natürlich wird darüber geredet und es ist schon anders, als jemanden in einer Kneipe kennen zu lernen, aber es hat nichts anrüchiges oder was für übriggebliebene. Das ist bei unseren Eltern anderes. Vor allem für meine, also für Jonas Eltern. Die denken, dass das nur Leute machen, die es sonst keinen Freund oder Freundin finden können. Allerdings können sie auch gerade mal eine Email schicken und machen sonst nicht viel im Internet, weil sie es auch für die Arbeit nie benötigt haben. Sie waren dann ganz erstaunt, wie nett, normal und hübsch Jeanette war, als sie sie das erste Mal sahen. Ich (Jonas) glaube, sie hatten ein Monster erwartet. Darüber haben wir noch lange gelacht und mittlerweile lachen auch meine Eltern darüber. Sie haben sich damit abgefunden, aber wir haben auch nie herumgelogen und gesagt, dass wir uns woanders kennengelernt hätten. Ich glaube, das ist einfach von der Generation abhängig, wer das wie sieht. Zurück zum Thema: Wie haben wir uns kennengelernt (Das hat jetzt Jeanette diktiert!). Also: Jeanette hat mein Foto gesehen, als sie nach Männern in meinem Altern innerhalb Hamburgs gesucht hat. Und dann war ich dabei. Ich wirkte also direkt sympathisch, attraktiv und vertrauenswürdig auf sie (jetzt kneift sie mich in die Seite). Jeanette sagt nun, ich soll schreiben, dass ihr zwar auch mein Foto gefiel, aber auch, dass ich Chatwin als einen meiner Lieblingsautoren angegeben habe. Sie hat mir dann eine ganz kurze Email geschickt. Da stand nur: Hi, wie geht's drin und dass sie mich gerne mal treffen würde. Ich fand das sehr direkt - und genau das hat mir gefallen. Wir haben uns 4x gemailt, dann im Kaffee [Café] getroffen. Das war Rendezvous Nr. 1. Da saßen wir 3 Stunden, abends gingen wir ins Kino. Das war fast schon Date Nr.2, weils ja der zweite Ort war. Dann jeder zu sich nach Hause zurück... Am nächsten Morgen trafen wir uns zum Frühstück in einem Café mit Elbblick – und dann war, mit dem dritten Date, auch schon alles klar. Bei uns war das mit dem Online-Dating sozusagen nur ein kleiner Ausflug, ein Umweg. Der Rest lief alles real life. Es war total romantisch: Bereits im Café, da hatte ich mich zumindest schon verliebt. Ich (Jonas) war kurz vor ihr da, sass dort ganz aufgeregt, hatte einen Kaffee vor mir stehen, der mein Herz nun noch mehr klopfen ließ. Natürlich habe ich überlegt, ob ich sie erkenne. Wir hatten uns vorher noch mehr Fotos von einander geschickt, aber ich muss sage, dass ich mir immer noch nicht ganz sicher war, sie auch wirklich zu erkennen. Und, ja, dann habe ich sie sofort erkannt. Und Jeanette kam auch ganz direkt auf mich zu, sie hatte eine auffällige, große rote Tasche dabei, die hatten wir für den Notfall als Erkennungszeichen ausgemacht. Jeanette hatte kurz gezögert als sie rein kam, sie war sich nicht sicher, ob ich es war, oder vielleicht ein anderer Mann, der am Tresen einen Kaffee trank und auch eine dunkelgrüne Kapuzenjacke anhatte. Aber durch Augenkontakt hatten wir das schon ganz schnell geregelt. Am Anfang wussten wir beide nicht so ganz was wir sagen sollten. Jeanette hatte Angst, zu viel zu reden und ich hatte Angst, zu wenig rauszubekommen. Effekt: Wir guckten uns erstmal an wie so zwei Kühe auf der Weide. Dann lachte Jeanette los und sagte, sie bestellt sich erstmal einen Kakao. Und auf einmal waren wir dann auch ganz schnell ins Gespräch verwickelt, da war nichts mehr von Schüchternheit. Und als wir über Filme sprachen, da verabredeten uns wir gleich fürs Kino. Wir können wirklich sagen, dass wir uns direkt gut fanden. Es gab eine Phase der Unsicherheit v.a. bei Jeanette nach ungefähr drei Wochen: Da dachte sie, ich wäre nicht ehrlich. Und weißt du warum? Weil ihr das alles zu einfach erschien. Aber das ging dann, zum Glück!!!, auch vorbei. Wir waren einfach total verliebt und alles war rosarot und Wolke 7. Von heute auf morgen, und wie man sieht, hält es an.

Natürlich, wenn wir ehrlich sind, dann war weder ich noch Jeanette mein erster Kontakt im Internet. Wir haben aber abgemacht, dass wir uns davon eigentlich nicht so viel erzählen, ganz einfach weil es unromantisch ist. Jeanette hatte vorher eine kurze Beziehung übers Netz, ich keine. Aber wir haben beide viele Emails mit anderen Leuten im Datingcafé ausgetauscht. Jeanette sagt, dass sie genau dazu keine Lust mehr hatte. Sie hat erlebt, dass sie sich mit Männer mailt und beim Treffen dann alles ganz anders ist. Das kann ich auch bestätigen. Und so kam es, dass sie mich halt so schnell wie möglich treffen wollte. Und das war natürlich auch gut so. Wir haben uns dann, zwei Wochen später, aus dem Datingcafé abgemeldet. Das war ganz wichtig für uns, weil wir damit auch ganz deutlich einen Schlussstrich unter die Partnersuche gesetzt haben. Es ist ja auch so, dass wenn man ohne Börse zusammenkommt, nicht mehr ausgeht, um herumzugucken, was das so geht. Und das gleiche gilt auch für das Internet: Wir wollten damit dem anderen sagen, jetzt gehören wir zusammen. Was wir natürlich nicht gemacht haben, ist unsere Geschichte an das Datingcafé zu schicken. Wir haben eine ganz kurze Dankesmail verfasst, das lag uns am Herzen, aber das war es dann auch. Letzten Endes war es bei uns ein großer Zufall, dass wir uns da gefunden haben und Jeanette auch dann gemailt hatte, als ich Lust hatte jemanden zu treffen. Ich fand ihr Foto damals ansprechend, aber es zeigte auch nicht allzuviel. Was ich einfach gut fand, war ihre direkte Art. Und so kam es dann auch wohl, dass alles andere nicht mehr wirklich über die Börse lief. Wir haben uns natürlich gemailt, aber nach diesen ersten Dates haben wir uns unsere privaten Emails gegeben. Wir waren also ziehmlich schnell heraus aus dem Börsen-Ding.

Für uns ist es schwer, zu sagen, wie wir Online-Dating finden. Auf der eine Seite finden wir es natürlich super, weil wir uns da kennengelernt haben. Somit ist es für uns auch ganz klar was irgendwie Heiliges, Romantisches, weil wir da über die große Liebe stolperten. Aber wir sind beide auch der Ansicht, dass es dabei wir im normalen Leben auch ist: Wenn man sich dumm anstellt, geht nichts. Aber nett oder gewitzt zu sein hilft auch nicht, man muss auch Glück haben. Wir waren ja beide länger in der Börse, aber obwohl wir beide innerhalb Hamburgs gesucht haben, sind wir erst spät aufeinander aufmerksam geworden. Natürlich fragen wir uns, ob wir uns nicht sonst wo getroffen hätten. Aber das glaube zumindest ich nicht, weil unsere Freundeskreise ziehmlich unterschiedlich sind und wir beide auch nicht viel ausgehen.So viel zu uns erstmal, wenn du willst, dann gebe ich (Jonas) dir auch gerne ein Interview, Jeanette möchte nicht aufgenommen werden (sie spricht noch nichtmal auf unseren AB, das muss ich machen),
lieben Gruß,
Jeanette und Jonas«

VI. Teilnehmende Beobachtung

Manuel ist einer meiner vier Hauptinformanten. Nachdem wir uns mehrmals getroffen hatten und ich bereits zwei Interviews aufgenommen hatte, bat ich Manuel, ihn beim Online-Dating zuhause beobachten zu dürfen. Vier Tage später besuchte ich ihn in seiner WG. Aus diesem Besuch ist ein Beobachtungsprotokoll entstanden, aus dem ich Passagen exemplarisch vorstelle. Das Beobachtungsprotokoll verdeutlicht, wie tief sich Online-Dater in ihre Aktivitäten einfühlen können. In Kapitel 6 wird übrigens ein ähnliches Verhalten bei Margitt beschrieben. Während meiner Beobachtungen hatte ich mein MD-Player eingeschaltet. Die Zitate von Manuel, die sich in dem Protokoll befinden, gehen auf diese Aufnahmen zurück.

»Beim Eintreten in die Wohnung fällt mir direkt auf, dass hier mehrere Menschen leben: Ein Regal voller Männer- und Frauenschuhe in unterschiedlichen Größen steht neben einer ebenfalls überladenen Garderobe. Der Flur ist lang, am Ende befindet sich die Küche, und die beiden gemeinsamen Badezimmer (eins für Frauen, eins für Männer, wie Manuel betont). Vom Flur gehen die vier Zimmer der Bewohner sowie das Wohn- und Fernsehzimmer ab. Manuel führt mich in seinen Raum: Er ist sehr groß, ein Altbau mit fast vier Meter hohen Wänden. Der Raum ist simpel eingerichtet und lässt viel Bewegungsfreiheit. An der Wand hängt ein Trikot von Palermo und eins von St. Pauli. Ein großer Spiegel lehnt neben dem Fenster, an ihm kleben Fotos von Freunden und Familie. Manuel deutet auf eine Sitzecke, dort soll ich an einem kleinen Tischchen Platz nehmen. Auf mich wirkt das Zimmer frisch aufgeräumt. Manuel sieht meine Blicke und lacht. Er sagt, dass es nicht immer so ordentlich sei, aber er werde ja auch nicht jeden Tag beobachtet, wenn er am Computer sitzt.

Manuels Schreibtisch, auf dem ein großer Laptop geschlossen steht, ist vor dem Fenster positioniert, ich kann Manuel von der Seite beobachten. Zunächst bietet er mir einen Kaffee an, dann sagt er: »Dann man los, also jetzt hol ich erstmal den Laptop, ich bin dann wegen Wlan sofort bei uns im Netz. Oft liege ich auch auf dem Bett uns surfe, aber dann komme ich mir doch komisch vor, wenn jemand zusieht!« Manuel beginnt, seine Aktivitäten zu kommentieren.

Auch er hat sich eine große Schale Kaffee gemacht – mit Reismilch anstelle von Kuhmilch:»Meine Mitbewohnerin ist vegan, und sie ist die, die meistens einkauft. Dann gibt es sowas halt für alle, für mich selber würde ich anders einkaufen. Aber sie weigert sich, Tierprodukte zu kaufen...« sagt er nach dem ersten Schluck Kaffee. Der Computer ist nun offen, ich lehne mich in meinen Sessel zurück, trinke meinen Kaffee und Manuel geht mit ein paar Klicks nicht in die Börse, sondern in sein E-Mailprogramm. Das mache er immer als erstes, wenn er den Computer angemacht habe, sagt er. Manuel bezeichnet es als eine Gewohnheit, er will gucken, ob ihm Freunde geschrieben haben oder ob er einen Arbeitsauftrag, auf den er seit längerem schon wartet, erhalten hat. »Aber ich warte auch auf ne Mail von einem Mädel, die ich vorletzte Woche getroffen habe, aber in Berlin, die war echt ganz süß. Wir haben uns paar Mal hin- und hergemailt, sie wohnt halt nicht hier, sondern eben in Berlin, in Friedrichshain. Und dann hatte ich eben einen Auftrag da und gefragt, ob wir nicht nen Kaffee am Sonntag noch trinken sollen. Das haben wir dann getan und echt nen schönen Tag verbracht. Aber ich glaube, viel mehr wird da nicht draus, sie war halt echt süß, aber ich glaube, dass sie mich ehrlich nicht so toll fand. Warum weiß ich natürlich nicht!« sagt Manuel, während die E-Mail auf seinem Rechner eingehen. »Nee, nix von Hannah dabei!! Schade aber auch, ich hätte sie ja echt gerne noch mal gesehen, aber wenn sie nicht will - ich glaub, ich frage da auch nicht, ich bin dann immer irgendwie zu stolz. Oder meinst du, dass sie nur will das ich frage!?« Ich überlege kurz:»Doch, ich würde mich schon noch mal melden, wenn ich wirklich Lust hätte, sie zu sehen... Da bricht man sich ja keinen Zacken aus der Krone. Und außerdem: Vielleicht erwartet sie ja wirklich von dir, dass du dich so als der Mann meldest!« »Hmm, ja,« sagt Manuel, guckt aber nur auf seinen Rechner und grummelt vor sich hin. Jetzt macht er Finya.de auf. Schnell gibt er Nicknamen und Passwort ein. »Mal gucken, wer weiß, hat sie hier geschrieben? Nee, hat sie nicht, aber da sind ein paar andere Mails. Komm doch mal mit dem Stuhl da hierher und setzt dich daneben, dann siehste das ja alles selber. Von mir aus kannste meine E-Mails lesen, und die von den anderen sowieso, du filmst das ja schließlich nicht ab!«.

Ich setze mich an die kurze, freie Seite des Schreibtisches und lese gemeinsam mit Manuel vier Nachrichten. Zwei davon sind Kontakte, mit denen er sich manchmal trifft. »Da wird nie ne Beziehung draus, aber das ist ganz nett, mit der einen habe ich auch rumgeknutscht und wir mögen uns, aber verlieben ist da nicht drin. Dafür ist die mir viel zu hibbelig und unruhig. Ich glaube, wenn ich mit der alleine wäre, dann würd' ich total nervös werden!« Manuel antwortet mit kurzen Texten. Er tippt schnell und routiniert, man sieht, dass er viel am Rechner arbeitet. Dann beugt er sich vor, noch näher an den Bildschirm:»Mal sehn, wer da was will.« Er liest vor: »Hi du, tanzt du immer auf so viele Parties? Wenn man in dein Gästebuch guckt, dann wimmelt das ja nur so von Frauen. Deshalb mail ich dir mal so und trag da nix rein.« Manuel lehnt sich zurück, guckt mich an und grinst: Dann gucken wir uns doch mal ihr Profilchen an, oder?« Zwei schnelle Klicks, und Manuel guckt sich das Foto an. Er liest das Profil, und fängt an, sich durch die Fragen-und-Antworten-Liste durchzuarbeiten. Er überlegt.»Hmm, eigentlich auch ganz nett, ich schreib mal...« sagt er und wird undeutlicher. Für mich hört sich das nun mehr nach einem Selbstgespräch an. Er öffnet das Fenster nach Innen und holt vom Fenstersims einen Aschenbecher.»Ich rauch jetzt eine, das mach ich gerne dabei, das musst du jetzt schon aushalten. Gehört schließlich dazu!« sagt Manuel in einem bestimmten Tonfall.»Die sieht süß aus, bisschen natürlich, lacht und macht nicht auf to-cool-for-school. Das kann ich nämlich gar nicht ab!« Manuel gibt wieder schnell ein paar Befehle ein und beginnt, eine Mail an die Frau zu verfassen. Ahoi, tippt er. Dann lehnt er sich zurück, überlegt. Schnell schließt er Boxen an den Computer an, und macht Musik an. Italienischsprachiger, ruhiger Hip-Hop ertönt. Manuel scheint mich nun nicht mehr zu beachten. Ich versuche, mich möglichst ruhig zu verhalten und hoffe, dass der MD-Player noch läuft und ich die MD nicht auswechseln muss. Ich will Manuel nicht stören und ihn nicht an meine Anwesenheit erinnern. Nachdem er der ersten Frau gemailt hat, geht es relativ schnell.»Jetzt mal abwarten, guck, die ist auch online. Das sieht man da oben dran, aber das kennste ja. Ich habe ja schon dein Profil gesehen. Was sagt denn eigentlich dein Freund zu deinem Forschungsthema?« Bevor ich auf die Frage eingehen kann, beantwortet Manuel sie selber mit einem lakonischen »Na, auch nicht mein Problem, aber ich fänd's schon komisch, wenn meine Freundin sich da immer in Börsen rumtreibt, und sei's nur für die Wissenschaft.« Ich sage nichts, Manuel wendet sich wieder dem Computer zu. Jetzt beginnt er, nach Fotos zu suchen. Er hat eine Alterspanne und einen PLZ-Bereich eingegeben und klickt sich durch. Schnell kommentiert er ein Bild, mal macht er eine abfällige Bemerkung, manchmal überlegt er, ob er einer anderen Frau einmal schreiben solle. Dann wird er wieder still, er fährt mit seinem Vorgehen fort. Er sitzt leicht nach hinten gelehnt im Stuhl, er muss gute Augen haben, um auf diese Distanz die Angaben lesen zu können, denke ich. In unregelmäßigen Abständen beugt er sich plötzlich vor, dann lässt er sich wieder zurückfallen. Dann hat ihn ein Profil kurz interessiert. Es stellt sicher heraus, dass die Frau in Münster wohnt.»Zu weit weg, keine Ahnung, wie die hier in meine Suche reingeraten ist. Aber das kommt manchmal vor.« gibt Manuel mir zu verstehen. Dann wirft er einen Blick auf den Rand des Bildschirms. Eine Mail an ihn ist eingegangen. Klick, klick, Manuel beugt sich vor - sie kommt von der Frau, der er zu Anfang geschrieben hat. »Der Herr von Nebenan, so nennt die mich. Sag mal, kenne ich die?« fragt er, aber die Frage ist an ihn selbst gerichtet. Er spricht undeutlich und in sich in hinein. Dann tippt er eine schnelle Antwort, schickt sie ab, lehnt sich zurück und rollt sich eine Zigarette. Nach den ersten Zügen beugt er sich wieder vor, eine Mail ist zurück gekommen. [...]

Seit genau 15 Minuten hat Manuel nicht mehr mit mir gesprochen, ich kann die Uhr, die auf seinem Rechner eingeblendet ist, lesen. Manuel mailt sich mit der neuen Online-Bekanntschaft, dazwischen guckt er in alte E-Mails und hat sich das neue Profil einer Bekannten angesehen. Zu ihrem Foto hat er einen Kommentar an sie abgeschickt. Manuel ist beschäftigt: Tippen, Rauchen, ein Schluck vom mittlerweile kalten Kaffee, kurze, gemurmelte Kommentare und Seufzen wechseln einander ab. Mir kommt das von anderen Online-Datern bekannt vor: Am Anfang bei einer solchen Beobachtungssituation werden mir einzelne Handgriffe erklärt oder Bildschirmansichten kommentiert. Nach und nach werden diese Äußerungen spärlicher, bis ich nicht mehr einbezogen werde. Auch Manuel kommuniziert nun nicht mehr mit mir, sondern mit anderen Menschen mit Hilfe seines Laptops. Auch wenn er die ganze Zeit über sitzt und sein Blick auf den Bildschirm gerichtet ist, so nimmt mein Informant immer wieder unterschiedliche Positionen ein: Mal beugt er sich vor, lehnt sich zurück, verschränkt kurz die Arme oder greift nach einem Radiergummi, der auf dem Tisch liegt und beginnt kurz, mit ihm gedankenabwesend zu spielen. Auf seinem Gesicht wechseln sich die Ausdrücke ab: Ich kann Erstaunen, Selbstkontrolle und Verblüffung erkennen. Mal blitzt ein Lächeln auf, aber nur, damit sich kurz danach die Mundwinkel leicht spöttisch nach unten verziehen. Es ist deutlich: Manuel betreibt Kommunikation, bei der sich viele Emotionen abspielen [...]

Es klopft an der Tür, sie öffnet sich einen Spalt und Bülent, Manuels Mitbewohner, schaut herein: »Kommste nachher mit, zum Spiel?« »Oh, klar, Mann, habe ich doch gesagt, wir sind hier auch gleich fertig. Wie spät... so in ner halben Stunde?« Es geht um das Fußballspiel von St. Pauli heute Abend. Manuel loggt sich aus und grinst: »Das war gut, du hast Glück gebracht. Wahrscheinlich treffe ich mich mit der Frau, Klara, heißt die, weißt du. Die wohnt gar nicht mal weit von hier und irgendwie scheint die mich zu kennen. Keine Ahnung, ich glaube vom Arbeiten irgendwas, so ein Projekt, weil die mir nicht sagen wollte, wo sie arbeitet. Aber auch Medien. Und tut mir leid, wenn ich irgendwie dann nichts mehr gesagt habe... ich war halt beschäftigt!« sagt Manuel und lacht.

VII. Profiltexte

Profiltexte nehmen neben den Fotos eine zentrale Bedeutung beim Online-Dating ein. Hier finden sich einige solcher Texte, die nicht in der Arbeit zitiert worden sind. Sobald ich in Betracht zog, längere Texte aus Profilen in der Arbeit zu zitieren, schrieb ich das betreffende Börsenmitglied an. In der Mehrzahl der Fälle handelte es sich dabei um persönliche Texte, in denen die Vorstellungen beispielsweise in einem selbstverfassten Gedicht präsentiert wurden. Oft werden in Profilen aber auch gängige Witze, Sprüche oder Zitate eingefügt. Die folgenden Selbstvorstellungen in Profilen sind als exemplarisch für ein derartiges Vorgehen anzusehen. Solche Ausdrucksformen verstehe ich als geistiges Allgemeingut, öffentlich zugänglich in den Börsen, und habe es ebenfalls in meine Datensammlung übernommen. Ebenso wie in den E-Mails habe ich keine Veränderungen an Orthografie und Grammatik vorgenommen.

Beispiel 1

»Ja, also da bin ich wieder
(leider-leiher etc.).
Dann schauen wir mal weiter - wird schon werden!
Weitere gaaanz tolle Fotos von mir findste hier [web-Adresse] Triff mich im Blauen Schwan an der Bar. Oder auf dem Konzert einer ehemals extrem bekannten britischen Proletarier-Band. Oder auf dem Filmmusik-Konzert der Berliner Philharmoniker, sofern ich da nicht heulen muss. Oder schön entspannt spätabends in der Sauna, weil: angenehm allein - aber Sex kriegste da leider nicht mehr von mir, bin da schon mal kollabiert bei, würg. In einer gemütlichen schmierigen kleinen Kneipe oder einer Designer-Bar. Sekt oder Selters? Barfuß oder Lackschuh? Ist doch beides super.
Ansonsten suche ich meine finale First Lady, Abenteuer, Freundschaft oder einfach nur: Was anderes!
Also: Los, knutschen.
Altkluge Dichter- und Denkersprüche als Profildefinition sind NICHT cool.
In diesem Sinne: Kill Your Idols Before they Kill You. (Banksy.co.uk) GO ART!« (Mann, anonym, 33 Jahre)

Beispiel 2

»3, 2, 1 ... Deins :-). Na so einfach ist das nicht. Du solltest mit beiden Beinen im Leben stehen, spontan sein können und eine gewisse Portion Humor mitbringen. Ich lege Wert auf Deine Meinung bei wichtigen Entscheidungen. Gern darfst Du mir Parole bieten, wenn ich versuche meinen Dickkopf durchzusetzen. Freunde beschreiben mich als gutmütig und hilfsbereit. Ob das so ist? Finde es doch heraus ... ;-) (Mann, 28)

Beispiel 3

Do I contradict myself? Very well then....
I contradict myself; I am large....
I contain multitudes.
Th. More« (Frau, anonym, 40 Jahre)[1]

Beispiel 4

»**Chat funktioniert nicht**
was ich mag:
Männer, die ungebunden sind
Männer, die keine devoten Putzsklaven sind
Männer, die nicht denken, hier würden Frauen nur auf sie gewartet haben und gerne ihre Geliebte werden
Männer, die über 180 cm sind
Männer, die aus München oder Umgebung sind
Was ich nicht mag:
Lügen
Unehrlichkeit
verheimlichte Ehefrauen
Affären
ONS
Vollblut-Motorradfahrer
Vollbart-Träger
was Ihr mögen solltet:
keinen Hungerhaken - eher mollig
Frau, die sich den Luxus einer eigenen Meinung leistet
eine Frau, die gerne Frau ist und auch als solche behandelt werden will. Wellness-Urlaub in Südtirol, Shopping etc«
(Frau, anonym, 43 Jahre)

---

1   Die Online-Daterin schreibt das Zitat einem »Th. More« zu. Wahrscheinlich bezieht sie sich dabei auf den irischen Dichter Thomas Moore. Allerdings stammt das Zitat von Walt Whitmanns »Song of Myself«. Ein derartiger Umgang mit Zitaten findet sich in Börsen nicht selten.

LITERATURVERZEICHNIS

Abu-Lughod, Lila (1986): Veiled Sentiments: Honor and Poetry in a Bedouin Society. Berkeley: University of California Press.

Abendblatt.de (Hamburger Abendblatt Online) (2008a): www.abendblatt.de/daten/2007/08/13/781748.html?s=2 (14.10.2008).

– (2008b): www.abendblatt.de/daten/2007/02/21/692648.html (21.02.2007).

Altersvorsprung.de (2008): www.altersvorsprung.de (02.05.2008).

Appadurai, Arjun (1996): Modernity at Large. Cultural Dimensions of Globalisation. Minneapolis: University of Minneapolis Press.

Ardèvol, Elisenda (2005): Catálogo de sueños: Las relaciones personales en Internet como producto de consumo (Dream gallery: online dating as a commodity). Working Paper, EASA Media Anthropology Network. (www.media-anthropology.net/workingpapers.htm, 22.02.2007).

Armon-Jones, Claire (1986):»Thesis of Constructionism«, in: Harré (Hg.), The Social Construction of Emotions, 32-56.

Benedict, Ruth (1946): The chrysanthemum and the sword. Patterns of Japanese culture. Boston: Mifflin.

Ben-Ze`ev, Aaron (2004): Love Online. Emotions on the Internet. Cambridge: Cambridge University Press.

Bernard, Russell H. (2006): Research Methods in Anthropology. 4. Auflage, Oxford: Altamira Press.

Besnier, Niko (1994a):»The Politics of Emotion in Nukulaelae Gossip«, in: Russell et al. (Hg.), Everyday Conceptions of Emotion, 221-240.

– (1994b): »The Appeal and Pitfalls of Cross-Disciplinary Dialogues«, in: Russel et al. (Hg.), Everyday Conceptions of Emotion, 559-571.

– (1988): Rethinking psychological anthropology. New York: W.H. Freeman.

Bourdieu, Pierre (1992): Die verborgenen Mechanismen der Macht. Hamburg: VSA.

– (1982): Die feinen Unterschiede. Kritik der gesellschaftlichen Urteilskraft. Frankfurt/Main: Suhrkamp.

– (1973): Grundlagen einer Theorie der symbolischen Gewalt. Frankfurt/ Main: Suhrkamp.

Burbank, Victoria Katherine (1995):»Passion as Politics: Romantic Love in an Australian Aboriginal Community«, in: Jankowiak (Hg.), Romantic Passion. A Universal Experience?, 187-196.

Burkhardt, Benedict (2003): Liebe.komm: Botschaften des Herzens. Anlässlich der Ausstellung Liebe.komm – Botschaften des Herzens im Museum für Kommunikation Frankfurt (15. Februar bis 31. August 2003). Heidelberg: Edition Braus.

Burkart, Günter (1998):»Auf dem Weg zu einer Soziologie der Liebe«, in: Günter Burkart/Kornelia Hahn (Hg.), Liebe am Ende des 20. Jahrhunderts. Studien zur Soziologie intimer Beziehungen. Opladen: Leske+Budrich, 15-51.

Bühler-Illieva, Evelina (2006): Einen Mausklick von mir entfernt. Auf der Suche nach Liebesbeziehungen im Internet. Marburg: Tectum.

Calhoun Ceshire/Robert Solomon (1984): »Introduction«, in: Ceshire Calhoun/Robert Solomon (Hg.), What is Emotion? Classical Readings in Philosophical Psychology. New York, Oxford: Oxford University Press, 3-41.

Castoriadis, Cornelius (1984): Gesellschaft als imaginäre Institution. Entwurf einer politischen Theorie. Frankfurt/Main: Suhrkamp.

Collier, Jane/Michelle Rosaldo/Sylvia Yanaisako (1982):»Is There a Family? New Anthropological Views«, in: Barrie Thorne/Marilyn Yalom (Hg.), Rethinking the Family: Some Feminist Questions. New York: Longman, 25-37.

Constable, Nicole (2003): Romance on a Global Stage: Pen Pals, Virtual Ethnography, and »Mail Order« Marriages. Berkeley: University of California Press.

D'Andrade, Roy (1995): The Development of Cognitive Anthropology. Cambridge: University Press.

Daneback, Kristian (2006): Love and Sexuality on the Internet. Göteborg: Publication Series, Department of Social Work, Göteborg.

Danielsson, Bengt (1986): Love in the South Sea. Honolulu: Muttual.

Datingcafe.de (2008a): www.datingcafe.de (02.05.2008).

– (2008a): www.datingcafe.de (23.04.2008).

– (2008b): http://datingcafe.de (16.06.2008).

– (2007): www.datingcafe.de (24.10.2007).

Datingjungle.de (2007): www.datingjungle.de (04.04.2007).

De Marivaux, Pierre Carlet de Chamblain (1984): Das Spiel von Liebe und Zufall. Stuttgart: Reclam.

De Munck, Victor C. (2008):»Romantic Love as Fantasy and Reality (Or: When Cultures Does and Doesn't Matter«, in: Jankowiak (Hg.), Intimacies. Love and Sex Across Cultures, 65-94.

Derné, Steve (1995): Culture in Action: Family Life, Emotion, and Male Dominance in Banaras, India. Albany: Suny Press.

Döring, Nicola (2000):»Romantisches im Netz«, in: Caja Thimm (Hg.), Soziales im Netz. Opladen: Westdeutscher Verlag, 39-71.

Dracklé, Dorle (1999):»Medienethnologie. Eine Option auf die Zukunft«, in: Waltraud Kokot/Dorle Dracklé (Hg.), Wozu Ethnologie? Festschrift für Hans Fischer. Berlin: Reimer, 261-291.

Elitepartner.de (2009): www.elitepartner.de (19.01.2009).

– (2009a): www.elitepartner.de (02.02.2009).

– (2009b): TV-Werbespot auf MTV (06.09.2009).

– (2008): www.elitpartner.de (23.04.2008).

– (2008a): www.elitepartner.de/ep/Liebe (23.04.2008).

– (2008b):www.elitepartner.de/km/service/proportrait/index.do (23.04.2008).

– (2008c): www.elitepartner.de/km/erfolgsgeschichten/alle.html (23.06.2008).

– (2008d): www.elitepartner.de/km/index.do (23.04.2008).

– (2008e): www.elitepartner.de/km/service/golf/index.do (02.06.2008)

– (2008f): www.elitepartner.de/km/preisliste.do (05.06.2008).

– (2008g): www.elitepartner.de (16.07.2008).

– (2008h): www.elitepartner.de (20.07.2008).

– (2008i): www.elitepartner.de/km/warum/index.do?show=facts (20.07.2008)

– (2008j): www.elitepartner.de/km/index.do?emnad_id=3678 (14.10.2008).

– (2008k): Factsheet.pdf, www.elitepartner.de/km/presse/index.do?mode=mappe (14.10.2008).

– (2008l): Unternehmensportrait.pdf, www.elitepartner.de/km/presse/index.do?mode=mappe (14.10.2008).

– (2008m): Single_Studie_Juli_2008.pdf, www.elitepartner.de/km/presse/index.do?mode=mappe (14.10.2008).

– (2008n): Werbefilm www.elitepartner.de/km/warum/index.do (14.10.2008).

– (2008m): ww.elitepartner.de/km/index.do (17.10.08).

Ellrich, Lutz/Christiane Funken (2007):»Liebeskommunikation in Datenlandschaften«, in: Ries/Frauenreder/Mairitsch (Hg.), dating 21. Liebesorganisation und Verabredungskulturen, 67-99.

Endleman, Robert (1989): Love and Sex in Twelve Cultures. New York: PsychePress.

Engels, Friedrich (1946): Der Ursprung der Familie, des Privateigentums und des Staats. Berlin: Neuer Weg.

Facebook.com (2009): www.facebook.com (03.03.2009).

Finya.de (2008): www.finya.de (14.04.2008).

– (2008a): www28.finya.de/index.html?cf=MyFinya&x (05.05.2008).

– (2008b): www13.finya.de/index.html?cf=MyFinya&x (05.05.2008).

– (2008c): www.finya.de/index.html?cf=MyFinya&x (05.05.2008).

– (2008d): Finya, AGB, auf: www.finy.de (12.10.2008).

– (2008e): www.finya.de/index.html?cf=MyFinya, (10.10.2008).

– (2008f): www.finya.de (13.10.2008).

– (2007): www34.finya.de/index.html?cf=MyFinya&x (22.10.2007).

– (2007a): www.finya.de (24.10.2007).

First-attraktive (1st-attraktive.com) (2009): www.1st-attractive.com (22.01.2009).

Fischer, Kurt W./June Price Tangney (1995):»Introduction: Self-Conscious Emotions and the Affect Revolution: Framework and Overviews«, in: Kurt W. Fischer/June Price Tangney (Hg.), Self-conscious Emotions: The Psychology of Shame, Guilt, Embarrassment and Pride. New York: The Guilford Press, 3-24.

Fisher, Helen (2004): Why We Love: The Nature and Chemistry of Romantic Love. New York: Owl Books.

Flicker, Eva (1998): Liebe und Sexualität als soziale Konstruktion. Spielfilmromanzen aus Hollywood. Wiesbaden: DUV.

Foster, George M. (1979):»Fieldwork in Tzintzuntzan: The First Forty Years«, in: George M. Foster et al. (Hg.), Long-Term Field Research in Social Anthropology. New York u. a.: Academic Press.

Friendscout.de (2007): www.friendscout.de (12.06.2007).

Fromm, Erich (1994): Liebe, Sexualität und Matriarchat. Beiträge zur Geschlechterfrage. München: DTV.

Galal, Inyi (2005): Online dating in Egypt. American University of Cairo. http://lass.calumet.purdue.edu/cca/gmj/fa03/ graduatefa03/gmj-fa03-galal.htm (22.04.2007).

Gay-parship.de (2007): http://kw.gay-parship.de (01.03.2007)

– (2007a): http://kw.gay-parship.de (03.07.2007).

– (2007b): http://kw.guys.parship.de (03.07.2007).

– (2007c):http://kw.girls.parship.de (03.07.2007).

Geertz, Clifford (1987): Dichte Beschreibung: Beiträge zum Verstehen kultureller Systeme. Frankfurt/Main: Suhrkamp.

– (1966):»Religion as Cultural System«, in: Michael Banton (Hg.), Anthropological Approaches to the Study of Religion. London: Tavistock, 1-46.

Gennep, Arnold van (1999): Übergangsriten. Frankfurt/Main: Campus.

Giddens, Anthony (1993): Wandel der Intimität: Sexualität, Liebe und Erotik in modernen Gesellschaften. Frankfurt/Main: Fischer Tb.

Gleichklang.de (2008): www.gleichklang.de (07.10.2008).

– (2007): www.gleichklang.de (11.12.2007).

– (2007a): www.openpr.de/news/108502/Online-Partnervermittlung-Gleichklang-de-10-nutzen-den-Sozialtarif.html (01.08.2007).

Hahn, Hans Peter (2005):»Dinge des Alltags - Umgang und Bedeutungen«, in: Gudrun M. König (Hg.), Alltagsdinge. Erkundungen der materiellen Kultur. Tübingen: TVV, 63-81.

Hahn, Kornelia/Günter Burkart (1998): Liebe am Ende des 20. Jahrhunderts. Opladen: Leske+Budrich.

Harré, Rom (Hg.) (1986): The Social Construction of Emotions. Oxford: Blackwell.

Harris, Helen (1995):»Rethinking Polynesian Heterosexual Relationships: A Case Study on Mangaia, Cook Islands«, in: Jankowiak (Hg.), Romantic Passion. A Universal Experience?, 95-128.

Hatfield, Elaine/Richard L. Rapson (1996): Love and Sex: Cross-Cultural Perspectives. Boston: Harper Collis.

Helbling, Jürg (2003):»Sozialethnologie«, in: Hans Fischer/Bettina Beer (Hg.), Ethnologie. Einführung und Überblick. Berlin: Reimer, 125-157.

Herrmann, Elfriede (1995): Emotion und Historizität. Der emotionale Diskurs über die Yali-Bewegung in einer Dorfgemeinschaft der Ngain, Papua Neu-Guinea. Berlin: Reimer.

Hewlett, Bonnie/Barry S. Hewlett (2008):»A Biocultural Approach to Sex, Love, and Intimacy in Central African Foragers and Farmers«, in: Jankowiak (Hg.), Intimacies. Love and Sex Across Cultures, 37-64.

Hine, Christine (2005): Virtual Methods. Issues in Social Research on the Internet. Oxford, New York: Berg Publishers.

– (2000): Virtual Ethnography. London, Thousand Oaks, New Delhi: Sage.

Hirsch, Eric (1998):»Bound and Unbound Entities: Reflections on the Ethnographic Perspectives of Anthropology in vis-à-vis Media and Cultural Studies«, in: Felicia Hughes-Freeland (Hg.), Ritual, performance, media. Routledge: London, 208-228.

Hollan, Douglas W./Jane C. Wellenkamp (1994): Contentment and suffering. Culture and Experience in Toraja. New York: Columbia University Press.

Honneth, Axel (2003a):»Vorwort«, in: Illouz, Der Konsum der Romanik. Liebe und die kulturellen Widersprüche des Kapitalismus. Frankfurt/Main: Campus, vii-xxi.

– (2003b): Verdinglichung. Eine anerkennungstheoretische Studie. Frankfurt/Main: Suhrkamp.

Illouz, Eva (2006): Gefühle in Zeiten des Kapitalismus. Frankfurt/Main: Suhrkamp.

– (2003): Der Konsum der Romantik. Liebe und die kulturellen Widersprüche des Kapitalismus. Frankfurt/Main: Campus.

Jankowiak, William R. (2008)(Hg.): Intimacies. Love and Sex across Cultures. New York: Columbia University Press.

– (Hg.) (1995) Romantic Passion. A Universal Experience? New York: Columbia University Press.

– (mit Edward F. Fischer)(1992):»A Cross Cultural Perspective on Romantic Love« In: Ethnology 31:149-155.

Kadiner, Abram (1947): The individual and his society: The psychodynamics of primitive social organisation. New York: Columbia University Press.

Kathtreff.de (2007a): www.kathtreff.org/site (25.02.2007).

– (2007b): www.kathtreff.org/site/index.php?id=52 (25.02.2007).

Kellner, Wolfgang (2006):»Wer ich bin und was ich kann. Liebes- und Arbeitssuche als netzbasierter Kompetenzdiskurs«, in: Ries/Frauenreder/Mairitsch (Hg.), dating.21. Liebesorganisation und Verabredungskulturen, 99-117.

Kivits, Joëlle (2005):»Online Interviewing and the Research Relationship«, in: Christine Hine (Hg), Virtual Methods. Issues in Social Research on the Internet. Oxford, New York: Berg Publishers, 35-50.

Klein, Thomas (Hg.) (2001): Partnerwahl und Heiratsmuster. Soziostrukturelle Voraussetzungen der Liebe. Opladen: Leske + Buderich.

Kleinmann, Arthur/Joan Kleinmann (1991):»Suffering and its professional Transformation: Toward an Ethnography of Experience«, in: Culture, Medicine and Psychiatry 15: 275-302.

König, Gudrun M. (Hg.) (2005): Alltagsdinge. Erkundungen der materiellen Kultur. Tübingen: TVV, 63-81.

Kohl, Karl-Heinz (2001):»Gelenkte Gefühle. Vorschriftsheirat, romantische Liebe und Determinanten der Partnerwahl«, in: Heinrich Meier/Gerhard Neumann (Hg.), Über die Liebe. Ein Symposium. München/Zürich: Piper, 113-137.

Kurian, Georg Thomas (Hg.) (1979): Cross-Cultural Perspectives on Mate-Selection and Marriage. Westport CT: Greenwood Press.

Lau, Janna (2006):»Indian Love Story«, in: Röttger-Rössler/Engelen (Hg.), Tell me about Love. Natur und Kultur der Liebe. Paderborn: mentis, 221-253.

Levy, Robert I./Jane C. Wellenkamp (1989):»Methodology in the Anthropological Study of Emotion«, in: Robert Plutchik (Hg.), Emotion: Theory, Research, and Experience. Vol. 4: The Measurements of Emotions. Orlando: Acad. Press, 220-287.

Liebekeinzufall.de (2008): www.liebekeinzufall.de (05.03.2008).

Lorenzo, Eriberto (1996): What it means to be Hakka. Diasporic Identity on the Internet. www.davidson.edu/academic/anthropology/erlozada/papers/cyberhak.pdf (26.9.2007).

Luhmann, Niklas (2005): Soziologische Aufklärung 3. Wiesbaden: VS.

– (1994): Liebe als Passion. Zur Codierung von Intimität. Frankfurt/Main: Suhrkamp.

– (1984): Soziale Systeme. Grundriß einer allgemeinen Theorie. Frankfurt/Main: Suhrkamp.

Lutz, Cathrine A. (mit Lila Abu-Lughod)(1990): Language and the politics of emotion. Cambridge: Cambridge University Press.

– (1988): Unnatural Emotions: Everyday Sentiments on a Micronesian Atoll and their Challenge to Western Theory. Chicago: University of Chicago Press.

– (1986):»Emotion, Thought, and Estrangement: Emotion as a Cultural Category«, in: Cultural Anthropology 1(3): 287-309.

– (1982):»The Domain of Emotion Words on Ifaluk«, in: American Ethnologist 9:11-128.

Lynch, Owen M. (1990):»The Mastram. Emotion and Person Among Mathura's Chaubes«, in: Owen M. Lynch (Hg.), Divine Passions. The Social Construction of Emotion in India. Delhi: Oxford University Press, 91-115.

Lyon, Margot L./Jack Barbalet (1994):»Society's Body – Emotion and the Somatization of Social Theory«, in: Thomas J. Csordas (Hg.), Embodiment and Experience. The Existential Ground of Culture and Self. Cambridge: Cambridge University Press, 48-64.

– (1995):»Missing Emotion: The Limitations of Cultural Constructivism in the Study of Emotion«, in: Cultural Anthropology 10:244-263.

Malinowski, Bronislaw (1962): Geschlechtstrieb und Verdrängung bei den Primitiven. Reinbek: Rowohlt.

Marshall, Donald (1971):»Sexual Behavior on Mangaia«, in: Donald Marshall/Robert C. Suggs (Hg.), Human Sexual Behavior. New York: Basic Books, 103-162.

Marx, Karl/Friedrich Engels (1999): Das Kommunistische Manifest. Eine moderne Edition. Hamburg/Berlin: Argument.

Mead, Magaret (1976): Kindheit und Jugend in Samoa. München: DTV.

Miller, Daniel (mit Don Slater) (2000): The Internet. An Ethnographic Approach. Oxford: Berg Publishers.

– (1987): Material Culture and Mass Consumption. Oxford: Blackwell.

Milton, Kay (2005):»Meanings, Feelings and Human Ecology«, in: Kay Milton/Maruska Svasek, Mixed Emotions. Anthropological Studies of Feeling. Oxford: Berg Publishers, 25-43.

Morsbach, H./W.J. Tyler (1986):»A Japanese Emotion: Amae«, in: Harré (Hg.), The Social Construction of Emotions. Oxford: Blackwell, 289-307.

MTV (2009): www.mtv.com/ontv/dyn/date_my_mom/series.jhtml (01.04.2009).

Murdock, George Peter/Douglas White (1969):»Standard Cross-Cultural Sample«, in: Ethnology 8:329-69.

Murstein, Bernard (1974): Love, Sex and Marriage through the Ages. New York: Springer.

Muslima.com (2009): muslima.com (22.02.2009).

Neu.de (2007): www.neu.de (13.05.2007).

– (2007a): www.neu.de (02.09.2007).

– (2007b):http://de.sevenload.com/videos/UPrgetN/Neu-de-Spot-ich-liebe (01.10.2007).

Nussbaum, Martha (2008): Upheavals of Thoughts. The Intelligence of Emotions. Cambridge: Cambridge University Press.

Orr, Andrea (2004): Meeting, Mating, and Cheating. Sex, Love and the New World of Online Dating. Upper Settle River, NJ: Reuters.

Parship.de (2008): www.parship.de (02.01.2008).

– (2008a): www.parship.de/docs/public/coaching/rat38.xhtml (03.04.2008).

– (2008b): www.parship.de/docs/public/stories/story992.xhtml (03.04.2008).

– (2008c): www.parship.de/docs/public/matching/basis.xhtml (03.04.2008).

– (2008d): www.parship.de/docs/public/stories/ (03.04.2008).

– (2008e): www.parship-classic.de/index.xhtml (23.04.2008).

– (2008f): www.parship.de/docs/public/stories/over55.xhtml (02.05.2008).

– (2008g): www.parship.de/docs/public/agbs (02.05.2008).

– (2008h): www.parship.de/start (18.07.2008).

– (2008i): II.Europäische PARSHIP Single- und Partnerstudie 2008 www.parship.de/docs/public/press/singlestudie.xhtml (12.10.2008).

– (2007): www.parship.de (21.09.2007).

– (2007a): www.parship.de/docs/public/matching/preis.xhtml (12.09.2007).

– (2007b): www.parship.de (12.12.2007).

– (2007c): www.parship.de/docs/public/matching/ (23.12.2007).

– (2007d): www.parship.de/docs/public/matching/schmale.xhtml (23.12.2007).

– (2007e): kw.parship.de/docs/public/matching/basis.xhtml (23.12.2007).

– (2007f): PARSHIP. Single- und Partnerstudie 2008 www.parship.de/docs/public/press/single-studie.xhtml (23.12.2007).

Pflugfelder, Gregory (1999): Cartographies of Desire: Male-Male Sexuality in Japanese Discourses, 1600-1950. Berkeley: University of California Press.

Polyamor.blog.de (2007): http://polyamor.blog.de (05.05.2007).

Poppen.de (2007): poppen.de (29.09.2007).

Psychologie heute (2007):»Wir verlieben Sie«, Artikel von Anne-Ev Ustorf, in: Psychologie heute, August 2007, 35-39.

Qiran.com (2009): http://www.qiran.com/index.asp (22.01.2009).

Rebhun, Linda-Anne (1995):»Language of Love in Northeast Brazil«, in: Jankowiak (Hg.), Romantic Passion. A Universal Experience?, 239-262.

Reddy, William M. (2001): The Navigation of Feeling. A Framework for the History of Emotions. Cambridge: Cambridge University Press.

– (1997):»Against Constructionism. The Historical Ethnography of Emotions«, in: Current Anthropology 38(3):327-351.

Regis, Helen A. (1995):»The Madness of Excess: Love Among the Fulbe of North Camerun«, in: Jankowiak (Hg.), Romantic Passion. A Universal Experience?, University Press, 141-152.

Reich, Wilhelm (1981): Der Einbruch der sexuellen Zwangsmoral. Ungekürzte Ausgabe. Frankfurt/Main: Fischer-Tb.

Reif-trifft-jung.de (2008): www.reif-trifft-jung.de (02.05.2008).

Ries, Marc (2007):»Zeigt mir, wen ich begehren soll. Begegnung und Internet«, in: Ries/Frauenreder/Mairitsch (Hg.), dating.21, 11-25.

– (mit Hildegard Frauenreder/Karin Mairitsch) (Hg.) (2007): dating.21. Liebesorganisation und Verabredungskulturen. Bielefeld: transcript.

Rosaldo, Michelle (1984):»Towards an Anthropology of Self and Feeling«, in: Richard A. Shweder/Robert LeVine (Hg.), Culture Theory. Essays on Mind, Self, and Emotions. Cambridge: University Press, 137-157.

Rosaldo, Renato (1989): Culture and Truth: The Remaking of Social Analysis. Boston: Beacon Press.

Röttger-Rössler, Birgitt (mit Eva-Maria Engelen)(Hg.)(2006a): Tell me about love. Natur und Kultur der Liebe. Paderborn: mentis.

– (2006b):»Kulturen der Liebe«, in: Röttger-Rössler/Engelen (Hg.), Tell me about love. Natur und Kultur der Liebe, 59-81.

– (2004): Die kulturelle Modellierung des Gefühls. Ein Beitrag zur Theorie und Methodik ethnologischer Emotionsforschung anhand indonesischer Fallstudien. Münster: Lit.

Roseman, Ira J./Craig A. Smith (2001):»Appraisal Theory. Overview, Assumptions, Varieties, Controversies«, in: Klaus R. Scherer et al. (Hg.), Appraisal Processes in Emotion. Oxford: Oxford University Press, 3-20.

RTL (2009): http://rtl-now.rtl.de/bauer-sucht-frau.php (01.04.2009).

Russel, James A. et al. (Hg.)(1994): Everyday Conceptions of Emotion. An Introduction to the Psychology, Anthropology and Linguistics of Emotion. Dordrecht/Boston/London: Kluwer Academic Publishers.

Saferdating.de (2008): www.saferdating.de (05.12.2008).

– (2008a): www.saferdating.de/index.html (12.12.2008).

– (2008b): www.saferdating.de/wahre-Geschichten.html (12.12.2008).

Sarbin, Theodore R. (1986):»Emotion and Act: Roles and Rhetoric«, in: Harré (Hg): The Social Construction of Emotion, 83-87.

Scherer, Klaus R. (1997):»Profiles of emotion-antecedent appraisal: Testing theoretical predictions across cultures«, in: Cognition and Emotion 11:113-150.

Schopenhauer, Arthur (1998): Die Welt als Wille und Vorstellung. Digitale Bibliothek 2002: Philosophie von Platon bis Nietzsche. CD-ROM. Directmedia Publishing GmbH.

Shaadi.com (2009): www. shaadi.com (07.09.2009).

– (2009a): www.shaadi.com/shaadi_info/matrimonial_success_stories/weddings/view.php?id=428 (20.09.2009).

– (2007): www.shaadi.com (02.01.2007).

– (2007a): www.shaadi.com/introduction/6-c-success.php (11.10.2007).

singleboersen-vergleich.de (2009): http://singleboersen-vergleich.de/partnervermit-tlungen.htm (12.01.2009).

– (2009a): www.singleboersenvergleich.de/news_einzel_2008/markt_2008_02_19_bitkom-internetsingle-boersen-2008.htm (16.01.2009).

– (2009b): www.singleboersen-vergleich.de/index.htm (30.01.2009).

– (2009c): Singlebörsen-Vergleich: Der Onlinedating-Markt 2007-2008. Deutschland, Österreich, Schweiz. (30.01.2008).

– (2008): www.singleboersenvergleich.de/analysen/elitepartner.htm (27.04.2008).

– (2008a): www.singleboersenvergleich.de/partnervermittlungen-parship.html (16.06.2008).

- (2008b): http://singleboersen-vergleich.de/ partnervermittlungen.htm (13.10.2008).
- (2007): www.singleboersen-vergleich.de (12.01.2007).
- (2007a): www.singleboersen-vergleich.de/singleboersen-international/reportage-usa-1.htm (20.04.2007).
- (2007b): www.singleboersen-vergleich.de/singleboersen-international/reportage-japan-1.htm (20.04.2008).

Storz, Claudia (2003): Soziale Kognitionsprozesse bei der Partnerwahl. Hamburg: Kovac.

Spiegel (2006):»Ware Liebe«, Artikel von Brandt, Andrea et al., 2006 (6).

Spiro, Melford E. (1984):»Some reflections on cultural determinism and relativism with special reference to emotion and reason«, in: Richard A. Shewder/Robert A. LeVine (Hg.), Culture Theory: Essays on mind, self, and emotion. Cambridge, MA: Cambridge University Press, 323-346.

Strauss, Claudia/Naomi Quinn (1997): A Cognitive Theory of Cultural Meaning. Cambridge: Cambridge University Press.

Süddeutsche Zeitung (2007a):»Traumfrau mit Risiko. Das eintägliche Geschäft mit Flirt-Chats, Pornoseiten und fiktiven Traumpartnern«, Artikel von Jürgen Schmieder, in: SZ-Serie Onlinekriminalität (7). Süddeutsche Zeitung 2007 (25).

- (2007b): www.sueddeutsche.de/computer/special/708/97611/4 (03.04.2008).

Swidler, Anne (2003): Talk of Love: How Culture Matters. Chicago: University of Chicago Press.

Szene Magazin (2008): www.szene-hamburg-online.de (11.06.2008).

- (2007): Szene Nr. 6.

- (2006): Szene Nr. 4.

Tageszeitung/taz (2007):»Na, wie habe ich mich verkauft?«, Artikel von Helmut Höge, 17. Juli 2007.

Tennov, Dorothy (1979): Love and Limerance: The Experience of Being in Love. New York: Stein and Day.

Trawick, Margaret (1990):»The Ideology of Love in a Tamil Family«, in: O. M. Lynch (Hg.), Divine Passion. The Social Construction of Emotion in India. Berkeley: University of California Press, 37-63.

Turner, Victor (2000): Das Ritual. Struktur und Anti-Struktur. Frankfurt/Main: Campus.

Viva (2009): www.viva.tv/TV/ShowDetail/id/1619491(03.04.2009).

Ulich, Dieter/Jutta Kienbaum/Cordelia Volland (1999):»Emotionale Schemata und Emotionsdifferenzierung«, in: Wolfgang Friedlmeier/Manfred Holodynski (Hg.), Emotionale Entwicklung, 52-69.

Walter, Henrik (2006):»Liebe im Scanner«, in: Röttger-Rössler/Engelen (Hg.), Tell me about love. Kultur und Natur der Liebe, 81-99.

Wellenkamp, Jane C. (1994):»Introduction: Ethnotheories of Emotions«, in: Russel et al. (Hg.), Everyday Conceptions of Emotion. An Introduction to the Psychology, Anthropology and Linguistics of Emotion, 5-21.

Willi, Jürg (1978): Therapie der Zweierbeziehung: Analytisch orientierte Paartherapie, Anwendung des Kollusions-Konzeptes, Handhabung der therapeutischen Dreiecksbeziehung. Reinbek: Rowohlt.

Wimbauer, Christine et al. (2002):»Prekäre Balancen. Liebe und Geld in Paarbeziehungen«, in: Christoph Deutschmann (Hg.), Die gesellschaftliche Macht des Geldes. Leviathan Sonderheft 21. Wiesbaden, 263-285.

Wikipedia.de (2009): www.wikipedia.de (02.04.2007).

– (2009a): http://de.wikipedia.org/wiki/Traumhochzeit (04.03.2009).

– (2009b): http://de.wikipedia.org/wiki/Rudi_Carrell (04.03.2009).

– (2009c): http://de.wikipedia.org/wiki/Deutschland_sucht_den_ Superstar (04.03.2009).

– (2009d): http://de.wikipedia.org/wiki/Germanys_Next_Topmodel (04.03.2009).

Xing.com (2009): www.xing.com (04.03.2009).

Abbildungsnachweis

Abb. 1: Werbepaar
www.parship.de (02.01.2008a).

Abb. 2: Grafik auf Parship.de (2008a)
www.parship.de (02.01.2008).

Abb. 3: Paarsilhouette und Luftballons
www.parship.de/docs/public/stories/story992.xhtml (03.04.2008).

Abb. 4: »Erfolgsstory« auf Parship.de. (2008b):
www.parship.de/docs/public/stories/story992.xhtml (03.04.2008).

Abb. 5: Logo von Reif-trifft-jung.de. (2008).
www.reif-trifft-jung.de (02.05.2008).

Abb. 6: Margitts Zeitverbrauch beim Online-Dating.
Eigene Abbildung.

Abb. 7: Startbild des Werbefilms von Elitepartner.de
www.elitepartner.de/km/warum/index.do (14.10.2008).

Abb. 8: Erste Szene des Werbefilms
www.elitepartner.de/km/warum/index.do (14.10.2008).

Abb. 9: Die Träumerin
www.elitepartner.de/km/warum/index.do (14.10.2008).

Abb. 10: Der Geschäftsmann
www.elitepartner.de/km/warum/index.do (14.10.2008).

Abb. 11: Das Ende des Werbefilms.
www.elitepartner.de/km/warum/index.do (14.10.2008).

MedienWelten

Cora Bender
Die Entdeckung der indigenen Moderne
Indianische Medienwelten und
Wissenskulturen in den USA

Februar 2011, ca. 354 Seiten, kart.,
zahlr. z.T. farb. Abb., ca. 34,80 €,
ISBN 978-3-8376-1102-1

Birgit Bräuchler
Cyberidentities at War
Der Molukkenkonflikt im Internet

2005, 402 Seiten, kart., 28,90 €,
ISBN 978-3-89942-287-0

Angela Dressler
Nachrichtenwelten
Hinter den Kulissen der
Auslandsberichterstattung.
Eine Ethnographie

2008, 268 Seiten, kart., 27,80 €,
ISBN 978-3-89942-961-9

Leseproben, weitere Informationen und Bestellmöglichkeiten
finden Sie unter www.transcript-verlag.de

MedienWelten

ELIANE FERNANDES FERREIRA
Von Pfeil und Bogen
zum »Digitalen Bogen«
Die Indigenen Brasiliens
und das Internet

2009, 256 Seiten, kart.,
zahlr. z.T. farb. Abb., 28,80 €,
ISBN 978-3-8376-1049-9

JANNA LAU
Romantische Liebe aus dem Fernsehen
Zwischen TV und Tradition:
Identitätsaushandlungen junger Frauen
in Indonesien

Juli 2011, ca. 356 Seiten, kart., ca. 36,80 €,
ISBN 978-3-8376-1678-1

Leseproben, weitere Informationen und Bestellmöglichkeiten
finden Sie unter www.transcript-verlag.de